사랑하는 아내와 두 아들에게 이 책을 바칩니다

광기의 실험, 시장의 반격

❷ 경제원론과의 전쟁

文정부 부동산 정책 5년 , 두 번째 이야기

광기의 실험, 시장의 반격

❷ 경제원론과의 전쟁

심교언 지음

머리말

다른 사람의 재산을 욕심내면 안 됩니다. 왜냐하면 사람들은 재산을 잃는 것보다 아버지의 죽음을 더 빨리 잊기 때문입니다.

- 마키아벨리Niccolo Machiavelli

1권이 나온 후, 꼬박 일 년이 더 걸려서야 2권이 나온 점에 대해 먼저 사과를 드려야겠다. 자료집 성격의 책이라 세간의 관심이 별로 없을 줄 알았는데, 의외로 많은 분들이 읽으셨다. 2권을 재촉하는 전화가 출판사로 제법 왔었다고 한다.

2권에서는 문재인 정부 중반부터 임기 말까지 내용을 다룬다. 이 시기에는 앞서 나온 정책들이 효과를 보지 못하자 세계적으로 유례가 없을 정도로 강력한 정책들이 쏟아져나왔다. 그러나 수요와 공급에 대한 정상적 분석이라기보다는 잘못된 진단에서 나온 과격한 처방들은 예기치 못한 결과를 초래했다.

집은 충분한데 투기꾼들이 문제이니 이들을 틀어막으면 된다.

→ 일부 임대인들이 투기를 하기 때문에 전체를 더 규제해야 한다.

→ 갭 투자가 집값 상승의 주범이니 이를 막아야 한다.

정부에서는 쉬지 않고 특정 계층을 악마화하였고, 이들을 몰아내기 위해 노력했다.

그 결과, 세계 최고 수준의 취득세·보유세·양도세를 내야 하는 나라, 공공이 주인에게 묻지도 않고 땅을 빼앗아 개발하는 나라, 민간이 개발하면 규제하고 공공이 개발하면 혜택을 주는 나라, 50억짜리 전세도 임대차 보호를 해주는 기막힌 나라, 빈집이 골칫거리인 시골에도 임대차 규제를 하는 나라, 임대료로 감당이 안 되는 세금을 물려 임대주택을 상가로 개조하게 하는 나라, 그러면서도 주택 수를 늘리겠다는 나라, 몇 명 되지 않는 소수의 재산은 거의 강탈해도 된다는 나라, 내 집을 사고팔 때 허가를 받아야 하는 나라, 결혼을 장려하고 출산을 독려하면서도 혼인신고를 하는 순간 대출금을 회수하는 나라, 남들한테는 집 팔라고 권하면서 본인은 다주택자인 나라, 고위직에 있는 공인들은 투기하면서 국민에게는 하지 말라고 협박하는 나라, 집값이 많이 올라 세금 때문에 고생하는데 집값이 오르지 않았다고 우기는 나라, 집을 팔고 세금 때문에 작은 집으로 이사갈 수밖에 없는 나라로 바뀐 것을 어떻게 해석해야 하나?

대부분의 답은 시중에 팔리는 경제학 교과서에 있다고 보면 된다. 임대료 규제의 폐해는 세계적으로 가장 많이 팔리는 교과서인 《맨큐의 경제학》 서문에도 나온다. 임대차 규제와 세금에 대해서도 교과서를 비롯하여 수많은 논문들에서 다룬 바 있다. 지난 정부는 이러한 내용들을 깡그리 무시했다. 그래서 우스갯소리로 문재인 정부는 '투기와의 전쟁'이 아닌 '경제 원론과의 전쟁'을 펼치고 있다는 말까지 나왔다.

이 부분에 대해서는 학계도 반성해야 한다. 우리 국민의 상당수는 대졸 이상이고, 이들 중 많은 숫자가 경제학 개론 혹은 원론 수업을 듣고 졸업한다. 그들이 교과서 내용을 기억했다면, 지난 정부의 정책에 그렇게 많은 지지를 보내지는 않았을 것이다. 교과서와 반대로 해도 높은 지지도가 있었다는 것은 학계에서의 교육이 잘못되었다는 방증은 아닌지 반성해야 한다.

2권을 쓰면서 고생한 오원석 박사과정생과 양지영 박사과정생, 이정빈 석사과정생에게 감사를 표한다. 그리고 원고가 늦어지는데도 묵묵히 기다려준 무블출판사의 이재유 대표에게도 감사의 뜻을 전한다.

2023년 6월

심교언

거의 모든 공적인 문제는 세금에서 발생하거나 세금으로 끝난다.

- 알렉시 드 토크빌Alexis de Tocqueville

제 생각에 지식인들이 집산주의에 끌리는 까닭은 집산주의식 해법이 단순하기 때문이다. 무언가 잘못될 경우, 어떤 나쁜 자식, 악마, 사악하고 악의적인 사람 탓으로 돌리면 상황이 단순해진다. 누군가를 탓하는 논리를 펴거나 그 논리를 받아들이는 일은 그리 똑똑하지 않아도 할 수 있다.

- 밀턴 프리드먼Milton Friedman

차례

1권 차례

1장 세계적 실험의 서막 2장 첫 번째 실험, 정책에 대한 불안? 3장 광풍의 서막
4장 다주택자의 자금줄을 끊어라 5장 서민을 지원하라 6장 이제는 재건축도 손을 봐야…
7장 토지공개념, 종합부동산세 그리고 공급 8장 이젠 보유세다
9장 규제 강화와 드디어 언급되는 공급 10장 지금까지의 규제는 잊어라

머리말 - 4

11장 규제의 약발은 지속되고… - 9

12장 누구를 탓해야 할까? - 43

13장 3기 신도시에 대한 갈등 - 75

14장 분양가 상한제로 집값 잡자! - 97

15장 엄습하는 부담들 - 139

16장 아직도 남았다! - 193

17장 규제 수위는 높아지고… - 231

18장 규제의 막바지, 세계 최고 수준의 세금과 임대차 3법 - 271

19장 공공주도의 공급과 터지는 비리 - 335

5년의 결산 - 401

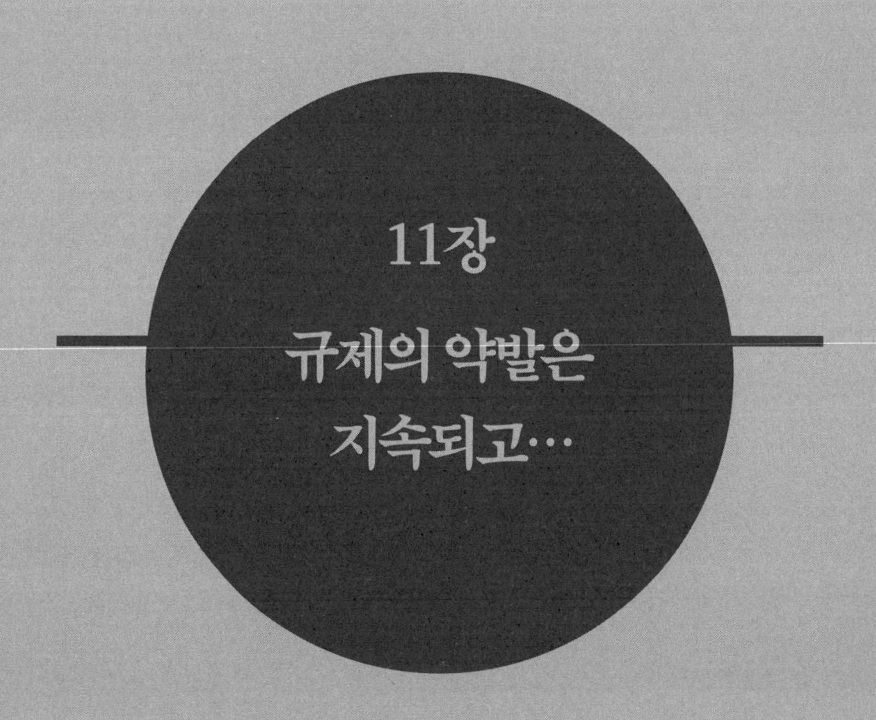

11장

규제의 악발은 지속되고…

죽이고 싶어 하고 괴롭히고 싶어 하는 충동에 따라 행동하며,
또한 그렇게 하려는 갈망을 느끼는 것은 인간만이 지닌 특색이다.

에리히 프롬

2019년 시장전망과 반응

2019년이 밝았다. 이때는 문재인 정부 들어 한두 달마다 발표하던 정책도 이제는 끝나지 않을까 하는 기대감이 있었으나, 앞으로 더 나올 것이 많다는 의견도 팽배한 상황이었다. 이런 상황에서 나온 2019년 부동산 시장 전망은 어떠했을까?

먼저 2018년 11월 7일에 발표된 한국건설산업연구원의 전망을 살펴보자. 한국건설산업연구원에서는 전반적으로 자산시장이 거시경제의 어려움을 압도하며 상승추세가 종료될 것으로 내다보았다. 수도권 주택 매매가격에 대해서는 서울의 상대적 강세가 유지되는 가운데 0.2% 하락할 것으로 예상했고, 지방의 경우 거시경제 부진의 영향을 직접적으로 받아 2.0% 하락할 것으로 전망했다. 전국 주택 매매가격은 1.1% 하락, 전세가격도 1.5% 하락할 것으로 점쳤다.

같은 달에 주택산업연구원도 전망을 발표했다. 주택산업연구원에서는 2018년을 서울 아파트 가격 급등과 단독주택 가격 상승이 전국 주택 매매 가격을 견인한 해로 진단하고, 정부규제 강화의지 재확인, 지방 주택시장 관리의 골든타임 상실, 대출 제약 강화에 따른 자산가구와 비자산가구의 주택구입 여력 차별화, 주택시장의 초양극화·국지화가 진행되면서 정부와 민간의 갈등·대립이 있었던 해라고 설명했다. 그러면서 2019년에는 전국 주택 매매가격이 0.4% 하락하고, 전세가격도 1.0% 하락할 것으로 내다봤다. 다만 서울의 경우 매매 1.1%(아파트 1.6%), 전세 0.3% 하락으로 강보합세를 예상했다.

2019년 실제 시장은 어땠을까? KB부동산의 2019년 주택 매매가격 종합지수는 전국, 서울이 각각 0.24%, 2.60%였고, 아파트 매매가격 지수는 전국 -0.30%, 서울 2.91%였다. 전세가격은 전국과 서울이 각각 0.16%, 0.35% 올랐다. 기타 지방의 주택 매매가격 종합지수는 2.5%나 빠졌다. 이 정도면 전문기관들의 체면이 선 한 해로 볼 수 있겠다.

2019년 1월 1일 자 〈한겨레신문〉에는 **"'오피스텔 기준시가 최고' 롯데월드몰 월드타워동"**이라는 기사가 실렸다. 롯데월드몰 월드타워동 오피스텔의 3.3㎡당 기준시가가 914만 4,000원이나 되었는데, 2019년 전국 오피스텔과 상업용 건물의 기준시가는 전년 대비 각각 7.52%, 7.56% 올랐다고 한다. 그 전해(오피스텔 3.69%, 상업용 건물 2.87%)보다 오름폭이 확대된 것이다.

〈조선일보〉 1월 4일 자에는 **"공시지가 2배 인상, 정부가 지침 내렸**

다"라는 기사가 실렸다. 한국감정원의 2019년 표준지 공시지가 자료 기준, 서울의 가장 비싼 땅 10개 필지 중 7개의 공시지가를 100% 조금 넘는 똑같은 상승률로 올린 배경을 설명한 기사다. 감정평가사들이 "정부가 평가과정에 구두로 개입해 비싼 땅의 공시지가를 급등시키라는 지침을 내린 결과"라고 언급한 내용이 실렸다.

국토교통부 관계자가 한국감정원 지가공시협의회 회의에 참석하여 "4~5년에 걸쳐 전국 표준지 공시지가를 시세의 70% 수준으로 올릴 예정이지만, 시세가 3.3㎡당 3,000만원이 넘는 토지는 이번에 한꺼번에 모두 올려라"라고 요구했고, 참석자들이 형평성 문제를 제기하자 '1회 상승률 최대 100%'로 조정됐다고 한다. 지침을 따르지 않은 감정평가사는 국토교통부 등의 '집중점검'을 받았다는 이야기도 나왔으며, '행정권 남용'이라는 지적도 나왔다. 정부는 감정평가 결과가 부적정하다고 판단되면 재평가를 지시하거나 다른 감정평가사에게 맡길 수 있지만, 사전에 개입할 수 있는 법적 근거는 없기 때문이다. 업계 관계자는 "편법이기 때문에 문서를 남기지 않았고 참석자들에게 보안 각서도 받은 것"이라고 전했다. 이에 대해 국토교통부 관계자는 "감정평가사에게 지침을 내렸다는 보고를 받은 바 없다"고 말했다.

같은 신문 1월 5일 자에는 **"위례 130대1, 동대문 33대1, 여전한 청약 열기"**라는 기사가 실렸다. 기사에서는 2018년 발표된 '9.13 주택시장 안정대책(이하 9.13 대책)' 등의 영향으로 서울 집값 상승세는 꺾였지만 입지 좋고 저렴한 새 아파트를 찾는 수요는 여전히 많다고 해석했다. 특히 해당 새 아파트는 3.3㎡당 분양가가 1,820만원으로 위례신도시 평균 시세(3,023만원)의 60% 수준밖에 되지 않아 '로또 아파트'로 관심을 모았다고 한다. 이것이 분양가 상한제의 폐단인지, 장점인지 판단하기는 애매한 구석이 있다.

또한 1월 8일 자에는 **"다주택자, 1주택 된 후 2년 지나야 양도세 비과세"**라는 기사가 실렸다. 정부가 발표한 '2018년 세법 후속 시행령 개정안'을 다룬 기사였다. 그때까지는 1주택자가 된 시점과 관계없이, 해당 주택을 취득한 지 2년 이상이면 양도세 비과세 혜택을 받았다. 이 개정안에 따르면 장기임대주택사업자가 거주 주택을 양도할 경우 비과세 혜택이 적용되는 요건도 강화됐다. 기존에는 횟수와 상관없이 장기임대주택사업자 본인이 2년 이상 거주한 주택을 양도할 경우 비과세였지만, 앞으로는 최초 주택을 양도하는 경우로만 한정하는 것으로 바뀌었다. 2~3년 단위로 거주지를 옮기면서 양도세 비과세 혜택을 받고 매각하는 꼼수를 막겠다는 의도라고 한다.

또한, 3주택 이상 보유자와 조정대상지역 2주택 보유자에게 종합부동산세를 중과하기로 하면서 종부세 세율 적용에 필요한 주택 수 계산 방법도 새로 정했다. 공동 소유 주택의 경우에는 원칙적으로 각자 그 주택을 소유한 것으로 보았다. 예를 들어 A 부부가 주택 3채를 모두 공동명의로 보유하면, 남편과 아내가 각각 3채씩 보유한 것으로 간주해 종부세를 부과하겠다고 밝혔다.

1월 7일 자 〈한겨레신문〉에는 **"강남 부촌 등 단독주택 공시가 뛰지만, '보유세 상승' 제한적"**이라는 기사가 실렸다. 기사에서는 단독주택 공시가격은 집값이 많이 뛴 지역의 고가주택일수록 크게 오르겠지만,

저가 주택은 소폭 상승에 그칠 전망이라고 예상했다. 그리고 공시가격이 대폭 오른 고가주택의 경우에도 1주택자는 보유세(재산세+종합부동산세) 부과액이 전년 대비 150%(인상률 50%), 조정대상지역 내 2주택자는 200%가 법정 상한이어서 이른바 '세금폭탄' 사례는 많지 않을 것으로 내다봤다. 한 전문가는 "고가 1주택자 세액이 전년보다 50% 오르는 것을 적다고는 할 수 없으나 그간의 실질 감세분까지 고려하면 여전히 혜택"이라며 "다만 조정대상지역 2주택자 중에서 보유세 급상승으로 인해 주택 매각을 고려하는 이들도 늘어날 전망"이라고 말했다.

〈조선일보〉는 1월 8일 자에 **"공시지가 오르면 단독주택은 가격 천차만별…침소봉대 시세 우려"**라는 기사를 실었다. 기사에 따르면 국토교통부는 공시지가 담당자 회의에서 "공시지가를 실제 거래 가격의 70%까지 끌어 올려라"라고 지시했다. 정부의 구체적인 공시지가 시세반영률(공시가율) 목표치가 외부에 공개된 것은 이때가 처음이다. 통상 아파트 공시지가는 시세의 70% 안팎, 토지나 단독주택 공시지가는 시세의 40~50% 선에서 전문가인 감정평가사들이 자율적으로 매겨왔다.

그런데 이번에 정부의 공시가율 목표치가 공개됨에 따라 이와 관련한 부작용을 우려하는 기사도 등장했다. 아파트는 규격화된 상품이라 평수가 같으면 대체로 가격이 비슷하고 거래도 많아 '시세' 파악이 쉽다. 하지만 땅이나 단독주택은 인접 필지라도 필지의 모양, 도로 접근성 등에 따라 가격이 천차만별이라 파악이 어렵다. 한 전문가는 "극소수인 재벌 소유 주택 공시가격 문제를 침소봉대해 모조리 끌어올리겠다는 정부의 발상을 이해하기 어렵다"며 "소유주들이 동네에서 한 해

한두 건 발생하는 실거래 가격을 '시세'라고 들고 와 공정성을 따지기 시작하면 어떻게 대응하려는 것인지 모르겠다"고 말했다.

은행 관계자는 "땅에 대한 대출은 감정평가액의 70%까지 나오는데, 공시지가가 오르면 감정평가액도 오른다"며 "앞으로 땅 투자가 더 쉬워질 것"이라고도 했다. 단독·다가구주택 공시가격이 급등하는 지역에서는 주민들이 쫓겨나는 현상이 더욱 가속화할 전망이라는 의견도 실렸다. 이는 집주인이 급등한 보유세를 세입자에게 전가하면서 나타날 현상이다.

같은 신문에 **"세금·건보료 크게 인상…기초수급자 탈락 속출"**이라는 기사도 실렸다. 이 기사에서는 공시가격 인상에 따라 재산세와 종부세 부담이 급등하는 사례를 소개했는데, 상속세도 오르고 양도세·토지초과이득세·개발부담금도 급등할 것으로 추산했다. 그러면서 공시지가가 30% 인상되면 지역 가입자의 건강보험료가 13.4% 오르고, 약 10만 명이 기초연금 수급권을 잃게 될 것으로 예측했다.

같은 날 〈한겨레신문〉의 **"'1주택자 된 때부터 2년'…양도세 면제 요건 강화한다"**라는 기사에서는 기획재정부 관계자가 "빨리 다주택을 정리하고 1주택자가 되면 그만큼 빨리 혜택을 받을 수 있으므로, 한편으로는 다주택자가 집을 서둘러 파는 효과도 있을 것"이라고 설명한 내용을 다루었다.

1월 9일자 〈조선일보〉에서는 **"급등한 공시가격 불만 달래기…기초연금 탈락 피해 줄인다"**라는 기사를 실었다. 정부가 은퇴 계층의 반발을 감안, 기초연금·건강보험 등 각종 복지 제도에서 공시가격 반영 비중을 축소하기로 했다는 내용이었다. 기사에 따르면, 공시가격이 대폭 오르면 소득이 없는 은퇴 계층도 부동산을 소유했다는 이유로 기초연금 등 복지 혜택 수급 자격을 박탈당하는 등의 피해를 볼 수 있기에, 정부에서 이런 피해를 줄이기 위한 방안을 검토 중이라고 한다.

1.9 대책: 계속되는 규제

"임차인 거주 안정성 제고를 위한 등록임대주택 관리 강화방안"

2019년 1월 9일 정부는 관계부처 합동으로 「임차인 거주 안정성 제고를 위한 등록 임대주택 관리 강화방안」을 발표했다. 총 9쪽 분량의 이 대책은 임대등록제도의 운영현황 분석으로 시작한다. 정부는 민간임대주택에 거주하는 세입자들의 잦은 이사와 과도한 임대료 상승 등의 주거불안 해소를 위해 2017년 12월 임대주택 등록 활성화를 추진했다. 그 결과 개인 보유 등록임대주택은 2017년 말 98만채에서 2018년 말 136.2만채로 39% 증가했으며, 임대사업자는 같은 기간에 57%나 증가했다. 또, 임대주택 등록 활성화에 따라 4~8년 동안 집주인의 퇴거요구와 과도한 임대료 증액요구 없이 안정적으로 거주하게 된 임차가

■ 임대등록 제도 운영현황

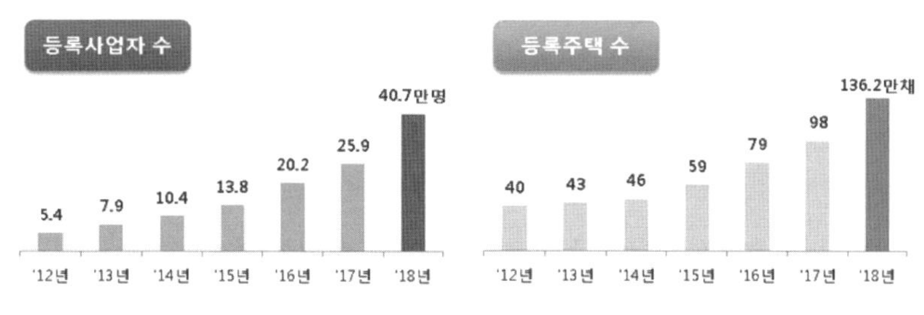

출처: 관계부처 합동(2019.1.19), "임차인 거주 안정성 제고를 위한 등록임대주택 관리 강화방안", p.1.

구가 38만가구 증가했고, 2018년에는 약 15만명의 임대사업자가 신규로 등록함에 따라 임대차 정보 및 2019년 임대소득분에 대한 정당 과세 기반을 마련한 것을 성과로 평가했다.

정부는 임대등록 활성화 취지를 보완하기 위해 등록임대주택에 적용되는 공적 의무 준수상황의 단계별 점검 기반을 강화하고, 등록임대주택의 공적 의무와 세제 혜택의 연계강화 및 정당 과세 등을 통해 임대사업자에 대한 선순환 관리체계를 구축하는 것을 1.9 대책의 목표로 명시했다.

1.9 대책에서는 등록임대주택 관리기반 구축을 위해 등록임대주택의 일제 정비 및 정기조사 실시와 운영관리 전담체계 구축을 첫 번째 정책 방향으로 제시했다. 두 번째로는 과세체계와 연계한 관리 강화와 관련하여, 임대사업자 의무 준수 검증체계 구축과 임대소득 과세(2,000만원 이하)에 따른 사전준비를 과제로 제시했다.

이틀 전 발표한 세제 혜택 조정과 임차인 권리 보호 강화 내용도 여기에 포함됐다. 구체적으로 임차인 권리 보호 강화 측면에서 등록임대

■ 임차인 거주 안정성 제고를 위한 등록임대주택 관리 강화 방안

비전	무주택 임차가구의 주거 안정성 제고
정책방향	**주요과제**
등록 임대주택 관리기반 구축	① 등록임대주택 일제정비 및 정기조사 실시 ② 등록임대주택 운영관리 전담체계 구축
과세체계와 연계한 관리강화	① 임대사업자 의무준수 검증 체계 구축 . 임대조건 준수와 세제 감면 연계 - 양도소득세.임대소득세.종부세 감면 신청서식 개정 . 세제 감면.추징 조건 추가 - (임대소득세.종부세) 임대료 증액제한을 감면조건으로 추가 - (취득세.재산세) 사후 추징 규정 정비 ② 임대소득 과세(2천만 원 이하)에 따른 사전준비
세제혜택 조정 (19.1.7 기 발표)	① 임대사업자 거주주택 양도세 비과세 요건 강화 ② 양도세 비과세 주택보유 기간 요건 강화
임차인 권리 보호 강화	① 등록임대주택 정보제공 강화(부기등기 의무화) ② 임대사업자 의무 미준수에 대한 과태료 강화

출처: 관계부처 합동(2019.1.19), "임차인 거주 안정성 제고를 위한 등록임대주택 관리 강화방안", p.2.

주택 정보제공을 강화하기 위해 부기등기를 의무화하고, 임대사업자 의무의 미준수에 대한 과태료를 강화한다는 내용을 담았다. 1.9 대책을 요약하면, 임대등록 사업자가 임대사업을 제대로 잘하고 있는지 명확히 관리하겠다는 것과 이를 위반할 경우 과태료를 많이 물리겠다는 정도라고 할 수 있다.

여론의 반응

2019년 1월 10일 자 〈조선일보〉에는 **"임대사업자 의무 규정 어기면 과태료 최대 1,000만→5,000만원"**이라는 기사와 **"임대 의무기간 주택 무단 양도하면 과태료 5,000만원"**이라는 기사가 실렸다. 기사에서는 임대사업자가 의무 규정을 지키지 않으면 부과되는 과태료 상한이 1,000만원에서 5,000만원으로 늘어나며, 특히 본인이 거주해 임대를 놓지 않거나 임대의무기간 안에 양도할 경우 최대 5,000만원의 과태료가 부과된다고 소개했다. 그리고 임대사업자의 임대료 증액제한(연간 5% 이내) 위반에 대한 과태료 상한도 기존 1,000만원에서 3,000만원으로 상향한다고 설명했다. 이와 관련해 국토교통부 관계자는 "등록 민간임대주택은 임대료 인상률 제한과 4~8년의 의무 임대기간이 적용돼 임차인의 거주 안정성이 확보되는 만큼 계속 등록 활성화를 추진할 것"

이라면서 "임대인이 임대소득 및 세제 혜택 등에 상응하는 의무를 준수하도록 하겠다"고 말했다 한다.

같은 날 〈한겨레신문〉에서는 **"임차인 권리 보호 위해 '임대주택' 등기부 표시한다"**라는 기사를 싣고 정책 내용을 소개했다.

1월 12일자 〈조선일보〉에는 **"임대사업자 저리대출 폐지… 다주택자 전방위 압박"**이라는 기사가 실렸다. 정부가 민간임대사업자에게 저리로 대출해주던 상품을 폐지하기로 했다는 내용이었다. 이 상품의 지원 규모는 2016년 470억원에서 2017년 1,087억원, 2018년 7월까지 1,185억원으로 매년 증가했다. 금리가 시중은행보다 낮고, DTI총부채상환비율나 DSR총부채원리금상환비율 등 대출 규제도 적용받지 않다 보니, 일부 임대사업자들은 이 상품으로 주택을 수십 채 구매했다. "정부 기금이 다주택자의 주택 마련 쌈짓돈으로 흘러 들어간다"는 지적이 잇따르자 폐지한 것이다.

주택도시보증공사HUG 관계자는 "박근혜 정부 때는 민간임대사업자를 늘려야 한다고 해서 상품을 출시했는데, 문재인 정부 들어 정책 기조가 바뀌면서 '정부 기금으로 투기를 조장한다'는 지적을 받았다"며 "지난해 국회 국정감사에서 임대사업자들이 이 상품으로 주택 수십 채를 구매한다는 지적이 나와 올해부터 대출을 중단하게 됐다"고 밝혔다. 한 전문가는 "임대사업자들의 혜택이 줄어들면 그만큼 임대료 상승으로 이어질 우려가 있다"며 "임대사업자에게 주던 혜택을 줄여 투기를 잡겠다는 정부의 취지는 이해하지만, 민간임대주택의 순기능도 고려해야 한다"고 말했다.

집값에 대한 강박관념은 이해가 가지만 조금 도가 지나친 느낌이 있다. 이 상품을 통해 가장 많이 대출해준 해의 지원 규모가 1,185억원인데, 이것 때문에 집값이 폭등했다고 해석하기에는 무리가 있다. 5억원짜리 주택을 LTV 50%[1]로 하여 계산했을 때 500여 채 규모에 불과하다. 다주택자들이 주택 500여 채를 샀다고 해서 우리나라 집값이 폭등하겠는가?

1 정부는 2017년에 임대사업자에 대해 집값의 최대 80%까지 대출해주도록 했으나, 2018년 9.13 대책에서 40%로 줄였다.

9.13 대책의 힘!

2019년 1월 14일자 〈조선일보〉에는 **"서울 아파트값 내린 區 6곳→11곳"**이라는 기사가 등장했다. 부동산114에서 조사한 바에 따르면 지난주 서울 아파트 매매가격이 0.08% 하락하며 9주 연속 내림세를 기록했다는 내용으로, 한 전문가는 "저가 매물을 기다리던 수요층도 관망세로 돌아섰고, 보유세 부담 증가가 겹치면서 얼어붙은 주택시장이 해빙되려면 시간이 필요해 보인다"고 말했다.

같은 날 〈한겨레신문〉은 **"서울 지난해 재건축 아파트 시총 1~10월 20조↑…11~12월 3.5조↓"**라는 기사를 싣고 9.13 대책 발표 뒤 재건축 아파트들의 시가총액이 3조원 이상 줄어든 내용을 소개했다. 2018년 말 기준으로 서울 재건축 아파트의 전체 시가총액은 163조 866억원으로, 10월의 166조 6,222억원 대비 3조 5,356억원 줄어들었다. 재건축 아파트 가격 하락세는 강남·서초·송파·강동구 등 이른바 강남 4구가 주도했는데, 부동산114는 "매도 물량이 시장에 쌓이는 가운데 거래절벽 현상도 장기화되고 있어 가격 하락 폭이 커질 수 있으므로 당분간 신중한 접근이 요구된다"고 밝혔다.

〈조선일보〉 1월 15일자에는 **"서울 6개 구청 '주택 공시가 너무 올렸다' 정부에 반발"**이라는 기사가 실렸다. 강남·동작·마포·서초·성동·종로 서울 시내 6개 구청이 정부의 급격한 표준단독주택(다가구주택 포함) 공시가격 인상에 반발, 재조사를 요구했다는 내용이었다. 표준단독주택은 전국 단독주택 약 418만가구 가운데 표본으로 지정된 22만가구를 가리킨다. 국토교통부 산하 한국감정원이 표준단독주택 공시가격을 발표하면 이를 기준으로 각 구청이 나머지 개별단독주택 공시가격을 매기는데, 표준단독주택 공시가격이 오르면 개별단독주택 공시가격도 높아질 수밖에 없다. 강남구 역삼동 3층 다가구주택(대지 56평) 공시가격은 14억 3,000만원에서 40억원으로 2.8배가 됐고, 관악구 남현동 2층 다가구주택(대지 62평)은 6억 8,800만원에서 10억원이 되었다고 한다. 서초구청이 관내 표준단독주택 공시가격을 전수 조사한 결과 평균 상승률은 30.8%였고, 최대 124% 급등한 곳도 있었다. 관악구 사례의 경우, 집이 한 채뿐이고 향후 공시가격 인상이 없다고 치더라도 2019년 180만원이던 보유세가 2020년에는 250만원, 2021년 313만원으로 최종적으로 74% 오르게 되었다.

같은 신문 1월 16일 자에서는 **"관악구 2층집 보유세, 180만원서 250만원으로 점프"**라는 기사를 싣고, 정부가 다가구주택을 포함한 표준단독주택의 공시가격을 시세상승률의 약 3배만큼 올렸는데, 이는 역대 최대 수준이라고 보도했다. 특히 서울에서는 공시가격이 단번에 20% 이상 오른 구가 속출했으며, 집주인들의 이의 신청이 많게는 예년의 10배까지 쏟아졌다고 밝혔다. 서울의 전체 공시가격 평균 상승률은 20.7%로 시세 상승률 6.59%의 세 배가 넘었다. 이에 대해 한 전문가는 "단독주택이라고 하면 '마당 있는 저택'을 떠올리기 쉽지만, 실제 서울 시내 단독주택의 80%는 층마다 다른 세입자가 사는 형태의 다가구주택"이라며 "집 가진 서민 은퇴자 상당수가 증세 대상에 포함될 것"이라고 우려했다.

정부는 현실화라고 주장하지만 공시가격의 실거래 반영비율이 들쭉날쭉한 것도 문제로 지적되었다. 마포구에서는 직선거리로 100m 떨어진 두 단독주택의 공시가격 상승률이 159.8% 대 17.7%로 크게 벌어지기도 했다. 정부가 발표하는 매매가격 상승률과 공시가격 상승률이 따로 움직이는 것도 문제로 지적되었다. 예를 들어 2016년부터 2017년까지 서울 아파트값 상승률은 6.7%에서 3.3%로 낮아졌는데도 공시가격 상승률은 6.2%에서 8.1%로 높아졌다. 이에 대해 어느 국회의원은 "시세가 올라서 공시가격이 오른다면 당연하게 받아들이겠는데, 집값 상승률과 공시가격 상승률이 따로 논다는 것은 결국 '정부가 공시가격을 자의적으로 주무르고 있는 것'으로밖에 볼 수 없다"고 비판했다.

세금부담을 피해 자산가는 물론 집 한 채 가진 중산층까지 지분 증여에 뛰어드는 모습도 나타났다. 공시가격 10억원짜리 집을 남편 혼자 소유하면 기준인 '9억원'이 넘어가므로 종부세를 내야 하지만, 지분

50%를 아내에게 넘기면 각자 5억원짜리 주택을 가진 것으로 간주돼 종부세를 내지 않는다. 한 전문가는 "공시가격이 대폭 오르면서 부자뿐만 아니라 중산층까지도 은행 상담센터에 증여 문의를 해오는데, 예년에는 없던 현상"이라고 말했다.

같은 날 〈한겨레신문〉은 **"연남동 단독주택 공시가 5억→10억…그래도 시세의 45%"**라는 기사를 실었다. 기사에 따르면 그달 말 공시 예정인 서울의 표준단독주택 공시가격이 고가주택을 중심으로 크게 오르더라도 인근 유사 주택의 실거래 가격과 비교하면 여전히 50~55%를 밑도는 경우가 상당한 것으로 확인되었다. 기사에서는 그 이유를 그동안 고가 단독주택의 공시가격이 시세의 30~40% 선으로 워낙 낮아 저가 단독주택이나 아파트에 견줘 세 부담 형평성이 턱없이 부족했기 때문이라고 지적했다.

한 전문가는 "이번 고가주택 중심의 단독주택 공시가격 인상은 그간의 상승분 반영, 아파트 등 다른 주택 유형과의 형평성 차원에서 늦었지만 정상화 조처가 이루어진 것으로 볼 수 있다. 하지만 그동안 표심이나 조세 저항 등을 고려해 공시가격을 너무 낮게 유지했던 정부의 실책도 지적되어야 한다"고 말했다.

시민단체들도 정부에 흔들림 없는 공시가격 현실화 추진을 촉구하고 나섰다. 한 시민단체는 "일부 구청들이 여전히 기득권을 대변하면서 세금 차별을 부추기고 있다. 지역 내 불공평한 과세를 해소하고자 노력하는 게 자치구의 역할"이라고 논평했다. 마지막으로 국토교통부 관계자는 "지자체와 협력해 공시가격 현실화와 형평성 제고를 일관되게 추진한다는 방침에는 변함이 없다"고 밝혔다.

〈조선일보〉 1월 17일 자에는 **"서울 아파트값 2억~3억 급락…작년 상승분 다 토해냈다"**라는 기사가 실렸다. 기사에 따르면 서울의 주요 아파트값도 떨어지고, 국토연구원에서 발표하는 부동산 소비심리지수도 많이 떨어졌다. 많은 전문가들이 "최근 2~3년 사이 서울 집값만 비정상적으로 오른 상태에서 강력한 대출 규제가 시행되면서 수요가 싹 사라졌다"며 "여기에 내수 경기는 부진하고, 공시가격 인상 등 정부 규제도 날로 심해져 한동안 집값이 오르긴 어려울 것"이라고 전망했다. 또 재건축 경기가 더욱 냉각되고 경매도 늘어난 가운데, 대치동 은마아파트 전용 84㎡가 지난해 9월에는 20억 5,000만원에 거래됐지만 현재 호가는 15억대 초중반이라는 내용도 다루었다. 기사 말미에는 그럼에도 불구하고 금융위기 때와 같은 폭락 가능성은 낮다고 보면서, 그 이유로 새 아파트에 대한 견고한 수요를 들었다.

〈한겨레신문〉 1월 19일 자에는 **"아파트값 더 떨어져야 '거래 정상화' 가능해진다"**라는 칼럼이 실렸다. 최근 여론에서 투기 억제 대책을 풀라고 주장하는 데 대해 반박하는 내용이었다. 주택거래량이 급감한 것은 사실이나 이런 주장은 호들갑이라면서, 대치동 은마아파트를 예로 들었다. 전용면적 84㎡의 경우, 지난해 9월의 20억 5,000만원에서 3개월 뒤인 12월에는 17억원으로 3억 5,000만원 내렸지만, 10억원이던 2014년 7월을 기준으로 하면 7억원이 올랐다는 것이다.

칼럼에서는 가격이 떨어지는데도 거래가 늘어나지 않는 것은 집값이 여전히 너무 비싸기 때문이라면서, 투기세력이 시장을 움직이면서 거품이 많이 낀 탓에 실수요자가 매수에 나설 엄두를 내지 못하고 있다고 해석했다. 그러면서 전체 가구의 29%, 무주택 가구의 51%가 "주택 구입 의향이 있다"고 답한 주택금융공사의 조사 결과를 소개했다. 이들 가구가 희망하는 서울의 주택가격은 평균 4억 9,241만원인 데 반해, 지난해 서울의 아파트 중위가격이 8억 4,502만원이어서 이 차이가 좁혀지지 않으면 거래가 활발해지기 어렵다고 분석했다. 지금은 주택시장 안정대책을 흔들림 없이 가져가야 할 때이며, 그래야만 투기수요를 걷어내고 실수요자 중심으로 주택시장이 재편되고 주택거래도 정상화될 것이라며 결론을 맺었다.

〈조선일보〉 1월 19일자에는 **"전세금 못 돌려줘 경매 넘어간 집, 반년새 2.6배"**라는 기사가 실렸다. 주택시장 경기가 침체되면서 갭 투자자인 집주인이 세입자에게 보증금을 돌려주지 못하는 '갭 투자발 전세금 대란'이 벌어지고 있다고 소개했다. 세입자들이 집주인으로부터 보증금을 돌려받지 못할 것을 우려해 가입하는 전세보증금반환보증보험 가입자만 최근 1년 만에 2배 이상 급증했고, 보증금액 역시 10조원 가까이 증가했다고 한다. 한국감정원에 따르면 2016년 말 화성시의 전세가율은 79%에 달했는데 지난달 기준으로 72.9%까지 떨어졌으며, 지방 도시들도 이와 비슷한 상황이라고 전했다.

1월 21일 자 〈한겨레신문〉은 **"집값 여전히 높아…시장 불안해지면 추가 대책 낼 것"**이라는 기사에서 김수현 청와대 정책실장과의 간담회 내용을 소개했다. 김 실장은 '부동산값 상승세가 꺾였다'는 평가에 대해 "정부도 대체로 그렇게 보고 있다"면서도 "부동산 시장은 여러 측면이 반영되는 시장이다. 조금이라도 불안한 면이 있다면 지체하지 않고 추가 대책을 낼 것이라고 얘기했고, 그 내용은 지금도 유효하다"고 말했다. 이어서 "지금의 안정 자체가 최종적으로 기대하는 결과는 아니며, 서민에게는 여전히 집값이 소득보다 너무 높은 어려움이 있는 게 사실"이라고 첨언했다. 또 단독주택 공시가격 현실화가 건강보험료 상승 등의 부담으로 작용할 수 있다는 지적에 대해서는 "공시가격 현실화가 건강보험료나 기초연금 등 다른 영역에 (끼치는) 영향을 최소화하는 방향으로 준비하고 있다. 다만 (공시가격이) 최소한 집값이 오른 만큼은 반영돼야 한다는 국민 공감대가 있다"고 언급했다.

같은 날 〈조선일보〉는 **"공시지가 정부개입, 법으로 막는다"**라는 기사에서 박덕흠 자유한국당 의원 등이 「부동산 가격 공시에 관한 법률」 일부 개정안을 발의한 내용에 대해 다루었다. 얼마 전 있었던 정부의 구두 개입을 두고 법조계는 월권이라고 판단하고 있지만, 국토교통부는 '고유권한'이라는 주장을 펴고 있는 데 대한 입법 대응이 주요 내용이었다.

〈조선일보〉 1월 25일 자에는 **"공시가 9억→11억 된 용산 주택, 보유세 259만→369만원"**이라는 기사가 실렸다. 서울 시내에 2018년도 공시가격이 9억원인 단독주택 한 채를 가진 1주택자는 지난해 보유세(재산세+종합부동산세)를 약 259만원을 냈는데, 올해는 110만원(42.3%)이 더 늘어난다는 내용이었다. 정부가 비슷한 가격대의 단독주택 공시가격을 평균 23.6% 올렸기 때문이다. 이에 반해 저가 주택인 공시가격 3억원짜리 단독주택은 공시가격이 9% 올라 세 부담은 58만원에서 63만원으로 5만원 오르는 데 그쳤다.

이번 공시가격 상승률은 실제 가격 상승률을 훨씬 웃돈다고 한다. 국토교통부가 발표한 지난해 서울 주택 매매가격지수는 6.6% 올랐지만, 공시가격 인상률은 그 3배에 가까운 17.8%였다. 이에 대해 국토교통부는 "그동안 공동주택에 비해 단독주택 현실화율이 낮았다"고 주장했다. 시세 대비 공시가격 비율이 단독주택은 51.8%, 토지는 62.6%, 공동주택은 68.1%였다는 것이다. 김현미 국토교통부 장관은 "초고가 단독주택은 공시가격 현실화율을 아파트만큼 높일 필요가 있다"고 했고, 이에 대해 한 전문가는 "그간 단독주택 공시가격 비율이 아파트보다 낮았던 것은 아파트처럼 규격화돼 있지 않고, 거래가 많지 않아 시세를 정확히 따지기가 어렵기 때문"이라며 "앞으로 이상 거래 한두 건이 동네 전체 공시가격을 좌우하는 경우가 생길 수 있다"고 비판했다. 정부는 공시가격 상승에 따른 건강보험료 급증이나 기초연금 탈락 등 복지제도 관련 부작용을 줄일 보완책도 함께 공개했다.

〈조선일보〉는 같은 날 **"서울 단독주택 공시가 18%(평균) 인상…비싼 집일수록 인상률 높아"**라는 기사도 실었다. 기사에 따르면 서울 기준 시세 3억원 미만인 주택의 공시가격은 6.6% 올랐지만, 6억~9억원인 주택은 9.4%, 25억원 이상인 주택은 37.6% 올랐다고 한다.

"아파트 공시가도 크게 올릴 듯…부동산 시장 더 위축"이라는 기사도 실었는데, 전문가들이 '집값이 내리는데도 세금은 오르는' 현상이 빚어질 것으로 전망한 내용을 다루었다. 이번에 발표된 표준단독주택 공시가격 9억원 초과 주택은 전년 대비 58% 늘었고, 6억원 초과 주택도

30.4% 늘었다는 내용과 함께 개인당 1년에 늘어나는 보유세 한도(세 부담 상한)도 1주택자는 50%지만, 서울 등 조정대상지역에 집을 3채 이상 보유한 다주택자의 경우 한 번에 보유세가 300%까지 늘어날 수 있다고 보았다. 여기에 세금이 늘어나면 경제 전반에 악영향을 줄 수 있다는 우려도 함께 실었다.

같은 날인 1월 25일자 〈한겨레신문〉에는 **"공시가격 현실화 첫발… 서울 단독주택 18% 올렸다"**라는 기사가 실렸다. 치솟는 집값을 따라잡지 못하는 공시가격의 현실화율을 높이기 위해 정부가 2019년 전국 표준단독주택의 공시가격을 전년보다 평균 9.13% 올리기로 했다는 내용이다. 여기서 김현미 국토교통부 장관은 "단독주택 공시가격의 현실화율을 높여 주택 유형 간, 지역 간 형평성을 높이는 데 초점을 맞췄다"며 "이후 아파트 등 공동주택 공시가격에도 시세를 적극 반영할 계획"이라고 말했다. 기사에 따르면 올해 표준단독주택 공시가격 상승률 9.13%는 2005년 공시가 시작된 이후 최대 상승폭으로, 시장에서는 그동안 아파트에 견줘 상대적으로 시세반영률이 낮았던 단독주택 공시가격이 이번에 고가주택을 위주로 오르면서 상당 폭 정상화된 것으로 보고 있다. 한 전문가는 "단독주택과 아파트의 공시가격 불균형은 소득이 고스란히 노출되는 월급생활자의 유리 지갑과 소득 파악이 어려운 고소득 자영업자의 금고 차이와 비슷하다"며 "이번 고가 단독주택 공시가격 인상은 그간 방치되어온 가격 불균형을 대폭 개선했다는 데 의미가 있다"고 말했다.

기사에서는 집주인들이 보유세 '폭탄'을 맞을 것이라는 우려도 나오지만, 이는 현실과는 차이가 있다고 분석했다. 표준주택 22만호 중 98.63%(21만 6,988호)로 대부분을 차지하는 공시가격 9억원(시세 약 15억원) 이하 주택 소유자가 1주택자일 경우 종합부동산세 부과 대상이 아닐 뿐만 아니라 보유세 상승도 소폭에 그칠 것으로 보이기 때문이다. 올해 공시가격이 7억 8,000만원으로 지난해보다 13.87% 오른 주택의 경우, 지난해 보유세는 179만 2,000원이었으나 올해는 35만 4,000원(19.7%) 늘어난 214만 6,000원이 부과된다. 이 주택의 현 시세는 13억 8,000만원으로 최근 1년간 집값 상승분 1억 7,000만원에 견준 세 부담 상승액은 '쥐꼬리'인 셈이다.

다만, 일부 고가주택은 공시가격 상승률이 50~100%에 이르면서 보유세가 큰 폭으로 인상될 것으로 예상되는데, 이 경우에도 1세대 1주택자의 보유세(재산세+종부세)는 전년 대비 50%가 상한이다. 또 1주택자인 70세 이상 고령자가 10년 이상 장기 보유한 주택의 경우 종부세가 최대 70% 감면돼 부담을 덜 수 있다.

같은 신문에서 **"건보료도 뛰나?…공시가 3% 오른 가입자 5,000원 늘어"**라는 기사도 실었다. 공시가격이 현실화되면 지역가입자가 내는 건강보험료와 기초연금 수급 자격 등에도 여파가 미친다. 정부는 24일 '표준단독주택 공시가격'을 발표하면서 "중저가 단독주택은 공시가격 인상 폭이 낮아 중산층 이하 서민에게 미치는 영향은 크지 않을 것"이라고 강조했다. 정부의 설명에 따르면, 예를 들어 서울에 시세가 6억 5,500만원인 주택을 가지고 있으면서 종합소득이 연 567만원이고 2,200cc 자동차 1대가 있는 건강보험가입자의 경우, 공시가격이 지난해 3억 7,800만원에서 3억 9,100만원으로 3.44% 올라 건강보험료는 지난해 월 19만원에서 올해 월 19만 5,000원으로 2.6% 인상되는 데 그친다. 그러면서 정부는 개별 가구의 건보료가 지나치게 인상될 경우 보완책을 강구하겠다고 말했다.

같은 날 사설에서는 **"첫발 뗀 '공시가격 정상화' 흔들림없이 이어가야"**를 다루었다. 사설은 그동안 주택 공시가가 실거래가보다 너무 낮게 설정되어 있었다는 내용으로 시작하면서 공동주택의 공시가격은 시세의 60~70%, 단독주택은 50~60% 수준이며, 고가 단독주택은 시세의 50% 미만이기 일쑤고, 20~30%대 사례도 있을 정도로 시세반영률이 낮다고 전했다.

사설에서는 표준단독주택 공시가격 상승률이 예년보다 높아졌다지만 '세금 폭탄론'은 어불성설이라고 주장했다. 표준주택의 98.3%에 해당하는 중·저가 주택(21만 6,000호, 시세 15억원 이하)의 상승률은 평균 5.86%에 그쳤기 때문이다. 그러면서 더욱이 1주택자의 재산세 부담 증가는 작년 대비 5~30%, 종합부동산세를 포함한 전체 보유세 부담 증가는 최고 50%로 제한돼 있고, 공시가격 3억~6억원 주택의 재산세 부담 증가율 상한이 10%이기 때문에 서민층 세 부담 폭증 운운은 적절치 않다는 입장을 밝혔다.

또한 공시가격 현실화는 조세 형평성 제고나 집값 안정을 위해 꼭 필요하며, 공시가격 현실화율을 지속적으로 높여나가야 한다고 역설했다. 특히 표준단독주택의 시세반영률은 50%를 약간 넘는 수준(53%)에 지나지 않으므로 정상화의 첫걸음을 뗐을 뿐이라고 평가하면서, 공시가격을 실거래가에 근접한 수준으로 책정하는 게 당연하다고 주장했다.

1월 26일 자 〈조선일보〉에는 **"14억→40억→30억…공시가격 주먹구구로 산정했다"**라는 기사가 실렸다. 기사에서 국토교통부 관계자는 "'공시가격 현실화율'이 아파트는 68%, 단독주택은 52%다. '공평과세' 차원에서라도 단독주택 공시가를 더 올릴 필요가 있다"고 얘기했고, 한 민간전문가 공시위원은 "취지에는 공감하나 인상률이 너무 높아 세금 부담이 급증한다"고 말했다. 또 다른 민간전문가 공시위원은 "현실화율은 처음 듣는 통계인데 근거가 무엇인가?"라고 지적했다. 중앙부동산공시위원회(이하 공시위) 회의의 참석자들은 회의에서 민간 위원들의 비판이 쏟아졌지만, 국토교통부가 '현실화 필요성'이란 대원칙만 앞세워 원안을 강행했다고 전했다.

공시위는 국토교통부 차관을 포함한 공무원 6명과 민간 부동산·법률 전문가 14명으로 구성된다. 「부동산가격 공시에 관한 법률」은 국토교통부가 반드시 민간 전문가가 포함된 공시위 심의를 거친 뒤 공시가격을 발표하도록 규정하고 있다. 공시위는 회의 전부터 '거수기' 논란에 휘말렸다. 당초 그달 21일 개최될 예정이었던 회의를 국토교통부가 공시가격 발표일인 24일 하루 전으로 연기한 탓이다. 이에 대해 한 부동산 전문가는 "국토교통부가 공시위를 요식 절차로 생각했다는 의미"라고 말했다.

이 회의의 참석자에 따르면 민간 위원 여러 명이 국토교통부가 들고 온 공시가격 인상 폭에 이의를 제기했고, 국토교통부가 가져온 '현실화율' 통계에 대해 연이어 질문을 던졌지만 국토교통부는 일방적으로 '공시가격 현실화가 필요하다'는 방향성에 대해서만 얘기했다고 한다. 특히 작년의 3배에 가까운 공시가격 인상률에 대해서는 "국민이 납득하겠느냐?"는 의문이 여러 번 제기됐는데도, 국토교통부 측은 '우리가 지금까지 잘 납득시키고 있고, 앞으로도 잘하겠다'는 취지로 답한 뒤 회의를 마쳤다고 한다.

민간 위원들이 '근거'에 의문을 제기했던 단독주택 공시가격은 최종 결정 전까지 급변했다. 서울 성수동1가의 한 단독주택은 지난해 공시가격이 5억 5,000만원이었는데, 지난달 국토교통부가 발표한 공시 예정 가격은 35억 2,000만원이었고, 24일 발표된 최종 공시가격은 27억원으로 바뀌었다. 연남동 다른 주택의 공시가격도 14억 3,000만원(지난해) → 40억 6,000만원(예정공시) → 30억 3,000만원(최종공시)으로 변했다.

위헌·위법 논란도 제기되었다. 국토교통부는 이번 공시가격 발표에서 시세 15억원을 기준으로 단독주택을 고가와 저가로 나누고, 고가에 대해서는 '빠른 속도로 현실화', 저가에 대해서는 '점진적으로 현실화'하겠다는 방침을 밝혔다. 이에 대해 한 전문가는 "특정 가격대만 콕 찍어 '급격하게 높이겠다'는 그 자체로 조세 형평성에 위배될 소지가 크다"고 말했다. 소득이 거의 없는 은퇴 계층의 보유세 부담에 대해 '집을 팔면 되는 것 아니냐'는 주장도 나오는데, 이에 대해 "납세자에게 집을 팔지 않으면 낼 수 없는 수준의 세금을 부과하는 것은 능력에 맞게 세금을 부과해야 한다는 '응능應能 과세' 원칙에 위배되어 위법하다는 판례도 있다"며, "헌법상 평등권 침해 소지가 있다"고 덧붙였다. 또 다른 전문가는 "부자에게 세금을 더 걷느냐 마느냐는 국회가 법률로 정하는 것이고, 공시가격은 그 과정에서 기준으로 삼는 지표"라며 "이번 공시가격 산정 과정을 보면 이런 '기준'을 비틀어 버린 것 아니냐는 의심이 든다"고 말했다. 다른 전문가는 "여론의 환심을 사려고 원칙을 무너뜨려 행정 불신을 자초하고 있다"고 언급했다.

1월 22일 자에는 **"'강남발 전세하락' 12주 연속 떨어졌다"**, 1월 28일 자에는 **"서울 아파트값 11주째 하락…9억 이하 아파트는 오히려 올라"**, 1월 29일 자에는 **"서울 아파트, 글로벌 금융위기 수준 '거래 절벽'"**이라는 기사가 실렸다. 거래량은 9.13 대책 직전의 8분의 1토막으로 줄었고, 공인중개사협회의 한 관계자는 "10년 만에 찾아온 최악의 거래 절벽 현상은 이달에도 개선될 기미가 없다"고 말했다.

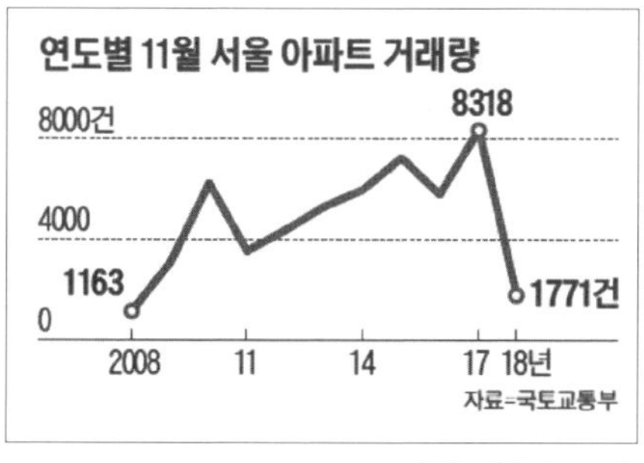

출처: 조선일보(2019.1.29).

〈조선일보〉 1월 29일 자에는 **"국세청, 유튜버·부동산 컨설팅 세무 검증 강화"**, 1월 30일 자에는 **"4억 싸게 나와도 경매 응찰자 한 명도 없어"**, 2월 1일 자에는 **"서울 아파트마저…1순위 청약 미달 사태"**, 2월 3

일에는 **"공시가 연동 종부세도 올라…세 부담 더 커져"**, 2월 7일에는 **"서울 아파트 매매·전세 12주 연속 동반 하락"**이라는 기사가 실렸다. 같은 날 〈한겨레신문〉에는 **"지난달 서울 아파트 매매량 6년 만에 최저"**, 2월 8일 자에는 **"올해 표준지 공시지가 10% 가까이 오를 듯"**이라는 기사가 실렸고, 2월 11일 자에는 **"공시가 9억 초과 6만호 늘듯…종부세 폭탄? 찻잔속 태풍?"**이라는 기사가 등장했다.

〈조선일보〉 2월 11일 자에는 **"강남에서도…전세금 돌려주려 빚냈다"**라는 기사가 실렸고, 〈한겨레신문〉은 2월 15일 자에 **"'내 전세금 돌려받을 수 있나' 갭 투자 심했던 경기도에 경고등"**이라는 기사를 실었다. 〈한겨레신문〉은 **"집 있는 가구 27%가 2주택 이상, 주담대 막혔는데 세입자 못 구하면…"**이라는 기사도 다루었다. 보통 집주인은 다음 세입자를 구할 때까지 일단 주택담보대출을 통해 기존 세입자의 전세보증금을 마련하는데, 다주택자의 경우 대출이 막혀 반환이 힘들어졌다는 내용이었다. 결국 세입자가 피해 볼 가능성이 높아졌다는 뜻이다.

또 〈조선일보〉는 2월 16일 자에 **"서울 아파트 거래량, 반년 만에 10분의 1로"**, 2월 18일 자에 **"서울 아파트 매매·전세가 10주 연속 동반하락"**, **"차라리 손주에게 물려주자, 5월 주택 공시가격 폭탄 터지기 전에"**라는 기사를 실었고, 〈한겨레신문〉은 2월 25일 자에서 **"서울·수도권 분양시장도 '찬바람'"**이라는 기사를 다루었다.

[시론]

부동산 정책 이대로 괜찮나

부동산114에 따르면 서울 아파트 매매가격이 10주 연속 하락해서 2014년 이후 최장 기간 하락했다고 한다. 최근 3년간 오른 폭을 생각한다면 그리 큰 하락은 아니라고 여길 수도 있지만, 부동산 시장만이 아닌 국가 경제 전체를 본다면 의미는 사뭇 달라진다.

KB에서 지방 아파트 가격을 따로 조사하기 시작한 2003년 이후 지방 아파트는 작년에 최대 폭인 3.3%나 하락했고, 이미 깡통전세로 인한 세입자들의 불안감도 커지고 있는 상황이다. 국내 최대 주택건설이었던 200만호 입주 이후에 우리나라 집값이 외환위기 때와 신용카드 사태 때, 그리고 금융위기가 왔을 때 단 3개년만 하락했다는 점을 감안하면 가히 충격적이라고 할 수 있는 상황이다.

특히 일부 지자체의 경우는 작년에 지역의 산업불황까지 겹쳐서 폭락이라고 해도 좋을 수준인 10% 이상 하락했다. 지방 시장 전체를 보더라도 아파트 가격은 지수 산정 후 2016년에 처음으로 떨어지기 시작하여 3년 연속 하락했고, 올해도 개선될 가능성이 낮아 보인다. 게다가 작년 말 기준으로 전국 미분양 아파트 중 지방이 89%를 차지하고 있으며, 입주율도 평균보다 훨씬 낮은 60%대 안팎이어서 더욱 우려가 커지는 상황이다.

이러한 부동산 시장의 하락 전환은 거시경제의 성장 정체에서 기인하는 바가 크다. 국제통화기금과 세계은행 등에서 올해 세계 경제 전망치를 연이어 하향조정하고 있고, 국내외 경제 관련 기관에서도 우리나라 경제성장률 자체를 계속해서 낮춰 전망하고 있다. 재작년에 반도체 효과 등으로 경제성장률을 3%대로 유지하긴 했지만 작년과 올해는 거의 모든 기관에서 2%대 성장을 점치는 상황이다. 며칠 전에는 국책연구기관인 한국개발연구원에서도 우리 경제에 대해 우려를 표명했다. 내수부진과 수출위축으로 인한 경기둔화 우려를 공식화한 것이다. 주변에서는 이러다가 우리 경제가 장기 침체에 빠지는 게 아닌가하는 걱정도 하고 있다.

이런 상황을 인식한 정부에서도 경제를 부양하기 위해 안간힘을 쓰고 있다. 정부는 예산을 확대 편성하고, 예산과 기금, 공공기관의 주요사업을 상반기에 61% 집행할 것이라고 발표했다. 집행률이 거의 역대 최고 수준이다. 이 중에서도 일자리 관련 예산은 상반기에 65%나 집행하겠다고 밝혔으며, 여기에 더해 광역·기초자치단체에도 12조원의 추경을 편성해 상반기 중에 절반 이상 집행할 예정이라고 밝혔다. 정부가 경기 하강을 막기 위해 총체적인 노력을 기울이고 있음이 절절하게 느껴진다.

각종 기관들이 올해 부동산 시장에 대해 내놓는 전망도 좋지 않다. 작년까지 폭등한 서울 아파트 가격에 따른 부담감과 거시경제에 대한 불안감, 정부 규제로 인해 대부분의 기관에서 보합 혹은 하락을 점치고 있다. 특히 지방시장에 대해서는 더욱 비관적으로 예상하고 있다. 올해는 재산세와 종합부동산세의 인상이 예고되어 있고, 이에 더하여 공시가격의 급격한 인상으로 인한 세 부담 증가도 예상된다. 이제는 부동산 시장의 안정이 아니라 경착륙을 우려해야 할 상황이 아닌가 싶다.

우리나라 경제가 하강기로 접어들 것으로 예상되는 시점에, 부동산에 지금까지와 같은 고강도 규제책을 유지할 경우 그 효과가 어떻게 나타날지 의심스럽다. 정부가 한편으론 경제를 살리기 위해 전력을 기울이면서도, 다른 한편으로는 그와 정반대 정책에 매진하는 모습에 시장도 국민들도 혼란스럽기만 하다.

전방위적 규제로 인해 부동산 거래가 얼어붙은 지 오래다. 비정상적으로 위축된 거래량은 우리 사회가 엄청난 기회비용을 지불하고 있음을 의미한다. 사고 싶어도 사지 못하고, 팔고 싶어도 팔지 못하는 그런 상황, 즉 경제가 멈춰버린 상태인 것이다. 이로 인해 서민경제와 직결되는 중개업과 인테리어업, 이사업, 가구업 등도 급격히 위축되었다. 작년에 신규 일자리 1개를 만드는 데 예산이 2억원이나 사용되었다고 한다. 한편으론 이렇게 막대한 예산으로 일자리를 늘리고, 다른 한편으론 일자리를 없애는 정책이 공존하고 있다. 이제는 서울 집값에만 매달리지 말고 국가 경제 전체를 고민해야 하며, 지방도 고려해야 서민들의 삶이 개선될 것이다.

출처: 심교언(2019.1.23), 서울경제.

12장

누구를 탓해야 할까?

공직을 맡은 자는

스스로를 공공재산으로 생각해야 한다.

토머스 제퍼슨

투기·비리일까? 애국심일까?

1월 16일 자 〈조선일보〉에는 **"손혜원 가족·측근들, 목포 '문화재 거리' 지정 직전 건물 8채 매입"**이라는 기사가 실렸다. 국회 문화체육관광위 간사인 손혜원 더불어민주당 의원이 전남 목포 '문화재 거리'가 등록문화재가 되기 1년 5개월 전부터 가족과 지인 등의 명의로 그 일대 건물 9채를 사들여 개발 이익을 봤다는 의혹이 전날인 15일에 제기되었다는 내용이었다. 손 의원의 조카, 남편이 이사장으로 있는 문화재단, 보좌관의 배우자 등이 '목포 근대역사문화공간' 구역 안에 건물을 사들였고, 해당 건물들은 문화재로 등록된 뒤 가격이 3~4배 정도 올랐다고 한다.

손 의원 측은 국회 문화체육관광위 여당 간사라는 지위를 이용해 문화재 등록 과정에 관여한 것 아니냐는 의혹에 대해 "역사적 가치가 있는 지방을 살리기 위한 것이지 투기 목적이 아니다"라고 반박했다.

〈조선일보〉는 **"손혜원 '목포를 위해 그렇게 노력했건만…'"**이라는 기사에서 손 의원 측이 "손 의원이 (조카 등에게) 1억원씩 증여해 목포에 내려가게 한 것은 맞지만, 이는 역사적 가치가 있는 지방을 살리기 위한 것이지 투기 목적이 아니다"라며 "법적 대응하겠다"고 주장했다고 한다. 손 의원은 자신의 페이스북에 "목포를 위해서 그렇게 노력했건만 돌아오는 것은 결국"이라는 3줄짜리 해명을 올렸고, 이어서 "SBS, 허위사실 유포로 고소하겠습니다. 악성 프레임의 모함입니다"라는 제목으로도 글을 올렸다. 또 다른 언론들에는 "투기가 아니라는 데 의원직이 아니라 목숨을 걸겠다", "문화재적 가치가 있는 것을 보호하고 아파트 건축을 막기 위해 매입한 것"이라고 주장했다.

〈조선일보〉 1월 17일 자에는 **"지지자 20명 데리고 목포 내려간 손혜원…적산가옥 4채 보여주며 '여기 꼭 뜬다'"**라는 기사가 실렸다. 손 의원이 2017년 10월 지지자 20여 명을 데리고 목포 구도심을 돌며 "이곳은 반드시 뜰 거다. 여러분이 뜨게 도와 달라"고 말했다는 것이다. 현장에 있었던 한 사람은 "손 의원은 이날 창성장 건물을 포함한 네 채 가량의 적산가옥을 보여주면서 '여기가 문화재이고 앞으로 더욱 커질 것'이라고 했다"고 밝혔다.

손 의원 조카의 경우, 매입에 관여하지 않았고 매입 당시 군 복무 중이었던 것으로 드러나 차명 매입 의혹도 제기되었다. 손 의원 조카의 아버지는 언론에 "가족 모두 목포에 가 본 적도 없고 게스트하우스인 것도 나중에야 들었다"며, "아내가 손 의원 남편이 대표로 있는 매장에서 일한 적이 있어 어쩔 수 없이 아들의 인감도장을 넘겨줬다"고 말했다. 손 의원의 또 다른 지인이 건물을 산 것이 확인되어 손 의원 가족·지인들이 이 지역에 매입한 건물 숫자는 모두 10채로 파악되었다. 이에 대해 손 의원 측은 "도시 재생 사업을 통해 목포 구도심을 띄우겠다는 얘기는 이미 여러 차례 해왔다"며 "사람이 많이 찾는 거리를 만들겠다는 말을 '개발 이익을 얻을 수 있다'는 의미로 보는 건 잘못"이라고 해명했다.

같은 신문에서 **"'문화재 거리' 건물 10채 매입, 투기 아니란 말 누가 믿겠나"**라는 제목의 사설을 실었다. 사설에 따르면 손 의원은 지난해에 문화재청장을 만나 "목포 등 근대 문화유산의 보존을 위해 대책을 세워 달라"고 건의했다고 한다. 일반적인 문화체육관광 위원이라면 충분히 할 수 있는 말이다. 그러나 사설에서는 가족과 측근이 해당 지역에 건물을 갖고 있다면 개발 이익을 노리고 문화재 지정에 영향력을 행사하려 한 것 아니냐는 의심을 받을 수 있다고 지적하고, 지난해 8월 문화재 지정 이후 이 일대 건물 시세가 2배 이상 올랐다고 밝혔다.

"사재를 털어 목포 구도심을 살려 보려 한 것"이라는 손 의원의 해명에 대해 그런 취지라면 왜 남의 명의를 빌렸는지 이해가 안 간다고 지적하자, 손 의원은 "내 재산이 증식되는 걸 원치 않았다"고 말했다. 사설에서는 손 의원이 구도심을 살리려 사재를 털어 희생한 것처럼 말해 놓고, 그 재산 가치가 오를 것을 짐작했다는 정반대 얘기를 하고 있다고 지적했다. 그러면서 손 의원이 문화재 지정에 관여했는지, 또 관련 정보를 미리 알고 가족과 측근 명의를 빌려 부동산 매입에 나섰는지 경위를 규명해야 한다고 마무리했다.

1월 18일 자에는 **"'손혜원 타운'에 들어갈 나랏돈 1,100억"**이라는 기사가 실렸다. 손 의원의 가족과 지인들이 집중 매입한 전남 목포 근대역사문화공간과 인접 지역에 투입될 국가 예산이 1,100억원에 달한다는 내용이었다. 손 의원의 친·인척과 지인들이 이 일대에서 매입한 건물이 최소 15채 이상이라는 소식, 그리고 민주당이 긴급 최고위원회를 열고 손 의원의 국회 문화체육관광위 여당 간사직을 유지할지 등을 논의했으나 별도의 조치를 취하지 않기로 결정했다는 내용도 실렸다. 이후 같은 신문에서 **"'의혹 핵심'으로 떠오른 손혜원 보좌관"**, **"예산 심의 때면 '이건 목포에' 했던 손혜원…문화재 지정엔 '몰랐다'"** 등의 기사가 계속 쏟아졌고, 같은 신문 사설에서는 **"목포 건물 15채, '손혜원 타운' 의혹 문제없다는 여당"**이라는 제목으로 이 문제를 다루었다.

1월 19일 자에는 **"나전칠기박물관 운영한다는 재단, 대출받은 돈으로 지방 부동산 사고, 문체부에 운영보고서도 제출 안해"**, **"의혹 집채만 한데…與, 왜 손혜원 말만 믿나"**, **"손혜원, 11억 대출 받아 목포 부동산 매입에 썼다"**, **"측근의 친척, 그 아들까지 연결돼 매입…'노른자 블록' 30% 장악"**이라는 기사를 실었고, **"'손혜원 타운', 상임위 관련 부동산 매입 자체가 문제다"**라는 사설을 실었다.

1월 21일 자에는 **"손혜원 탈당 퍼포먼스"**라는 기사가 실렸다. 기사에 따르면 손 의원은 국회에서 기자회견을 갖고 "민주당 당적을 내려놓고 국회 문화체육관광위원회 간사직에서도 물러나겠다"고 밝혔다. 그러면서 "SBS뿐만 아니라 허위사실 유포로 기사를 쓴 기자들과 그 기사를 모두 캡처해서 200여건, 다음 주 초에 바로 고소할 것"이라며, "허위 사실 유포, 명예훼손 그리고 제가 걸 수 있는 이유를 다 걸겠다"며 "검찰 조사에서 0.001%라도 그런 사실이 밝혀진다면 그 자리에서 국회의 원직을 내려놓겠다"고 말했다.

1월 22일 자 〈조선일보〉에는 **"14년 추진됐던 재개발, 을지면옥을 어찌할꼬"**라는 기사가 실렸다. 박원순 서울시장이 지난 16일 기자 간담회에서 "(을지면옥이 포함된) 세운재정비촉진지구 재개발 계획을 전면 재검토하겠다"며 14년간 추진되어온 재개발 사업에 제동을 걸었고, 21일에는 구역 주민 200여 명이 시청에서 항의 시위를 벌였다는 내용이었다. 이들은 "노포 보존이 열악한 환경 개선을 14년째 외치는 주민들의 간절한 염원을 앞서는 것이냐?"라고 외쳤고, 한 시위 참가자는 "재개발이 이미 시작돼 세입자들이 떠난 마당에 대책 없이 계획을 미루면 주민들이 받는 타격이 크다"고 주장했다. 반면 이에 반대하는 시민단체 측은 '건물까지 그대로 지키는 게 노포를 보존하는 길'이라는 입장을 취했다.

한 음식전문가는 '프랑스 현대 문학의 산실'로 꼽히는 파리의 카페 '레 뒤 마고Les Deux Magots'와 을지면옥의 차이를 언급했다. 그는 "레 뒤 마고는 1885년부터 철학자와 예술가들이 드나드는 유서 깊은 카페지만, 을지면옥은 1985년부터 을지로에서 영업을 해와 상대적으로 역사가 짧다"며 "또한 한식 전문점 한일관처럼 강북에서 강남으로 옮긴 뒤 장사가 더 잘되는 경우도 있다"고 말했다.

재개발 사업 시행사에 따르면 을지면옥 측도 건물 보존에 큰 의지가 없어서 지난 2014년에 "재개발 기간에는 청계천에 있는 5층짜리 건물에 임시로 이전했다가, 원래 부지에 지어지는 신축 건물에 재입점한다"는 계획에 동의했다고 한다. 한 부동산 전문가는 "근대 건축물로 지정된 것도 아닌데, 을지면옥 건물이 인근 주민들을 희생시킬 만큼 가치가 있는지 의문"이라며 "새로운 가게에서 전통을 이어가도 을지면옥의 명성은 변함없을 것"이라고 말했다. 한 음식 전문가도 "우래옥 중구 본점은 건물을 신축한 후에도 여전히 손님들의 발길이 끊이지 않는다"며 "새로운 공간에서 전통의 맛을 잇는 것도 가치가 있다"고 언급했다.

9.13 대책의 힘은 지속되고

〈조선일보〉는 2019년 3월 5일 자에 **"서울 아파트값 하락하는데 단독주택은 오히려 올랐다"**, 3월 11일 자에 **"서울 재건축 아파트값 18주 연속 떨어져…2012년 이후 최장기 하락세"**라는 기사를 실었다.

〈한겨레신문〉은 3월 7일 자에 **"강남 3구·마·용·성 70%가 '갭 투자'"** 라는 기사를 실었다. 2018년 서울과 경기, 세종시 등 투기과열지구에서 이루어진 3억원 이상 주택 거래 가운데 절반 이상이 실제 입주 의사 없이 임차인의 보증금을 끼고 거래한 '갭 투자'로 확인됐다는 내용이었다. 이 비율은 정부가 9.13 대책을 내놓은 뒤 고점에 비해 20%p 가까이 하락한 수치다. 이에 대해 국토교통부 관계자는 "실제 투기 목적인지를 일일이 확인할 수 없는 상황이기 때문에, 입주의사 없이 보증금을 끼고 거래하는 주택 매매를 갭 투자로 간주할 수밖에 없다"며 "현재 정부 당국이 갭 투자 현황을 파악할 수 있는 자료는 자금조달계획서 분석이 유일하다"고 말했다. 갭 투자의 규모를 추정할 수 있는 통계치가 공개된 것은 이번이 처음이었다. 이에 대해 한 전문가는 "전월세에 머물다 전세를 끼고 주택 구입으로 갈아타는 등 실수요자의 움직임이 혼재해 나타난다는 점에서 다소 과장된 숫자일 순 있다"면서도 "같은 투기과열지구 안에서도 집값 상승을 주도했던 서울, 분당 등 지역의 갭 투자 비율이 높다는 점이 확인되는 등 시장 상황을 최초로 파악할 수 있다는 점에서 의미가 있다"고 평했다. 이에 대해 더불어민주당 안호영 의원은 "'빚내서 집 사라'는 박근혜 정부의 부동산 정책에 따라 갭 투자가 부동산 재테크 수단으로 광범위하게 활용됐다는 사실이 통계치를 통해 증명된 것으로 본다"고 평했다.

3월 13일 자 〈조선일보〉에는 **"서울시, 아파트 재건축·재개발 디자인까지 가이드라인"**이라는 기사가 실렸다. 서울시가 전날인 12일 발표한 '도시건축 혁신안'에 따르면 앞으로는 서울시가 재건축 착수 단계부터 개입하겠다는 내용이었다. 이에 대해 시가 민간 아파트 디자인에까지 개입하는 것은 과도하다는 비판이 제기됐다. 또한 시에서 "재건축 때 아파트 한 동과 중앙 굴뚝은 미래 유산으로 남겨라"라고 제안해 논란이 된 잠실 주공5단지 사례가 일반화될 수 있다는 우려도 나왔다. 한 전문가는 "시가 민간에 디자인 안을 제시하는 건 지나친 관의 개입"이라고 평했고, 다른 법조인은 "재개발 및 재건축 당사자들의 의사를 과하게 억제할 경우, 「도시 및 주거환경정비법」과 헌법상 재산권과 평등권 등에 반할 가능성이 있다"고 말했다.

같은 날 〈한겨레신문〉은 **"서울 아파트 작년 상승률의 1/6 찔끔 하락…아직 집값 높다"**라는 기사를 싣고, 9.13 대책이 발표된 지 6개월이 지나면서 광풍의 진원지였던 서울 집값이 하락하고 거래 시장에 찬바람이 부는 등 시장이 진정 국면에 접어들었다고 평가했다. 기사에서는 정부도 집값이 좀 더 내릴 것으로 보고 있다면서, 박선호 국토교통부 제1차관이 국토교통부 업무계획 브리핑에서 "수요·공급 양 측면에서 주택시장 안정요인은 앞으로도 더 강화될 것으로 본다"며 "투기수요가 효과적으로 관리되고 있고 주택 공급도 충분히 이뤄질 것"이라고 말했다고 전했다. 이에 대해 부동산 업계에서는 최근 주택시장이 급등기 때와 달리 집값이 좀처럼 내리지 않는 '하방경직성'을 보이는 데는 주택 거래량이 크게 감소한 탓이 있다고 보는 입장을 내놓았는데, 주택매매 거래량이 전년 동기 대비 80.6%나 감소했다는 것을 근거로 삼았다. 이와 관련해 국토교통부 관계자는 "집값 안정세가 공고해지고 주택시장 정상화가 이루어지면 거래량도 차츰 늘어날 것으로 예상한다"고 언급했다.

3월 15일 자 〈한겨레신문〉에서는 **"서울 아파트 공시가 12년 만에 최대폭 상승"**과 **"집값 치솟은 '과천·마·용·성' 공시가, 전국 평균 3배 이상 올라"**라는 기사를 실었다. 전날인 14일 국토교통부가 발표한 전국 공동주택 공시가격 변동률은 5.32%로 지난해(5.02%)보다 높은 수준으로 나타났고 서울 아파트는 14.17% 오를 것으로 전망되었다. 가격대별 변동률을 살펴보면 고가주택의 경우 많이 올랐고 가격이 낮은 주택은 더 낮게 산정되었다. 같은 신문의 **"시세 10억 아파트 보유세, 140만원**

→165만원"이라는 기사에서는 고덕동 아파트 사례에서 보유세는 165만원으로 16% 늘어나고, 건강보험료는 1만원(3.9%) 인상된 26만 5,000원이 된다는 내용을 다루었다. 그리고 고가주택 소유자와 다주택자의 보유세 부담이 꽤 늘어날 것으로 전망했다. 같은 날 〈한겨레신문〉은 **"아파트 '공시가' 인상, 여전히 '시세'와 격차 크다"**라는 사설을 실었다. 사설에서는 고가주택에 높은 인상률을 적용한 것은 바람직하다고 평가하면서 세 부담 증가에 따른 선의의 피해가 발생하지 않도록 준비할 것을 촉구하고, 공시가격 현실화율을 계속 높여야 한다고 주장했다.

〈조선일보〉는 같은 날인 3월 15일 자 **"2년새 26% 급등, 서울 공시가 쇼크"**라는 기사에서 공시가격이 오르면 주택 보유세(재산세+종합부동산세)는 계단식 누진구조의 세금 부과 체계로 인해 공시가격 상승률보다 더 큰 폭으로 오른다고 지적하고, 가진 재산이 집 한 채뿐인 중산층이나 은퇴자들에겐 감당하기 버거운 부담이 될 것으로 예상했다. **"강남보다 더 올린 '마·용·성'…종부세 아파트 56% 늘었다"**라는 기사에서는 1주택자 기준으로 종부세 대상이 되는 공시가격 9억원 이상 주택이 지난해 14만 가구에서 22만 가구로 급증한 내용을 다루었다. **"고가주택 28만 채만 때린다더니…보유세 뛰는 아파트 118만 채"**라는 기사에서는 정부는 시세가 12억원을 넘는 28만 채 외엔 부담이 크지 않다고 주장했지만, 실제론 시세 6억원 이상 중산층 아파트까지 공시가격이 두 자릿수로 올랐음을 지적했다. **"집 1채뿐인 은퇴자, 건보료 뛰고 기초연금 탈락자 속출"**이라는 기사에서는 공시가격이 10%, 20% 오르면 건강보험료는 각각 4.6%, 8.5% 늘어나고, 30% 오를 경우엔 13.4%가 뛴다고 밝혔다. 서울 주택 공시가격이 20% 오를 경우 현재 기초연금을 받고 있는 74만 9,847명 가운데 1만 1,071명이 지급대상에서 제외되고, 소득이 낮은 학생에게 주는 국가장학금의 경우도 지난 3년간 공시가격이 급등한 제주도에서는 지난해 수령액이 전년보다 13% 줄었다고 한다. 한 전문가는 "공시가격 인상이 서민에게 미치는 영향을 축소하더라도 한쪽에서는 복지혜택 박탈 등 불이익을 받는 사람이 적지 않을 것"이라고 언급했다. **"거제 -18%·김해 -13%"**라는 기사에서는 전국 17개 광역지방자치단체 중 10곳의 공동주택 평균 공시가격이 하락했고, 지방도시 중에서도 거제시가 조선업 불황으로 가장 크게 하락했다고 분석했다.

3월 16일 자 **"6억 아파트, 왜 8억짜리보다 세금 많나…국토교통부 '산정 기준은 비밀'"**이라는 기사에서는 실거래가가 2억원 더 싼 아파트를 가진 사람이 재산세는 10만원 더 내야 한다는 억울한 사연을 다루었다. 기사에서는 주택별로 실거래가격 대비 공시가격 비율이 들쭉날쭉했고 편차가 최대 30% 이상이었다고 분석했는데, 이에 대해 공시가격 기준이 모호하고 산정과정이 불투명하기 때문이라는 지적도 나왔다. 정부는 공시가격에 시세를 최대한 반영한다면서 2년 연속 공시가격을 2010년대 들어 최대 폭으로 올렸는데, 문제는 '시세'의 기준이 명확하지 않다는 데 있다. 국토교통부 관계자는 "구체적인 시세나 그 산정 방식을 공개하긴 어렵다"고 밝혔다. 이에 대해 한 전문가는 "공시가격은 세금의 근거 자료인데, 그 산정 과정이 너무나 불투명하고 주먹구구식"이라고 지적했다. 이로 인해 공시가격이 비슷하게 올랐음에도 세금을 더 많이 내는 경우도 나타났고, 2년간 거래가 없어 팔지 못하는데도 불구하고 공시가격이 올라 답답하다는 인터뷰도 실렸다. 또한 시세 반영률이 아파트별로 최대 20~30%까지 벌어진다는 문제도 지적됐다.

같은 신문에 실린 **"24억짜리 아파트 1주택자는 보유세 1,404만원, 20억·4억짜리 두 채인 다주택자는 2,196만원"**이라는 기사에서는 다주택자가 세금을 더 많이 부담해야 해서 지방과 외곽의 집부터 처분함에 따라 아파트값 양극화가 더욱 심해질 것이라고 한 전문가의 말을 인용했다.

3월 25일 자 **"서울 집 한 채 재산세, 19.5% 오른다"**라는 기사에서는 종부세를 제외한 재산세가 2017년의 48만 8,000원에서 2018년에는 55만 3,000원으로, 2019년에는 66만원으로 오른다는 내용을 다루었다. 그리고 전국의 평균 주택 재산세도 2018년의 25만 7,000원에서 2019년에는 28만 1,000원으로 9.3% 올라 전국 주택 공시가격 평균 인상률 6.3%를 웃돈다고 지적했다. 3월 28일 자 **"서울 아파트 공시가격, 집값 상승률의 2배 올렸다"**라는 기사에서는 정부가 "일부 고가주택을 제외하고는 시세가 오른 것보다는 공시가격을 덜 올렸다"고 말한 데 대해 비판했다. 정부가 기준으로 삼는 한국감정원 통계를 보면 1년간 전국 아파트 매매가격은 0.09% 올랐고 서울은 8.03% 올랐는데, 공시가격 인상 폭은 전국이 5.02%, 서울이 14.17%였다. 이에 전문가들은 "가격 기준에 일관성이 없다"고 지적했고, 정부가 시세 추정 절차를 공개하지 않으니 검증할 방법이 없다고도 언급했다.

4월 4일 자에는 **"공시가격 기준, 한국선 집주인에도 비밀…미국선**

15쪽 설명서 제공"이라는 기사가 실렸다. 기사에서는 한 직장인이 오른 공시가격에 대해 한국감정원에 이의신청서를 내고 문의한 내용을 다루었다. 아파트 거래 자체가 거의 없는데 어떤 근거로 공시가격을 올린 건지, 기준이 되는 시세는 얼마인지 알고 싶어서 문의했으나 한국감정원은 "시세 정보는 내부 검토 자료"라며 공개를 거부했다고 한다. 이렇듯 공시가격은 큰 폭으로 올렸지만 인상 근거는 공개하지 않은 탓에 주택 소유자들의 불만이 커지고 있는 것에 대해 정부는 "산정 과정은 지금껏 공개하지 않았고 공개할 의무도 없다"는 입장을 밝혔다. 이에 대해 한 전문가는 "「공공기관 정보 공개에 관한 법률」에 따르면 모든 국민은 공공기관에 정보를 공개하도록 요구할 권리가 있으며, 공공기관은 국가 안보나 특정 개인, 법인에게 중대한 영향을 미치는 정보가 아니라면 공개하도록 되어 있다"며 "공시가격은 납세자 재산권과 연결되는 정보이므로 최소한 당사자에게라도 시세 및 산정 절차를 공개하는 것이 법 취지에 맞는다"고 말했다. 다른 전문가는 "미국에서는 공시가격 관련 이의 신청이 접수되면 감정평가사가 직접 15쪽 분량의 보고서를 발송하고, 부족하면 소유자를 직접 만나 설명한다"고 전했다. 또 미국 콜로라도주에서는 모든 부동산 공시가격을 감정평가사가 매기고, 담당 공무원도 대부분 감정평가사이며, 부동산 관련 과세 기준을 바꾸려면 의회 동의하에 법을 수정해야 한다고도 전했다.

4월 18일 자 〈한겨레신문〉에서는 **"강남·마·용·성 등 서울 8개구, 공시가격 산정 '수상한 오류'"**라는 기사를 실었다. 기사에서는 2018년 집값이 급등한 서울 용산·마포·강남구 등 8개 자치구가 단독주택 공시가격을 산정하는 과정에서 오류를 저질러 일부 주택의 공시가 상승률이 낮아졌다고 보도했다. 국토교통부는 대부분 단순 실수로 고의성을 단정하기 어렵다고 했지만, 자치구가 보유세 상승에 반발하는 여론을 의식해 의도적으로 공시가 하향 조정을 시도한 게 아니냐는 지적이 나왔다.

다주택 공직자는 사라져야 한다?

2019년 3월 14일 자 〈조선일보〉에는 또다시 세간의 눈살을 찌푸리게 하는 기사가 실렸다. 기사 제목은 **"내정 직전 딸에게 증여, 그 집에 월세 사는 국토장관"**이었다. 최정호 국토교통부 장관 후보자는 2004년 분당 아파트를 보유한 상태에서 배우자 명의로 재건축을 앞둔 서울 잠실 주공아파트 조합원 권리를 샀고, 세종시에도 아파트 분양권을 보유하고 있었다. 그런데 최 후보자는 한창 인사 검증이 이루어지는 도중에 자신이 거주하는 분당 아파트를 딸과 사위에게 증여하고, 이들 후 딸·사위와 보증금 3,000만원에 월세 160만원 조건으로 임대차 계약을 맺어 결과적으로 '1가구 2주택, 1분양권자'에서 '1가구 1주택, 1분양권자'가 되었다.

3월 15일 자에는 **"'다주택자와 전쟁'한다며 국토교통부 장관은 3주**

택자라니"라는 제목의 사설이 실렸다. 사설에서는 최 후보자가 증여과정에서 증여세도 6,000만원가량 절감한 것으로 추정했다. 또한 배우자 명의인 서울 잠실 아파트의 경우 전세를 끼고 재건축 아파트를 구입해 15년 사이에 10억여원의 차익을 노린 전형적인 '갭 투자'임을 언급하면서, 첫 내각의 18개 부처 장관 중 10명이 다주택자인 점도 비판했다.

같은 날 〈한겨레신문〉은 **"다주택자를 굳이 '국토교통부 장관'에 지명해야 했나"**라는 사설을 통해 최 후보자가 부동산정책을 총괄하는 자리에 과연 어울리는지 우려를 표명했다. 사설에서는 특히 전 국토교통부 장관이 "자기가 사는 집이 아닌 집들은 좀 파시라"고 말한 점과 다주택 보유가 집값 불안의 주된 원인이라는 정부 입장에서 걱정하는 내용을 다루었다.

이어서 3월 19일 자 〈조선일보〉에는 **"국토교통부 장관 후보처럼 증여하면 될까요?"**라는 기사가, 3월 27일 자 〈한겨레신문〉에는 **"국토교통부 장관님처럼 투기하면 되나요?"**라는 사설이 실렸다.

3월 28일 자 〈한겨레신문〉에는 **"'다주택 비판 여론 걱정스러워' 청와대, 최정호 후보 거취 고심"**이라는 기사가 실렸다. 기사에서는 '실거주 목적이 아니면 주택을 소유하지 말라'는 정부의 국정철학과 최 후보자의 과거 행보가 모순된다는 점을 문제로 꼽았다. 박양우 문화체육관광부 장관 후보자에 대해서도 9번의 위장전입과 탈세 등이 문제라고 지적했다. 이 중에서 최정호 후보자는 결국 자진 사퇴했다.

같은 날 〈조선일보〉에는 **"지역구 재개발 16억 차익, 도마 오른 진영"**이라는 기사가 실렸다. 진영 행정안전부 장관 후보자 국회 인사청문회에서 진 후보자가 지역구(서울 용산) 내 개발지구 내 부동산 매매로 16억원대 시세차익을 올린 것 때문에 문제가 된 내용을 다룬 기사였다. 진 후보자 아내는 2014년 6월 '용산 참사' 현장에서 350m 떨어진 토지 109㎡(약 33평)를 공시가의 절반인 10억 2,000만원에 샀는데, 이는 참사가 벌어진 뒤 재개발 사업이 멈춘 상황에서 사들인 것으로 진 후보자 아내는 매입 2년 만인 2016년 재개발 사업이 재개되면서 26억원대 분양권을 받았다. 이에 대해 한 야당의원은 "정치인이 자기 지역구에서 이렇게 하는 건 온당한 일이 아니다"라며 "2년 만에 차익을 얻은 것이 내부정보 없이 가능한가?"라고 추궁했다.

3월 29일 자에는 **"김의겸의 족집게 투자…'흑석동 건물로 최소 10억 번 셈'"**이라는 기사가 실렸다. 기사에 따르면 김의겸 청와대 대변인은 2018년 7월 흑석 뉴타운 9구역의 대지 272㎡짜리 상가를 25억 7,000만원에 사들였다. 나중에 재개발 시 중소형 아파트 두 채와 상가 한 채를 배정받을 수 있는 물건이었는데, 이에 대해 한 전문가는 "대충 계산해봐도 김 대변인이 산 상가주택의 가치는 총액 36억원이 넘는다"고 평했다. 공직자 재산 신고 축소 의혹도 제기되었는데, 김 대변인 신고서에는 흑석동 상가주택의 '대지(땅)' 부분이 빠져 있었고, 아내 명의의 건물 질반(120㎡)과 대지 절반도 적혀 있시 않았나. 김 대변인은 "투기가 아니라 노모와 함께 살기 위한 주거 목적"이라고 해명했지만 은행 대출 10억원 등에 대한 이자 납부방법에 대해서는 "계획이 있지만, 대단히 사적인 문제라 답변드릴 수 없다"고 답했다. 그리고 '청와대 대변인이라는 지위를 이용해 취득한 정보로 건물을 매입한 것 아니냐'는 의혹에 대해서도 "별도로 특별한 정보를 취득한 것은 아니라고 생각한다"고 답했다. 이에 대해 부동산 관계자는 "재개발이 차질 없이 진행될 거란 '확실한 정보'가 없는 한, 추천 하나만 믿고 전 재산에다 14억원 가까운 빚까지 보태 투자하긴 어렵다"고 말했다.

같은 신문에서는 **"당·정·청 부동산 정책 주무르는 9명 중 6명이 다주택자"**라는 기사를 통해, 문재인 정부 2기 개각에 대한 인사청문회에서 고위 공직자 재산 공개가 이어지며 고위 인사들의 도덕성 문제가 이슈가 된 내용을 다루었다. 기사에서는 "다주택을 억제하겠다"던 사람들이 집을 여러 채 보유하고, "학벌 타파"를 외치던 사람 상당수가 자녀를 외국에 유학 보낸 것을 지적하면서 정부가 인사 검증 실패 지적에는 침묵하고 의혹이 제기되어도 임명을 강행해 왔다고 비판했다. 또한 청와대의 재산 신고 대상 참모진 47명 중에서도 다주택자가 13명(27.7%)이라는 사실도 밝혔다.

3월 30일 자에는 **"순자산 14억, 부부 연금 합치면 월 400만원…이런데도 노후 불안?"**이라는 기사가 실렸다. 김의겸 청와대 대변인이 '노후 불안'을 25억원대 재개발 투자의 배경으로 거론한 것에 대해 비판하는 내용이었다.

4월 1일 자에는 **"김의겸, 건물 앞 8평 땅은 재산신고도 안했다"**라는 기사가 실렸다. 김 전 청와대 대변인이 흑석동 재개발 구역 내 상가주택을 사들이면서 인접한 대지 86㎡(약 26평)의 지분 28%(26㎡, 약 8평)도 배우자 명의로 매입했으나 재산신고서에는 누락했고, 상가주택(240㎡)과 배우자 지분(120㎡)도 빠져 있다는 내용이었다. 김 전 대변인이 상가

주택에 입주해 영업하던 3곳의 세입자들로부터 매달 월세 270만원을 받아 '영리금지'의 공무원 규정 위반 소지가 있다고도 지적했다. 기사에서는 대출과 관련된 의혹도 제기했다. 김 전 대변인 부부는 상가주택을 담보로 대출 10억원을 받았는데, 상가를 담보로 대출 받으려면 정식 '부동산 임대사업자' 자격이 필요하다. 부동산 전문가들은 "김 전 대변인 아내만 임대사업자로 등록했을 수도 있지만 그 경우엔 10억원까지 대출이 힘들다"고 말했다. 은행 관계자도 "이 건물의 감정평가액이 21억원인데 지분 절반(10억 5,000만원)에 대해 10억원이나 대출해준다는 건 엄청난 특혜"라고 말했다고 한다. 한 세무사는 "부부가 지분을 절반씩 소유하고 있는데 한 명 명의로만 사업자 등록을 신청하는 경우, 부부 간 월세 증여 등의 문제가 발생하기 때문에 세무서에서 잘 받아주지도 않는다"며 "받아주었다면 굉장히 드문 사례"라고 말했다.

〈한겨레신문〉에서는 4월 3일 자부터 **"부동산 이해 충돌의 현장을 가다"**라는 내용의 기사를 시리즈로 게재했다. **"1,676억 도로 노선이 의원 땅 옆으로 바뀌었다"**, **"지역구 개발공약, 그 안에 의원 땅 있었다"**, **"국회의원 1/3 농지 소유…농지법 위반·공문서 위조 판친다"**, **"'나들목 내자'던 의원, 고속도로 인근 농지에다 '2층집'"**, **"'장관님 생수 공장 어때요?'…알고 보니 인근 수십만㎡ 땅 소유"**, **"하수처리도 안 되는 마을에…의원들, 빌라 짓고 도로 깔고"**, **"나경원 남편 땅은 강남 농부에게, 김세연 땅은 가짜 농부에게 팔렸다"**, **"의원 아내의 골프장 막으려다… 농민들은 '별'을 달았다"**, **"토지 강제수용 법안만 110개…80대 촌로 '내 땅 4번 뺏겨' 울분"** 등의 기사가 실렸다. 4월 3일자 사설에서는 **"국회의**

원 토지 소유의 '민낯', 대책 마련 시급하다"라는 제목으로 국회의원 한 사람이 소유한 평균 토지 면적이 전체 국민 평균의 15배인 4,518평에 이르고, 의원들이 소유한 땅 전체 면적이 여의도 면적의 1.5배라는 내용에 대해 논했다. 그러면서 국회가 스스로 이해 충돌의 싹을 미리 자를 수 있는 법과 제도를 만들어 국민의 신뢰를 얻어야 한다고 결론을 맺었다.

〈조선일보〉는 4월 6일 자에 **"서울지역 주택 청약 수요 분양가 9억 이하에 몰리네"**, 4월 8일 자에 **"부동산 전문가 10명 중 6명 '1년 뒤 서울 집값 내린다'"**라는 기사를 통해 한국개발연구원KDI의 조사내용을 소개했다.

4월 8일 자에는 **"서울 재건축 아파트값 0.02% 떨어져 한 주 만에 하향세"**, **"임대사업등록 줄고 증여 늘어"**, **"주택담보대출, 서민에겐 점점 더 '하늘의 별따기'"**라는 기사도 실렸다.

4월 10일 자에는 **"재건축 사실상 중단에…'인허가 빨리 내달라' 서울 시청 앞에서 시위"**라는 기사에서 조합원 2,000명이 모여 지연된 재건축 인허가 절차를 신속하게 진행해달라고 요구한 내용을 다루었다.

4월 15일 자에는 **"서울 재건축 올해 1.39% 떨어져, 일반 아파트의 3배"**와 **"당첨되면 로또? 서울 아파트 미계약 속출"**이라는 기사가, 4월 22일 자에는 **"서울 재건축 아파트값 0.05% 반등…일반 아파트는 0.04% 떨어져"**와 **"위례아파트 견본주택에 3만명 몰려"**라는 기사가 실렸다.

2019년 주거종합계획:
서민은 살리되 규제는 계속한다

"포용적 주거복지, 실수요 중심의 안정적 시장관리를 위한 2019년 주거종합계획"

정부는 2019년 4월 23일 주거종합계획을 발표했다. 총 39쪽에 달하는 이 계획에서는 2019년 주거지원 계획을 먼저 다루고, 그다음으로 추진 방향과 중점 추진과제 순으로 다루고 있다.

주거지원계획은 공공임대주택 13.6만호와 공공지원 임대주택 4만호를 합해서 공적임대주택 17.6만호를 공급하고, 주거급여 소득기준을 상향(2018년 중위소득 43%→2019년 44%)하여 약 110만 가구를 지원하며, 기금에서 26만명에게 구입자금과 전월세 자금을 대출해주어 총 153.6만명을 지원하는 내용으로 구성되었다. 이는 이전 해의 139.2만명 지원에서 늘어난 규모다.

다음으로 2019년 주택공급계획에서는 민간이 45.2만호, 공공이 7.4만호를 공급하여 주택 총 52.6만호가 공급될 것으로 전망했다. 이 중 수도권 물량이 53.0%를 차지한다. 주거부문 예산은 재정에서 1.8조원, 주택도시기금에서 25.6조원 지원하는 것으로 나타났다.

이를 집행하기 위한 추진 방향으로 옆의 표와 같이 비전과 목표, 중점 추진과제를 제시하고 있는데, 첫 번째 과제로 '포용적 주거복지 성과의 본격 확산'을 위해 사회약자 전반을 아우르는 계획을 제시하고 있다. 신혼부부 주거지원을 위해서는 공적임대주택 4.6만호 공급과 신혼부부희망타운 1만호를 조성하는 내용을 제시했고, 청년 주거지원을 위해서는 공적임대주택**맞춤형 청년주택**을 5.3만실 공급한다고 밝혔다. 행복주택과 일자리 연계형 청년주택, 기숙사형 청년주택 등을 공급하면서 희망 상가를 통한 창업공간 지원도 병행할 계획이다. 고령층 주거지원을 위해서는 무장애 설계와 복지서비스를 연계한 건설형 임대주택 5,000호를 공급하고, 매입·전세임대도 4,000호 공급하기로 계획하고 있다.

다음으로 비주택 거주가구 등 취약계층 주거지원 강화를 위한 내용에는 공적임대주택 8만호 공급과 쪽방, 고시원 등 비주택 거주가구 지원책이 담겨 있다. 주거급여 지원대상 및 금액 확대도 포함되어 있다. 수요자 특화형 주거금융 지원 확대를 통해 내 집 마련을 지원하고, 총 26만호에 전월세 대출을 지원하면서 대출절차 간소화 등을 도입했다. 또한 대기자 명부개선 등을 통한 공공임대주택 공급제도 개선과 주거복지 서비스 체계 개선, 사회주택 공급 활성화, 빈집 활용 활성화, 소규

■ 2019년 주거종합계획 주요 과제

◆ 포용적 주거복지 성과의 본격 확산	
맞춤형 주거지원	가. **(신혼부부)** 신혼부부 공적임대 4.6만호 공급, 신혼희망타운 1만호 공급 나. **(청년)** 공적임대 5.3만실(4.1만호) 공급, 희망상가를 통한 창업공간 지원 다. **(고령층)** 복지서비스 연계 건설형 임대 5천호, 매입·전세임대 4천호 공급
취약계층 주거지원	① 저소득 취약계층 공적임대 8.0만호 공급 ② 쪽방, 고시원 등 비주택 거주가구 지원 강화 ③ 주거급여 지원 대상(110만가구) 및 지원금액(중위소득 44%) 확대
주거금융 지원강화	① 주택구입자금 10만호, 전월세자금 16만호 등 26만호 지원 ② 기금대출에 자산심사 기준 도입 및 대출절차 간소화
주거복지 기반구축	① 신규 건설형 공임주택 유형통합 모델 마련, 대기자 명부 개선 등 공공임대 공급제도 개선 ② 주거복지 서비스체계 개선 ③ 사회주택 공급 활성화
빈집활용 활성화	① 빈집정보은행, 빈집매칭 플랫폼 시범구축 등 빈집 활용 활성화 ② 주거지 재생사업 활성화

◆ 실수요자 중심의 주택시장 안정적 관리 공고화	
투기수요 차단	① 실수요 중심의 안정적 시장관리 지속 및 맞춤형 모니터링·대응 강화 ② 30만호 신규 공공택지 공급 및 도심 내 공급 확대 ③ 공시가격 불형평성 개선 ④ 실수요 중심 주택공급제도 개선 및 분양가 상한제의 내실 있는 운영
주택시장 질서확립	① 거래단계별 시장질서 확립 및 소비자 보호 강화
정비사업 공공성 강화	① 정비업자 관리 및 처벌 강화 및 재개발 등 정비사업 공공성·투명성 강화 ② 지역주택조합 관리·감독 강화
후분양 활성화	① 준공 후 분양, 소비자 선택강화형 시범사업 등 소비자 선택권 보장 ② 공공부문 후분양 3개단지, 후분양 조건부 공공택지 10개소 우선 공급

◆ 임대인과 임차인이 공존하는 공정한 임대차시장 조성	
등록임대 관리강화	① 등록임대 의무이행과 세제혜택 연계 ② 등록임대 부기등기 및 의무위반시 처벌 강화
임차인 보호강화	① 비대면 가입 등 전세보증금 반환보증 활성화 ② 임대차 정보인프라 고도화 ③「주임법」 공동소관 등 임차인 보호기반 확충

◆ 고품질의 편안한 주거환경 조성	
공동주택 품질제고	① 하자관리체계 내실화 등 공동주택 품질 확보 ② 실내 공기질 개선, 주차장 기준 정비 등 국민체감 주거환경 개선
공동주택 관리 개선	① 혼합주택단지 제도개선을 통한 관리사각지대 해소 ② 외부회계감사제도 개선, 장기수선제도 개선 등 관리비 투명성 강화
미래형 주택 활성화	① 제로에너지 주택, 스마트홈, 장수명 주택, 모듈러 주택 등 미래형 주택 활성화 기반 마련

출처: 국토교통부(2019.4.23), "2019년 주거종합계획", p.39.

모 주거지 재생 활성화 등의 내용을 망라했다.

두 번째 과제인 '실수요자 중심의 안정적 주택시장 관리 공고화'를 위해서도 상당히 많은 내용을 담았다. 먼저 투기수요 차단 및 실수요 중심의 제도 운영을 위해 시장의 과열 재현 시 즉시 안정화 조치를 시행하고 모니터링을 강화한다는 내용과 함께, 1~2차 수도권 주택공급 계획(2018.9.21, 2018.12.19)에서 발표한 59곳 19만호에 대해 양질의 저렴한 주택공급 확대 및 정주여건 개선을 차질 없이 수행할 예정이라고 밝혔다. 다음으로 도시규제 개선과 소규모 정비 활성화를 통해 도심 내 공급을 확대한다는 내용도 언급했다. 여기에는 용적률을 상향하는 인센티브도 담겨 있다.

또한 공시가격 불형평성 개선을 위해 시세와 격차가 컸던 유형 및 가격대의 부동산을 중심으로 현실화율을 제고하겠다고 밝혔으며, 분양가 상한제의 내실 있는 운영기반을 마련하기 위해 분양가 심사를 강화하겠다는 내용도 다루었다. 주택시장 질서 확립 및 소비자 보호강화를 위해서는 가격담합을 방지하고, 실거래 신고기간을 60일에서 30일로 단축하는 동시에 실거래 관련 조사를 강화하겠다고 밝혔다.

정비사업의 공공성을 강화하기 위해서 임대주택 의무비율 상한을 상향 조정했는데, 서울을 기준으로 현행 10~15%에서 10~20%로 상향함과 동시에 주택수급 안정 등 구역 특성에 따라서는 10%p 상향할 수 있도록 하였다. 재개발 사업에서 나오는 임대주택에 대해서는 임대기간·임대료 제한 등 공적 의무를 부여하겠다고 밝혔다. 이 밖에 정비사업 투명성 강화를 위해서는 처벌 강화 등을 통해 수주비리를 막고자 했으며, 지역주택조합에 대한 관리·감독의 강화와 후분양 활성화조치도 선보였다.

세 번째 추진과제인 '임대인과 임차인이 공존하는 공정한 임대차시장 조성'에서는 등록임대사업자 관리를 강화한다는 내용과 규정 위반 시 과태료를 상향하고 임차인 보호를 강화한다는 내용을 담았다.

마지막 추진과제인 '고품질의 편안한 주거환경 조성'은 하자관리체계 내실화, 주택건설기준 정비 내용과 공동주택 관리비 투명성 강화 방안, 미래형 주택 관련 제로 에너지 주택 도입과 스마트홈, 장수명 주택, 모듈러주택 활성화 대책 등을 담고 있다.

정부가 위와 같이 주거종합계획을 발표한 다음 날부터 관련 기사가 쏟아져 나왔다. 먼저 〈한겨레신문〉은 2019년 4월 24일자에서 **"서울·수도권 재개발, 임대주택 의무비율 최대 30%로 높인다"**라는 제목으로 주거종합계획을 소개하면서 기사 말미에 "9.13 대책 뒤 다주택자의 주택구입이 어려워졌고, 투기수요의 주택시장 유입이 차단되는 효과를 거두면서 갭 투자가 줄어든 것으로 판단한다"는 국토교통부 담당자의 말을 언급했다.

같은 날 〈조선일보〉는 **"수도권 재개발 속도 늦어진다…임대주택비율 최대 30%로 상향"** 등의 기사를 실었다. 기사에서는 수도권의 재개발 임대주택 의무비율이 현재 15%에서 최고 30%까지로 대폭 강화되면, 사업시행인가 이전 재개발 구역에 이 강화된 비율 적용이 가능해져 타격을 받는 구역들이 적지 않을 것으로 전망했다. 국토교통부는 공공임대를 늘려 정비사업의 공공성을 강화한다는 취지로 설명하지만 용적률 완화 등 별도 인센티브가 전무하다는 점에서 재개발 구역들의 사업 위축이 불가피할 것으로 보인다. 한 전문가는 "임대주택 의무비율 상한으로 공공성을 확보하려면 그에 걸맞게 임대주택 공공매입에 들어가는 토지와 건축비 보상을 현실화해 정비사업 주민의 반대를 줄여야 할 것"이라고 언급했다. 다른 전문가는 "임대주택 비율이 높아지면 재개발을 통해 시장에 나오는 새집이 줄어 서울 집값이 다시 오를 수 있다"며 "사업성이 줄어드는 만큼 적절한 인센티브가 있어야 한다"고 말했다.

[심교언의 이코노믹스]

부동산 거래 줄어들수록 서민 일자리부터 날아간다

최근 집값이 조정세를 보이고 있다. 지난해 말 이후 하락하던 서울 아파트 평균 매매가격은 최근 8억원 이하로 하락했다. 하락 폭이 작긴 하지만 최근 3년간 급등세가 진정됐다는 측면에서 정부는 안도하는 모습이다. 더구나 1·2기 신도시 지역 주민들의 집단 반발에도 불구하고 30만 가구가 들어서는 3기 신도시의 추가 물량공급으로 당분간 안정세가 유지될 것으로 전망되므로 이번 조정은 의미가 있어 보인다.
부동산 시장의 전반적 안정세는 다행스러운 일이다. 하지만 경착륙으로 돌아설 경우에는 또 다른 부담으로 작용할 가능성이 높다는 점을 유의해야 한다. 지금처럼 경제가 불안할 경우에는 더욱 그렇다. 올해 1분기 경제성장률이 전기 대비 –0.3%로 집계됐다. 올해 전체 성장률로 예상한 2% 중반대의 달성도 낙관하기 어려워 상황은 더욱 불안해지고 있다.
우려스러운 것은 경제성장률이 부동산 가격에 직접적 영향을 미치는 것으로 나타난다는 점이다. 즉, 호황이면 집값이 오르고, 불황이면 집값도 주춤하거나 하락한다는 사실이다. 집값을 잡으려고 경제 성장을 포기하는 나라는 없다. 대개는 집값이 다소 오르더라도 고용이 늘어날 수 있도록 성장 중심의 정책을 펴고 있다.

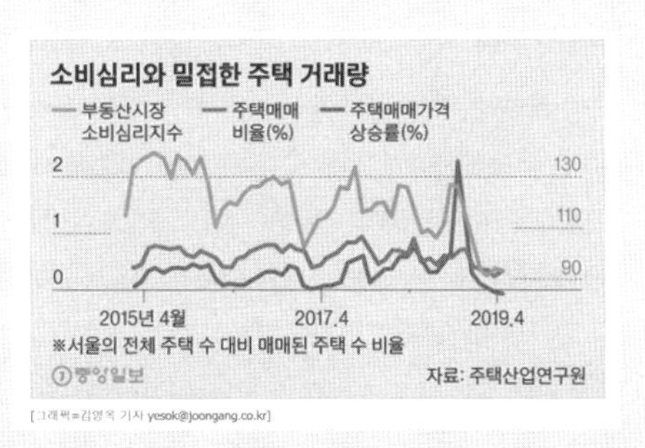

[그래픽=김영옥 기자 yesok@joongang.co.kr]

올해 1분기 취업자 수는 지난해 대비 1.4% 감소했다. 이렇게 많이 줄어든 것은 드문 일이다. 금융위기 때인 2009년 한 해 동안 8만 9,000명(−0.4%)이 감소한 적이 있지만 이번에는 한 분기 만에 36만 5,000명이나 줄어들었다. 이 중에서 건설 · 부동산업에서만 6만 7,000명이 감소해 전체 감소분의 18%를 차지했다. 지난해 19조 2,000여억원의 일자리 예산을 투입해 취업자가 고작 9만 7,000명 늘어난 것을 고려하면 감소분이 어마어마한 규모임을 알 수 있다. 게다가 건설업이 호황이었던 2016년에는 건설투자가 국내총생산GDP 성장률의 절반이나 차지했다. 지난해부터는 이조차 마이너스로 돌아섰으니 이래저래 걱정이다.

이런 상황을 정부도 알고 있는 듯하다. 올해 초 국토 균형발전을 위해 23개 사업에 걸쳐 24조원이 투입되는 예비타당성 조사 면제 사업을 발표했고, 내년부터 3년간 체육관 · 도서관 · 보육시설 등 생활밀착형 사회간접자본SOC 사업에 48조원을 투입하기로 했다. 기존 대통령 선거공약인 도시재생 뉴딜 사업비 50조원까지 고려하면 천문학적 규모다. 건설업의 경제 유발효과가 워낙 크기 때문에 고육책으로 내놓은 측면도 있다. 미국에서 트럼프 대통령이 공약으로 1조달러 규모의 건설투자를 약속한 것도 같은 맥락이다.

그러나 이런 사업이 경제를 살릴 것이라는 기대는 성급하다. 사업을 통해 국가 균형발전과 경기부양이라는 일시적 목표를 달성할 수 있을지는 몰라도 장기적으론 큰 부담이 될 가능성이 크다. 어떻게든 완공은 하겠지만 그 이후가 문제다. 건설비의 수 배에 이르는 유지관리 비용 때문이다. 이런 상황을 고려하면 고용을 늘리고 경제에 활력을 불어넣는 방안을 심각하게 고

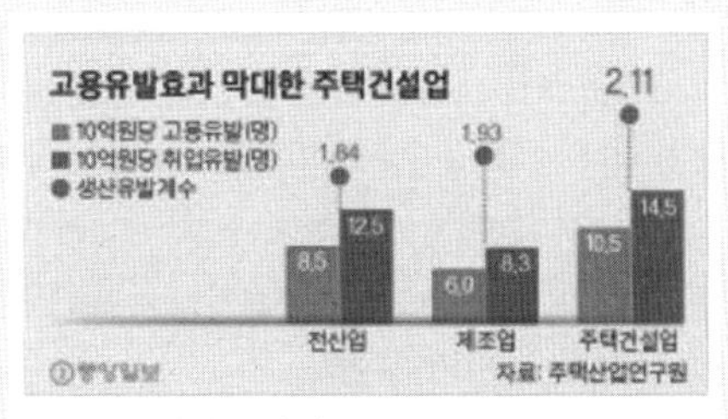

[그래픽=김영옥 기자 yesok@joongang.co.kr]

민해야 한다.
큰 비용을 들이지 않고 사회적 후생을 당장 늘리는 방법으로는 거래 활성화를 들 수 있다. 국토교통부와 서울시 자료에 따르면 올해 1분기 서울 주택매매 거래량은 3만 4,685건, 아파트 매매 거래량은 5,226건으로 집계됐다. 지난해 같은 기간보다 각각 85.1%, 58.0% 감소했다. 서울 아파트 1분기 거래량은 지난해 3월 한 달 거래량의 절반에도 못 미친다.
지금처럼 위축된 거래량은 우리 사회가 엄청난 기회비용을 치르고 있음을 의미한다. 사고 싶어도 못 사고, 팔고 싶어도 못 파는 상황이다. 이로 인해 중개업이 일차적으로 타격을 받고 있다. 지난해 하반기부터 공인중개사 폐업 수가 월평균 1,000건이 넘는 상황이 이어지고 있다. 이외에도 서민경제와 직결되는 도배·실내장식 등 인테리어업과 이사·가구업 등도 사정이 악화하고 있다. 이사할 때 가전제품을 새로 장만하는 경우도 많아 전자산업도 영향을 받는다. 지난해 신규 일자리 한 개를 만드는 데 일자리 예산이 2억원 정도 사용됐다. 거래만 정상적으로 살아나도 이들이 숨통을 틀 수 있으니 거래절벽을 더 이상 좌시하면 안 될 것이다.
그렇다고 정부가 지금까지의 기조에서 갑자기 선회해 규제 완화로 돌아설 가능성은 작아 보인다. 그럼에도 거래 활성화를 위해 지금까지 정책 기조를 유지하면서 몇 가지는 시도해볼 수 있지 않을까. 일차적으로 무주택자, 그리고 누구나 인정할 수 있는 1주택자에 한해 금융규제를 완화하는 방안이다. 실수요자가 대출 부담 등으로 인해 청약 포기한 것을 자금 동원 능력이 있는 자산가가 집어가는 것을 빗댄 '줍줍족'이라는 씁쓸한 용어까지 나오고 있는 실정 아닌가. 아무리 시장 안정이 중요해도 실제로 필요한 사람은 집을 살 수 있도록 제도를 개편해야 한다. 이러한 금융규제 완화는 거래 활성화에 도움이 되며, 지방세수 확충에도 기여하게 된다.
거래 관련 비용도 줄여줘야 한다. 거래 비용은 경제적 비효율성으로 이어지고 자원배분을 왜곡시킨다. 그래서 일반적으로 보유비용은 높이고 거래비용은 낮추는 방향으로 정책을 펴고 있다. 취득세와 양도세가 대표적 부동산 거래 관련 비용이다. 연구 자료를 보면 취득세 감면조치는 아파트 가격보다는 거래량에 더 큰 영향을 주는 것으로 나타나 있다. 당장에는 무주택자나 실수요자를 대상으로 취득세 감면 조치를 생각해 볼 수 있고, 좀 더 나아가서는 세계적으로 높은 수준인 양도세를 특정 조건하에 완화하는 방안도 고민해봐야 한다.

■ 집값 어느 방향으로 튈지 예측 어려워

서울 집값의 하락세가 주춤하면서 다시 상승할지, 아니면 하락할지 궁금증이 증폭되고 있다. 지금처럼 강력한 규제로 인해 거래가 크게 위축된 경우에는 시장 상황을 한 치 앞도 내다보기 어렵다. 최근 들어 거래가 조금 늘어나는 것을 보고 바닥을 지났다 아니다 말하기도 곤란하다. 자산 가격과 거래량의 관련 연구는 주로 주식·채권·선물·외환시장 등을 중심으로 활발하게 이루어지다가 비교적 최근에야 부동산 시장에서도 원용되고 있다. 일반적으로 집값이 떨어지면 거래량이 줄어들고, 집값이 올라가면 거래량도 늘어나는 것으로 알려져 있다. 하락기에 거래량이 감소하는 원인을 보자. 자기가 구입한 가격보다 낮은 가격으로 매물을 내놓지 않으려는 매도자의 손실 회피loss aversion 행태가 있다. 더 높은 가격으로 매수자를 기다리는 낚시 효과fishing effect도 거래량 감소의 배경이다. 다음으로는 대출을 받아서 보유하고 있던 집값이 하락할 경우, 대출은 그대로인데 자기자본이 줄어들어 집을 살 능력이 줄게 되면서 거래량도 줄어든다는 설명이다. 어떤 경우든 거래량과 집값은 밀접한 관련이 있다는 얘기다. 이런 원리는 부동산 경기순환을 설명하는 벌집 순환모형에서도 원용된다.

우리나라의 경우 국토교통부의 거래량 통계와 KB 부동산지수를 참고하면 대략적 추세를 살펴볼 수 있다. 시간이 지남에 따라 주택 수가 늘어나고 거래량이 증가하는 것이 일반적이다. 그래서 거래량 대신 서울의 전체 주택 대비 매매 비율을 살펴보면, 가격상승률과 상당히 밀접한 모습을 보이고 있음을 알 수 있다. 국토연구원에서 발표하는 부동산 소비심리지수와의 상관관계도 이런 결과를 보여준다. 문제는 현시점의 거래량이 바닥인가 하는 점이다. 최근 12년간의 거래 동향을 보면 2012년 1월에 최저거래량을 기록했다. 올해 2월은 2013년 7월 이후 최저거래량을 기록하고 있다. 이처럼 거래량이 바닥이라 가정하더라도 집값이 바닥인지는 판단하기 곤란하다. 집값과 마찬가지로 거래량은 거시경제 여건과 정부정책, 부동산경기, 지역별 주택시장 특성 등 다양한 요인에 의해 좌우되기 때문이다. 지금까지의 연구 성과를 보면 거래량과 집값의 상관관계는 비교적 명확하게 나타나지만, 인과관계는 연구 시점이나 대상 지역에 따라 다르게 나타나고 있다. 집값이 떨어지고 나서 거래량이 떨어지는 경우도 있지만, 그 반대로 거래량이 떨어지고 나서 집값이 떨어지기도 하기 때문이다.

출처: 심교언(2019.5.14), 중앙일보.

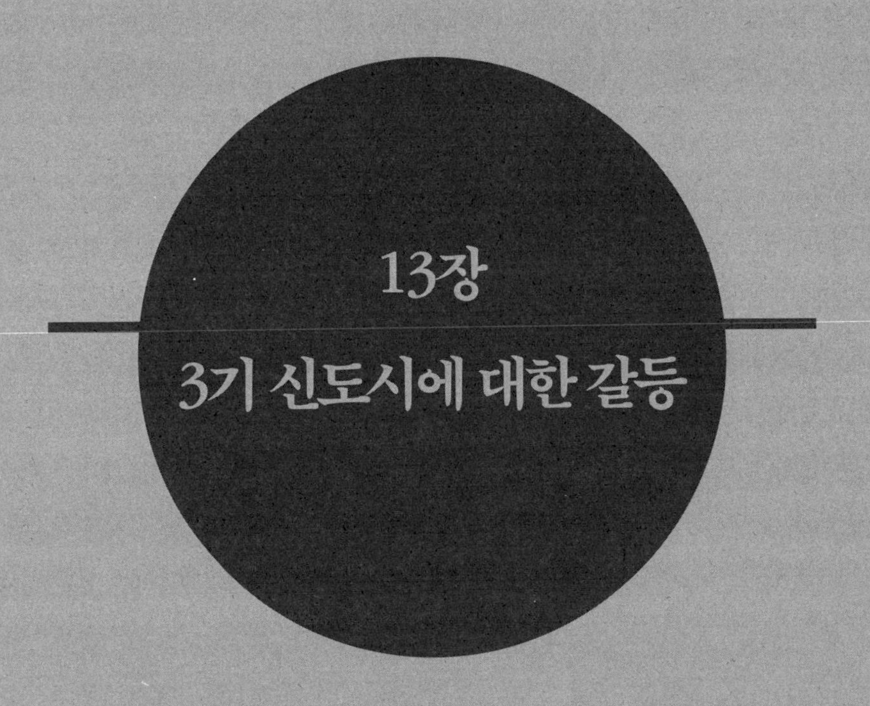

13장

3기 신도시에 대한 갈등

진실과 인기 사이에서 양자택일한다면
진실을 선택해야 한다.

에드먼드 버크

세금 때리니, 시장이 반응하나?

2019년 4월 29일 자 〈조선일보〉에 **"강남아파트 32%, 지방 큰손이 매입"**이라는 기사가 실렸다. 1분기에 '서울 이외 지역 거주자'가 강남구 아파트를 사들인 비중이 지난해 4분기의 23.9%에서 31.8%로 올랐다는 내용과 특히 3월에 있었던 거래 가운데 40.5%가 비서울 거주 매수인에 의한 것이었다는 기사였다. 종로구에서도 '서울 이외 지역 거주자'가 아파트를 사들인 비중이 지난해 4분기 13.9%에서 올해 1월 25.9%로 올랐다. 한 전문가는 "올초부터 강남 재건축 등 일부 아파트에서 가격을 수억원씩 낮춘 급매물이 나오고 있는데, 지방 '큰손'들이 이를 사들이고 있는 것으로 보인다"고 언급했다. 같은 기간 서울 거주자의 '전국 원정 투자 비중'은 지난해 4분기 8.5%에서 올해 1분기 6.3%로 줄었는데, 강력한 대출규제와 보유세 강화 등 다주택 투자수요를 억제한 결과로 해석했다.

같은 신문 4월 30일 자에는 **"공시가 25% 뛴 집, 보유세 42% 뛴다"**라는 기사가 실렸다. 기사에서는 정부가 많은 반발에도 불구하고 지난 3월 서울 기준 14% 이상 올려 과속 인상 논란을 빚었던 전국 공동주택 공시가격 잠정치를, 사실상 그대로 확정한 내용을 다루었다. 시세 6억원 이상 주택은 재산세가 평균 13% 이상 오르는데, 서울에서는 공동주택 5채 중 1채 이상(21.1%)이 대상이다. 기사에서는 마포구 아현동 래미안푸르지오 전용면적 114㎡를 예로 들면서 공시가격은 8억원에서 10억원으로 25% 올랐지만, 종부세 대상에 편입되면서 이전 해의 222만원보다 42% 늘어난 315만원을 부담하게 되었다고 분석했다. 전국에서 7만 7,356채가 이런 식으로 종부세 대상에 새로이 편입되었는데, 이는 이전 해보다 54% 늘어난 숫자다.

같은 신문의 **"강남·송파·용산 아파트, 보유세 30% 이상 오른다"**라는 기사는 공시가격이 같은 동의 더 넓은 집보다도 비싸게 나오자 집주인이 이의 신청을 한 내용으로 시작되었다. 이의 신청은 20일 새 2만 8,000여 건이나 쏟아졌는데 이전 해보다 22배, 그 이전 해보다 86배나 늘어났다고 한다. 기사에서는 정부가 지난 3월 공시가격 잠정치 발표 자료에서 '시세 12억원 이하 대다수 중저가 주택 공시가격 상승률은 높지 않다'는 내용을 여러 차례 언급했지만, 이번 확정 발표 자료에서는 이런 표현을 완전히 없앴다고 비판했다. 정부가 주택 보유자를 상위 2%와 나머지 98%로 나누는 '편 가르기 전략'을 펼치려 했지만, 상위 2%가 아닌 집의 공시가격도 많이 올랐다는 지적이 나오면서 이런 표현을 아예 뺐다는 분석이다.

4월 30일 자 〈한겨레신문〉에서도 **"공동주택 공시가 5.24%↑… 12~15억 집 상승률 17.9% '최고'"**라는 기사를 실었다. 기사에서는 고가주택을 중심으로 공시가격 상승이 두드러졌다며 공동주택 공시가격 상승률은 12억원 초과~15억원 이하가 17.9%로 가장 높았고, 9억원 초과~12억원 이하는 17.43%, 15억원 초과~30억원 이하는 15.23%였다고 밝혔다. 반면 3억원 이하는 공시가격이 2.46% 하락했고, 3억원 초과~6억원 이하도 5.59% 상승에 그쳤다고 전했다. 정부는 앞으로도 시세와 공시가격의 격차를 줄이는 현실화 기조를 유지할 방침이라고 밝혔다. 국토교통부 담당자는 "시세가 급등했거나 상대적으로 공시가격과 시세 간의 격차가 컸던 부분을 적극적으로 개선했지만 아직도 불균형이 해소된 건 아니라고 본다"고 언급했다.

같은 신문 5월 3일 자에서는 **"유튜브서 화제 모은 '부동산 핵겨울 온다', '거래위축 눈치보기 탓…투매 희박'"**이라는 기사를 통해 "부동산 핵겨울이 온다!"라는 제목의 유튜브 인기 동영상 강의를 소개했다. 기사에서는 부동산 핵겨울을 주장하는 유튜버들의 공통점이 지난해 하반기에 아파트 가격이 고점을 찍었다는 진단에서 출발한다는 것이라면서 거래량이 줄어든 점과 서울에서 멸실주택보다 입주물량이 늘어나는 점, 총부채원리금상환비율DSR 등 주택담보대출 규제로 인해 수요가 크게 줄어든다는 점, 정부의 강력한 투기 억제 정책의 유지를 그 근거로 들고 있다고 분석했다. 그러면서 이들의 영상에서는 조만간 아파트값이 폭락한다거나 핵겨울이 온다는 등의 전망을 뒷받침할 이렇다 할 근거를 찾을 수 없다고 지적했다.

5월 6일에는 〈한겨레신문〉과 〈조선일보〉 두 신문 모두 서울 아파트 평균 매매가가 8억원 아래로 떨어진 것을 기사화했다.

제3차 신규택지 추진계획: 공급은 계속된다

"수도권 주택 30만호 공급방안"

정부는 2019년 5월 7일 제3차 신규택지 추진계획을 발표했다. 이는 기존에 발표한 수도권 30만호 공급계획의 3번째 후속 조치로서 기존의 남양주 왕숙, 하남 교산, 인천 계양 등의 신도시 외에 추가로 고양 창릉과 부천 대장 등에 대한 공급계획을 포함한다.

제3차 신규댁지 추진계획은 총 21쪽 분량으로, 9.13 내책과 공급대책 등의 영향으로 2018년 10월 이후 주택가격의 하향 안정세가 지속되고 있고 2022년까지 수도권 주택수급은 안정적이나, 이후 공급기반 마련이 필요하다는 것이 추진배경이다.

정부는 전체적으로 28곳에 11만호 입지를 확정하고 이 중 고양 창릉과 부천 대장 2곳에 5.8만 호를 지어 기존의 남양주 왕숙과 하남 교산, 인천 계양에 이어 추가로 신도시화할 계획이다. 중소 규모로는 도심 국공유지, 유휴 군부지 등 26곳에 5.2만호를 공급할 예정으로 서울권에 1만호, 경기권에 4.2만호를 공급하려 계획하고 있다.

신도시 개발 방향으로는 서울 도심까지 30분 내 출퇴근 가능 도시와 일자리를 만드는 도시, 자녀 키우기에 좋고 친환경적인 도시, 전문가와 지방자치단체가 함께 만드는 도시 등을 들고 있다.

정부는 이번 계획에도 각고의 노력을 기울인 것으로 보인다. 서울에 공급되는 최소 규모는 마곡 공공청사부지인데, 주택 공급호수가 30호로 계획된 것을 보면 그야말로 마른 수건 짜내듯이 물량을 찾았다고 볼 수 있다.

〈조선일보〉는 5월 8일 자에서 **"가격 빠진 강남 재건축 어디 갔지? 그새 팔렸어?"**라는 기사 외에 **"서울과 가까운 곳 지정에 검단·운정 타격…신도시 정책 뒤죽박죽"**, **"미분양 넘치고 집값 내리는데…일산·김포 한강 등 주민 한숨"**이라는 기사를 실었다. 정부 계획대로 교통망이 확충되면 서울 중심업무지역까지 30분이면 갈 수 있어 전문가들은 "서울 주거 수요를 분산하는 효과는 확실할 것"이라고 평가했다. 하지만 2기 신도시도 마무리되지 않은 상태에서 서울에 훨씬 가까운 지역에 3기 신도시 개발계획을 발표한 것을 두고 '2기 신도시 죽이기'라는 비판도 나왔다. 한 전문가는 "이번에 발표된 두 곳의 입지만 놓고 보자면 서울 주거수요를 분산하는 효과는 분명히 있을 것으로 보인다"고 평가했다. 그러나 개발 예정지역 토지주들의 반발도 해결해야 할 과제로 지적되었고, 다른 전문가는 "서울 근교 신도시는 주택 수요자들에게 '서두를 필요가 없다'는 인식을 주어 한동안 집값을 안정시키는 효과는 있겠지만 서울 아파트의 완전한 대체재는 될 수 없다"며 "재건축이나 재개발 활성화를 통해 서울 아파트 공급을 늘리는 정책도 병행해야 한다"고 지적했다. 마지막 기사에서는 일산·김포 한강·파주 운정·인천 검단 등 주변 1~2기 신도시 주민들의 불만을 다루었다. 해당 주민들은 미분양이 넘쳐나고 집값이 내리막길을 걷는 상황에서 3기 신도시발 대규모 주택 공급으로 인해 주택시장 침체가 가속화하고, 서울과 거리가 더 가까운 3기 신도시로 주민들이 이탈하는 쏠림 현상이 나타날 것을 우려했다.

같은 날 〈한겨레신문〉은 **"서울 집값 다잡으려 '안전판' 내놔…30만가구 공급안 마무리"**라는 기사를 실었다. 기사에서는 정부가 시장 일각의 불안 심리를 잠재우고 안정기조를 공고하게 다지기 위해 서울·수도권 주택공급계획을 서둘러 제시했다고 해석했다. 한 전문가는 "이들 5개 새도시는 분당, 일산 등 1기 새도시보다 서울에 훨씬 더 가깝다는 점에서 일부 중산층의 주택수요 분산에도 도움이 될 전망"이라며 "정부가 사실상 '집 사지 말고 신규 분양을 기다리라'는 메시지를 시장에 던진 것"이라고 말했다. 그러면서 공공택지 위주 공급 확대 정책이 대출규제, 보유세 강화 등의 수요억제 정책과 맞물려 자칫하면 '공급 과잉'이라는 부작용을 불러올 가능성이 있다고 지적하고, 2기 새도시의 미분양 우려, 2기 새도시 주민들의 집값 하락에 대한 우려가 지자체로서

■ **중소규모 택지 위치도**

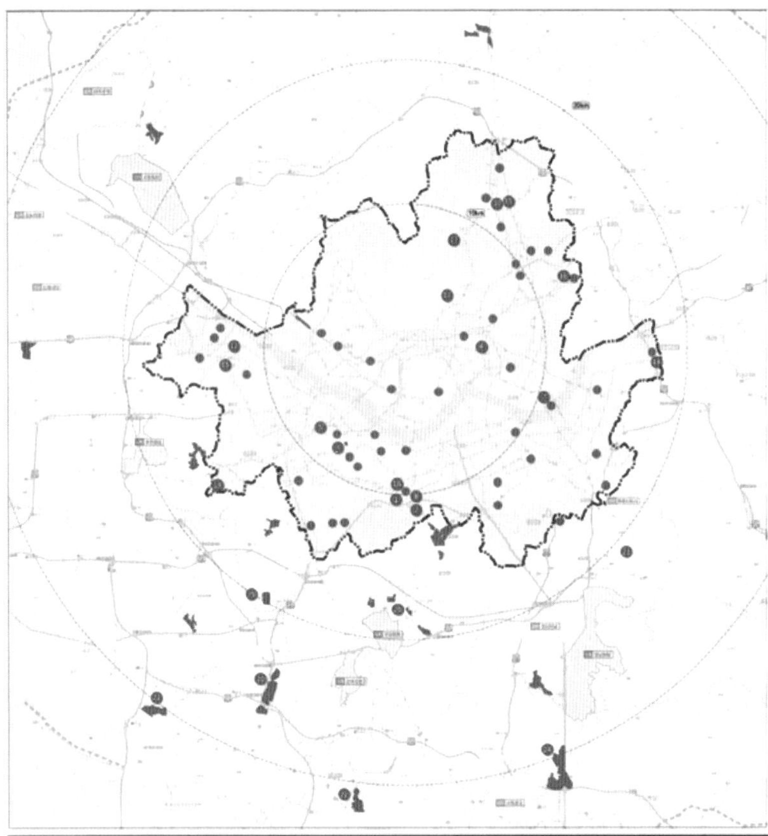

중.소규모 총 81곳 127,279호						
1차	17곳	35,242호	④ 왕십리 유휴부지	299호	⑯ 노후 공공기관 복합화	1,500호
서울	11곳	10,282호	⑤ 영등포 소화물	145호	⑰ 빈집활용 주택공급	400호
경기.인천	6곳	24,960호	⑥ 코레일 부지활용	400호	⑱ 역사복합개발 및 국공유지활용	700호
2차	38곳	39,520호	⑦ 구의자양 재정비촉진1	1,363호	⑲ 용도변경 공공기여	500호
서울	32곳	18,720호	⑧ 사당역 복합환승센터	1,200호	경기 7곳	42,000호
경기	6곳	20,800호	⑨ 동북권 민간부지활용	1,000호	⑳ 안산 장상	13,000호
3차	26곳	52,517호	⑩ 창동역 복합환승센터	300호	㉑ 안산 신길2	7,000호
서울	19곳	10,517호	⑪ 창동 창업 및 문화산단	200호	㉒ 수원 당수2	5,000호
			⑫ 마곡 R&D센터 도전숙	170호	㉓ 성남 공영주차장	400호
① 봉천동 관사		250호	⑬ 항동지구 주차장1	60호	㉔ 용인 구성역	11,000호
② 한울아파트		900호	⑭ 고덕강일 주차장4	100호	㉕ 광명 테크노	4,800호
③ 대방동 군부지		1,000호	⑮ 마곡 공공청사부지	30호	㉖ 안양 인덕원	800호

출처: 국토교통부.

부담이라는 분석도 싣고 있다. 이에 대해 국토교통부 관계자는 "2022년까지 연평균 수도권 주택 입주물량은 연 25만호로 10년 평균 대비 20.7% 많은 수준이어서 주택 수급은 안정적"이라며 "3기 신도시 조성은 2022년 이후 불확실한 공급 기반을 선제적으로 구축한다는 데 방점이 찍혀 있다"고 강조했다.

같은 신문에서는 **"경기도, 새도시 30~50% 개발…후분양·원가공개 '주거실험'"**이라는 기사를 통해 경기도가 수도권 3기 새도시 사업에서 과천 등 3개 새도시 개발사업에 30~50%의 지분율을 가지고 참여하기로 잠정 합의함으로써 분양원가 공개와 후분양 등 '경기도형 주거정책 실험'이 본격화할 것으로 전망했다.

5월 14일 자에는 **"'3기 신도시 철회하라' 1·2기 신도시 주민들 뿔났다"**라는 기사가 실렸다. 기사에서는 일산·운정·검단 등 기존 1·2기 새도시 주민들이 정부가 밝힌 3기 새도시의 지정 철회를 요구하며 집단행동에 나섰다는 내용을 다루었다. 기사에 따르면 주민들은 집회를 열어 고양 창릉지구 등 3기 새도시 지정을 철회하고 일산·운정 신도시 일대 교통 인프라부터 먼저 확충하라고 촉구했다. 이들은 "1·2기 신도시가 턱없이 부족한 자족도시 기능과 열악한 광역 교통망으로 불편을 겪고 있는데, 서울 길목에 창릉신도시를 짓는 것은 기존 신도시에 '사망선고'를 내린 것과 다름없다. 공권력의 횡포를 넘어 운정과 일산 신도시 주민들을 사지로 몰고 가는 잘못된 국가정책은 즉각 철회되어야 한다"고 주장했다.

기존 새도시가 여전히 자리 잡지 못한 상황에서 서울과 더 가까운 지역에 새도시를 조성하면 기존 1·2기 새도시의 인구유출과 집값 하락은 불 보듯 뻔하다는 것이다. 이와 관련하여 파주시도 고양 창릉에 대한 새도시 조성 계획에 반대하며 사업을 전면 재검토할 것을 정부에 촉구했다.

〈한겨레신문〉 5월 10일 자에는 **"서울 강남·마포 등 집값 반등세 사라져"**라는 기사가 실렸다. 기사에서는 지난 7일 정부가 고양 창릉, 부천 대장 등 3기 새도시 조성 계획을 발표한 것을 기점으로 최근 서울 주요 지역에서 꿈틀대던 집값 반등 움직임이 가라앉는 모양새로 진단했다. 앞서 부동산 업계에선 집값 반등 가능성을 점쳤으나, 정부가 공급계획을 예상보다 앞당겨 내놓으면서 주택 시장 분위기가 반전된 것으로 해석한 것이다.

그러나 〈조선일보〉는 5월 13일 자에 **"서울 재건축 아파트값 4주 연속 올라…상승폭도 커져"**라는 기사를 내보냈다. 기사에서는 서울 아파트값은 주간 단위로 0.01% 떨어졌으나 재건축 아파트 매매가격은 0.09% 올랐다는 부동산 정보업체 부동산114의 자료를 소개했다. 여기서 한 전문가는 "송파구 잠실동 주공5단지, 강남구 대치동 은마 등에서 급매물이 거래된 영향으로 시장이 바닥을 찍었다는 '바닥론'도 꿈틀대고 있다"며 "다만 정부의 다양한 수요 억제책이 이어지고 있는 데다 거래량 자체도 아직까지는 절대적으로 적어 추세 전환을 단언하기는 힘들다"고 언급했다.

같은 신문 5월 20일 자에는 **"3기 신도시 발표 여파…광교 아파트값 0.13%, 평촌 0.12% 하락"**이라는 기사가 실렸다. 이 기사에서 한 전문가는 "서울 재건축 상승 반전으로 바닥을 다진 것이 아니냐는 분위기가 감지됐지만, 정부의 3기 신도시와 서울 도심 주택 공급 확대 방안 발표 후 다시 분위기가 바뀌고 있다"며 "특히 서울 강북의 시세상승을 이끌던 마포구 집값의 급격한 하락으로 인해 매물이 늘어날 수 있다"고 말했다.

〈조선일보〉 5월 21일 자에는 **"정부 '서울 아파트값 더 내린다'…시장 곳곳선 반등 신호"**라는 기사가 나왔다. 기사에서는 서울 아파트값이 26주 연속 하락했다는 한국감정원의 조사 내용을 소개했는데, 26주 합산 하락 폭이 1.5%에 불과하고 청약시장이나 강남 재건축 단지에선 반등 신호가 나오고 있어서 바닥을 다지고 다시 오를 것이라는 전망과 함께, 서울 집값이 계속 떨어질 것이라는 전문가들 의견을 소개했다. 대세 하락론의 배경으로 '단기간 급등'과 '정부 규제'를 들었고, 이 외에 재산세 고지서가 나오는 7월부터 집값 하락이 본격화될 것이란 전망도 언급했다. 국토교통부 차관도 "서울 집값을 안정시키기 위한 대책의 효과가 이제부터 본격적으로 나타날 것"이라고 말했다.

이와 반대로 반등을 주장하는 측은 모델하우스의 인기와 강남 아파트 가격의 반등, 서울 아파트 공급 부족 등을 근거로 들고 있다. 이들은 특히 2018년 초과이익환수제가 시행된 후 강남 아파트 재건축이 올스톱 됐고, 강북 재개발 역시 박원순 서울시장이 도시재생으로 정책 방향을 바꾼 후 지연되어 집값이 다시 반등할 것이라고 주장했다.

같은 신문 5월 25일 자에는 **"고양·부천 3기 신도시 충격에…주변 2기 신도시 미분양 속출"**이라는 기사가 실렸다. 정부가 3기 신도시를 발표하자 2기 신도시에서 최근 분양을 시작한 아파트들이 잇따라 홍행에 실패하는 반면, 인기가 많은 서울과 과천, 성남 등 준강남 지역 아파트 청약에는 사람들이 계속 몰려든다는 내용이었다. 기사에 따르면 인천 검단신도시와 양주 옥정신도시에서 미분양이 발생했고 1·2기 신도시 집값도 하락해 일산과 파주, 검단 주민들이 3기 신도시에 반대하는 집회를 개최한다고 했다. 이에 대해 한 전문가는 "3기 신도시가 서울 집값을 안정시키는 효과도 있겠지만, 1·2기 신도시와 기존 경기도 주거지의 집값에 미치는 악영향이 더 크다"며 "1·2기 신도시 주민들의 불안감을 해소하려면 교통 대책 외에 기업을 유치할 수 있는 인센티브 등도 마련해야 한다"고 언급했다.

〈조선일보〉 5월 27일 자에는 **"서울 재건축 6주 연속 올라…강동구는 0.22% 내려"**라는 기사가 실렸다. 서울 아파트 매매가격이 3주 연속 약보합세를 보이고 있지만 일부 자치구에서는 가격이 다시 오르고 있다는 내용이었다. 기사에서는 집값 선행지표로 불리는 재건축 아파트 매매가가 6주 연속 오르면서 "서울 집값이 바닥에 가까워지고 있다"는 분석이 계속 나오고 있다고 전했다.

〈한겨레신문〉 5월 29일 자에는 **"집매맷값 변동률 3년 새 마이너스로 '9.13 대책' 이후 안정세 전환 평가"**라는 기사가 실렸다. 기사에서는 전날인 28일 국토교통부와 국토연구원이 주최한 '문재인 정부 주택정책 2년의 성과와 과제'라는 정책 세미나에서 전문가들이 대체로 주택시장 안정, 주거복지 강화 등에선 일정한 성과가 있었다고 보면서도, 지금보다 정교한 제도 정비 등 내실을 다져나갈 필요가 있다고 발언한 내용을 다루었다. 이 세미나에서 기조 발제를 한 교수는 주택매매 가격이 9.13

대책 이후 안정세로 돌아섰다고 평가하고, 장기적 분석에서도 한국의 주택가격은 다른 경제협력개발기구OECD 국가들과 비교해 안정적이라고 소개했다. 2010년부터 2018년까지 한국의 실질주택 매매가격 변동률은 0.9%로, OECD 평균(14.4%)을 크게 밑돈다는 것이다. 2014~2018년 5년만 봐도 런던(39.6%)·베를린(63.1%)·시드니(54.8%)·상하이(52.5%) 등 세계 주요 도시의 주택 매매가격 변동률이 서울(18.9%)을 훨씬 웃돈다.

다른 전문가는 "9.13 대책 이후 서울 주택매매 시장은 확장 국면에서 둔화 국면으로 전환됐다"고 진단하고 하반기 주택시장 역시 하락 안정세를 유지할 것으로 전망했다. 그러면서 2019년 전체적으로는 전국 주택 매매가격이 연간 1.1~1.9% 떨어질 것으로 예측했다. 그리고 설문조사 결과를 인용하면서 다주택자 양도소득세 강화와 주택담보대출 규제 강화를 효과적인 부동산 시장 안정 정책으로 꼽았다.

[이슈 논쟁]

3기 신도시 조성

정부가 수도권에 3기 신도시를 조성할 방침을 밝힌 이후, 이를 둘러싼 논란이 끊이지 않는다. 국토교통부는 지난해 12월, 인천 계양구 테크노밸리, 경기도 남양주시 왕숙, 하남시 교산, 과천시 과천지구에 신도시를 조성할 계획이라고 밝혔다. 서울 경계에서 2km 떨어져 있어 상대적으로 서울과 인접한 지역들이다. 정부는 신도시 조성을 통해 서울에 집중된 수요를 분산시킨다는 취지인데, 과거 신도시 건설 경험으로 볼 때 바람직한 정책이 아니라는 반대 목소리도 만만치 않다. 3기 신도시 조성에 대해 각각 반대와 찬성 입장을 가지고 있는 김상조 국토연구원 도시연구본부 선임연구위원과 심교언 건국대 부동산학과 교수의 견해를 나란히 싣는다.

집값 안정, 신도시 정책 외에 대안 있나_심교언

서울 집값, 특히 아파트값이 몇달째 계속해서 하락하는 것으로 발표됐다. 3년간의 광풍이 잦아들고 있다는 평가가 나온다. 지금의 시장상황이 급상승에 따른 부담감과 거시경제의 부진으로 인한 것인지, 아니면 임기 초반부터의 강력한 투기대책 효과인지 파악은 어려우나, 여하튼 집값은 어느 정도 안정세로 돌아섰다고 여기는 듯하다. 그래서 일각에서는 3기 신도시가 지금 시점에도 필요한 것인가에 대한 의구심이 새롭게 제기되고 있다. 이에 대한 생각을 정리하기 위해서는 우리가 밟아온 역사와 선진국의 경험을 살펴보는 것이 도움이 될 것이다.

먼저 우리 역사를 살펴보면 1980년대 말 주택가격이 폭등하던 시절이 있었다. KB국민은행이 조사한 전국 아파트값이 일 년에 20~30%씩 폭등했고, 서울 아파트는 1990년 한 해에만 37.6%나 상승했다. 미쳤다고 했던 지난해의 서울 아파트 상승률이 13.6%였다는 점을 고려하면 표현할 단어가 떠오르지 않는다. 그러던 것이 200만호 입주가 시작된 1991년에 서울 아파트값이 4.5% 하락으로 전환되어 1990년대 내내 안정세를 유지하게 된다. 2000년대에도 주택가격이 폭등했는데 이는 외환위기로 인해 신도시와 같은 대규모 택지공급을 전혀 하지 않았기 때문이다.

본래 집값이란 거시경제의 영향을 크게 받기 때문에 단순히 신도시와 같은 대규모 공급만으로 설명이 어려운 점이 있긴 하나, 서울 아파트값의 경우 입주 물량이 몰리면 가격 조정이 나타나고 물량이 줄어들면 가격이 상승하는 모습을 반복적으로 보여주었다. 즉 안정적이고 지속적인 공급이 가격안정에 필수적이라는 의미다.

다음으로 서울은 정말 집이 부족한가에 대한 진부한 질문을 해볼 필요가 있다. 서울은 최근 가격 폭등이 의미하듯이 절대적으로 주택이 부족하다. 게다가 시민들이 원하는 새 집은 너무나 귀하다. 선진국 대도시들은 일반적으로 공가율, 즉 빈집 비율이 최소 5% 이상은 되어야 안정적이라 평가한다. 이 이하가 되면 위기 상황이라 인식하고 공급을 늘리기 위해 비상한 정책을 취한다. 얼마 전에 전국적으로 빈집이 120만 채가 넘고, 서울에만 빈집이 10만채 정도가 있다고 발표됐다. 서울에서는 강남구에 빈집이 제일 많다고 조사됐는데 일반인이 생각하는 빈집이 아닌 경우가 많이 포함돼 있어서 바로 사용할 수 있는 공가의 개념은 아닌 것으로 판단된다. 서울의 주택 수를 대략 300만채라 할 경우, 공식 조사된 10만 채를 모두 빈집으로 판정하더라도 3% 내외이기 때문에 서울엔 아직 집이 많이 부족하다.

서울을 더 고밀 개발을 해서 공급하는 것은 어떨까 하는 의견도 제법 있다. 그러나 이것은 문제가 많다. 최근에 입주하고 있는 위례 신도시의 경우 인구밀도가 헥타르당 156명 정도인데 서울은 이미 167명이다. 그것도 서울에 있는 대규모 산들과 하천의 면적이 포함되어 있기 때문에 실제로는 이미 초과밀 상태다. 서울은 세계적으로 가장 과밀한 도시에 속하고 있기 때문에 마냥 밀도를 올리기가 쉽지 않은 상황이다. 그리고 국제적 기준으로 본다면 서울은 오래전에 콤팩트 시티의 기준을 넘어선 도시다. 과연 시민들이 이러한 도시를 원할까 하는 점도 생각해봐야 한다.

재개발 등을 포함한 도시재생을 통한 공급방식도 많이 회자된다. 그러나 도시재생 자체는 주택 공급 효과가 극히 미미하고, 그나마 물량공급 효과가 있는 재개발과 재건축은 상당수가 답보상태다. 최근 서울시 도시계획 행정을 보면 앞으로도 안정적인 물량이 나올 가능성은 지극히 낮아 보인다. 수도권 신규주택의 상당 부분은 기성 시가지에서 공급되는 것이 아니라 신도시와 같은 공공택지에서 공급되었다는 현실을 봐도 그렇다.

해외 연구 중에서 뻔한 얘기이긴 하나 재미난 것이 있다. 오랜 기간 동안 도시계획 규제를 강력하게 하고, 녹지를 잘 지켜낸 대도시의 경우 쾌적한 환경에 따른 만족도는 높은 것으로 나타났다. 하지만 그 도시는 이제 중산층조차도 살기 힘들 정도로 집값이 올라 고민거리가 되었다고 한다. 그 반대로 교외 확산과 개발이 비교적 용이하도록 도시계획 제도를 운용한 대도시도 있는데 그 경우에는 집값이 수십년 동안 안정적이었음이 밝혀졌다. 무엇이 옳다고 얘기하긴 어렵다. 그렇지만 집값을 안정적으로 유지하려면 개발에 수반되는 희생을 감수해야 한다는 점은 분명하다.

서울 집값을 잡기 위해 강력한 수요억제책을, 그것도 위헌 판결까지 날 정도의 초고강도 정책을 시행했음에도 지금까지 효과를 본 것은 대규모 공급이 유일한 것으로 보인다. 그래서 가격안정 효과가 뛰어난 입지에 장기적 안목에서 안정적으로 그리고 지속적으로 공급하는 것이 필요한 것이다. 지난해 말 정부가 발표한 공급대책의 경우 보기 힘들 정도로 꼼꼼하게 고민한 흔적이 곳곳에 배어 있다. 단순한 주택건설 계획이 아니라 수도권의 공간 전체를 고민했다는 점도 그러하고 교통 대책을 선제적으로 수립했다는 점도 그러하다. 게다가 판교 테크노밸리와 같이 기업을 유치하여 자족성을 제고하겠다고까지 하니 계획의 완성도는 비교적 높은 편이라 판단된다. 다만 우려되는 점은 계획대로 착착 진행될 것이냐는 점이다. 지금까지 정부 사업들은 변경되거나 지연되기 일쑤였다. 그렇지만 이번만큼은 주민들의 눈높이에 맞게 일정대로 차질 없이 진행되도록 각고의 노력을 매진해야 할 것이다.

기성 시가지 침체 부르는 신도시 반대한다_김상조

1980년대 말부터 불어닥친 신도시 열풍이 어느덧 30년을 넘어가고 있다. 당시 절대 부족한 주택 공급과 열악한 주거 수준을 개선하고자 추진되었던 신도시는 우리에게 많은 것을 주고 또 많은 것을 앗아갔다.

우리에게 준 것들은 말하지 않아도 다들 공감하고 있을 것이다. 지역마다 차이는 있겠지만 주택보급률이 100%를 넘거나 육박했다. 뻥뻥 뚫린 대로들, 동네마다 보이는 푸른 근린공원 등 이전에는 경험하지 못했던 도시 인프라와 편리한 집 내부 구조는 사람들을 열광시켰고, 분양받아 놓기만 하면 팍팍 올라주는 주택가격은 주민들을 열광시키다 못해 패닉상태로 몰아갔다.

그렇게 30년 넘게 우리나라 주택공급의 절대다수를 차지했던 신도시는 도시인구 증가율의 감소와 함께 대량 미분양 사태를 맞으며 건설경기 후퇴라는 벽에 부딪혔다. 대량 표준개발에 대한 반성도 뒤따랐다. 더 이상 신도시는 만들지 말자는 공감대가 정부와 일반에 암묵적으로 형성된 듯도 했다.

그러나 현 정부는 또 한번 신도시 카드를 꺼내 들었다. 수도권에 그린벨트법상 개발제한 구역를 해제하고 부족한 임대주택을 신도시로 해결하겠다고 나선 것이다. 서울·경기·인천의 반응이 미적지근한 가운데 건설 논리의 당위성을 강조하고 있는 상황을 보며 사뭇 궁금한 것이 하나 있다.

이번 정부는 도시재생을 위하여 50조원을 쏟아붓겠다고 했다. 도시재생이란 무엇인가. 침체된 기성 시가지, 즉 신도시가 아닌 기존의 시가지 활성화와 정비를 위해 그 돈을 제공하겠다는 것이다. 산업이 발전하다가 어느 정점에 이르고 난 뒤부터는 쇠퇴하기 시작하는 것이 일반적이다. 서구의 많은 나라가 그런 현상을 겪었으며, 도시재생이라는 사업을 통해 산업구조 변화와 도시정비를 꾀하고 있다.

우리나라의 도시침체는 서구의 현상과는 다른 측면이 있다. 서구의 도시침체가 전통산업의 쇠퇴 및 경기침체라는 이슈와 맞물려 진행된 것이라면, 우리의 도시침체는 개발도상국 시절 고도의 성장률이 선진국에 가까이 가면서 정체되기 시작했다는 데 우선 그 이유가 있겠지만 여기에다 기성 시가지의 침체는 무분별한 신도시 조성에 기인했다는 점이 중요한 원인이라 할 것이다. '무분별하다'고 쓴 이유는 신도시가 도시 구조의 전체적 맥락을 이해하여 계획적으로 입지했다기보다는 대량의 저렴한 토지를 찾아 주로 도시 외곽이나 심지어는 도시 경계를 넘어 추진되었기 때문이다.

90년대부터 이렇게 건설된 수많은 신도시는 대도시, 중소도시를 가리지 않고 우리나라 전역에 걸쳐 추진되었다. 수많은 사람이 고층·고밀의 아파트 세상인 신도시로 입주했다. 물론 그들 대부분은 기성 시가지의 단독이나 다세대주택에 거주하던 주민이었다. 또한 신도시에서 제공되는 과다한 상업·업무용지는 기성 시가지의 상업·업무 활동을 침체로 몰아갔다. 시청을 비롯한 행정관청, 주요 상업·업무시설들이 신도시로 옮겨가거나 신설되었기 때문이다. 당연히 원래 있던 기성 시가지는 쇠퇴할 수밖에 없는 구조를 지니게 되었다. 지난 30여년 동안 기성 시가지는 신도시로 인하여 자체적으로 정비할 수 있는 개발 수요와 기회를 박탈당했다고 보아도 무방할 것이다. 기성 시가지 쇠퇴 지역의 노령화율이 도시 평균을 웃돌고, 기성 시가지에 거주하는 주민 소득이 상대적으로 낮다는 통계도 있다. 2017년 주거실태조사에 따르면, 저소득층의 51.8%는 단독주택에 거주하고 28.1%만이 아파트에 거주하는 반면, 고소득층의 15%만이 단독주택에 거주하고 74.5%가 아파트에 거주하는 것으로 나타났다. 또한 우리는 경제협력개발기구OECD 회원국 중 가장 인구밀도가 높은 압축적인 도시를 가진 나라이면서도 가장 긴 통근시간을 가진 이상한 도시구조를 가진 나라가 되었다. 세계적으로 '아파트 공화국'이라는 오명은 덤이다.

정부도 이런 문제를 인식했기 때문에 많은 재원을 쏟아부으며 기성 시가지의 정비와 활성화를 제고하려고 한 것이 아니던가. 수도권의 수많은 기성 시가지 주민들과 도시재생 전문가들이 의욕을 가지고 이 사업을 추진하고 있는 마당에, 신도시 조성을 또 하겠다는 것은 찬물을 끼얹는 것이나 마찬가지다. 임대주택이 많이 필요하다는 점은 알지만 꼭 이런 방식이 최선인지는 생각해봐야 한다.

이밖에도 논란의 여지는 많다. 민감한 개발제한구역을 해제하고 사업을 추진한다는 점과 수도권이라는 특수한 지역에 국한된다는 점, 인구감소로 소멸지역이 발생할지도 모른다는 우려가 있다는 점 등이다. 여러 가지 정책과 서로 모순되면서, 논란의 땔감에 불을 지피는 우를 범하고 있다는 생각을 지울 수 없어 안타깝다. 인구감소 시대 개발 수요는 제로섬이나 마이너스섬 게임이다. 어느 한곳에 과도한 개발이 집중된다는 것은 어느 한곳은 더 침체되거나 소멸될지도 모른다는 우려를 낳고 있다. 국토정책, 그리고 도시정책에서 좀 더 길고 넓게 볼 여유는 없는 것일까?
외국여행을 다니면서 아름답고 독특한 외국 도시의 경관에 탄성을 터뜨린다. 단순히 이국적인 것을 떠나 역사와 문화가 어우러진 도시경관과 미관이 우리를 놀라게 하기 때문이다. 우리나라 도시들은 왜 저렇게 될 수 없냐고 반문한다. 이렇게 말하고 싶다. 경제적으로는 1인당 국민소득 3만달러라는 선진국이지만, 여전히 권위주의적 자본주의가 개입된 도시계획은 후진성을 벗어나지 못하고 있다고.

출처: 한겨레신문(2019.4.2).

[심교언 칼럼]

3기 신도시 성공조건

최근 3기 신도시 지정지역을 중심으로 건설 반대 움직임이 나타나고 있다. 반대의 이유야 여러 가지가 있겠지만 불만의 강도는 상당한 것으로 보여진다. 그래서 3기 신도시가 필요한가에 대한 질문이 다시 제기되고 있는 듯하다. 그러나 향후 집값 안정을 위해서, 그리고 계속해서 비효율을 낳고 있는 수도권의 공간구조를 재편하기 위해서는 신도시 개발이 불가피한 것으로 보인다. 그렇다고 주민들의 반대를 그냥 무시하고 진행해서는 안될 일이다.
신도시 반대 혹은 우려의 움직임은 몇 가지로 요약이 가능하다. 먼저 수용당하는 주민들 입장이 있다. 특히 그린벨트로 묶여서 수십 년간 재산권 행사를 제약당한 상황에서 헐값에 수용당하는 게 아닌가 하는 우려이다. 그린벨트가 아닌 바로 옆 땅은 몇 배나 비싼 상태라 수용가에 대한 불만이 많은 것이다. 이들을 위해서 마냥 비싸게 사들일 수는 없겠지만, 기존의 경직된 수용방식이 아닌 협의를 통한 새로운 방식을 개발한다면 어느 정도 합의점을 찾지 않을까 생각된다.
다음으로는 기존의 1기, 2기 신도시에서 지금도 출퇴근 지옥을 겪고 있는데, 3기 신도시가 개발되면 더 힘들어질게 아니냐는 우려이다. 사실 2기 신도시의 경우 자족적 신도시를 외곽에 지으면서 서울로의 출퇴근을 배제한 상태에서 출발했다. 아직도 자족적 신도시를 위해 모도시와의 연결을 강화하는 게 좋은지는 학계에서 의견이 갈리고 있으나, 지금 상황을 감안하면 광역교통의 획기적 개선 없이는 주민 불편을 해소할 방법이 마땅치 않다. 즉 3기 신도시를 건설하면서 1기와 2기 신도시를 아우르는 종합적이면서도 획기적인 교통개선이 수반돼야 함을 의미한다. 정부에서도 다양한 개선안 혹은 확충안을 내놓고 있지만 주민들은 불안하다. 벌써부터 예산을 집행하는 기획재정부와의 불협화음도 나오고 있다. 그리고 과거를 돌이켜 보면 정부의 사업이 제때 완성된 것이 적기 때문에 더더욱 불안해하고 있다. 지금까지 정부에서 계획은 그런대로 세웠지만 여러 광역교통시설이 입주 전 혹은 목표한 시점에 완공되기 위해 비상한 수단을 강구해야만 주민들의 불만을 해소할 수 있을 것이다.

세 번째는 기존 도시의 쇠퇴에 따른 집값 하락 우려이다. 지금도 오래되어 불편한 집에서 살고 있는데, 이제 새 집들이 대거 건설되면 집값이 많이 떨어지지 않을까 하는 걱정이다. 실제 신축건물이 들어서면 오래된 건물은 값이 떨어질 가능성이 있다. 그러나 분당과 판교 사례를 자세히 살펴볼 필요가 있다. 2000년에 판교 건설을 위해 계획을 준비할 때 분당 주민들이 똑같이 행동했다. 분당 집값 하락을 우려해 판교 건설 반대를 주장한 것이다. 그러나 지금 시간이 지나고 보니, 판교의 엄청난 고용으로 인해 분당은 집이 낡았음에도 불구하고 집값이 많이 오른 것으로 나타났다. 3기 신도시가 단순히 주택만 공급하면 주변 지역의 지가가 하락할 가능성이 있지만 판교와 같이 대규모 고용을 창출할 경우에는 오히려 집값을 끌어 올릴 수도 있다. 그러므로 정부는 고용창출의 근원인 기업 유치에 적극적으로 임해 지역의 자족성 제고와 더불어 서울의 과밀을 해소하는데 일조함과 동시에 주변 지역의 집값 하락도 막아야 할 것이다.

이러한 모든 것을 해결하기에 기존 신도시 개발방식으로는 한계가 있다. 기존의 경직적인 개발방식과 토지공급방식을 고수한다면 이러한 주민들의 불만을 잠재울 수 없을 것이다. 게다가 정부에 대한 불신마저 커지고 있는 상황이어서 계획의 거버넌스 자체를 바꾸기 위한 노력을 해야 할 것이다. 정부에서 계획하고 집행하는 것이 아니라, 주민들과 같이 계획하고 결정하는 방식으로 전환해야 한다. 비록 효율성은 떨어질 가능성이 높으나, 주민들이 자기가 살고 있는 공간을 함께 계획한다면 지역별 특수성을 감안한 섬세한 계획이 가능해지고, 이에 따라 만족도도 높아질 것이다.

어떤 기업을 어떠한 방식으로 유치할 것인지, 어떤 유형의 광역교통시설을 어디에 언제까지 배치할 것인지를 주민과 공공이 함께 결정한다면 3기 신도시가 오히려 지역 문제를 해결하는 수단으로도 기능할 수 있을 것이다.

출처: 심교언(2019.6.18), 디지털타임스.

14장

분양가 상한제로 집값 잡자!

"저기 더러운 최고가격이 지나간다!"

프랑스 대혁명기 때 급진혁명파의 대명사였던 로베스피에르는 1793년 각종 농산물에 '최고가격제'를 도입했다. 그는 모든 프랑스 어린이가 저렴한 우유를 먹을 권리가 있다고 주장하며 '반값 우유' 정책을 시행했고, 이에 농민들은 우유보다 소고기를 파는 게 이득이라고 생각해 소를 도살하기 시작했다. 그 결과 우유 가격은 더욱 폭등했다. 왜 그런지 조사해보니 건초값이 우유값보다 비싸서 그렇다는 대답에 '반값 건초' 정책을 시행했다. 그러자 이번에는 건초업자들이 건초를 불태워 버렸다. 건초 보관보다 다른 용도로 창고를 사용하는 게 더 이익이었기 때문이다.

결국 로베스피에르는 자신이 수많은 사람을 처형한 단두대로 향하게 되었는데, 이때 파리 시민들이 그에게 외친 말이다.

꿈틀거리는 집값?

2019년 5월 31일 자 〈조선일보〉는 **"땅값, 서울의 상승폭 지난해 2배…울산 동구만 하락"**이라는 기사를 실었다. 기사에 따르면 2018년 1년 동안 전국 토지공시지가가 8.03% 올랐는데, 이는 2008년 이후 11년 만의 최대폭 상승이었다. 서울이 12.35%로 가장 많이 올랐고 광주(10.9%), 제주(10.70%), 부산(9.75%) 순으로 올랐으며, 서울에서는 주요 상권인 중구, 영등포구와 강남구가 가장 큰 폭으로 뛰었다. 공시지가는 재산세 등 각종 세금과 건강보험료 산정, 기초연금 수령 대상자 결정 등 60여 가지 행정 목적에 쓰인다. 따라서 공시지가가 오르면 땅 주인이 내야 할 세금도 늘어난다. 공시지가 상위 10곳 대부분의 보유세가 50%씩 오를 것으로 전망되는 가운데 한 전문가는 "최근 자영업 경기가 워낙 안 좋고 상가 공실이 심하기 때문에 단정적으로 말할 순 없지만,

인기 상권에서는 늘어난 보유세 부담을 임대료로 전가할 가능성이 있다"고 언급했다.

같은 날 〈한겨레신문〉은 **"8.03%…공시지가 10년 새 최고 상승률"**이라는 기사에서 별다른 평가 없이 지역별 특성 등을 소개했다.

〈한겨레신문〉 6월 3일 자에는 **"강남 3구 중심으로…고가 임대주택 소유주 '등록 기피증' 여전"**이라는 기사가 실렸다. 정부에서 전·월세 시장 안정을 위해 민간임대주택 등록제를 시행하고 있지만 고가 임대주택 소유주들은 여전히 등록을 꺼리고 있다는 참여연대의 분석 내용을 다루었다. 참여연대가 「민간임대주택에 관한 특별법」에 따른 임대사업자 및 임대차계약 등의 온라인 전자민원처리 '렌트홈'에 등록된 전·월세 거래와 국토교통부 실거래가 시스템에 신고된 자료를 비교·분석한 결과, 서울의 등록임대주택 월세 환산가는 단기(4년 거주 보장) 128만원, 장기(8년 거주 보장) 123만원이었지만 실거래가 파악된 월세 환산가는 145만원이었다. 참여연대는 미등록 임대주택까지 포함된 실거래가 월세 환산가격이 등록임대주택보다 20만원 정도 비싸다며, 임대주택으로 등록하지 않은 고가주택이 다수 존재한다고 분석했다. 민간임대주택으로 등록하면 집주인은 세입자에게 4년 또는 8년의 임대 기간을 보장하고 임대료 인상을 연 5%로 억제하는 대신 취득세·재산세·임대소득세·양도소득세·종합부동산세 등 각종 혜택을 받을 수 있다. 그런데도 4월 기준 732만 임대주택 중 75.3%가 민간임대주택으로 등록하지 않았다고 한다. 참여연대는 "과도한 혜택 제공에도 임대료가 상대적으로 높은 주택을 소유한 다주택자가 민간임대주택으로 등록하지 않는 상황을 결코 방치해서는 안 된다"며 "다주택자에게 특혜를 주는 방식이 아니라 거꾸로 임차가구를 위한 월세 세액 공제를 확대하는 방안을 우선적으로 검토해야 한다"고 지적했다.

〈조선일보〉 6월 5일 자에는 **"미계약분 속출했지만 모두 싹 주워갔다"**라는 기사가 실렸다. 주택 경기 냉각과 대출 규제 등의 여파로 서울에서 분양한 아파트에 미계약분이 속출했지만, 무순위 추첨을 거치며 대부분 팔렸다는 내용이었다. 특히 동대문 '청량리역 해링턴 플레이스'의 경우, 팔리지 않은 29가구에 6,197명이 몰렸다. 한 전문가는 "올해 들어서 서울 아파트 분양가가 높아진 데다 대출 규제 등으로 1순위 경쟁률이 떨어지고 부적격 당첨자도 늘면서 계약률이 하락한 것은 사실"이라며 "그럼에도 미계약분이 조기에 다 팔린 것은 시중에 서울 신축 아파트를 원하는 유동자금이 풍부하고 서울 신축 아파트를 원하는 대기 수요가 여전히 많다는 사실을 뒷받침한다"고 말했다.

같은 신문 6월 5일 자에는 **"어, 어, 어…강남이 다시?"**라는 기사가 실렸다. 강남 4구 아파트값이 일제히 상승세로 돌아섰다는 내용인데, 부동산114에 따르면 "강남권 아파트의 동시 반등은 지난해 10월 말 이후 7개월 만에 처음"이었고, 강남권과 전국의 주요 고가 아파트 가격을 지수화한 KB국민은행의 '선도아파트 50지수'도 지난해 12월 이후 처음으로 전달보다 0.33% 오르며 상승 전환했다. 매매 거래에서도 강남 4구에서만 아파트 매매거래가 전달보다 69~109% 증가했고, 강북에서는 최고가격을 경신하는 단지도 나타났다. 분양시장도 전보다 활기를 띠어 업계는 인기 지역을 중심으로 청약열기도 달아올랐다고 분석했다.

한 전문가는 "시중에 여전히 유동자금이 많은 데다 재건축, 재개발 규제로 인해 향후 몇 년 뒤 서울 주택공급이 부족할 것으로 전망된다"며 "주요 이슈가 마무리되고 득실 계산을 마친 이들이 '집값이 더 오르기 전에 미리 사자'며 뛰어들고 있다"고 분석했다. 반면에 또 다른 전문가는 "정부 규제 기조가 여전한 데다 당분간 수도권 입주 물량도 많고, 경제성장 전망도 하향 조정되는 분위기여서 집값이 바닥을 쳐도 다시 일어설 여력이 많지 않은 상황"이라고 해석했다.

6월 14일 자 〈한겨레신문〉은 **"서울 강남구 아파트값 34주 만에 소폭 올라"**라는 기사에서 강남구 등의 집값 반등이 일시적 현상에 그치지 않고 길게 이어질지 여부는 좀 더 지켜봐야 한다고 전했다.

〈조선일보〉는 6월 13일 자에 **"보유세 피하려…5월 임대사업자 등록 18% 증가"**라는 기사를 실었다. 보유세 부과 기준일인 6월 1일 전에 임대사업자로 등록하여 세금을 줄이려는 다주택자들이 5월에 많이 신청했다는 내용이었다. 임대사업자가 등록한 임대주택은 종부세 과세 대상에서 제외되며, 2채 이상 등록(다가구주택은 1채부터)하면 재산세도 25~100% 감면받는다. 이와 동시에 보유세를 아끼기 위해 자녀에게 주택을 증여하는 사례도 많이 늘었다고 한다.

같은 신문 6월 15일 자에서는 **"반포 37억, 용산 15억 거래…서울 집값 다시 오름세"**라는 기사를 다루었다. 재건축 단지를 중심으로 가격이 상승하고 있으며, 마포·용산 등 강북 인기 지역에서도 신고가로 거래되는 아파트 단지가 나오고 있다는 내용이었다. 기사에서는 집값이 바닥을 쳤다는 인식과 아직 상승장으로 추세가 전환된 것은 아니라는 시각을 함께 소개했다.

같은 신문 6월 17일 자에는 **"경기도 아파트 공급 과잉 우려"**, 6월 18일 자에는 **"5월 주택 매매 거래량 지난해보다 15.8% 줄어"**, 6월 22일 자에는 **"서울 일반 아파트 가격도 29주만에 오름세로"**라는 기사가 실렸는데, 공통적으로 집값이 바닥을 찍었다는 심리가 퍼지고 있다고 해석했다.

〈한겨레신문〉 6월 25일 자에는 **"서울 아파트 공시지가 시세반영률 33% 불과"**라는 기사가 실렸다. 기사에 따르면 경제정의실천시민연합(이하 경실련)은 "서울 지역 아파트를 무작위로 뽑아 분석해보니, 정부가 발표한 공시지가 시세반영률이 절반 수준으로 낮게 조작된 것으로 나타났다"고 주장했다. 경실련은 특히 용산구의 한 아파트의 경우 시세 반영률이 31.8%에 불과하다고 설명했다.

같은 신문 6월 28일 자에서는 **"서울 집값 하락세 33주 만에 멈춰… 규제 약발 다 했나"**라는 기사를 실었다. 2018년 정부가 9.13 대책을 발표한 이후 8개월 가까이 하락했던 서울 아파트값이 보합세로 돌아섰다는 내용이었다. 기사에서는 서울 아파트 시장의 경우 매매 거래량이 적은 가운데 일부 거래 사례가 가격을 끌어올리는 양상이어서, 집값이 본격적인 '상승 국면'에 진입한 단계는 아니라는 전문가들의 진단을 실었다. 그리고 정부가 집값 모니터링을 강화하는 한편, 시장이 과열될 경우 즉각 대책을 내놓겠다며 '구두 개입'에 나섰다고 평가했다. 즉, 김현미 국토교통부 장관이 이틀 전인 26일 한 토론회에서 '민간택지 분양가 상한제'도 검토할 수 있음을 시사했다고 보았다.

〈한겨레신문〉 6월 29일 자에서는 **"고개 드는 '집값 불안' 심리, 초기에 확실히 차단해야"**라는 칼럼을 실었다. 칼럼에서는 집값이 상승으로 반전하여 사람들이 불안해한다는 내용과 함께, 정부가 확고한 집값 안정 의지를 재차 표명하고 필요하다면 과감한 선제 대응 조치를 내놓을 것을 촉구했다.

시동 거는 분양가 상한제

〈조선일보〉 6월 27일 자에는 **"김현미 국토장관 '부동산 과열 시 준비된 추가 정책 즉각 시행'"**이라는 기사가 실렸다. 김 장관이 한 방송기자 클럽 초청 토론회에서 말한 내용을 다루었는데, 토론 패널이 "재건축·재개발 규제로 서울 등 주택공급이 위축돼 오히려 집값을 올리는 것 아니냐?"라고 지적하자 김 장관은 단호하게 "동의하지 않는다"고 잘라 말하기도 했다. 분양가 규제 관련 질문에 대해서는 "공공아파트에는 분양가 상한제가 적용되지만, 민간아파트의 경우 주택도시보증공사HUG가 고분양가를 관리하는데, 지금 방식은 고분양가 문제를 해결하는 데 한계가 있다고 생각한다"고 아쉬움을 드러냈다. 또한 "민간아파트에도 분양가 상한제를 적용할 생각이 있느냐?"는 질문에는 즉답을 피하고 "더 고민해보겠다. 여러 가지 방안을 검토하고 있다"고 답했다. 여기서 김 장관은 퇴임까지 현재의 부동산 정책 기조를 유지하겠다는 뜻도 밝혔다.

같은 신문 7월 2일 자에는 **"'양날의 칼' 분양가 상한제"**라는 기사가 실렸다. 정부가 민간택지 분양가 상한제 도입 가능성을 거론한 데 따른 영향을 담은 이 기사에서 전문가들은 "분양가 상한제 때문에 사업주들이 분양을 미루면서 주택 공급이 늦어지고 집값이 오르는 '규제의 역설'이 나타날 수 있다"고 전망했다. 또한 2006년 말 정부가 민간택지 분양가 상한제 도입을 예고하자 규제를 피하려는 사업자들이 몰리며 2007년 주택 인허가 신청이 전년 대비 18% 늘었지만, 분양가 상한제를 적용받는 2008년이 되자 다시 40% 급감한 점을 지적했다. 한 전문가는 "비슷한 입지의 주택이 단기간에 대규모로 분양되면 낮은 분양가가 주변 집값을 떨어뜨릴 수 있지만 지금 서울에는 그럴 땅이 없다"며 "지금도 강남에서 시세보다 2억~3억원씩 저렴한 아파트가 분양되는데, 여기서 더 낮추면 일부에게만 로또를 쥐여주는 셈"이라고 말했다.

같은 신문 7월 9일 자에는 **"'민간도 분양가 상한제 도입 검토' 김현미, 집값 꿈틀대자 추가 대책"**이라는 기사가 실렸다. 기사에서는 김현미 국토교통부 장관이 서울 아파트값이 34주 만에 상승세로 돌아서는 등 강남권을 중심으로 부동산 시장이 꿈틀대자 강력한 추가 대책을 검토하겠다며 분양가 상한제의 민간택지 확대를 언급한 내용을 다루었다. 그러면서 분양가 상한제를 민간주택까지 확대하면 당장 신규 주택의 분양가를 낮추는 효과는 있겠지만, 신규 아파트 공급이 감소해 집값 상승을 부채질할 가능성이 크다는 지적도 함께 소개했다. 노무현 정부에서 분양가 상한제를 시행한 결과, 시행 1년간 수도권에서 분양가 상한제 적용을 받은 민간주택이 500가구에 그칠 정도로 부작용이 심했다. 이에 전문가들은 "가뜩이나 대출 규제 등 여파로 계약 안 된 집을 싹쓸이하는 '줍줍족' 등 현금 부자들이 유리한 상황에서 분양가까지 통제하면 부작용만 커질 수 있다"고 우려했고, 한 전문가는 "분양가 상한제 때문에 주택 공급이 늦어지면 대기 수요가 기존 아파트로 옮겨가면서 오히려 집값을 자극할 수 있다"고 말했다. 전문가들은 재건축과 재개발을 활성화해 공급을 늘리는 대책이 결국 시장을 살리는 근본적 해결책이라고 지적했는데, 한 전문가는 "수요 억제를 통해 가격을 잡을 수 있다는 정부의 잘못된 진단이 잘못된 대책으로 이어지고 있다"고 전했다.

〈한겨레신문〉 7월 9일 자에는 **"아파트 분양가 1년 새 12.54%(서울) 뛰자…정부, 결국 벼르던 칼 뺐다"**라는 기사가 실렸다. 기사에서는 정부가 2018년 9.13 대책 당시에도 꺼내들지 않았던 카드인 '민간택지 분양가 상한제'를 도입하기로 한 것을 두고, 최근 불안한 조짐을 보이고 있는 주택시장을 그대로 두지 않겠다는 의지를 드러낸 것으로 해석했다. 그러면서도 정부가 이런 움직임을 보이는 이유가 2018년처럼 주택시장이 과열될 것을 우려해서가 아니라, 강남을 비롯한 민간 아파트 분양가의 과도한 상승을 억제할 필요가 커졌다고 판단했기 때문이라고 보았다. 국토교통부는 분양가 상한제 도입으로 강남권 재건축 단지의 분양가가 큰 폭으로 떨어질 것으로 예상한다고 발표했다. 기사 말미에서는 장기적 효과에 대해 언급하며, 길게 보면 강남권 등 분양가 상한제 적용 지역에선 주택 공급이 크게 위축될 것이라는 전망도 소개했다. 사업 초기 단계의 재건축 조합으로선 분양가 규제가 풀릴 때까지 사업을 미루거나, 사업을 진행해도 일반분양 물량을 줄이는 '1대1 재건축'을 선호할 가능성이 높기 때문으로 분석했다.

같은 신문 7월 11일 자에서는 **"민간택지 상한제, 서울 분양가 20~30% 잡는다는데…"**라는 기사를 실었다. 기사에서는 재개발, 재건축이나 도심 재정비 사업 등 서울 민간택지에도 공공택지와 동일한 분양가 상한제가 적용되면 새 아파트의 분양가가 20~30% 낮아질 것으로 전망한다는 내용과 함께 부작용도 소개했다. 그러면서 민간택지 분양가 상한제에서 우려되는 부작용으로 주택사업 위축과 공급물량 감소, 낮아진 분양가와 시세의 차이가 확대됨에 따라 청약자들이 몰리는 '로또' 청약 과열 등을 꼽았다. 업계에선 분양가 상한제 도입으로 서울 지역의 신규 주택 공급이 지나치게 위축되지 않게 하려면, 분양가 상한제 적용 지역을 일정한 '과열 지역'으로 국한할 필요가 있다고 보았다.

또한 시행 시기에도 문제의 소지가 있는데, '입주자 모집공고 승인 신청일'을 기준으로 하는 방안을 검토하고 있다고 한다. 이 경우 이미 관리처분인가를 신청한 단지에 대한 소급 적용 논란이 불거질 수도 있다. '로또' 아파트도 논란거리인데, 국토교통부는 현재 청약제도가 '무주택 실수요' 중심으로 개편돼 과거와 같은 청약과열은 나타나지 않을 것으로 예상했다. 그러나 무주택자 중에서도 특정 당첨자에게 과도한 수익을 안겨주는 문제가 있고, 9억원 초과 주택의 경우 중도금 대출이 금지되어 결국 부자나 부모의 재력을 배경으로 지닌 무주택 '금수저'들이 강남 로또 아파트를 독차지할 것이라는 우려가 여전히 남는다면서 '채권입찰제'를 재도입하는 방법도 소개했다. 분양가 상한제에 따른 시세 차익 일부를 정부가 환수하는 방식인데, 청약자가 채권 매입액을 많이 적는 순서대로 당첨자를 선정하는 방식으로 2013년 폐지된 정책이다.

같은 날 〈조선일보〉는 **"'주변시세 반값에 분양하라니…' 강남 재건축 부글부글"**이라는 기사를 실었다. 정부가 분양가 상한제에 대한 의지를 밝히면서 주택건설·시행사들이 큰 혼란에 빠졌다는 내용이었다. 기사에서는 그 이유로 분양가 상한제가 실제로 시행될 경우 계획했던 분양가보다 낮은 값에 분양해야 해서 사업성이 크게 떨어지기 때문이라고 분석했다. 그러면서 실제 강남의 한 사례에서 주변시세의 절반 수준으로 분양가가 떨어지는 것으로 조사됐고, 고급 아파트를 짓기가 어려워져 품질이 하향 평준화될 것을 우려하는 소리를 전했다. 주민들의 재산권 침해 논란도 일어날 수 있다고 우려했다. "소급 적용은 재산권 침해"라고 주장한 것이다. 한 전문가는 "최근 재건축 조합들의 불만이 최고조에 달하고 있다"며 "분양가 상한제가 급진적으로 시행될 경우 조합들이 정부를 상대로 위헌소송을 제기할 가능성도 있다"고 언급했다.

〈조선일보〉는 7월 16일 자에 **"분양가 상한제 대처법…강북은 'GO' 강남은 'STOP'"**이라는 기사를 실었고, 〈한겨레신문〉은 7월 18일 자에 **"기준금리 인하, '집값 불안 차단' 중요해졌다"**라는 사설을 실었다. 7월 19일 자에는 **"상반기 서울 주택매매 거래량 '반토막'"**, 7월 22일 자에는 **"서울 주택매매 소비심리지수 8개월 만에 상승"**, 7월 24일 자에는 **"초저금리가 전세→월세 전환 자극?…전세시장 움직임 촉각"**, 7월 25일 자에는 **"공정위, 강남 3구 부동산 허위매물 조사 착수"**라는 기사를 실었다.

7월 30일 자에는 **"서울 민간 분양가 상한제 도입하면 매매가 변동률 연 1.1%p 하락효과"**라는 기사를 싣고, 서울지역 민간택지에 분양가 상한제를 시행하면 주택 매매가격 변동률을 연 1.1%p 하락시키는 효과가 있다는 국토연구원의 분석 결과를 소개했다. 국토연구원은 "정부가 민간택지로 분양가 상한제를 확대하려는 것은 재건축·재개발 단지에 쏠린 유동자금을 분산시키려는 의지로 풀이된다"며 "분양가 상한제 시행으로 분양가가 낮아지면 재건축·재개발 사업의 개발이익이 줄고, 높은 자본이득을 얻으려는 투자수요가 감소해 집값이 낮아질 것"으로 내다봤다. 또 분양가가 하락하면 고분양가가 주변 재고주택의 가격을 동반 상승시키는 효과도 차단될 것으로 예상했다.

그리고 분양가 상한제 시행으로 주택공급이 위축될 것이라는 일각의 지적이 기우에 그칠 것으로 예상하고, 분양가 상한제 등 정부 정책이 영향을 미치면서 수도권의 주택 매매가격이 연간 1.2~1.6%, 전국적으로는 1.3~1.6% 하락할 것으로 내다봤다. 한 연구원은 "분양가 상한제 시행 때는 전매제한 강화와 함께 개발이익 환수를 병행 추진하는 대안도 고려해볼 수 있을 것"이라면서 "최근 금리 인하로 인해 주택 시장 변동성과 가계부채 증가 위험이 커진 만큼 실거주 목적 이외의 대출에 대한 관리 체계를 강화해야 한다"고 제언했다.

7월 25일 자 〈조선일보〉에는 **"강남 집값 꿈틀대자…공정위 현장조사 나서"**, 8월 5일 자에는 **"집값, 정부가 콕 찍으면 꼭 올랐다"**라는 기사가 실렸다. 8.2 대책이 발표된 지 2년 후, 정부가 '핀셋 규제'라는 명목으로 서울과 특정 지역을 규제한 것이 결과적으로 유망 투자처를 찍어 준 꼴이 됐다는 비판이 일었다. 한 인터넷 커뮤니티에는 "투기과열지구는 '투기유망지역'이라는 뜻"이라며 "노무현 정부 시절인 2006년 강남을 포함한 버블세븐 지역 집값이 투기과열지구로 지정된 이후 더 큰 폭으로 올랐던 일을 국민 모두 경험했다"는 주장도 등장했다. 한 전문가는 "양도세 중과로 시장에서 매물이 점점 귀해지면, 살 집을 구하기 어려운 실수요자들은 집주인이 부르는 가격에 집을 사게 된다"며 "몇 안 되는 공급 매물에 수요가 몰리다 보니 가격을 내리려는 정책효과가 떨어져가고 있다"고 분석했다. 다른 전문가는 "규제로 세금 부담이 늘어난 다주택자들이 지방과 수도권 외곽 집은 처분하고 서울에 자산을 집중하는 현상이 빚어낸 부작용"이라며 "집을 한 채만 사야 한다면, 살기 좋고 유망한 서울과 수도권 아파트에 더 몰리는 것"이라고 언급했다. 말미에는 다주택자가 법인 설립으로 규제를 회피하고 있는 현실도 지적했다.

〈한겨레신문〉 8월 1일 자에는 **"집값 급등? 공급량 감소?…분양가 상한제에 대한 오해라오"**라는 기사가 실렸다. 기사에서는 2007년 분양가 상한제 시행 이후 주택 공급물량이 감소하지 않았다는 것을 시대적 상황을 들어 서술했다. 그리고 1980년대 중반의 집값 급등은 1977년 분양가 상한제 도입 때문이라는 한 경제지의 주장에 대해서도, 그 때문이 아니라 경기 호황에 따른 유동성 증가 때문이라고 주장했다. 분양가 상한제의 영향으로 서울 아파트값이 급등했는지에 대해서도 2014~2015년 집값 상승 원인은 규제 완화로 인한 투기수요 때문이며, 분양가 상한제의 영향은 아니라고 항변했다. 경제학 교과서에서 말하는 내용과 정반대라, 해석에 주의를 요하는 기사라고 할 수 있다.

같은 신문 8월 6일 자에서는 **"민간 분양가 상한제 당분간 연기"**라는 기사를 실었다. 당정 협의 일정도 못 잡는 등 분양가 상한제를 연기할 가능성이 있다는 내용이었다.

〈조선일보〉 8월 9일 자에는 **"분양가 상한제에…서울 새 아파트 신고가 행진"**이라는 기사가 실렸다. 기사에 따르면 12일 정부가 분양가 상한제를 발표할 것이라는 소식에, 강남과 강북의 새 아파트들이 최고가격을 경신하고 있다는 내용이었다. 업계에서는 분양가 상한제가 발표될 경우 서울의 새 아파트 공급이 줄어들면서 기존 신축의 존재감이 두드러져 상승세를 타고 있는 가격이 더욱 탄력을 받을 것으로 예상했다. 'KB부동산 리브온'에 따르면 서울에서 입주 2년 내 아파트들의 평당 매매가격이 4,007만원으로 서울 평균 아파트 평당 가격(2,737만원)보다 46.4% 높았다고 한다. 새 아파트값 급등 현상은 다주택자 규제를 핵심으로 하는 9.13 대책의 여파로, 이른바 '똘똘한 한 채'를 찾는 수요가 늘어나면서 심화됐다는 것이다. 특히 강남권에서는 재건축 아파트가 각종 규제의 집중포화를 맞으면서 갓 나온 신축이 반사이익을 본 측면도 있다고 보았다. 한 전문가는 "재건축 규제가 강화되면서 향후 새 아파트 공급이 부족해질 것이란 판단에 미리 신축을 사 놓는 수요자들이 몇 개월 전부터 늘어났다"고 말했다. 업계에서는 민간택지 분양가 상한제가 본격 도입되면 새 아파트 수요 쏠림과 이로 인한 가격 급등 현상이 더욱 두드러질 것으로 전망했다. 기사에서는 규제 강화로 인해 서울 새 아파트 공급의 약 80%를 담당하는 재건축·재개발 사업이 위축되면서 신축 아파트가 더욱 품귀현상을 빚을 것이란 관측도 소개했다.

같은 신문 8월 12일 자의 **"공급부족으로 기존 집값 뛰고, 로또 아파트 부작용"**라는 기사에서 전문가들은 민간택지 분양가 상한제의 경우 "득보다 실이 더 클 것"이라고 우려했다. 한 전문가는 "지금도 서울에서는 재건축 규제 때문에 새 아파트 품귀 현상이 심화되고 있는데, 여기에 분양가 상한제까지 시행되면 대부분의 조합들이 사업을 미룰 것"이라며 "입주 10년 이하 신축 아파트로 수요가 몰리면서 집값도 오를 것"이라고 말했다. '로또 청약'과 관련해서는 분양가 상한제가 적용되는 아파트의 분양가는 주변 시세보다 최소 30% 정도 낮을 것이지만, 인기 지역의 경우 대부분 분양가가 9억원이 넘기 때문에 중도금 대출이 안 되어 현금 여력이 있는 소수가 로또 청약을 독식하게 된다. 이에 한 전문가는 "다수의 재건축 조합원과 실수요자가 누려야 할 혜택을 소수의 청약 당첨자가 독식하는 것이 과연 사회적으로 맞는 것인지 의문"이라며, 주택 품질 저하 문제도 함께 언급했다.

같은 신문에서 **"강남 재건축 정조준, 분양가 상한제 강행"**이라는 기사를 실었다. 기사에서는 정부가 분양가 상한제를 강행할 것이라고 했는데, 여기서 한 전문가는 "분양가 상한제가 시행되면 일부 재건축·재개발 단지에서 '로또 분양'이 나오겠지만 중장기적으로 아파트 공급이 줄고 집값이 오르는 등 부작용이 더 클 것"이라고 말했다. 여당 내에서도 "최근 경제 상황을 고려할 때 분양가 상한제 도입에 신중해야 한다"는 의견이 나왔다. 그러나 이런 우려에도 불구하고 정부가 분양가 상한제 시행을 강행하자 일각에서는 '내년 총선을 염두에 둔 전략'이라는 해석도 나왔다.

〈한겨레신문〉 8월 12일 자에도 **"분양가 상한제, 강남 재건축 나선 곳도 적용할까"**라는 기사가 실렸다. 정부가 12일 오전 분양가 상한제 시행을 위한 당정 협의를 진행할 예정이며, 이 협의가 끝나는 대로 분양가 상한제 관련 「주택법 시행령」 개정안을 곧바로 입법 예고할 거라는 내용이었다. 이 기사에서는 3가지 핵심사항을 소개했다. 첫 번째로는 적용 지역과 관련하여 강남 3구를 포함할 가능성이 높다고 보았다. 두 번째로는 적용 방식과 관련하여 현행법은 정비사업 아파트의 경우 '관리처분 인가'를 신청하는 아파트부터 분양가 상한제를 적용하지만, 개정안은 정비사업 아파트도 일반 아파트와 마찬가지로 '입주자 모집 공고' 시점부터 적용하게 되어 있어 조합들의 '소급 적용'이라는 주장과 반발을 불러올 것으로 예상했다. 세 번째로는 과도한 시세차익 등의 부작용을 줄이기 위해 분양가가 주변 시세의 70% 미만이면 4년, 70% 이상이면 3년간 전매가 제한되는데 이 기간이 5~7년으로 늘어날 것으로 예상했다.

8.12 대책: 유례를 찾기 힘든 가격 규제의 신호탄!

"민간택지 분양가상한제 적용기준 개선"

2019년 8월 12일 국토교통부는 '민간택지 분양가상한제 적용기준 개선 추진'을 발표했다. 이번 대책도 도입 배경을 소개하며 시장 상황을 진단하는 것으로 시작한다. 8.12 대책에서는 서울 아파트 가격이 34주 만에 상승세로 전환되었고, 이 현상이 투자수요가 집중된 강남권 재건축 중심으로 나타났다고 진단했다. 그리고 서울의 분양가 상승률이 집값 상승률보다 약 3.7배 높았으며, 분양가 상승이 인근 기존 주택의 가격 상승을 이끌어 집값 상승을 촉발할 우려가 있다고 분석했다. 이에 분양가 상한제의 지정요건과 적용 시점을 '합리적'으로 개정하고, 이와 동시에 전매제한 기간도 확대한다고 밝혔다.

민간택지 분양가 상한제 적용지역 지정요건이 매우 엄격하다 보니 최근 시장 불안 조짐이 있는 서울도 상한제 적용이 불가한 상황이어서, 지정의 필수 요건인 기존 '직전 3개월 주택가격 상승률이 물가 상승률의 2배 초과인 지역'을 '투기과열지구로 지정된 지역'으로 개정했다. 그리고 선택요건 중 하나인 분양가격 상승률은 분양실적이 없어 활용되지 못하는 경우가 많아, 이 경우에는 청약이 가능한 지역인 '주택건설지역'의 분양가격 상승률을 사용토록 했다.

다음으로 분양가 상한제 지정효력의 적용 시점도 재건축·재개발 사업의 경우 '관리처분계획인가를 신청한 단지'에서 '최초 입주자모집 승인 신청한 단지'로 바꿨다.

마지막으로 3~4년인 전매제한 기간을 5~10년으로 확대했고, 공정률 50~60% 수준에서 가능했던 후분양을 공정률 약 80% 수준에서 할 수 있도록 규제를 더욱 강화했다.

■ **수도권 분양가상한제 적용주택 전매제한기간**

구 분			전매제한기간	
			투기과열	그 외
현행	공공택지	분양가격 인근 시세의 100% 이상	3년	3년
		85 ~ 100%	4년	4년
		70 ~ 85%	6년	6년
		70% 미만	8년	8년
	민간택지	분양가격 인근 시세의 100% 이상	3년	1년 6개월
		85 ~ 100%	3년	2년
		70 ~ 85%	3년	3년
		70% 미만	4년	4년
개선	**공공택지**	**분양가격 인근 시세의 100% 이상**	**5년**	**3년**
		80%~100%	**8년**	**6년**
		80% 미만	**10년**	**8년**
	민간택지	**분양가격 인근 시세의 100% 이상**	**5년**	-
		80%~100%	**8년**	-
		80% 미만	**10년**	-

출처: 국토교통부 보도자료(2019.8.12), "민간택지 분양가상한제 적용기준 개선 추진", p.5.

여론의 반응

〈조선일보〉 8월 13일 자에는 **"소급 적용된 분양가 상한제…재건축은 어쩌나"**라는 기사가 실렸다. 기사에 따르면 서울 강동구 둔촌주공아파트의 경우 2003년부터 재건축을 진행해 2017년 관리처분계획 인가까지 받은 뒤 철거작업에 들어간 상황이며, 평당 분양가를 약 3,200만원으로 예상했다. 2019년 상반기 분양보증을 발급하는 주택도시보증공사HUG가 "평당 분양가가 2,600만원 이상이면 안 된다"는 입장을 내놓자 분양보증이 필요 없는 후분양으로 규제를 피하려 했지만, 서울 전역의 아파트 재건축이 분양가 상한제 적용대상이 되면서 이 아파트 역시 평당 2,600만원도 못 받게 될 가능성이 높아졌다는 내용이었다.

기사에서는 강남권 주요 재건축 단지를 포함해 서울에서 관리처분인가를 마치고 분양을 준비 중인 아파트 76개 단지, 7만 2,000여 가구가 직격탄을 맞을 것으로 예상했다. 이뿐만 아니라 중장기적으로는 서울 아파트 167만 가구 중 3분의 1 이상인 지은 지 30년 이상 된 아파트들도 영향권에 들 것으로 보인다며, 이는 기존 분양가 상한제 적용 기준으로는 최근 4년간 대상 아파트가 하나도 없었던 것과 대비된다고 서술했다.

그리고 정부가 '집값 잡기'란 단기 목표에만 함몰되어 시장을 외면하는 무리수를 두고 있다고 지적하면서, 한 전문가는 "규제 대상을 명시하지 않고 광범위하게 정한 뒤 집값이 꿈틀대면 집중규제에 나서는 '두더지 잡기' 방식을 택한 것"이라며 "개인의 재산권을 행사할 자유를 정부가 임의대로 막는 처사"라고 말했다.

또 현재 3~4년인 전매 제한 기간을 최대 10년으로 늘린 것에 대해 비판하며 위헌 논란을 문제 삼았다. 이 기간에 집을 처분하려면 한국토지주택공사LH에 넘겨야 하는데, 이때 매매가격은 시세보다 훨씬 낮을 수밖에 없기 때문이다. 그리고 상한제 적용 시점을 '입주자 모집 승인 신청'으로 바꾸면서 재건축 대상 아파트 주민들이 상당한 재산 손실을 감수해야 한다고 비판하고 둔촌주공의 경우 분양 수익이 1조원 이상 줄어들 것으로 전망했다. 한 전문가는 "기존 정부 방침에 따라 철거 작업까지 시작한 주민들 입장에서는 소급 적용을 한 것이 위헌적 발상인 동시에 날벼락 수준의 조변석개식 정책"이라고 비판했다.

전문가들은 시장 왜곡도 우려했는데, 분양가 상한제로 재건축이 막히면 중장기적으로 주택 공급이 줄어들기 때문에 실수요자들의 '내 집 마련'이 어려워지면서 정상적인 거래까지 막힌다는 것이다. 한 전문가는 "서울 아파트에 대한 수요가 꾸준한 상황에서 분양가만 규제하는 것은 득보다 실이 많다"며 "수요가 몰리는 지역에 주택을 공급할 수 있는 정책을 병행해야 한다"고 말했다.

같은 신문에서는 **"서울 재건축 306곳 분양가 상한제 타깃"**, **"민간 분양가 상한제, 규제 밖 지역 풍선효과 우려 키워"**라는 기사와 **"아파트값까지 정부가 결정, '선거 정치'로 변질된 집값 대책"**이라는 사설도 실었다. 사설에서는 집값을 안정시켜야 한다는 내용에 공감하면서 시장원리에 거꾸로 가는 대책은 결국 집값 불안으로 이어진다고 비판했다. 분양가 상한제가 일시적으로는 효과가 있어 보여도 결국엔 집값 상승으로 이어진다는 것은 숱한 시행착오를 거쳐 입증된 사실이다. 새 아파트 공급 축소를 유발하기 때문이다. 분양가 상한제는 부작용을 초래해 얼마간 시행되다 없어지곤 했다. 기사에서는 집값 안정의 효과가 있었다면 왜 이 제도가 지속되지 않았겠느냐고 반문했다.

분양가 상한제 시행 움직임에 서울 강남권 신축 아파트들은 25평형대가 20억원대를 돌파하는 등 연일 신고가를 갈아치우고 있다면서, '로또 청약' 논란도 언급했고, 결국 상류층에게 유리해져서 서민들이 더 어려워진다고 주장하며, 다음 해 4월 총선 때까지는 어떤 무리수를 두더라도 강남 아파트값을 잡아야겠다는 정치 행위는 좋지 않다고 마무리했다.

이 외에도 다음 날 같은 신문에 **"분양가 상한제 지정·해제, 사실상 국토교통부 입맛대로"**라는 기사가 실렸다. 기사에서는 국토교통부가 '직전 3개월간 주택가격상승률이 물가상승률 2배를 초과하는 지역'이라는 분양가 상한제 적용 전제조건을 '투기과열지구로 지정된 지역'으로 바꾸면서 사실상 국토교통부 입맛대로 분양가 상한제 지역을 지정할 수 있게 되었다고 분석했다. 그리고 투기과열지구의 지정과 유지, 해제를 결정하는 '주거정책심의위원회(이하 주정심)'는 24명으로 구성되는데, 국토교통부가 이 중 최소 13명에게 영향력을 행사할 수 있어서 더욱 그러하다고 보았다. 주정심은 위원장인 국토교통부 장관을 포함해 총 24명의 위원으로 구성되는데, 당연직은 기획재정부 등 관계부처 차관급 9명, 국무조정실 국무2차장, 한국토지주택공사LH 사장, 주택도시보증공사HUG 사장 등 13명이고, 위촉직 11명은 국토교통부장관이 위촉하는 민간위원이어서 국토교통부 측 위원만으로 의사결정이 가능한 구조다. 회의 내용을 외부로 공개하지 않는데, 자유한국당 의원실에 따르면 정부 출범 이후 2019년 6월까지 총 11차례 회의 중 대면 회의는 한 번뿐이었고, 나머지는 모두 서면 심의로 대체되었으며, 모든 안건은 원안 가결되었다고 한다.

같은 신문에 **"분양 쏟아져 사정 어려운 수도권, 민간 분양가 상한제에 시름"**이라는 기사와 **"상한제 직격탄 맞은 국내 최대 재건축 단지, 10월 이전 분양 추진"**, **"박선호 국토차관 '분양가 상한제, 필요한 곳에 선별 도입'"**, **"국토교통부, 분양가 상한제 후폭풍에 '움찔'…지역 선정에 진통 예상"**, **"분양가 상한제 역풍…무주택30대, 까마득해진 청약당첨"**, **"분양가 상한제 놓고…홍남기·김현미 서로 딴소리"**라는 기사도 실렸다. 마지막 기사에서 기재부와 국토교통부의 의견 조율을 다루었는데, 기재부는 국내 경기 상황 등을 종합적으로 검토한 뒤 규제하겠다는 입장인 반면, 국토교통부 김현미 장관은 강경론을 펼쳐 갈등이 생기고 있다는 내용이었다. 이와 관련해 한 고위 관계자는 "국토교통부가 '건설 경기에 미치는 여파도 별로 없을 것'이라며 분양가 상한제를 밀어붙이려고 하자 홍남기 부총리가 '그렇게 판단하는 증거를 가져오라'고 요구해 제동을 걸었다"고 전했다.

"국토교통부, 분양가 상한제 통계 '아전인수' 해석 논란"이라는 기사도 같은 신문에 실렸다. 기사에서는 정부가 2007년 분양가 상한제 도입 직후 2008~2009년 아파트 인·허가공급가 줄어든 원인으로는 '경기 침체'를 꼽으면서, 2008~2009년을 포함한 기간의 부동산 가격 안정은 경기가 아닌 '부동산 상한제의 영향' 때문이라고 말을 바꾸는 등 앞뒤가 안 맞는 주장을 편다고 지적했다. 이와 관련해 한 전문가는 "2007~2014년의 경우 분양가 상한제 때문에 아파트값이 안 올랐다기보다, 이 시기가 경기 침체 등에 따른 부동산 경기 하강기였기 때문"이라고 주장했다. 그리고 "대다수의 경제학, 부동산학 교과서는 불필요한 변수의 영향을 배제하는 계량 통계를 근거로, 분양가 상한제와 같은 '가격 통제'는 공급을 위축시켜 단기적으로 부동산 가격 불안의 요인이 된다고 가르치고 있다"며, "정부가 왜 굳이 분양가 상한제의 공급 감소 효과를 부정하는지 모르겠다"고 덧붙였다.

이후 며칠 동안 **"김현미 장관 '전 정권이 부동산 규제 풀어 가격 불안정해졌다'"**, **"홍남기 '분양가 상한제, 충분히 조율'…엇박자 해명"**, **"분양가 상한제 최대 수혜지는 집값 쑥쑥 빠지던 강동구"**, **"은마 7,000만원, 둔촌주공 5,000만원…재건축 호가 급락"**, **"'분양가 상한제 전 막차 탈**

까' 대입 빨치는 눈치작전", "재건축 몰린 강남 4구 희비…강동은 '쑥' 송파는 '뚝'", "'로또청약' 경쟁률 높아져…점수 낮으면 가능성 희박", "청약통장 가입자 2,500만 돌파…서울 3배 급증", "브레이크 걸린 강남 재건축 아파트값", "분양가 상한제 도입 전 '막차 단지' 잡아라" 등의 기사가 쏟아졌다.

〈한겨레신문〉도 8월 13일 자부터 관련 기사를 쏟아냈다. **"민간 분양가 상한제, 서울·과천 등 투기과열지구 31곳 적용", "시세 70~80% 수준서 분양…반등하는 강남 집값 잡기 '강수'"**라는 기사가 1면과 2면에 실렸다. 먼저 정부 정책을 소개하고 나서, 정부의 이번 조처가 치솟는 분양가를 누그러뜨리고 집값을 안정시키는 데 도움이 될 것으로 예상하는 한편으로, 가격 통제지역이 확대될 경우 '공급 부족'으로 이어질 것이라는 우려도 다루었다. 부동산 업계에서는 강남 4구를 포함한 서울의 상당수 지역이 청약경쟁률 요건을 충족할 것으로 예상하고, 분양가 상승률 요건에서도 서울 전역이 사정권에 들 것으로 보았다. 다만, 정량적 요건을 충족하더라도 주정심의 '정성적' 평가에 따라 지정 여부가 최종 결정된다는 정부의 설명도 실었다. 국토교통부의 주택도시실장은 "구체적인 상한제 지역과 시행 시기에 대한 결정은 시행령 개정 이후 당정협의, 주거정책심의위원회 등을 거치며 추후 결정될 것"이라고 말했다. 그리고 일부 재건축 조합이 적용기준 시점이 '관리처분인가 신청'에서 '입주자 모집 승인 신청' 단지로 바뀐 것에 대해 문제를 제기할 가능성이 높다는 주장에 대해, 국토교통부가 "관리처분인가에 포함된 예상 분양가격과 사업 가치가 법률상 보호되는 확정 재산권이 아닌 기대이익에 불과하다"며 이미 법리 검토를 마쳤다는 입장도 소개했다.

같은 신문의 **"둔촌주공 등 강남 재건축 조합 '패닉'…후분양 '원점' 재검토"**라는 기사에서는 분양가 상한제 적용시점 변경으로 직격탄을 맞은 지역에 대해 다루었다. 6월 기준으로 서울의 정비사업지 381곳 중 관리처분인가를 받고 착공(일반분양)에 들어가지 않은 단지는 모두 66곳에서 6만 8,406가구에 이른다. 이런 정비사업지 가운데 최근 주택도시보증공사HUG의 분양가 규제에 불만을 품고 후분양으로 돌아섰던 조합들은 거의 '패닉' 상태에 빠졌다. 이와 관련해 한 전문가는 "현재로선 강남 4구에 민간택지 분양가 상한제가 적용될 가능성이 높지만 이후 집값 동향 등 변수로 인해 유동적인 상황인 만큼, 후분양을 검토 중이던 조합들이 선불리 분양 시기를 앞당기기도 쉽지 않을 것"이라고 말했다.

같은 신문에서 **"'분양가 상한제' 확대, '아파트값 거품빼기' 시작이다"**라는 사설을 실었다. 먼저 분양가 상한제가 노무현 정부 때인 2007년 공공과 민간 구분 없이 도입돼 집값 안정에 기여했으나, 박근혜 정부가 2014년 부동산 경기 부양을 위해 투기 억제책을 무더기로 풀면서 민간아파트를 제외하여 집값 급등을 불렀다는 내용으로 시작했다. 그러면서 고분양가에서 거품을 빼면 그만큼 실수요자들의 내집 마련 부담이 줄어들고 종국적으로 집값 하향 안정화를 기대할 수 있으므로, 분양가 상한제를 청약시장을 투기 세력이 아닌 실소유자 위주로 재편하기 위한 조치로 평가했다. 또한 분양가 상한제를 안착시키려면 공급 축소 우려를 해소해야 한다고 제안했다.

〈한겨레신문〉 8월 15일 자에는 **"분양가 상한제 민간택지비 '거품' 뺀**

다"라는 기사가 실렸다. 전날인 14일 국토교통부가 분양가 상한제를 적용할 민간택지의 택지비에 미래에 기대되는 개발이익 반영을 금지하고, 감정평가사의 택지비 평가 뒤 합리적인 산정이 이뤄졌는지 한국감정원의 평가도 거치도록 했다는 내용이었다.

같은 신문에서는 **"분양가 상한제가 공급 위축시켰나"**라는 기사도 실었다. 국토교통부는 분양가 상한제가 주택 공급을 위축시키지 않고 집값 안정을 가져왔다는 관련 통계를 제시하고 있지만, 일각에서 이런 해석이 다소 '아전인수'격이라며 의문을 표시한 것에 대한 내용을 다루었다. 기사에서는 국토교통부의 주장을 소개하면서 '경기' 영향을 무시한 것에 논란의 소지가 있다고 보았다. 한 전문가는 "공교롭게도 2007년 민간택지 분양가 상한제 도입 시점이 금융위기 촉발 시기와 겹쳤고, 이후 분양가 자율화(탄력적용) 시기는 박근혜 정부의 이른바 '빚내서 집사라'는 주택경기 부양기와 겹쳐 다른 변수를 배제한 상한제 효과 분석이 필요해 보인다"고 말했다.

이후에도 **"분양가 상한제 발표 뒤 재건축 '주춤'-신축 '강세'"**라는 기사가 실렸고, 분양가 상한제 등의 규제를 더욱 강화해야 한다는 **"집값 정상화 효과 내려면 전면 실시로"**라는 칼럼도 실렸다. 반대 의견으로 **"불필요한 시장 개입, 약 대신 독이 되는 처방"**도 다루었다.

같은 신문 8월 21일 자에서는 **"분양가 상한제로 주택 품질 떨어진다?"**라는 기사를 실었다. 분양가 상한제는 땅값인 택지비에 정부가 정한 기본형 건축비와 가산비를 더해 분양가를 정하는 방식이다. 택지비는 표준지 공시지가를 기준으로 감정평가를 거쳐 매겨지며 기본형 건축비는 정부가 물가상승 등을 고려해 해마다 고시하는데, 기본형 건축비는 3.3㎡당 644만 5,000원이었다. 기사에서는 기본형 건축비를 기초로 한 분양가가 과거 획일적인 분양가 규제 때와는 달리 최신 기술과 자재를 적용한 적정 품질의 아파트를 공급할 수 있는 수준이라고 본다는 국토교통부의 입장을 소개했다. 그러나 업계에서는 분양을 앞둔 일부 서울 강남권 재건축 단지들이 분양가 상한제에 따른 고육책으로 일반 분양 아파트에 '마이너스 옵션' 방식을 도입할 가능성에 주목하고 있으며, 이 경우 '마이너스 옵션 = 품질 하락'으로 오인될 여지가 있다고 지적했다.

〈한겨레신문〉 8월 22일 자에는 **"김상조 '분양가 상한제, 과도한 불안 심리 교정용'"**이라는 기사가 실렸다. 김상조 청와대 정책실장이 토론회에서 "일부 국민의 불만이 있겠지만, 정부의 정책적 노력이 없거나 방치하면 국민 모두의 삶의 기반이 훼손되는 문제"라며 분양가 상한제 문제에서 물러서지 않겠다고 표명한 내용을 다루었다. 김 정책실장은 "기존에 주택(2,000만채)이 많은데 일부분에 불과한 신규 주택 공급이 이뤄지는 과정에서 이해관계자 간에 충돌이 있다. 정말 신중한 기조 위에서 시장 상황을 면밀하게 모니터링하면서 필요한 시점에 필요한 부분만 시행하는 신중한 태도를 유지하고 있다"고 말하면서 "민간택지 분양가 상한제를 언제, 어떻게, 어떤 방식으로 할지 아직 결정하지 않았다. 당정과 협의해 신중히 판단할 것"이라고 말했다.

같은 신문 8월 30일 자에서는 **"주택시장 체질 개선 기회로"**라는 칼럼을 실었다. 칼럼에서는 분양가 상한제가 시행되면 사업자의 수익성 악화로 주택 공급이 위축되고, 장기적으로는 가격이 상승해 국민 주거 불안이 가중될 것이라는 우려가 있음에도 이를 시행해야 하는 이유로, 그간의 분양가 자율에 따른 위험이 국민경제와 주택시장에 미치는 부정적 영향이 도를 넘었고, 지금 아니면 공급자 절대적 우위의 주택시장 체질 개선이 힘들어질 것이기 때문이라고 주장했다. 그러면서 추가로 몇 가지 조치가 필요하다며 먼저 분양가에 대한 명확한 검증을 요구했고, 다주택자 규제 강화를 통한 주택 소유구조 개선, 안정적인 주택 공급과 전매제한 및 의무거주기간 적용 강화, 임대소득 과세 강화, 다주택자 취득세 차등 중과 등 강력한 수요관리정책으로 주택이 삶의 공간이지 자본이득을 가져다주는 불로소득의 원천이 아님을 보여주어야 한다고 주장했다.

〈한겨레신문〉 9월 5일 자에는 **"재건축시장 '널뛰기 30년'…분양가 상한제 이번엔 통할까"**라는 기사가 실렸다. 이 기사에서는 1987년 「주택건설촉진법」에 재건축 규정이 마련된 이후의 재건축 규제 변천을 각 정권별로 다루었다. 2001년 투기 조짐이 일자 김대중 정부는 '소형주택 건설 의무제' 부활을 결정하고, 서울시도 재건축 용적률을 250% 이하로 제한하겠다고 밝혔다. 이후 2003년 노무현 정부에서는 재건축 아파트 후분양제를 도입했고 투기과열지구에서 재건축 조합원 분양권 전매를 금지했다. 서울시는 20년으로 일괄 적용하던 재건축 허용 연한을 바꿔, 1991년 이후 지어진 아파트의 경우 40년이 지나야 재건축이 가능토록 했다. 2005년에는 재건축으로 늘어나는 용적률의 25%는 반드시 임대아파트로 배정토록 했으며, 2006년엔 「재건축 초과이익 환수에 관한 법률」까지 제정해 개발이익의 일부('초과이익'이 3,000만원을 넘을 때 최대 50%)를 정부가 거둬들이는 초강수를 뒀다.

이명박 정부는 재건축 안전진단을 2회에서 1회로 간소화하고 재건축 일반공급분의 후분양 규제를 폐지했으며, 재건축 조합원 지위양도도 허용했다. 그리고 재건축 초과이익 환수를 2년간 유예하기도 했다. 박근혜 정부는 재건축 허용 연한을 40년에서 30년으로 단축했고, 재건축 초과이익 환수 유예도 다시 3년 연장했다.

그다음 문재인 정부는 2018년 재건축초과이익환수제를 부활하고, 재건축 안전진단 절차를 더욱 강화했다. 서울 강남을 중심으로 반발이 강하게 일었지만, 집값을 잡으려면 재건축 사업을 적절히 규제해야 한다는 게 문재인 정부의 확고한 방침이었다. 김현미 국토교통부 장관이 기획재정부나 여당의 신중론에도 민간택지 분양가 상한제를 강행한 것은 하향 안정세를 유지하던 집값이 서울 강남 재건축 사업과 함께 상승세로 전환됐다는 판단 때문이었다. 국토교통부 고위 관계자는 "과거 재건축 시장이 시장 불황기에 먼저 움직이고 이러한 흐름이 일반 아파트로 확장되는 상황을 여러 번 경험했기 때문에 좋든 싫든 재건축 시장의 가격 안정은 주택시장의 벤치마크다. 재건축 시장의 가격안정은 정부가 주택 정책에서 중요하게 고려해야 하는 부분"이라고 상조했다.

이러한 정부 논리에 대해, 가격 상승의 움직임이 나타나면 공급을 늘리는 방향으로 정책을 펴는 게 일반적인데 정부가 반대 방향으로 가고 있다며 여러 전문가들이 우려를 표명했다.

8월 26일 자 〈조선일보〉는 **"서울 재건축 아파트 매매가 4개월 만에**

하락세로"라는 기사를 실었다. 정부의 약발이 먹히는 것일까? 그러나 같은 신문 8월 27일 자에는 **"한남더힐 84억"**이라는 기사가 실렸다. 서울에서 가장 비싼 아파트인 용산구 한남동 한남더힐(전용면적 244.7㎡)이 84억원에 거래돼, 2006년 실거래가격 발표 이후 최고치를 경신했다는 내용이었다.

같은 신문 8월 31일 자에는 **"서울 3곳서…분양가 상한제 前 밀어내기 분양"**이라는 기사가 실렸는데, 조합이나 건설업체에서 '밀어내기' 분양을 하고 있다는 내용이었다. 한 전문가는 "분양가 상한제가 적용되면 경쟁이 워낙 심해져 청약 가점이 낮은 실수요자들에겐 '그림의 떡'이 될 수 있다"며 "장기적으로 아파트 분양이 줄어들어 집값 안정 효과도 거두기 어려울 것"으로 보았다.

같은 신문 9월 2일 자에는 **"홍남기 '분양가 상한제, 10월 초 바로 시행은 아니다'"**라는 기사가 실렸고, 9월 9일 자에는 **"분양가 상한제 도입 시기 불투명해지자…재건축 아파트값 반등"**이라는 기사가 실렸다. **"'9.13대책' 약발 9개월"**이라는 기사도 실렸다. 초고강도 부동산 규제로 평가받는 9.13 대책의 영향으로 2019년 들어 서울 아파트값이 1% 넘게 떨어졌다는 내용이었다. 2013년 이후 6년 만에 떨어졌지만, 지방 아파트값이 더 떨어진 데다 서울 집값이 반등하고 있어 "양극화만 심화시켰다"는 비판도 담았다. 한 전문가는 "정부 입장에서는 불편하겠지만, 거래세와 재건축·재개발 규제를 풀어 서울 아파트 공급을 늘려야 집값이 안정될 것"이라고 언급했다.

9월 17일 〈한겨레신문〉에서는 **"'절반의 성공' 9.13 대책, 끝까지 일**

관된 추진을"이라는 사설을 게재했다. 한국감정원 통계에 따르면, 9.13 대책 이후 서울 아파트값이 2019년 9월 초까지 1.27% 하락했다는 점을 들며, 뚜렷한 하락세를 이끌지는 못했지만 9.13 대책 직전까지 '미친 집값'으로 몸살을 앓던 때와 비교하면 '절반의 성공'이라는 평가를 내렸다. 청약제도 변경으로 투기 세력 유입이 차단되면서 실수요자 중심으로 점차 개편되고 있다고도 분석했다. 주택 거래 감소를 부작용으로 꼽는 것에 대해서는 여전히 집값이 비싼 탓으로 해석하며, 실수요자들이 주택 매입에 나서려면 집값이 더 떨어져야 한다고 주장했다.

또한 보수 언론들이 지난 1년 내내 '부동산 시장 침체', '거래절벽' 등 호들갑을 떨며 부동산 규제를 풀라고 요구했음에도 정부가 흔들리지 않은 것은 잘한 일이라고 칭찬했다. 분양가 상한제와 관련해서는 국토교통부가 10월부터 상한제를 적용하겠다고 발표한 것과 기획재정부의 경제 상황을 고려해야 한다는 의견을 비판하고, 분양가에 낀 과도한 거품을 빼는 분양가 상한제는 경제 상황에 따라 시행 여부를 결정할 사안이 아니므로 애초 계획대로 10월부터 시행해야 한다고 주장했다.

같은 날 〈조선일보〉에서는 **"'초강력'규제 1년 서울 아파트값 14% 상승, 집값 올리는 정부"**라는 사설을 실었다. 사설은 9.13 대책을 시행한 지 만 1년이 지났는데 서울의 아파트 실거래가는 오히려 13.8% 상승[2] 했다는 내용으로 시작한다. 용산구에서는 아파트값이 26%나 올랐다고 한다. 정부는 지난 1년 새 서울 전체 아파트 평균 가격이 1.3% 내렸

2 결국 이러한 통계의 혼란은 2022년 말부터 부동산 통계 조작으로 불거져, 수개월간 여론을 뜨겁게 달구었다.

다고 했지만, 실제 거래가격은 엄청나게 올랐다는 것이다. 문재인 정부 출범 첫해 시행된 8.2 규제책 역시 '똘똘한 한 채'와 '전세 낀 갭 투자'로 무력화되면서 대실패로 끝났다고 비판했다. 또한 정부의 부동산 정책이 '규제의 역설'을 낳으며 집값 급등, 로또 아파트, 부동산 시장 양극화 등의 부작용을 낳았다고 분석했다. 그리고 민간 아파트에 대한 분양가 상한제 적용으로 인해 새 아파트 공급이 줄 것이란 전망이 확산되면서, 서울 전역에서 신축 아파트 가격이 연일 신고가를 갈아치우는 이상 현상까지 나타나고 있다고 소개했다.

강력한 대출 규제 탓에 아파트 청약시장은 현금 부자의 놀이터가 됐고 서울과 지방 간 양극화는 더 심해져서, 서울 일부 지역 신축 아파트 경쟁률은 수백 대 1인데, 지방 미분양 아파트는 5만 가구를 웃돌고 있다고 전했다. 그러면서 정치인 출신 국토교통부 장관과 경제부총리가 분양가 상한제 시행 여부, 시점 등을 놓고 서로 다른 말을 한다며 문재인 정부의 부동산 정책은 경제 정책이 아니라 선거를 의식한 정치 정책이라고 비판했다.

[기고]

분양가격 공시항목 확대, 득보다 실이 많다

최근 서울과 수도권 시장마저도 경기 침체에 대한 우려와 정부의 강력한 규제책으로 주택거래 절벽이 일어나고 있고, 역전세난까지 심화돼 몇 개월 사이에 주택시장 분위기는 급변했다. 이런 상황에서 지난달 22일 대통령 직속 국무조정실 규제개혁위원회는 공공택지 내 분양주택의 분양가격 공시항목을 12개에서 62개로 확대하는 내용의 공동주택 분양가격의 산정 등에 관한 규칙 개정안을 통과시켰다. 국민의 알권리를 보장하자는 차원의 목적과 함께, 지난 몇 년간 치솟은 주택가격에 대한 하락 기대가 아파트 원가 공개 확대의 추진력이다. 반면 당장 공공택지 분양을 앞두거나 계획 중인 주택사업자는 충격이 불가피할 것이라는 예상도 나온다.

보는 관점에 따라 찬반이 첨예하지만 가장 큰 문제는 공시항목 확대로 정부의 기대효과를 달성할지 불투명하다는 점이다. 우선, 시장 상황이 과거와 많이 다르다. 예전에는 공급물량이 워낙 많았다.

분양가 인하를 통한 주택시장 안정이 달성될 수 있는 환경이었다. 그러나 주택보급률이 높은 현시점에서는 다른 문제다. 주택 재고량 대비 공급물량이 너무 적다. 이러다 보니 시장안정 효과보다는 오히려 시세차익 기대로 인한 '로또 청약 현상'이 나타나고 있다. 공시항목 확대를 통해 분양가 인하가 시도될 경우 또 다른 로또 청약 열풍을 부추길 우려가 크고, 이는 주변의 부동산 시장마저 불안하게 만들 가능성이 높다.

또 일률적 공시항목의 확대 적용은 적정원가에 대한 논란을 유발해 사업자와 입주자 간 갈등을 심화시킬 수 있다. 품질에 따른 원가 차이 논란이 발생할 것이다. 대규모 단지와 소규모 단지 간 규모의 경제에 따른 원가 차이에 대해서도 민원이 대량으로 유발될 가능성이 높다. 이를 해소하기 위한 비용과 시간의 투입은 새로운 비용이 된다. 사회적 부담이 될 것이다. 또 공시항목 산정 기준이 세부적으로 마련되어 있지 않아 항목 간 세부 산정을 위한 시간과 비용의 추가는 당연히 새로 발생하게 된다.

무엇보다 우려스러운 점은 공시항목은 '추정원가'라는 한계로 인해, 준공 시점에서 실제 공사 원가와 적정 이윤에 대한 논란이 발생한다는 것이다. 즉, 분양가 반환소송 및 계약해제 소송 등 줄소송으로 이어지는 악순환이 반복될 수 있다. 이로 인해 준공 시점에 가서는 입주 지연이 발생하게 돼 사업자는 자금의 유동성 압박 심화를, 소비자는 안정적 주거환경 확보난이라는 문제에 봉착해 승자도 패자도 없는 소모전에 그칠 공산이 크다.

현 공공택지 주택은 이미 정부의 분양가 상한제 및 주택도시보증공사의 고분양가 관리지역 운영 등을 통해 분양가 규제를 받고 있다. 후분양제 확대까지 예고되는 등 규제가 이중 삼중으로 쳐져 있는 상황인데 이를 확대한다는 것은 과도한 규제다. 서민경제와 직결되는 건설업 전반에 악영향을 줄 것으로 예상된다.

장기적으로 우려되는 점은 건설업 전반의 경쟁력 저하다. 원가 절감 혹은 품질 개선을 통해 수익을 극대화하는 것이 일반적인 기업 전략인데, 원가가 낮아지더라도 이에 연동해 분양가도 낮추라고 압력이 가해지면 기업들이 이러한 노력을 할 유인이 사라진다. 건설업 전반의 경쟁력 약화로 이어질 것이다.
과거에도 분양가 규제를 통한 부동산 시장 안정화 정책을 수차례 시도했으나 그 효과는 오히려 반대로 나타난 경우가 대부분이었다. 수익성이 떨어지면서 공급량이 확 줄어들었고, 이는 주택 부족으로 연결돼 가격은 더욱 올라갔다. 정책의 부작용이다. 정책의 취지가 좋더라도 그 과정에 피해 계층이 발생하고, 국민 경제 전반에 악영향을 줄 경우 결과적으로 그 정책은 외면받을 수밖에 없다. 지금이라도 대안을 마련해 이러한 부작용을 줄이는 방향으로 나아가야 할 것이다.

출처: 심교언(2019.3.7), 매일경제.

[심교언의 이코노믹스]

분양가 상한제 도입해도 강남 집값 잡기 어렵다

집값 안정화 정책의 역설

정부가 아파트 분양가 상한제 도입을 만지작거리고 있다. 지난해부터 하락 조짐을 보였던 서울 아파트값이 최근 들어 조금씩 다시 오르는 모습을 보이자 급한 불을 끄려는 의도다. 당분간 일본의 경제보복 대응에 전념하면서 속도를 조절하기로 했지만 도입 의지엔 변함이 없다. 정부는 고분양가로 인해 서울 집값이 다시 오를 수 있기 때문에 분양가를 통제하면 집값이 안정될 수 있다고 보는 것 같다. 과연 그런지 짚어보자.
분양가 상한제는 정부에서 주택분양가에 대해 최고가격을 정한 후 그 가격 이하로만 분양할 수 있도록 하는 가격 규제다. 결국 가격에 관한 얘긴데 경제학 교과서만 봐도 원리를 이해할 수 있다. 정상적 상황에서는 수요·공급이 만나는 지점에서 균형을 이루지만 정부에서 가격을 낮추면 수요·공급에 변화가 생긴다. 즉, 가격이 싸지니까 수요의 법칙에 따라 수요량이 급증하고, 공급자의 입장에서는 주택을 비싸게 팔아야 하므로 공급량을 줄이는 결과로 귀착된다.
이렇게 줄어든 공급 상태에서는 분양받은 사람이 전매할 경우 시세차익 프리미엄이 발생하게 된다. 이 프리미엄으로 인해 청약경쟁이 불붙게 되고 로또 청약이라는 단어까지 생겨났다. 최근에는 이 금액이 10억원이 넘는 경우도 있다고 한다. 이런 프리미엄은 어디서 생겨날까. 청약받지 못한 수요자들의 소비자 잉여 손실과, 공급을 더 늘릴 수 있었는데 가격 규제로 공급을 줄임에 따라 발생한 생산자 잉여의 손실을 당첨자가 가져가는 구조다. 즉 사회구성원 대다수의 손실을 특정 수의 분양자에게 몰아주는 것인데, 과연 정당한 정책인지 고민이 필요하다.

지금까지 가격 통제 효과 없어

분양가 규제는 1977년부터 '분양 상한가'라는 제도를 도입하면서 시작됐다. 당시 중동붐으로 인해 부동산 가격이 급등하면서 사회 문제로 떠오르자 정부는 분양가를 획일적으로 규제하는 분양 상한가를 도입했다. 1983년 85㎡ 초과 민영아파트의 평당 가격을 전년 수준인 평당 134만원으로 규제했다. 그러나 가격 규제로 인한 주택공급 위축이라는 교과서적 현상이 나타남에 따라 1980년대 말 전셋값 폭등으로 대변되는 부동산 대란이 발생했다. 강남의 일부 아파트는 1~2년 만에 두 배 이상 오르기도 했다. 이에 정부는 주택 200만호를 건설하면서, 1989년부터 분양 상한가 규제를 대폭 완화한 원가연동제를 시행하게 된다. 즉 분양가를 획일적으로 규제한 것이 아니라 택지비·건축비 등에 연동했다.

200만호 공급 효과로 이후 안정세를 보이던 시장은 외환위기를 맞게 된다. 미분양이 급증했고 건설업체도 상당수 도산하기 시작하자 1999년에는 전면자율화를 실시해 분양가 규제가 폐지된다. 이후 택지 부족과 빠른 경제회복으로 인해 주택경기도 빠른 속도로 회복되면서 2000년대 초·중반의 집값 급등으로 이어졌다. 그러자 2005년 분양가 상한제를 다시 도입했다. 재도입 초기에는 공공택지에서 개발되는 소형주택에 대해 규제하다가 2007년부터는 모든 공동주택에 대해 분양가 상한제를 적용하게 됐다. 2008년 금융위기 이후 부동산 시장 위축을 극복하기 위해 규제 완화가 추진됐지만 반대 의견에 부딪혀 2015년 4월에야 민간택지에 대해서만 분양가 상한제가 폐지됐다. 정부는 이 제도를 다시 도입해 분양가를 낮추면 집값이 잡힌다고 보고 있다. 그러나 실제 가격 동향을 살펴보면 200만호 건설 이후에는 분양가 상한제가 가격을 낮추었다고 보기 힘들다. 실제 몇몇 연구에서는 가격안정 효과가 전혀 없다고 보고됐다. 더구나 지금은 가격을 통제할 수 있는 여건이 더 나빠졌다. 200만호 건설 당시 물량 공급은 주택 재고 물량의 27.8%에 달했지만, 지금은 분양 물량이 전체 재고의 2%에 불

분양가 상한제의 변천 과정

- 1977 **분양상한가**
  수출증가·오일머니 유입으로 부동산 시장 과열
  민영아파트에도 정부가 가격 상한선을 규정
- 1989 **원가연동제**
  가격 상한으로 주택공급이 위축돼 시장불안 심화
  택지비와 건축비 등에 연동해 설정
- 1999 **원가연동제 폐지**
  외환위기에 따른 시장 붕괴 위기
  분양가 완전 자율화
- 2005 **분양가 상한제**
  버블 세븐 등 일부지역 가격 급등
  기존의 원가 연동제를 공공택지에 시행
- 2007 **분양가 상한제 확대**
  민간 택지에도 분양가 상한제 적용
- 2015 **분양가 상한제의 탄력 적용**
  민간택지는 가격이 폭등하는 지역에 한해 적용

과하다. 이 때문에 가격안정 효과보다는 오히려 주변 가격 수준으로 급등하는 현상이 나타나고 있다.

서울은 더욱 심각하다. 서울 주택 수가 350만채에 달하지만, 연간 분양 물량은 보통 수만호에 불과하다. 수만호 정도의 아파트 분양가를 낮춰서 350만채의 가격을 낮추겠다는 것 자체가 난센스다. 그래서 서울에서 아파트 분양받는 것은 로또라고까지 한다. 금방 주변 아파트 시세를 상회하기 때문이다.

공급 물량 작아 로또현상 불가피

대규모 물량 공급을 동반하지 않는 이상, 분양가 상한제는 집값을 낮추는 데 도움이 되지 않는 정도가 아니라 거시경제 자체를 왜곡시키기도 한다. 글로벌 금융위기 이전에 분양가 상한제가 실시되자마자 서울의 주택 인허가 물량이 외환위기 이후 최악의 물량으로 감소했고, 그 직전에는 규제를 피하기 위해 분양물량이 폭증했다. 건설업체가 자율적 사업 판단에 따라 공급물량을 조절하는 것이 아니라 경기가 나빠짐에도 불구하고 규제를 회피하기 위해 무리하게 분양을 해서 낭패를 보게 된 경우다. 이후 미분양으로 인한 고통은 전 국민이 떠안아야 했다.

최근 주택 사업자들의 최대 관심사도 분양가 상한제다. 올해 말 혹은 내년 분양을 목표로 사업을 진행했지만, 지금은 중지했다고 한다. 어느 정도의 규제로 발표될지 모르겠으나, 재건축과 재개발 사업들이 지금도 강화된 규제 때문에 연기되고 있는데 분양가 상한제마저 실행한다면 공급물량 위축이 생각보다 더 빨라질 가능성이 높다. 이는 경제 여건이 조금만 좋아지면 언제든지 다시 집값이 급등할 가능성이 있다는 의미다. 정상적인 경우 가격이 오르면 공급이 늘어나고, 가격이 급등하면 공급도 더 빨라져 시장은 균형을 찾아간다. 하지만 지금은 가격이 올라도 각종 규제로 인해 공급이 늘어나기 힘든 상황이다. 그래서 앞으로 부동산 시장이 요동칠 가능성이 점점 더 커지고 있다. 이제는 어떤 정책이 진정으로 시장을 안정시키고, 득이 되는지 사회 전체가 진지하게 고민해야 할 시점이 됐다.

건설업체 주가 영향 주고, 아파트 품질 저하까지 초래

국토교통부 장관의 거듭된 분양가 상한제 발언으로 인해 주식시장이 요동치고 있다. 주식시장에서는 유명 건설업체의 주가가 52주 최저가를 기록하기도 했다. 그렇다면 각 경제 주체들에 미치는 영향은 어떨까.

먼저 기업 입장을 살펴보면 수익성이 과거보다 떨어지게 되므로 업계 전반적으로 불황이 다가올 가능성이 높다. 즉 수익이 감소함에 따라 주택사업 물량이 줄어들게 되고, 이에 따라 건설 및 부동산 업계 전체가 위축된다. 경제성장의 큰 축을 담당했던 부문이 사라진다는 의미와 동시에 건설업과 밀접한 서민경제의 위축도 예상된다.

일반적으로 기업들은 부단한 노력을 기울여 원가 절감과 품질 향상을 도모한다. 이를 통해 수익을 극대화하려는 것인데, 정부에서 가격을 규제하면 이런 노력이 크게 줄어들게 된다. 기술개발과 혁신의 유인이 줄어들어 산업 발전에도 악영향을 미칠 수밖에 없다.

소비자인 국민은 어떻게 될까. 분양가 상한제하에서는 분양가가 낮게 책정될 가능성이 커진다. 결국 건설업자들은 품질이 떨어지는 자재를 사용하게 된다. 기업이 목표로 하는 수익을 달성하기 위한 어쩔 수 없는 선택이다. 저급 품질 위주의 주택 공급으로 다양한 수요를 만족하게 할 수 없게 된다. 10여 년 전 판교의 아파트 분양 때 생긴 일이다. 판교 입주예정자 연합회에서 비상대책회의를 열고 판교신도시에서 아파트 외벽이 저급 마감재로 시공되는 것에 대한 우려와 함께 대책을 요구했다. 당시에 입주자 중 일부는 입주하자마자 이미 사용된 저급 자재를 뜯어내고 자기가 원하는 자재로 바꾸는 공사를 했다. 오히려 낭비가 더 커진 꼴이다.

무주택자의 경우는 어떻게 될까. 무조건 신규아파트 분양만을 기다리게 된다. 그래서 매매보다는 전세로 머물기를 원하고, 이로 인해 전세가는 더욱 올라간다. 그들만 탓할 수는 없다. 서울에서 새 아파트를 분양받으면 수억 원 이상의 차익을 단기간에 볼 수 있기 때문이다. 이러한 주택매매 대기로 인해 주택거래 절벽 현상은 더 지속할 가능성이 커진다.

이제는 청약 당첨자들만 큰 혜택을 보는 정책이 바람직한지 고민이 필요하다. 오히려 시장 왜곡에 따른 사회 전체의 비용을 일부 소수한테 몰아주기보다는, 차익 중 일부라도 공공이 거둬들여 서민주택 건설 등에 사용하는 것이 더 바람직하지 않을까.

출처: 심교언(2019.8.6), 중앙일보.

15장

엄습하는 부담들

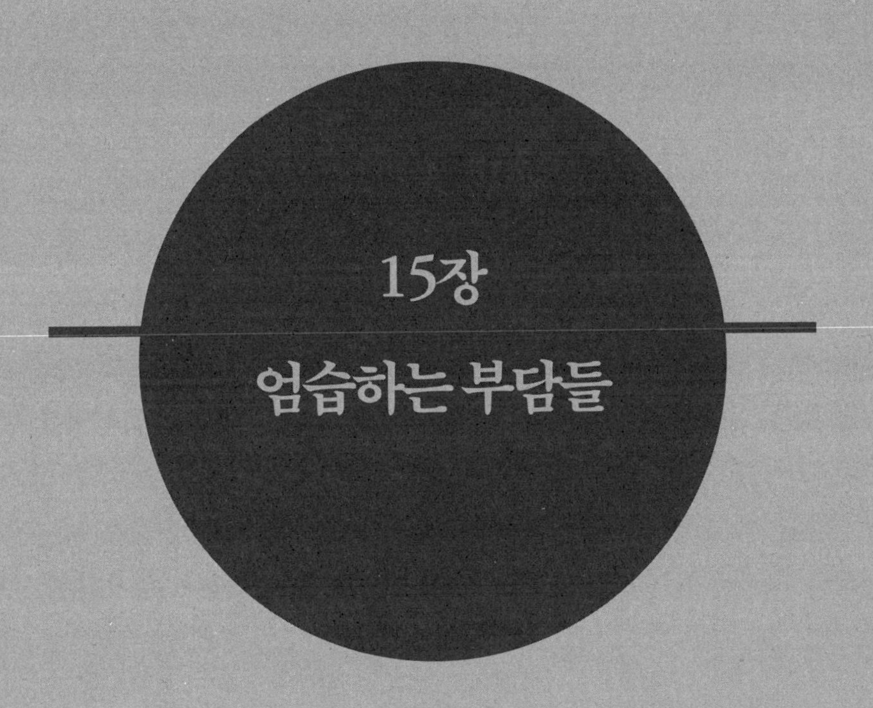

미제스가 보기에, 사회주의를 시도하는 것은 이론 없이 실험하는 것이다.
“그들의 상상 속 공상의 세계에서는 구워진 비둘기가
동무들의 입속으로 날아 들어오는 식의 일이 벌어지는데,
그들은 이 기적이 어떻게 일어나는지는 보여주지 않는다.”

에드먼드 펠프스

분양가 상한제에 대한 시장의 반응

분양가 상한제 이후에도 정부의 정책에 대한 비판 혹은 더 강도 높은 정책에 대한 요구가 계속됐지만, 시장의 반응은 신통치 않았다. 이에 정부는 또 고민에 빠졌다.

2019년 9월 17일 자 〈한겨레신문〉은 **"임대료 5% 넘게 올린 집주인 종부세 내야"**라는 기사를 실었다. 기사에서는 임대료 상승률이 연 5%를 넘는 임대주택과 지난해 9.13 대책 이후 조정대상지역에서 새로 취득한 장기 일반 민간임대주택은 2019년부터 종합부동산세 과세 대상에 포함된다는 정책을 소개했다. 정부는 주택 임대등록 활성화를 위해 장기 등록임대의 경우 종부세 계산에서 제외하는 혜택을 제공했지만, 이러한 임대등록 장려 정책이 다주택자들의 절세 수단으로 이용되자 등록임대 혜택을 축소했다. 2018년 3월 31일까지 등록한 경우에는 임대 기간이 5년 이상이면 장기 임대로 인정받았으나, 그 이후 등록했다면 8년이 돼야 장기 임대로 분류하기로 했다.

9월 19일 자 〈조선일보〉에는 **"과태료 급증에…임대사업자 줄폐업"**이라는 기사가 실렸다. 임대사업자가 의무임대 기간을 지키지 못할 경우 부과되는 과태료가 3배로 인상되면서 자진 폐업하는 임대사업자가 늘고 있다는 내용이었다. 기사에 따르면 과태료가 기존 1,000만원에서 3,000만원으로 인상될 예정이고, 같은 임대사업자에게 집을 팔 경우 과태료가 면제되지만 신규 임대사업자의 세제 혜택이 줄고 부동산 거래량이 감소하며 매매가 어려워지고 있다고 한다. 마포구의 경우 2019년 1월에 28건이던 말소 건수가 3월에 11건으로 감소한 뒤 7월에는 27건, 8월에는 32건으로 늘었다면서, 마포구 관계자는 "과태료 상향 전에 임대주택을 팔고 자진 말소 신고를 하겠다는 문의가 많다"고 했다.

같은 날 〈한겨레신문〉은 **"당정, 전·월세 최소 보장 기간 '2년'에서 더 늘린다"**라는 기사를 실었다. 전날인 18일 사법개혁 및 법무개혁 비공개 당정협의에서 대국민 법률서비스를 개선하겠다고 한 내용을 다루었는데, 여기에 주택임대차 계약갱신청구권 도입이 포함됐다. 당정은 "임차인 주거를 현행(2년)보다 장기간 보장해줌으로써 국민 거주권을 실효적으로 보장하겠다"고 밝혔다. 계약갱신청구권 도입을 명문화한 「주택임대차법」 개정안은 국회에 모두 12건이 계류 중인데, 이 가운데 계약 기간을 4년으로 하는 법안이 8건, 6년으로 하는 법안이 4건으로 더불어민주당 송기헌 법사위 간사는 "구체적인 추진 범위는 국토교통부와 협의해서 결정할 예정"이라고 밝혔다.

이 외에도 당정은 임대차 종료 통지 시한을 계약 종료 1개월 전에서 2개월 전으로 바꾸기로 했으며, 임대차 분쟁조정제도 역시 개선이 필요하다는 데 뜻을 모았다. 현행법은 분쟁조정을 신청하더라도 상대가 적극적으로 응하지 않으면 조정 절차가 개시되지 않지만, 앞으로는 피신청인의 의사와 관계없이 조정 절차가 개시되도록 하는 방안을 추진할 계획이라고 밝혔다.

같은 날 〈조선일보〉에서는 **"급조 정책 쏟아내는 당정, 조국 물타기용?"**이라는 기사를 실었다. 당정 협의회에서 다룬 정책 상당수가 관계부처와 협의를 거치지 않았거나 위헌 소지가 있다는 지적이 나오는 등 급조됐다는 평가를 다루었다. 주택 임차인의 계약갱신요구권 보장은 「주택임대차관리법」 개정 사안으로, 법률의 주무 부처는 법무부지만 부동산 시장에 큰 영향을 미친다는 점에서 국토교통부의 사전 협의가 필요하다. 그러나 이날 회의에는 국토교통부 관계자가 참석하지 않았고 사전에 협의도 없었던 것으로 알려졌다. 국회 법제사법위원회 민주당 간사인 송기헌 의원은 "계약갱신요구권 보장은 이번 당정 협의회를 앞두고 당에서 먼저 (발표하자고) 제안한 것"이라며 "법무부는 원래는 다른 방안을 가져왔었다"고 밝혔다. 부동산 전문가들은 임차인 보호라는 명분은 좋지만 시장에 미치는 파장이 큰 만큼 부작용도 만만치 않을 것이라고 지적했다. 가장 큰 부작용으로 제도 시행 전 임대료 급등 현상을 들었다. 1998년 임대차 계약 기간의 기본 단위가 1년에서 2년으로 바뀌자 전국 주택 전셋값은 17.53% 급등했고, 서울 전셋값은 역대 최고인 23.68%나 올랐다. 기사에서는 만약 당정의 방안이 시행돼 4~6년 단위로 임대차 계약을 할 경우 그때보다 임대료가 훨씬 급등할 수 있다고 분석했다. 한 전문가는 "서울처럼 새 아파트는 부족하고 전세 수요가 많은 지역에서는 전·월세 상한제나 계약갱신요구권이 임대차 시장을 왜곡할 가능성이 크다"고 말했고, 다른 전문가는 "소득이 많지 않은 생계형 임대인을 보호할 장치가 필요하다"고 말했다.

다음 날인 9월 20일 자 〈조선일보〉에서는 **"'느닷없는 주택임차인 계약갱신권' 비난에…여 '국토교통부와 협의했다' 발끈"**이라는 기사를 실었다. 더불어민주당은 19일 '국토교통부 패싱배제'으로 논란이 된 '주택임차인 계약갱신요구권'과 관련해 "국토교통부와도 꾸준히 논의해왔다"고 밝혔다. 당정이 '조국 지키기'를 위해 '설익은 정책'을 쏟아냈다는 비판에 대한 반론이라고 한다. 법무부·국토교통부 관계자들도 "당정협의회를 앞두고 부처 간 별도의 사전 협의는 없었다"고 했는데, 여당은 구체적인 협의 시기·내용 등은 밝히지 않은 채 '논의했다'고만 주장한다는 내용이었다. 야당은 "여당이 검찰의 조국 법무장관 본격 수사에 따른 여론 악화를 막기 위해 안간힘을 쓰고 있다"고 비난했으며 전날 당정 협의회에서 발표한 재산 비례 벌금제 시행, 집단소송제 전면 확대는 물론 같은 날 홍남기 경제부총리가 발표한 계속고용제 도입 등도 '조국 지키기'를 위해 내놓은 국면 전환용 카드라고 주장했다.

같은 신문 9월 23일 자에는 **"로또 분양에도 인파 안 몰렸다"**라는 기사가 실렸다. 기사에서는 서울 송파구의 모델하우스 현장을 소개하며 차분한 분위기였다고 전했다. 당첨만 되면 5억~6억원 이상의 차익 실현이 가능한 로또 분양임에도 인파가 몰리지 않자 무주택 현금 부자만을 위한 잔치라는 지적도 나왔다. 분양가가 9억원을 넘어 중도금 대출을 한 푼도 받을 수 없고, 전용면적 84㎡의 경우 최소 13억원가량을 자력으로 마련해야 하기 때문이다. 한 전문가는 "분양가 및 대출 규제가 현금 부자들이 '로또 분양'으로 더욱 부를 쌓을 수 있는 상황을 제공하고 있다"고 말했다.

〈조선일보〉 9월 24일 자에는 **"서울 아파트, 30대가 큰손"**이라는 기사가 실렸다. 기사에 따르면, 8월 서울 아파트 매매가 상승률과 매매거래량이 그해 들어 최대치를 기록한 가운데 30대 연령층이 가장 적극적으로 집을 사들였다. 2018년 집값 폭등기를 거치며 내 집 마련의 꿈에서 멀어진 30대가 정부 규제로 집값이 떨어지길 기다렸지만, 다시 가격이 오르고 청약 당첨 가능성도 낮아지자 부랴부랴 주택 구매에 나선 것으로 업계는 해석했다. 8월에 팔린 서울 아파트 8,586가구 가운데 2,608가구를 30대가 사들여 30.4%를 차지했다고 한다. 한 전문가는 "지난 해 집값 상승기에 빚을 내서 집을 산 지인들의 자산이 늘어나는 과정을 지켜보면서 '무리해서라도 서울 아파트를 사두면 언젠가는 오른다'고 생각하는 30대가 많은 것 같다"며 "중·장년층보다 상대적으로 지출이 적고, 빚내서 집 사는 것에 대한 거부감도 적은 맞벌이 고소득 30대를 중심으로 '영끌영혼까지 끌어모아 대출'해서 집을 사고 있다"고 전했다.

8월 발표된 민간택지 분양가 상한제 도입 방안도 30대의 아파트 구입을 부추긴 영향이 있다고 해석했다. 30대는 부양가족 수가 적고 무주택 기간이 상대적으로 짧아 청약 가점이 낮을 수밖에 없다. 이에 앞으로 분양가 상한제가 도입되면 경쟁률이 더욱 치열해지고 당첨이 더 어려워질 것으로 보고 집을 매매한 것이다.

한편, 또 다른 주력 구매층인 40대는 서울 강남 3구의 똘똘한 한 채 마련에 집중했다. 이와 관련해 한 전문가는 "자산이 어느 정도 형성된 40대는 세금과 대출 규제로 똘똘한 한 채를 마련해야 하는 상황이라 안전 자산으로 평가받는 강남지역으로 수요가 몰린 것"이라고 말했다.

9월 25일 자 〈한겨레신문〉은 **"다주택 상위 1% 1인 평균 7채 보유"**라는 기사를 실었다. 기사에 따르면 지난 10년 새 다주택자 상위 1%의 평균 주택 보유 건수가 2배나 늘어났다. 전날인 24일 정동영 민주평화당 대표와 경제정의실천시민연합(이하 경실련)이 국세청과 행정안전부의 자료를 분석한 결과, 다주택자 상위 1%의 평균 주택 보유 건수가 2008년 3.5채에서 2018년 7채로 2배 증가했다. 이들이 가진 주택이 2008년 36만 7,000채에서 2018년 90만 9,700채로 늘어났다는 것이다. 이에 정 대표와 경실련은 "문재인 정부가 집값 안정을 이유로 3기 신도시를 통해 공급을 늘린다고 해도, 지난 10년처럼 다주택자가 주택을 늘리는 잘못된 주택 공급 시스템과 보유세 등을 개선하지 않는다면 다주택자의 주택 사재기가 재현될 것"이라고 주장했다.

〈한겨레신문〉 9월 25일 자에는 **"서울 주택 양도차익 3억 이상 거래, 강남 3구가 절반 가까이 차지했다"**라는 기사가 실렸다. 3억원 이상 차익을 남긴 서울 지역 주택 거래는 2017년 1만 960건이었는데 이 중 절반 가까운 비중을 강남 3구가 차지했다는 내용이었다. 이와 관련해 안호영 더불어민주당 의원은 "최근 집값이 급등함에 따라 서울 강남 3구를 중심으로 고액의 양도차익을 노리는 부동산 투기가 우려된다"며 "정부는 투기수요를 방지하고 실수요자의 주거 안정을 위해 부동산 정책을 적극적으로 추진해야 한다"고 주장했다.

〈조선일보〉 9월 28일 자에는 **"서울 재건축 심상찮다…'9.13' 이후 최대폭 올라"**라는 기사가 실렸다. '부동산114'에 따르면 재건축 단지 아파트 매매가격이 주간으로 0.43% 올랐는데, 주간 가격 변동률로 보면 9.13 대책 이후 최대 상승폭이었다. 한 공인중개사무소 관계자는 "저금리로 유동성이 풍부한 데다 분양가 상한제가 도입되면 향후 새 아파트가 희소해질 것이란 판단에서 장기적인 투자로 접근하는 이들이 적지 않다"고 말했고, 다른 전문가는 "재건축 아파트가 서울 아파트값 상승을 견인하고 있는 데다, 주택공급 감소 우려로 신축 단지와 분양 시장에 수요가 몰려 서울 아파트값 상승세는 당분간 이어질 것으로 전망된다"고 했다.

10.1 대책: 조금이라도 움직이면 잡는다

"최근 부동산 시장 점검 결과 및 보완방안"

2019년 10월 1일 정부는 관계부처 합동으로 '최근 부동산 시장 점검 결과 및 보완방안'을 발표했다. 9쪽짜리 보고서로 복잡한 새로운 내용을 추가한 것은 아니고, 기존 내용의 강화 및 조정을 담고 있다. 이 보고서도 시장 동향 및 평가로 시작된다.

보고서에 따르면 정부는 부동산 시장이 전국적으로 안정세인 가운데, 서울을 중심으로 국지적 상승세라고 판단하고 있다. 9.13 대책 이후 전국은 전반적인 안정세를 보였고, 서울도 11월 2주부터 장기간(32주) 하락했으나 서울 강남권 재건축발 상승세의 확산으로 강남과 송파는 13주 연속 상승했다. 정부는 갭 투자와 이상거래 의심사례가 증가

한다고 진단했는데, 보증금을 승계하여 매수하는 갭 투자의 비중이 강남 4구의 경우 3월 55.6%에서 8월 63.8%로 증가했고, 이상거래(차입금 과다와 차입금으로만 거래, 현금거래 10억 이상) 의심 거래건수 비중도 4~5월 7% 내외(약 300건)에서 6~8월 9% 내외(약 700건)로 증가하는 등 투기적 수요에 대응이 필요하다고 보았다. 보고서에서는 전반적으로 시장에서 저금리와 유동성, 고분양가와 불확실성이 맞물리며, 서울 집값 상승에 대한 기대 심리도 확대된다고 진단하면서, 이상과열 징후에 대한 맞춤형 대응 및 보완책을 통해 시장 안정세를 확고히 할 필요가 있다고 분석했다.

보고서에서는 첫 번째 대책으로 관계기관 합동 현장점검 및 상시 조사체계 운영을 내놓았다. 국토교통부와 행안부, 국세청, 금융위, 금감원, 서울시 등 총 32개 기관이 합동으로 자금조달계획서, 실거래 자료 등을 토대로 편법 증여 및 자금출처 의심 사례, 허위 계약신고, 업·다운계약 등을 점검하겠다는 내용이었다. 이상거래 건의 소명자료 검토 및 당사자 출석 조사를 통해 위법 사항 확인 시 과태료 부과 및 관계기관 통보를 통해 형사처벌까지 가능토록 했다. 2020년 1월부터는 국토교통부 중심으로 '상시조사체계'를 단계별로 운영하겠다는 내용도 포함했다.

두 번째 대책은 대출 규제의 강화다. 정부는 투기지역과 투기과열지구의 개인사업자 및 법인의 주택담보대출에서 LTV 규제를 확대하고 규제지역(투기지역·투기과열지구·조정대상지역)의 부동산 담보신탁을 활용한 수익권증서 담보대출에도 LTV 규제를 적용하기로 했다. 그리고 시가 9억원을 초과하는 고가주택을 보유한 1주택자에 대해 전세대출의 공적 보증을 제한한다고 밝히고, 말미에는 시장 상황을 지속적으로 점검하면서 필요시 대출 규제를 추가로 보완해 나갈 예정이라는 경고도 잊지 않았다.

마지막 대책은 분양가 상한제 보완이다. 먼저 분양가 상한제 지정 검토방식을 변경해 집값 불안 우려가 있는 지역을 선별하여 핀셋 규제를 하겠다는 내용이다. 일반분양 예정 물량이 많거나, 분양가 관리 회피를 위한 후분양 단지가 확인되는 지역을 분양가 상한제 지정 검토지역에 포함하겠다는 것이다. 다음으로는 재건축·재개발 사업 중 시행령 시행 전 관리처분계획인가를 받았거나 관리처분계획인가를 신청하고 시행령 시행 후 6개월까지 입주자모집공고를 신청한 경우 분양가 상한제 적용에서 제외하고, 지역주택조합과 일반사업, 리모델링주택조합에도 이를 동일하게 적용하겠다는 내용이다. 말미에는 분양가 상한제 적용 제외 시에도 주택도시보증공사에서 시행하는 고분양가 관리는 적용된다는 내용을 적시해두었다.

여론의 반응

정부가 10.1 대책을 발표한 다음 날부터 이에 대한 기사가 나오기 시작했다. 〈조선일보〉는 10월 2일 자 **"관리처분 받은 재건축 6개월 내 분양하면 상한제 적용 안 받아"**라는 기사에서 정책 내용을 소개하고, **"집값 이상 과열에 다시 칼 뺀 정부, '상한제 탓은 아니다'"**라는 기사를 냈다. 기사에서는 국토교통부가 최근 이상 과열 현상을 갭투자와 이상거래 탓으로 돌리면서 이를 막기 위한 방안도 함께 발표했다고 소개했다. 기사에 따르면 국토교통부는 "서울 지역 8~9월 거래 신고 아파트 중 편법 증여·자금출처 의심사례, 업·다운 계약 등을 관계기관 합동으로 조사하겠다"고 밝혔다. 그러나 민간 아파트 분양가 상한제가 재건축 공급을 위축시켜 새 아파트 가격을 상승시키고 있다는 일각의 비판에 대해서는 "주택 공급 위축 우려가 크지 않다"고 반박했다.

그리고 주택공급 위축 우려에 대한 질문에 국토교통부는 "과거에는 분양가 상한제를 전면적으로 시행한 반면, 이번에는 과열우려지역에 선별적으로 시행할 예정이고 사업성이 확보되는 수준에서 과도한 이익을 적정화하는 것"이라며 "초기 재건축·재개발 사업은 분양 시점까지 장기간이 소요되므로 분양가 상한제로 인한 사업지연 우려가 낮고, 수도권 3기 신도시 등 30만 호 공급 계획을 통해 중장기 주택공급 확대도 병행 추진해 보완하겠다"고 답했다. 이어 "이미 관리처분을 받은 단지는 6개월 내 분양하면 분양가 상한제 대상에서 제외되므로 조기에 공급되는 효과가 있을 것"이라고 말했다.

같은 신문에 실린 **"지옥 갔다온 둔촌주공·개포주공1·신반포3차"**라는 기사에서는 이들 단지들이 10.1 대책을 반색하는 분위기를 전달했다. 기획재정부와 여당 일부에서 "경기 침체, 주택 공급 축소 등 부작용이 우려된다"는 반대의사를 표명했음에도 불구하고 김현미 장관 이하 국토교통부 관료들은 의지를 굽히지 않았는데, 기사에서는 분양가 상한제 유예를 국토교통부의 태도가 다소 누그러진 것으로 해석했다. 국토교통부 관계자는 "분양가 상한제 유예로 인해 재건축·재개발 아파트 공급을 앞당기는 효과가 기대된다"고 말했으나, 서울 아파트값 급등과 관련하여 한 전문가는 "분양가 상한제로 새 아파트 공급이 줄어들 것이란 우려 때문에 기존 아파트로 수요가 몰리면서 나타난 풍선효과"라고 말했다. 다른 전문가는 "분양가 상한제가 집값을 잡는 데 도움이 되지도 않을뿐더러, 건설 경기만 침체시킨다"고 말하기도 했다. 또 다른 전문가는 "소급 적용 논란이 있었던 만큼, 재건축 조합들이 소송을 제기하면 정부가 방어하기 어렵다는 점도 부담이었을 것"이라며 "정부가 한 발 물러났다는 점은 긍정적이지만 유예기간 내에 분양하기 어려운 단지들 중심으로 형평성 논란이 일 수 있다"고 말했다.

〈조선일보〉 10월 3일 자에는 **"'그땐 안정, 지금은 국지 상승'…집값 통계 주물러 2주 만에 말바꾼 정부"**라는 기사가 실렸다. 정부가 이틀 전인 1일 발표한 '최근 부동산 시정 점검 결과 및 보완 방안'에서는 "전국 주택시장이 안정세인 가운데 서울을 중심으로 국지적인 상승세를 보이고 있다"는 진단을 내놨는데, 2주 전인 9월 16일에 발표한 보도 참고자료에서는 "지난해 9.13 대책을 발표한 이후 주택시장은 안정적으로 관리되고 있다"고 했기 때문이다. 당시 정부의 판단이 비현실적이라는 지적이 있었는데, 한국감정원의 조사 결과가 KB국민은행이나 부동산114 같은 민간 기관의 조사 결과보다 시세 반영이 늦다는 이유에서였다.

기사에서는 여러 상황을 감안하면 정부가 오판했거나 알면서 다른 말을 했다는 비판을 피하기 어려울 것이며, 특히 강남권 재건축발 상승세의 확산으로 서울 아파트값이 13주 연속 상승했다는 말을 이제야 강조한 것은 문제라는 의견이 많다고도 전했다.

게다가 정부는 보증금 승계 투자가 줄었다는 말도 2주 만에 바꿨다. 1일 정부가 발표한 자료를 보면 서울의 갭 투자 비중은 3월 46.3%에서 4월 47.3%, 5월 48.0%, 6월 52.9%, 7월 52.4%, 8월 57.8%로 꾸준히 높아졌다. 정부가 부동산 시장이 안정적이라고 말할 때는 몇 개월을 묶어 나아졌다고 했다가, 대책을 내놓을 때는 월 단위 통계로 반대의 결과를 역설한 것을 두고 기사에서는 '통계 장난'으로 희한한 상황을 연출한 셈이라고 꼬집었다.

한 전문가는 "정부가 부동산 시장을 안정시키기 위해 여러 대책을 내놨지만 잘 작동하는 부분이 있는 반면 그렇지 않은 것도 있어 부동산 시장이 안정을 찾지 못하는 것"이라면서 "서울의 경우 여전히 수요가 공급보다 많다는 점을 직시할 필요가 있다"고 말했다. 그러면서 "정비사업을 활용해 서울에 새 아파트를 적극적으로 공급해야 시장이 안정될 것으로 본다"고 덧붙였다.

같은 신문에서는 **"한 발 뺀 상한제…'가벼워진 정책 무게, 신뢰는 흔들'"**이라는 기사를 실었다. 기사에서는 분양가 상한제 정책 유예로 인해 온라인 부동산 커뮤니티에선 이번 대책과 상관없이 "재건축 아파트가 다시 급등할 것"이라는 의견이 잇따르고 있다고 전했다. 한 전문가는 "정부의 상한제 정책 보완으로 반사이익을 얻은 관리처분 인가단지가 서울에만 60여 곳"이라며 "내년 4월까지 일반분양 속도를 높일 가능성이 커 실수요자들의 서울 정비사업 일반분양에 대한 관심과 공급 러시는 당분간 이어질 전망"이라고 말했다.

같은 신문에서 **"국토교통부, '분양가 상한제, 시행령 개정 완료 후 10월말 적용지 지정'"**이라는 기사도 다루었고, 10월 14일 자에서는 **"상한제 더 이상 유예없다…6개월 피 마르는 재건축"**이라는 기사에서 시장 동향을 소개했다.

〈한겨레신문〉은 10월 2일 자에 **"재건축 관리처분단지, 분양가 상한제 적용 6개월 유예"**라는 기사를 실었다. 기사에서는 정부가 민간택지 분양가 상한제 시행령을 이달 안에 개정하되 이미 관리처분계획인가를 받은 재건축·재개발 단지에 한해 2020년 4월까지 입주자 모집 공고를 내면 분양가 상한제를 적용하지 않기로 했다는 내용과 기타 대출규제 강화와 시장교란행위 조사 강화에 대해 소개했다. 이 기사에서는 정책에 대한 분석 없이 단순히 내용만 알려주었다.

같은 신문 10월 3일 자에는 **"주택거래 자금출처 조사…서울 아파트 이상 과열에 '진정제'"**라는 기사가 실렸다. 서울 아파트값이 14주 연속 올랐다는 내용과 정부가 내놓은 대책의 효과가 과연 나타날 것인가에 대한 내용을 다루었다. 기사에 따르면 업계에선 갭 투자 비중이 늘어나고 있어 정부의 '주택 거래 자금출처 합동 조사'의 효과가 꽤 있을 것으로 보았다. 그리고 관리처분 인가를 받거나 신청한 재건축·재개발 단지가 2020년 4월까지 일반분양에 나서면 분양가 상한제를 적용받지 않게 된 것이 '공급 부족' 우려를 해소하는 효과를 낼 것으로 전망했다. 서울에서만 61개 단지(6만 8,000가구)가 해당한다. 한 전문가는 "분양가 상한제를 적용받지 않더라도 주택도시보증공사HUG의 고분양가 규제가 작동해, 강동구 '둔촌주공' 등 대규모 재건축 단지의 일반분양 여부는 좀 더 지켜봐야겠지만 많은 재건축·재개발 단지 일반분양이 다음 달부터 쏟아질 것이 확실시된다"며 "최근 공급 부족 우려에 따른 신축 아파트 '쏠림' 현상도 완화될 전망"이라고 말했다.

같은 신문에서 **"'집값 안정 의지' 의심케 하는 '분양가 상한제' 유예"**라는 칼럼을 실었다. 칼럼은 관리처분계획인가를 받은 단지에 대해 분양가 상한제를 유예한 점을 소개하고, 동별로 지정하는 '핀셋 지정'에 따르는 적용대상 축소를 우려하며 시작된다. 강남 재건축단지 조합원 등을 중심으로 "소급 적용"이라는 반발이 일어나는 현상을 언급하면서 '집 부자'들의 반발에 밀려 정부가 물러선 것을 비판했다. 그리고 분양가 상한제가 공급 축소를 불러 집값 상승을 부를 것이라는 보수 언론의 주장이 먹혀들었다며, 이러한 부작용은 보완책을 통해 해소해야지, 이를 정책 후퇴의 명분으로 삼아서는 안 된다고 주장했다. 그러면서 부동산 대책은 심리전 성격이 강한데, 정부가 후퇴하는 모습을 보이는 게 가장 나쁜 징조라고 지적하고 후유증이 우려된다고 전했다.

같은 신문 10월 8일 자에는 **"강남 4구·마·용·성·서 부동산 자금출처 집중 조사한다"**라는 기사가 실렸다. 이들 지역에서 이루어진 부동산 계약 중 이상 거래의 자금출처를 추적한다는 내용이었다. 현금 위주 거래나 증여가 의심되는 미성년자의 주택 구입, 과도한 차입 거래, 업·다운 허위계약 의심 사례 등을 대상으로 하며, 편법·불법적 방식으로 투기자금이 주택시장에 유입되는 것을 막겠다는 취지를 지녔다. 같은 날 〈조선일보〉도 **"'마·용·성' 주택 구입자도 자금출처 전수 조사"**라는 제목으로 같은 내용을 다루었다. 강남 4구와 마포구, 용산구, 성동구, 서대문구에서 모든 실거래 사례에 대해 전수조사를 한다는 내용이었다.

불안한 시장과 계속되는 규제

〈조선일보〉 2019년 10월 2일 자에는 **"규제로 막을수록 집값은 뛰었다. 이번에는 잡을 수 있을까"**라는 기사가 실렸다. 기사에서는 정부가 고분양가를 잡기 위해 민간 택지 분양가 상한제 시행 방침을 발표한 이후 기존 아파트로 수요가 쏠리는 '풍선 효과'가 커졌다면서, 서울 송파구 헬리오시티 전용 면적 84㎡(25층)가 2019년 7월 말 15억 2,200만원에 거래되었다고 밝혔다. 2015년 분양 당시 해당 면적의 분양가는 8억~9억원 수준이었다. 한 공인중개사무소 관계자는 "2019년 상반기엔 '15억원도 비싸다'는 의견이 지배적이었는데, 2019년 10월 현재 16억원대 매물이 나오면 사겠다는 사람이 줄을 섰다"며 "이들 대부분은 집 살 시기를 저울질하다가 분양가 상한제가 시행된다는 소식을 듣고 서두르고 있는 실수요자들"이라고 말했다.

집을 사려던 사람들이 전세로 돌아서면서 전셋값까지 덩달아 오르자, 정부와 여당은 전셋값 급등에 따른 세입자 피해를 예방하기 위해 '계약 갱신 청구권'과 '전·월세 상한제'도 도입하기로 했다. 이에 전문가들은 "정부와 여당이 충분한 검토도 없이 설익은 정책들을 정치적으로 이용하면서 시장 혼란만 가중시키고 있다"고 비판했다.

서울 아파트값은 정부가 민간 택지 분양가 상한제 시행 가능성을 언급한 6월 말부터 본격적으로 반등했다. 특히 입주 5년 이하 신축 아파트가 상승세를 이끌었는데, 전문가들은 기획재정부 등 정부부처 일각에서 '신중론'이 제기되면서 재건축 아파트 시세가 살아났다고 분석했다. 이들은 "이번 보완대책 발표를 계기로 분양가 상한제를 피하게 되는 아파트 단지에 수요가 몰려 가격이 단기간 급등할 가능성도 배제할 수 없다"고 언급했다.

더불어민주당과 법무부는 임차인을 위해 9월 18일 당정 협의에서 세입자가 원하면 전·월세 계약을 한 차례 연장할 수 있게 법적으로 보장하는 계약 갱신 청구권을 도입하겠다고 밝혔다. 계약을 갱신하는 과정에서 전·월세값을 일정 수준 이상 올리지 못하게 하는 전·월세 상한제 관련 법안도 국회에 계류 중이다. 이에 대해 부작용이 더 클 것이라는 우려가 많다. 계약 갱신 청구권이 시행되면 계약 기간이 늘어나면서 전셋집 공급이 줄어드는 효과가 있기 때문이다. 기사에서는 기존 세입자 입장에서는 좋지만 새로 전셋집을 구해야 하는 사람은 원하는 집을 구하기 어려워지고, 집주인이 세입자가 바뀔 때마다 4년치 전셋값을 한꺼번에 올리면 의미가 없다고 지적했다. 한 전문가는 "분양가 상한제나 전·월세 상한제 모두 정부가 인위적으로 가격을 통제해 안정시키겠다는 취지의 정책인데, 수요와 공급에 따라 움직이는 시장에서는 성공하기 어렵다"고 언급했고, 다른 전문가는 "반시장적 정책이 남발되면 결국 서민 실수요자들의 상대적 박탈감만 커지는 결과로 이어질 것"이라며 "시장의 목소리를 적절히 반영하는 탄력적인 정책 집행이 필요하다"고 말했다.

〈조선일보〉 10월 10일 자에는 **"부동산 규제 피해…서울서 거제·울산 '원정투자' 급증"**이라는 기사가 실렸다. 부동산 투자 모임 성격의 인터넷 커뮤니티에서 지방 부동산 투자를 위해 직접 임장(현장을 답사하고 시세를 파악하는 행위)하거나 투자했다는 인증 글이 많아지고 있다는 내용이었다. 기사에서는 특히 조선업 침체와 주택 공급 과잉 여파로 수년간 집값이 하락했던 경남 거제, 창원, 울산 등의 지방도시에서 서울 투자자들의 원정 투자가 늘고 있다고 전했다. 정부의 고강도 부동산 규제로 서울과 분당, 과천 등 수도권 지역의 투자 길이 막히자 투자자들이 비규제지역으로 눈길을 돌리고 있는 것이다. 한 인터넷 커뮤니티에서는 "버스를 대절해서 온 사람들이 단체로 아파트를 하나씩 계약하고 갔다"는 글도 보였다.

〈한겨레신문〉 10월 9일 자에는 **"서울 청량리·부산 대평동 등 전국 76곳 도시재생 추진"**, 〈조선일보〉 10월 14일 자에는 **"3기 신도시 본궤도"**라는 기사가 실렸다.

〈조선일보〉는 같은 날 **"상한제 더 이상 유예 없다…6개월 피 마르는 재건축"**이라는 기사를 실었다. 부동산 업계에서 "재건축·재개발 단지의 입주자 모집 공고를 마치기까지 6개월은 턱없이 부족하다"는 반발이 일었지만, 정부는 더 이상 유예는 없다는 입장을 분명히 했다는 내용이었다. 대표적인 반시장적 정책을 결국 밀어붙이면서 고작 6개월 유예를 내놓은 것은 내년 4월 총선을 의식한 '얄팍한 술수'라는 비판도 일었다. 부동산 업계에서는 2020년 4월 말까지 분양이 가능한 단지는 많아야 20개를 넘지 못할 것으로 예상했다.

게다가 공급 위축 등 부작용을 막겠다며 상한제 적용 지역을 동별로 '핀셋 지정' 하겠다는 정부의 방침에도 불구하고 서울 신축 아파트값은 신고가 행진을 계속하고 있다고 전했다. 전문가들은 아파트값 상승세가 멈추지 않는 이유는 분양가 상한제 시행으로 인해 주택 공급이 줄어들 것이라는 불안 심리가 해소되지 않고 있기 때문이라고 지적했다. 사업 이윤이 감소하면 건설업체들이 공급 물량을 줄일 테고, 이것이 신축 아파트를 중심으로 한 집값 상승으로 이어질 것이라는 전망에서다. 한 전문가는 "정부가 수요와 공급 원리에 어긋나는 규제를 지속하면 일부 아파트의 희소성을 높여 집값만 올리게 될 것"이라며 "서울 도심의 재건축, 재개발을 활성화하는 등 수요자가 원하는 지역에서 양질의 주택 공급을 늘려야 지금 같은 시장 왜곡 문제를 근본적으로 해결할 수 있다"고 말했다.

이 외에도 같은 날 **"정부 부동산 단속에 서울 아파트값 상승세 주춤"**이라는 기사를 실었고, 10월 15일 자에는 **"저축銀 상반기 PF대출, 2011년 부실 사태 때보다 1조 이상 많아"**라는 기사를 실었다.

10월 16일 자에는 **"문정부 부동산 대책 16전 16패"**라는 외부 기고를 실었다. 기고에서는 분양가 상한제 시행을 앞두고 강남 재건축 가격이 전 고점을 돌파하고, 새 아파트 가격이 사상 최고치를 경신하는 등 부동산 시장이 들썩이고 있으며, 청약시장도 수도권·지방을 가리지 않고 흥행 열풍을 이어가고 있다고 진단했다. 또한 그간 정부가 "투기 수요를 억제하겠다"며 다주택자를 겨냥해 취했던 규제 일변도 정책의 부작용을 언급하고, 수급 불균형을 해결하기 위해 주택공급을 늘리라고 조언했다.

이제 더 강력한 규제가 필요하다?

2019년 10월 16일 자 〈한겨레신문〉에는 **“‘깡통 전월세’ 세입자 피해 예방법안, 국회서 수개월째 낮잠”**이라는 기사가 실렸다. 주택 전·월세 계약 만료 때 세입자가 보증금을 온전히 돌려받지 못하는 이른바 ‘깡통 주택’ 피해를 줄이기 위한 「주택임대차보호법」 개정안이 국회에서 수개월째 낮잠만 자고 있다는 내용이었다. 부동산 업계에선 최근 수년간 유행한 갭 투자의 부작용이 집값 하락으로 현실화할 경우 그 피해를 세입자가 고스란히 떠안을 우려가 높아, 국회가 서둘러 법안 처리에 나서야 한다고 지적해왔다.

세입자의 임대주택 권리관계 정보 접근권을 강화하기 위해 발의된 「주택임대차보호법」 개정안 5건이 국회 법제사법위원회에 계류되어 있는 상황이다. 이들 개정안에는 세입자가 집이 경매에 넘어갔을 때 임차보증금을 제대로 돌려받지 못하는 '깡통주택'을 피할 수 있도록 계약 전에 담보대출 규모와 선순위 임대차 현황, 총 보증금 규모를 쉽게 확인할 수 있도록 하는 내용이 포함됐다. 법이 주택 인도입주와 주민등록을 마친 다음 날부터 효력이 발생하도록 규정한 임대차의 대항력을 주민등록 전입신고 당일로 앞당긴 개정안도 있다. 또 다른 개정안은 금융기관이 주택을 경매 신청할 경우 세입자에게 관련 사항을 고지하도록 해 세입자의 보증금 회수에 도움을 주는 안이다. 한 전문가는 "다가구·원룸주택의 경우 기존 세입자의 주민등록 현황, 확정일자를 통한 보증금 총액 등을 파악할 수 있다면 수요자로선 전·월세 계약이 안전한지 여부를 판단하기가 한결 쉬워진다"며 "다만, 기존 세입자의 보증금과 월세 내역 등은 일종의 개인정보라는 점에서 이해관계자만 열람할 수 있도록 했는데, 예비 계약자라는 이유로 쉽게 들여다 볼 수 있는 데 따른 악용 가능성도 살펴봐야 할 것"이라고 말했다.

〈조선일보〉 10월 17일 자에는 **"文정부의 연10조 청년전세 정책…영등포 전세, 강남보다 비싸졌다"**라는 기사가 실렸다. 전날인 16일 국토교통부 실거래가 자료를 분석한 결과, 영등포구 당산역 일대의 전용면적 40㎡ 미만, 건축 10년 차 미만 다가구·다세대·오피스텔(이하 신축 원룸)의 최근 1년 전세금 평균은 당산동 5·6가가 2억 400만원, 양평동이 1억 9,600만원으로 집계되었다. 한편 같은 조건의 강남구 논현동 신축 원룸 전세금은 1억 9,000만원이었다. 2015년에는 전세금이 당산동 5·6가가 1억 6,500만원, 양평동이 1억 5,700만원이었고, 논현동은 1억 7,000만원이었는데 최근 들어 역전되었다. 정부의 청년 대상 전세자금

대출이 그 원인으로 지목됐다. 문재인 정부는 출범 직후, 사회 초년생에게 지원하는 전세자금 대출의 금리를 최저 1.2%로 낮추고 지원 규모와 대상도 대폭 늘렸다. 그러자 집주인들이 청년 세입자에게 "이자금을 대신 내주겠다"며 대출을 유도하고 전세금을 높여 받는다는 지적이 있었다. 한 전문가는 이를 가리켜 "강력한 대출 규제 속에서 집주인들이 복지 제도를 편법 대출 수단으로 삼는 것"이라며 "시장 교란 행위이자 소위 '눈먼 돈'을 놓고 집주인과 세입자, 중개업자의 이해가 맞아떨어져서 발생하는 일종의 모럴해저드"라고 평했다.

서울 당산동에서 살다가 올해 8월 논현동으로 이사한 직장 3년 차 김모(30) 씨는 "돈이 없어서 강남으로 이사했다"고 말했다. 김씨는 2년 전 당산역 근처에 전세 보증금 1억 5,000만원짜리 전용면적 33㎡ 빌라 원룸을 얻었다. 지금은 비슷한 조건의 원룸 전세금이 2억원을 훌쩍 넘는다. 이에 비해 김씨가 옮겨간 논현동 전용면적 33㎡ 원룸 전세금은 1억 8,000만원이었다. 김씨는 "그 좋다는 강남이 강북인 당산동보다 오히려 2,000만원 이상 저렴해 황당했다"고 말했다.

더욱 충격적인 것은 중개업소에 전화해서 "전세 자금이 부족하다"고 말하자, 10곳 중 7곳에서 "전세대출을 받아라. 이자는 집주인이 내준다"고 했다는 것이다. 반대로 10곳 중 3곳은 "이자금을 대신 내주는 상품이 많지만 양심상 소개해주기 어렵다"고 답했다. 한 부동산 관계자는 "나중에 원룸을 매매할 때 비싼 값을 받으려 전세 보증금 가격을 높게 유지하는 것"이라며 "주로 부동산 사정을 잘 모르는 젊은 사람들이 방을 구할 때 많이 사용하는 부동산 애플리케이션에 그런 매물이 많이 올라온다"고 했다. "신축이라는 점을 강조하며 마치 혜택을 주는 것처럼 사회 초년생들을 속이는 경우도 많다"고 전했다. 한 전문가는 "사실상 집주인들이 청년들만 가능한 저리 대출을 이용하는 셈"이라고 덧붙였다.

〈한겨레신문〉은 10월 19일 자에 **"집값 불안케 하는 '경기 부양'이어선 안 된다"**라는 제목의 칼럼을 실었다. 칼럼은 서울 지역을 중심으로 집값 오름세가 이어지고 있다는 내용으로 시작되었다. 그러면서 한국은행이 기준금리를 역대 가장 낮은 1.25%로 떨어뜨려 시중 유동성이 부동산 시장으로 몰릴 수 있다고 우려하며, 문재인 대통령이 직접 주재한 17일 경제장관회의에서 '건설투자' 확대를 강조한 것에 대해서도 우려를 표했다. 다 같은 건설투자라 하더라도 건설업을 살리기 위한 목적보다는 서민 주거문제 해결을 위한 주택 공급, 교통난 해소 쪽으로 방향을 잡기를 권했다. 그리고 민간택지 분양가 상한제 실시, 대출규제 강화를 담은 정책 외에 주택 시장 흐름에 따라선 추가 대책이 필요할 수도 있다면서 부처 간에 세심한 조율을 당부했다.

같은 신문 10월 22일 자에는 **"강남 3구·마·용·성 구입자 절반이 '갭투자'나 임대"**라는 기사가 실렸다. 기사에 따르면 2018년 12월부터 투기과열지구 내에서 3억원 이상 주택을 거래할 때는 '자금 조달 및 입주계획서'를 제출하는데, 이 자료를 민주평화당 정동영 의원이 분석했다. 그 결과 용산구가 본인 입주 대신 임대로 사용한다는 비중이 59%로 가장 높았다. 송파구(50%), 강남구(48%), 마포구(45%), 성동구(43%)가 그 뒤를 이었다. 다만 서초구는 33%로 서울 평균치인 36%보다 낮았다. 대구 수성구의 경우 20대 이하의 임대 목적 비율이 58%에 달했으며, 본인이 입주하겠다는 신고는 34%에 불과했다. 정동영 대표는 "최근 집값이 많이 상승한 지역을 중심으로 다른 지역 대비 임대 비중이 훨씬 높다는 것은 결국 실거주보다는 집값 상승을 노린 투기수요일 가능성이 높다는 것을 뜻한다"며 "임대주택 등록 의무화와 임대소득세 과세 강화를 통해 투기수요를 차단해야 한다"고 제안했다.

〈조선일보〉 10월 28일 자에는 **"계속 올라가는 집값 상승 기대감"**이라는 기사가 실렸다. 민간택지 분양가 상한제 시행이 임박했지만 집값 상승에 대한 기대감이 계속 커지고 있다는 내용이었다. 기사에서는 한국은행의 주택가격전망 CSI가 계속 오르는 것에 대해 설명했다. 주택가격전망 CSI는 1년 뒤 주택가격 전망치를 설문조사해 0~200 사이 범위로 지수화한 통계다. 이 값이 100을 넘으면 1년 뒤 집값이 지금보다 오를 것이란 전망이 떨어질 것이란 전망보다 더 우세하다는 뜻이다. 9.13 대책 이후 떨어지기 시작한 집값은 4월부터 오르기 시작해 7개월 연속 상승세를 이어갔다. 한 전문가는 "분양가 상한제 발표 후 주택 공급이 줄어들 것이란 우려 때문에 기존 신축 아파트로 수요가 몰리면서 전체적으로 시장이 달아오르는 분위기"라며 "입지가 좋은 지역의 신축, 대단지 아파트 인기는 앞으로도 계속될 것"이라고 말했다.

같은 신문에 **"재건축 상승세 둔화, 일반 아파트는 상승폭 유지"**라는 기사도 실렸다. 기사에서 한 전문가는 "서울 강남권과 경기 과천 등 인기지역을 중심으로 분양가 상한제 적용 주택 청약을 기다리는 전세 대기수요가 늘어날 가능성이 높다"며, "초저금리 기조가 지속되면 전세를 월세로 전환하는 집주인이 많아질 것"이라고 예상했다.

〈한겨레신문〉은 11월 1일 자에 **"서울 아파트값 18주째 상승…주택 시장 위기감"**이라는 기사를 실었다. 기사에서는 서울 아파트값이 지난 7월 이후 넉 달 연속 오름세를 보이면서 주택 시장에 위기감이 감돌고 있다고 진단했다. 그리고 집값 안정을 위해서는 정부가 좀 더 면밀하게 시장 상황을 분석하고 처방하는 '핀셋 대책'이 필요하다고 주장했다. 기사에 따르면 2018년 7~9월에는 서울시의 용산·여의도 통합개발 구상 파장으로 용산구, 마포구, 영등포구 등에서 촉발된 아파트값 상승세가 서울 전역으로 번져나간 데 반해, 2019년에는 '강남 4구'와 '마·용·성' 등지의 10억원대 이상 고가 신축 아파트가 상승세를 이끌고 있는 게 기본적으로 달라진 환경이다. 전문가들은 정부가 고가 아파트 거래자에 대한 '자금출처 전수조사'에 나서면 이것이 '강남 4구'와 '마·용·성' 등지를 겨냥한 '핀셋 대책'이 될 것으로 보았다.

같은 신문 11월 2일 자에는 **"'분양가 상한제' 내주 지정, '집값 안정' 의지 보여줘야"**라는 칼럼이 실렸다. 민간아파트 분양가 상한제 추진과정에서 집값 안정 의지가 약해진 게 아닌가 하는 우려로 시작하는 이 칼럼에서는 국토교통부가 강남 재건축 아파트의 고분양가가 기존 아파트값을 올리고 이것이 다시 분양가를 끌어올리는 악순환이 이어지고 있다고 판단한 것을 두고 정확한 진단이고 적절한 처방이라고 평가했다.

그러나 집 부자들이 "재산권 침해"라며 반발하고 보수 언론이 '공급 위축론'을 들어 비판하자 국토교통부가 주춤하는 모습을 보인 것에 대해서는 비판했다. 또한 분양가 상승률, 청약경쟁률, 주택 거래량 등 정량 요건만 보면 서울 25개 구와 경기 과천·광명·하남시, 성남시 분당구 등 31개 투기과열지구가 모두 적용 대상이라고 분석하고, 특별한 사정이 없는 한 예외 없이 지정하는 게 옳다고 주장했다.

〈조선일보〉 11월 4일 자에는 **"10억 소형 아파트 수두룩한데, 고가주택 기준이 11년째 9억"**이라는 기사가 실렸다. 서울 아파트값이 급등하면서 정부가 '고가주택'의 잣대로 삼는 가격 기준인 '9억원'에 대한 사람들의 불만을 다루었다. 정부는 '비싼 집'에 대해 세금을 더 많이 내도록 하고 대출도 제한하는데, 9억원이 넘는 아파트가 속출하면서 내 집 마련에 나선 무주택자와 집을 넓히려는 1주택자의 부담이 커졌기 때문이다. 기사에서는 KB국민은행의 서울 아파트 중위가격이 8억 7,525만원으로 9억원에 육박한다면서 고가 기준 가격에 대해 더욱 의문을 제기했다. 실거래가 기준 9억원 이상 아파트를 살 때 내야 하는 취득세는 주택 가격의 3.3%로, 6억~9억원 이하(2.2%)보다 높아, 세금을 1,000만원 이상 더 내야 한다. 그리고 1주택자는 집값이 9억원 미만이면 (보유나 거주 요건 충족시) 집을 팔아 얻는 차익에 대해 양도세를 내지 않아도 되지만, 9억원이 넘으면 파는 집값에서 9억원을 초과하는 부분에 대한 양도소득세를 내야 한다. 분양가가 9억원을 넘으면 집값의 60%에 해당하는 중도금 집단 대출을 한 푼도 받을 수 없다. 전세 대출을 활용한 '갭 투자'를 막는 방안으로 9억원 이상 주택 보유자는 한국주택금융공사 등의 전세대출 보증도 받을 수 없다. 그래서 일부에서는 지난 10년간 서울 아파트값이 평균 13% 넘게 오른 만큼 11년 전 정해진 고가 기준 9억원을 상향해야 한다는 주장이 있다고 전했다.

같은 신문에서 **"'가격 따라잡기' 현상…서울 집값 20주째 올라"**라는 기사가 실렸으며, 같은 신문 11월 5일 자에는 **"9억 넘는 집주인, 전세 보증 제한"**이라는 기사가 실렸다. 같은 날 〈한겨레신문〉에는 **"시가 9억 이상 1주택자 전세대출 공적보증 제한"**이라는 기사가 실렸다. 모두 전세 대출로 자금을 융통해 주택 구입에 나서는 이른바 '갭 투자'를 줄이려는 정부의 취지를 설명한 기사였다.

〈조선일보〉 11월 6일 자에는 **"부동산 규제 남은 카드는…1주택자 양도세 혜택 축소 등 거론"**이라는 기사가 실렸다. 정부가 자립형 사립고와 외국어고를 폐지하고 대입 정시 비중을 늘리겠다고 밝히면서 강남·목동 등 학군 좋은 지역 집값이 꿈틀대자, 지난달 30일 김상조 청와대 정책실장이 집값 안정화 대책을 내놓겠다고 공언한 바 있다. 이에 정부가 추가로 내놓을 수 있는 규제가 무엇인지에 대해 다룬 기사였다. 상당수 전문가들은 '1주택자 양도세 혜택 축소'를 꼽았다. 1주택자가 9억원 이하 집에 2년 이상 거주한 뒤 팔면 양도세를 감면받고, 9억원이 넘더라도 10년 이상 보유하면 차익의 80%까지 세금을 공제받는데 이 혜택을 줄이는 것이다. 다른 전문가들은 종합부동산세와 보유세 강화를 예상했으며, 그 외에도 재건축 연한 강화, 전·월세 인상률 상한제, 전매 제한 강화, 주택 거래 허가제 등을 꼽았다.

11월 7일 자 〈한겨레신문〉은 **"재건축 몰린 곳 '동 단위'로 핀셋 지정…풍선 효과 우려도"**라는 기사를 실었다. 기사에서는 정부가 전날인 6일 민간택지 분양가 상한제 적용 지역으로 강남 4구(강남·서초·송파·강동구)와 이른바 마·용·성(마포·용산·성동구) 등 서울 8개구 27개동을 지정한 내용을 소개했다. 강남 4구에서는 22개동이, 마·용·성에서는 4개동이 지정되었고, 이 외에 영등포구 여의도동이 포함됐다.

기사에서는 이번에 지정된 강남 4구 22개동은 일반분양을 추진 중인 재건축 사업지가 몰려 있고, 마포구 아현동과 용산구 한남동·보광동, 성동구 성수동1가 등 마·용·성 지역은 정비사업이 활발하며, 한남동은 재개발사업 입찰 수주전이 과열되면서 고분양가가 우려되는 곳으로 꼽힌다고 분석했다. 이 중에서 영등포구 여의도동은 일부 사업지가 후분양을 추진하거나 임대사업자에게 매각을 추진하는 등 분양가 규제를 피하려는 움직임이 있어 상한제 지역으로 선정됐다고 전했다.

기사는 시장의 기대와 우려도 함께 다루었는데, 먼저 분양가 상한제 대상 지역이 넓어질수록 '공급 부족'이 나타날 것이라는 우려를 고려한 조치라는 점과 이번 분양가 상한제에서 비껴간 서울 17개구와 수도권 투기과열지구 등에서는 반사이익 기대 수요가 쏠려 '풍선 효과'가 나타날 수 있다는 점을 지적했다. 국토교통부는 "이들 지역에 대해서는 모니터링을 강화해 시장 불안 유발 조짐이 있을 경우 분양가 상한제 추가 지정을 검토할 것"이라고 강조했다. 그에 더해 분양가 상한제 외에도 시장 안정을 위한 대책을 다각도로 강구하겠다는 방침을 거듭 밝히면서, 고가 아파트 거래자에게 강도 높은 자금출처를 조사할 계획이라고 전했다. 한 전문가는 "분양가 상한제가 적용되는 서울 27개동은 최근 누적된 상승 피로감에다 매수 희망자 관망 심리가 겹쳐 아파트값이 주춤해질 가능성이 높다"고 말했지만 시장에선 일단 상한제에서 비껴간 서울 비강남권과 경기 과천 등 수도권 인근 도시의 집값 불안 양상은 수그러들지 않을 것이란 우려가 여전하다고 마무리했다.

또, 같은 신문의 사설에서는 **"'분양가 상한제' 찔끔 지정, '집값 불안' 잡을 수 있겠나"**라는 제목의 글을 실었다. 사설에서는 말이 좋아 핀셋 지정이지 집 부자들의 반발과 보수 언론의 반대에 밀려 '찔끔' 지정한 것에 불과하다며 비판했다. 그리고 서울 아파트값 상승세가 강남 4구와 마·용·성을 넘어 전역으로 확산되고 있으며, 과천·광명·하남시와 성남시 분당 등은 아파트값 상승률이 서울을 웃돌고 있으므로 서울 25개 구를 비롯해 투기과열지구로 지정된 곳들은 특별한 사정이 없는 한 이번에 분양가 상한제 지역으로 지정했어야 한다고 주장했다.

특히 동작구 흑석동과 서대문구 북아현동, 과천 등 집값이 뛰고 분양 시장까지 과열 양상을 보이는 곳들마저 분양가 상한제 지역에서 빠진 것은 시장에서도 의외라는 반응이라면서, 이들 지역으로 투기 수요가 몰리는 '풍선효과'가 나타날 것을 우려했다. 그러면서 국토교통부가 모니터링을 강화해 시장 불안 조짐이 보일 경우 추가 지정을 검토할 것이라고 하나, 과거 경험에 비춰보면 '뒷북 대응'이 될 가능성이 있다고 비판했다.

결론적으로 부동산 대책은 '심리전' 성격이 강하니, 정부가 물렁한 태도를 보이면 투기세력이 고개를 들고 집값이 뛴다고 경고하며 내용을 마무리했다.

같은 신문 11월 9일 자에는 **"정부 해명에도…'핀셋' 분양가 상한제 논란 계속"**이라는 기사가 실렸다. 기사에서는 민간택지 분양가 상한제

지역 '핀셋 지정' 뒤 서울 목동·흑석동과 경기도 과천 등 일부 과열지역이 빠진 것에 대해 형평성 논란이 커지자 정부가 동별 제외 이유까지 공개하며 해명에 나섰지만, 전문가들은 정부의 '핀셋' 기준에 시장 영향력 등 모호한 부분이 있고 계량적 기준에서도 이해관계자들의 동의를 끌어내기 쉽지 않아 논란이 불가피하다고 지적했다.

한 전문가는 "1점 차이로 등급이 갈리는 것처럼 어떤 기준으로 잘라버리면 유사한 지역이지만 처지가 달라지기도 한다. '핀셋 규제' 자체가 형평성 논란의 가장 큰 원인"이라고 짚었다. 다른 전문가는 "집값 상승의 진앙인 강남지역을 중심으로 '핀셋' 수술을 하겠다고 했지만, 시장 안정을 위해선 부동산에 몰리는 부동자금을 분산할 수 있는 근본적인 대책이 필요하다"고 말했다. 참여연대는 "서울 지역의 6%에 불과한 27개동에 대한 핀셋 지정으로 서울 94%가 분양가 상한제 적용에서 제외됐다"며 "문재인 정부가 핀셋 대책 운운하면서 집값이 폭등한 뒤 뒤늦게 부동산 규제를 강화했던 실수를 또다시 반복하는 것은 아닌지 우려된다"고 하였다.

정부 관계자는 "분양가 상승 등 조짐이 안 좋아지면 상한제 지역을 넓힐 수도 있으며 시장에 다른 불안 요인이 있다면 대출·세제 등 상황에 맞는 수단을 써서 대응할 방침"이라고 언급했다.

〈조선일보〉 11월 7일 자에는 **"17번째 부동산 대책"**이라는 기사가 실렸다. 기사는 서울 27개동이 민간택지 분양가 상한제 대상지로 지정됐다는 내용으로 시작한다. 이는 문재인 정부가 임기 절반(2년 6개월) 동안 쏟아낸 17번째 부동산 대책으로, 부동산 가격을 잡기 위해 민간 주택 공급 가격까지 제한하겠다는 사실상 '극약 처방'이라고 비판했다. 투기지역 지정, 중과세, 대출규제 강화, 비인기 지역 신도시 지정에 이어 분양가 상한제까지, 노무현 정부 부동산 정책의 전철을 그대로 답습하고 있다는 비판도 소개했다.

정부는 분양가 상한제가 분양가를 20~30% 낮출 것으로 기대하지만, 부동산 전문가들은 분양가 상한제가 공급 부족을 심화해 중·장기적으로는 집값이 다시 치솟는 패턴을 반복할 것으로 보고 있다. 전문가들은 "수요가 많은 지역에 아파트 공급을 확대하는 등 근본적인 해결책으로 가지 않으면 가격 상승은 불가피하다"고 지적했다.

같은 신문에 **"정부는 '분양가 확 떨어뜨리면 집값 안정된다'는데…盧정부 때 했더니 1년 새 공급 반토막, 집값 9.5% 올라"**라는 기사도 실렸다. 역대 정책의 효과를 정리한 내용으로, 대부분 집값은 잡지 못하고 주택 공급만 축소하는 역효과를 가져왔다고 전했다. 박정희 정부의 '정부 고시 분양가' 제도가 그 시작이었는데, 이 제도에 따르면 일률적으로 분양가 상한 가격을 정해 그 아래 가격으로만 분양할 수 있었다. 시행 초기에는 가격 안정 효과를 봤지만, 이후 주택 공급이 위축되면서 1980년대 말 전셋값 폭등 등 부동산 대란으로 이어졌다.

지금과 유사한 원가 연동 방식의 분양가 상한제는 1989년 시행됐다가 외환위기를 겪으며 1998년 폐지됐고, 2005년 노무현 정부가 2기 신도시 공급과 함께 분양가 상한제를 다시 들고 나왔다. 이후 박근혜 정부가 2014년 분양가 상한제 적용 지역을 '3개월간 아파트 매매가가 10% 이상 상승한 곳' 등으로 강화해 사실상 폐지했고, 현 정부는 이 기준을 다시 '투기과열지구로 지정된 지역'으로 바꿔 분양가 상한제를 부활시켰다.

정부는 "집값 상승의 악순환을 끊기 위해 분양가를 현재 시세보다 낮추겠다"고 했지만, 그동안 분양가 상한제는 주택공급을 위축시키고 집값은 오히려 올린 경우가 많았다고 기사에서는 분석했다. 근거로는 민간택지 분양가 상한제를 시행한 노무현 정부 당시, 서울 아파트 인허가 물량이 2007년 5만가구에서 2008년 1만 1,900가구로 급감했다는 점을 들었다. 건설사들이 분양가 상한제 시행을 앞두고 '밀어내기 공급'에 나섰다가 이듬해 제도가 본격적으로 적용되자 공급을 줄였는데, 2008년에는 서울 집값이 9.56% 급등했다. 한 전문가는 "가격을 통제하면 공급이 감소하고, 이는 가격 급등으로 이어질 수밖에 없다"며 "수요와 공급에 따라 움직이는 시장 구조에서 이런 정책은 장기적으로 큰 효과를 내기 어렵다"고 말했다.

같은 신문 사설에서는 **"이번엔 분양가 상한제, 17번째 실패 반복 아닌가"**라는 제목의 글을 실었다. 글에서는 규제 일변도 부동산 정책이 집값 폭등을 유발했는데도 정부가 규제 강도를 더 높이는 방식으로 대응한 것을 비판했다. 2년간 서울 아파트 가격은 30%나 올랐고, 입주 5년 이내 서울 아파트값 상승률은 41%에 달했다면서, 정부가 전매·대출 제한, 재건축 요건 강화 등 온갖 규제로 '집값과의 전쟁'을 벌여왔지만 오히려 역대 정권 최고의 상승률을 기록하고 있다는 것이다.

기존 아파트 분양가도 주변 아파트 시세의 60~70%밖에 안 되는데, 분양가 상한제가 시행되면 분양가가 10%가량 더 낮아져, 당첨자들에게 로또 대박을 안겨주게 된다. 사설에서는 분양가가 9억원 이상인 아파트를 살 때는 대출도 받을 수 없어 로또 아파트에 청약할 수 있는 사람은 현금 부자뿐이라며, 정부가 부자들의 투기를 더 부추긴다고 지적했다. 그와 함께 로또 청약을 노리는 주택 실수요자들이 전세 세입자 상태를 계속 유지하는 탓에 전셋값이 폭등할 가능성도 제기했다.

또한 시장경제에서 정부의 가격 통제는 금기시되는 정책이라며, 노무현 정부 때도 아파트 분양원가 공개 요구에 대해 "장사 원리에 맞지 않는다"는 노 대통령의 반대를 이유로 실시하지 않은 사례를 근거로 들면서 정치 논리로 시행하는 부동산 정책이 어떤 부작용을 낳을지 걱정하지 않을 수 없다고 마무리했다.

〈한겨레신문〉 11월 11일 자에는 **"집값 과열되면 대출·세제 추가대책 주저 없이 시행할 것"**이라는 기사가 실렸다. 기사에서는 김상조 청와대 정책실장이 전날인 10일 "정부는 초고가 아파트, 다주택 소유자 등의 투기수요 억제를 위한 대출규제, 세제 등 다양한 정책 수단을 갖고 있다"며 "이런 (추가)대책들을 언제 (시행)할 것인지는 말씀드리지 않겠으나 필요한 때에 필요한 결정을 하는 것이 정부의 역할"이라고 말한 내용을 전했다.

김 실장은 이날 오후 춘추관에서 노영민 대통령 비서실장, 정의용 안보실장과 함께 연 청와대 '3실장' 합동 기자간담회에서 "정부는 실수요자를 보호하는 세부적 주택 정책을 마련해왔고 앞으로도 일관되게 유지할 것"이라며 "과열 조짐을 보이는 일부 지역에 대해서는 '핀셋 규제'의 원칙을 계속 유지하고 강화할 것"이라고 강조했다. 또 "필요하다면 언제든지 (분양가 상한제 적용 대상을) 순발력 있게 추가로 지정할 수 있다"고도 말했다. 특히 정부의 추가 대책 주요 수단으로 대출, 세제를 콕 집어서 언급한 점이 주목을 받았다. 업계에선 추가 대책으로 대출 규제보다는 다주택 보유세, 양도소득세 등에서 특단의 조처가 있을 가능성을 예상했다. 그 밖에도 실수요자 보호 원칙과 함께 공급정책에도 주력하겠다며 "국민이 원하는 주택을 공급하기 위해 공급 정책 쪽에서도 장기적 대책을 수립하며 꾸준하게 정진하고 있다"고 언급했다.

같은 날 〈조선일보〉에서는 **"김상조 '분양가 상한제, 필요하면 추가 지정'…핀셋 규제 유지"**라는 기사를 실었다. 김 실장은 "초고가 아파트, 다주택 소유자 등 일부 국민에게서 나타나는 부동산 과열 기대에 대해서는 그 부담을 늘리기 위한 다양한 정책 수단들, 대출규제나 세제문제 등에 대한 정책 아이템을 다 갖고 있다"며 "필요할 때 필요한 정책을 주저없이 시행할 것"이라고 말했다.

그는 "지금 부동산 시장 상황에서 일부 지역의 초고가주택을 보유한 분들은 그렇게 많지 않다"면서 "마치 정부와 시장, 정부와 국민 전체가 게임을 하고 있는 것 같은 양상으로 분위기가 형성되는 것에 대해서는 상당히 아쉽게 생각한다"고 말했다. 이어 "주택과 증권 같은 자산 시장은 당장의 수요·공급보다 장기적 기대에 의해 움직이는 경우가 많다"고 말하고 "일부 지역에서 나타나는 과열 조짐을 마치 정부와 시장 간의 게임, 갈등으로 몰아가는 것이 정부의 전체 부동산 정책의 일관된 집행에 상당한 걸림돌이 될 것이라고 생각하며, 이 부분에 상당한 아쉬움을 느낀다"고 덧붙였다.

같은 신문 11월 13일 자에서는 **"김현미·유은혜 실책 릴레이, 강남 8학군 전세 2억 뛰었다"**라는 기사를 실었다. 기사에 따르면 서울 강남구 대치동 래미안대치팰리스 전용면적 84㎡ 전셋값이 지난달 14억 5,000만원을 기록했고, 호가는 15억 5,000만원까지 올랐다. 지난 7~8월만 해도 12억~13억원에 거래되었던 곳이다. 부동산 전문가들은 "강남 집값 급등 현상은 최근 교육부총리가 자사고를 없애버리겠다고 하고, 국토교통부 장관은 부동산 상한제 강행을 선포하면서 벌어진 황당한 사태"라며 "정부 정책이 심한 엇박자를 내고 있다"고 비판했다.

전문가들은 유은혜 부총리 겸 교육부 장관의 자율형사립고·외국어고 폐지, 정시 확대 등의 정책이 강남 집값 급등에 기름을 부었다고 보았다. 여기에 김현미 국토교통부 장관이 지난 6일 민간 택지 분양가 상한제를 시작하며 "집값이 조금이라도 과열되면 언제든 추가 규제를 내놓겠다"고 했으나 시장에선 '앞으로 서울의 새 아파트 공급이 끊길 것'이란 우려가 나오면서 기존 아파트값만 올리는 부작용이 나타났다. 전문가들은 "반시장적 부동산 정책, 학부모 교육열을 무시한 교육 정책이 계속되는 한 서울 집값은 절대 잡히지 않을 것"이라며 "정부의 무리한 시장 개입이 규제 내성만 키웠다"고 지적했다.

건설산업연구원은 서울의 신축 주택 비율이 2016년 14.96%에서 2020년 12.6%로 급감할 것으로 전망했다. '분양가 상한제→재개발·재건축 수익성 악화→공급 감소→기존 아파트 가격 상승' 패턴이 반복될 것이란 얘기다.

정부는 "3기 신도시를 통해 충분한 물량을 공급해 주택 공급 위축 문제를 해결할 수 있다"고 주장하지만, 한 전문가는 "현 정부의 공급 확대 정책은 시장에서 원하는 지역이 아니어서 실제 수요와 불일치가 매우 심각하다"고 지적했다.

한 업계 관계자는 "정부가 부동산 시장과 심리전에서 판판이 깨지며, '강남 불패' 신화를 강화하는 역설적 상황이 벌어지고 있다"고 했으며, 또 다른 전문가는 "지금은 한 규제가 또 다른 규제를 낳아 시장을 더 꼬이게 만드는 상황"이라며 "수요·공급을 정상화하는 시스템을 만들어야 한다"고 말했다.

〈한겨레신문〉 11월 13일 자에는 **"값비싼 아파트 매입·전세 224명 세무조사"**라는 기사가 실렸다. 기사에서는 국세청이 자금출처가 불분명해 탈세 혐의가 있는 고가 아파트·오피스텔 취득자와 고액 전세 세입자 224명을 대상으로 동시 세무조사에 착수했다고 밝혔다. 이 중 30대 이하가 165명이나 되었다고 한다.

〈조선일보〉는 11월 18일 자에 **"상한제 본격 시행에도 강남 4구 집값 올라"**라는 기사를 실었다. 기사에서는 서울 아파트값이 22주 연속 상승세를 이어가는 가운데, 강남 4구에서도 집값 상승이 두드러졌다고 전했다. 한 전문가는 "분양가 상한제 본격 시행에 따른 주택 공급 감소 우려가 커지면서 서울 아파트값이 상승세를 이어갔다"고 말했다.

〈한겨레신문〉은 11월 19일 자에 **"부동산 편법 증여·불법 전매 연말까지 계속 조사"**, **"종부세 강화돼도 강남 쥐꼬리 부담, 시세는 올라 매각 고려 변수 못될 듯"**이라는 기사를 실었다. 기사에서는 12월 고가주택 및 다주택 소유자에게 부과 예정인 '2019년 종합부동산세'가 과열 조짐을 보이는 주택시장에 어떤 영향을 끼칠지 주목된다고 전했다. 기사에 따르면 지난해까지 과세 표준에 따라 0.5~2.0%였던 세율이 2019년부터 0.5~3.2%로 높아졌으며, 특히 최저 세율이 적용됐던 과세표준 6억원(1주택 시가 23억원, 다주택 19억원 정도) 이하 세율도 3억~6억원 구간이 신설되며 0.7%로 높아졌다. 또 세 부담 상한이 종전 150%에서 200%로 상향 조정됐다. 그러나 업계에선 종부세 부담이 늘어나긴 해도 실제 주택시장에 끼칠 영향은 제한적일 것으로 전망했다. 먼저 공시가격 9억원 이상인 고가 1주택자의 경우 세액이 늘어난다 해도 대부분은 '쥐꼬리' 수준이어서 세 부담으로 인한 매각을 고려할 변수는 못 된다는 지적이다. 시가 24억원(공시가격 16억 5,000만원)짜리 아파트의 경우 이번에 부과될 종부세는 293만원으로 이미 납부한 재산세 539만원을 더한 총 보유세가 832만원 정도인데, 이는 지난해 총보유세 725만원보다 14.6% 증가한 수준이다. 만약 이 주택이 지난해 시가 18억원에서 올해 24억원으로 올랐다면 총 보유세는 492만원에서 832만원으로 갑절 가까이 뛰어오르지만 1년간의 시세 상승분(6억원)을 고려하면 충분히 감내할 만하다고 분석했다. 그러면서 종부세 부담으로 인한 매물은 강남 4구나 마·용·성 등 고가주택 밀집 지역이 아닌 외곽에 있는 저가 주택에서 다소 늘어날 것으로 전망했다.

종부세 회피 또는 절세를 위한 가족 간 증여가 활발해질 것이라는 분석도 나왔다. 한 전문가는 "지난해부터 배우자 사이의 부동산 증여가 크게 늘어난 것은 인별 과세인 종부세를 피하거나 절세하기 위한 포석"이라며 "이번 종부세 부과는 주택 수요자들 사이에서 고가 1주택의 경우 배우자 간 공동명의를 '선택이 아닌 필수'로 인식하는 계기가 될 수도 있을 것"이라고 말했다.

같은 신문 11월 20일 자에는 **"문 대통령 '집값 반드시 잡겠다…더 강력한 방안 강구'"**라는 기사가 실렸다. 문재인 대통령은 전날인 19일 MBC 특별기획 '2019 국민과의 대화, 국민이 묻는다'에 나와 부동산 관련 언급을 했다. 여러 규제에도 부동산 가격이 안정되지 않고 있다는 지적과 관련해 "강력한 방안을 강구해 반드시 부동산 가격을 잡겠다. 부동산 문제는 (해결할 수 있다고) 장담한다"고 강조했다. 대통령은 "지금까지 역대 정부가 부동산 가격을 잡지 못한 이유는 부동산을 경기 부양 수단으로 활용해왔기 때문"이라며 "설령 성장률에 어려움을 겪더라도 부동산을 경기 부양 수단으로 사용하지 않겠다는 굳은 결의를 가지고 있다"고 말했다. 이어서 "현재 방법으로 부동산 가격을 못 잡는다면, 보다 강력한 여러 방안을 강구해서라도 반드시 부동산 가격을 잡겠다"며 "서울의 고가 아파트를 중심으로 다시 부동산 가격이 상승하고 있는데 이를 막을 여러 방안을 가지고 있다"고 말했다.

같은 날 〈조선일보〉에는 **"부동산 문제 자신 있다, 장담한다"**라는 기사가 실렸다. 문 대통령은 부동산 문제에 대해 "전국적으로 가격이 하락했을 정도로 부동산이 오히려 안정화하고 있다"며 "우리 정부에서 전·월세 가격은 아주 안정됐다"고 말했다. 대통령은 "서울 고가 아파트 위주로 가격이 오르고 있는데 현재 방법으로 안 된다면, 보다 강력한 방안을 계속 강구해 반드시 아파트 가격을 잡겠다"며 "부동산 문제는 우리 정부가 자신 있다고 장담하고 싶다"고 말했다. 이에 대해 야당은

"서울 아파트값을 가장 많이 올려놓은 문 대통령이 부동산 가격을 잡았다고 자화자찬하는 건 말이 안 된다"고 주장했다.

같은 신문에 **"정부 '집 팔아라' 해도…다주택자 오히려 늘었다"**라는 기사도 실렸다. 2018년 정부의 강도 높은 부동산 정책에도 불구하고 다주택자가 7만 3,000명이나 늘었고, 주택가격 기준 상위 10%와 하위 10% 간 집값 격차는 사상 최대인 37배로 벌어졌다는 내용이었다. 기사는 통계청이 발표한 '2018년 주택 소유 통계' 자료를 기반으로 했다. 한편 국토교통부는 이날 통계청 발표와 관련해 "양도세 중과(2018년 4월), 주택담보대출 제한(2018년 9월), 종부세 강화(2018년 9월) 등 다주택자 규제가 효과를 봤다"는 내용의 설명자료를 배포했다. 2015년 통계 작성 이후 처음으로 지난해 서울의 다주택가구 수와 비중이 감소했다는 것이다. 서울 다주택 가구는 2017년 52만 5,000가구에서 지난해 52만 가구로, 다주택자 비중은 28.0%에서 27.6%로 소폭 줄었지만, 서울을 포함한 전국에서 다주택자가 7만명 이상 늘어나고 5주택 이상 대량 소유자도 2,000명이나 늘어났다는 내용은 언급하지 않아 빈축을 샀다.

〈한겨레신문〉은 11월 21일 자에 **"'집값 잡겠다.'라는 약속, 말 아닌 정책으로 보여달라"**라는 사설을 실었다. 며칠 전 대통령이 "집값을 반드시 잡겠다"고 강조한 발언과 관련한 내용으로, 특히 대통령이 "전국적으로 부동산 가격이 오히려 하락했을 정도로 안정돼 있고, 상승은 서울 고가 아파트 중심"이라고 한 것에 대해 우려를 표했다. 수도권과 지방, 수도권에서도 핵심 지역과 비핵심 지역 사이의 양극화가 통계상 안정화로 표현되고 있는 현실을 제대로 포착하지 못한 게 아닌지 돌아볼 필요가 있다고 주장했다. 그러면서 정부의 담당 부처들이 냉정한 현실 인식을 바탕으로 대통령의 집값 안정화 의지를 실제 정책으로 뒷받침해주길 촉구하며, 대책을 미리 준비하라고 주문했다. 또한 민간택지 분양가 상한제 발표 때처럼 '찔끔 대책'으로 문제를 키우는 실책을 다시는 범하지 말고, 분양가 상한제 적용지역 추가 지정, 투기수요 억제를 위한 대출 억제와 세제 강화에 대한 종합적인 방안 마련과 일관성 있게 추진할 것을 요구했다.

11월 22일 자 〈한겨레신문〉에서는 **"3분기 가계대출 13.5조 늘어… 주담대는 9.5조나 증가"**라는 기사를 실었고, 같은 날 〈조선일보〉는 **"규제 안 통하나, 전국 아파트 9주째 상승"**, **"재산세보다 건보료 더 내는 가구 200만"**이라는 기사를 실었다. 국민연금으로 생계를 유지하는 가구를 사례로 소개했는데, 집값 상승으로 아파트 재산 과표(2억 6,570만원→3억 5,880만원)가 크게 오른 탓에 아파트 재산세(146만원)보다 아파트 때문에 내야 하는 연간 재산 건보료(166만원)가 더 많아졌다는 내용이다. 전체 건강보험 지역가입자 758만가구 가운데 200만가구 정도가 사례자처럼 재산에 매긴 건보료가 재산세보다 많은 것으로 추산되었다고 한다. 이들은 재산세 부과 기준으로 4억원 미만인 부동산을 보유한 사람들로, 3억원부터 재산세가 중과되지만 4억원이 넘어가야 재산세가 건보료보다 더 많아진다고 한다.

그러면서 소득은 줄었지만 주택 등 부동산을 보유한 은퇴자들과 중산층 자영업자들의 부담이 커질 것이라고 우려했다. 특히 2018년 7월 건보료 부과체계 개편 때 소득과 재산 기준을 넘겨 가족의 피부양자에서 탈락해 지역가입자가 된 은퇴자들이 "국민연금만 받아서는 건보료 내기가 부담스럽다"고 불만을 토로한 내용을 전달했다.

부동산에 재산세와 건보료를 동시에 물리는 것은 '이중 부과'라는 문제도 짚었다. 재산에 건보료를 물리는 것은 우리나라와 일본뿐인데, '이중 부과'라는 반발 때문에 일본 대부분 지역에서도 재산 건보료를 없애는 추세라고 한다.

같은 신문 11월 28일 자에는 **"공동명의 집 때문에…수십만원 건보료 따로 내야하는 주부들"**이라는 기사가 실렸다. 정부가 서울 등 부동산 공시가격을 크게 올리면서 자산가들의 보유세 부담과 함께 건강보험료 부담도 늘어났다는 내용이었다. 기사에서는 가정주부가 공동명의 아파트 공시가격 급등으로 인해 피부양자 기준에서 탈락한 사례를 소개하면서, 재산이나 소득이 올라 피부양자 자격을 박탈당한 사람이 45만명이나 된다고 전했다.

다른 사례의 경우 월 90만원의 연금이 소득의 전부인데, 서울 마포구 아파트의 공시가격이 오르면서 이달부터 매년 20만원의 종합부동산세, 내달부터 매달 17만 2,300원의 건보료를 내게 되었다고 한다. 이처럼 공시가격 상승이나 지난해 소득 상승을 이유로 기존 건강보험 지역 가입자 758만명 가운데 259만명(34.2%)의 보험료 부담이 평균 7.6% 늘어난다고 분석했다.

〈조선일보〉 11월 27일 자에는 **"집 1채뿐인 은퇴자들 '종부세 한숨'… 세수는 60% 늘어 3조"**라는 기사가 실렸다. 서울 마포구 아파트의 한 사례를 살펴보면, 지난해까지만 해도 공시가격이 8억원이었지만, 10억원으로 뛰면서 처음으로 종부세 납부대상이 되었다. 사례자는 "종부세가 22만원 정도 나와 재산세 등과 합치면 보유세가 300만원을 넘는다"며 "대출 갚으며 살고 있는데 '부자 세금'이라니 황당하다"고 말했다. 기사에서는 서울 공동주택과 단독주택 공시가격이 지난해에 비해 각각 14.02%, 13.95% 상승하며 종부세 적용 대상도 14만명이 늘어나 최다 60만명에 이를 것으로 전망했다. 2019년 종부세 부과 대상 아파트는 총 20만 3,174채로 전해보다 50% 넘게 늘었고, 강남 3구 이외 아파트가 4만 1,466채로 전해보다 배로 늘어났다고 한다. 지난해 189만원이던 종부세가 526만원으로 급증한 다주택자의 사례를 소개하기도 했다.

반면 종부세 쇼크에 대해 "몇 년 새 집값이 수억원씩 오른 곳이 숱한데, 종부세 좀 더 낸다고 엄살 부리는 것 아니냐?"는 지적도 있었는데, 이에 대해 전문가들은 "세금은 현금으로 내야 하는데 집을 팔지 않는 한 여유 현금이 없는 은퇴자들이 상당수"라면서 "게다가 보유세보다 양도소득세가 더 크기 때문에 매물이 더더욱 나오지 않는 것"이라고 말했다.

2019년은 '예고편'에 불과하다는 지적도 있었다. 집값이 오르지 않더라도 공정시장 가액비율이 높아져 2022년까지 종부세가 더욱 늘어난다는 것이다. 서울 잠실 아파트가 매년 10%씩 오른다는 가정하에 분석한 결과, 재산세와 종부세를 합한 보유세가 2018년에는 322만원이었지만, 2019년에는 420만원, 2022년에는 1,000만원까지 뛰는 것으로 나타났다. 여기에 다주택자는 세금 증가 상한선이 1주택자보다 높아 부담은 더 커질 것으로 내다봤다.

같은 신문 11월 30일 자에서는 **"종부세 대상자 60만명 육박, 액수도**

58% 급증"이라는 기사를 실었다. 정부는 전날인 29일 종부세 납세의무자는 59만 5,000명, 종부세 총액은 3조 3,471억원이라고 밝혔다. 이는 전해에 비해 12만 9,000명(27.7%), 1조 2,323억원(58.3%) 늘어난 수치다. 기사에서는 시장에 부작용이 커지고 있다면서 보유세인 종부세와 거래세인 양도세가 함께 올라 시장에 매물이 나오지 않고, '똘똘한 한 채' 선호 현상 등에 따라 집값이 오르고 있다고 보았다. 전·월세 가격 상승 우려도 제기되었고, 일각에선 "정부가 집값은 못 잡고 종부세만 잔뜩 올려 비어가는 재정 곳간을 채우려는 것 아니냐?"는 비판까지 나왔다고 한다.

전문가들은 "종부세가 너무 급속하게 오르는 게 문제"라고 지적했다. 그러면서 서울 서초구 반포래미안퍼스티지(전용면적 84㎡)와 마포구 마포래미안퍼스티지(전용면적 84㎡)를 보유한 2주택자가 종부세를 포함, 2019년 내야 하는 보유세는 2,246만원이지만 2022년에는 5,251만원으로 2.5배 가까이 오른다고 분석했다.

문제는 급증한 보유세를 피하기 위해 집을 팔려고 해도 양도세 중과로 인해 매매가 쉽지 않다는 것이다. 위 사례에서 3년 전 산 마포 아파트를 처분하고 반포에서 거주한다고 가정할 때 내야 하는 양도세가 2억 9,710만원에 달하는 것으로 분석됐다.

기사에서는 종부세 인상이 가뜩이나 부족한 매물을 사라지게 하는 원인이라고 분석했다. 3주택 이상 다주택자 상당수가 종부세 부담을 줄이려고 임대사업자로 등록했기 때문이다. 이렇게 등록한 주택은 최대 8년간 매매할 수 없어 시장에서 매물이 잠기는 결과로 나타났다. 집주인이 종부세 부담을 세입자에게 전가하여 전·월세 가격이 올라가는 현상도 나타났다.

서울 집값이 24주 연속 상승세를 이어가는 데는 급격한 종부세 인상이 영향을 미쳤다는 분석도 있었다. 보유세 부담이 커지다 보니 다주택자 상당수가 서울 지역에 '똘똘한 한 채'만 소유하려는 경향이 강해졌기 때문이다. 전문가들은 "이런 분위기가 확산되면 서울 집값은 더 오르고 지방 집값은 하락을 가속화할 것"이라고 전망했다.

김상조 청와대 정책실장은 보유세 인상으로 실거주자 부담이 커진다는 지적에 대해 "연령별, 거주 기간에 따른 차등 과세를 고려하고 있다"고 말했고, 한 전문가는 "정부가 한시적 양도세 완화 등 퇴로를 만들어 시장이 돌아갈 물꼬를 터줘야 한다"고 언급했다.

〈한겨레신문〉 11월 30일 자에는 **"'집값 오르면 세금도 더 내야', 당연한 일 아닌가"**라는 칼럼이 실렸다. 칼럼은 국세청이 고가주택 소유자 약 60만명에게 종합부동산세 고지서를 발송한 뒤 해묵은 '세금 폭탄론'이 쏟아진다는 내용으로 시작하여 '보유세 폭탄 현실화됐다', '종부세 내려고 적금 들었다', '조세 저항 조짐이 보인다'는 식으로 실상에 맞지 않는 과도한 주장이라고 비판했다. 그러면서 국내 보유세(재산세·종부세) 실효 세율이 매우 낮은 편인 데다 고령자와 장기보유자에 대한 공제 제도를 두고 있는 현실을 외면하는 말이라면서, 집값이 오른 데 따라 세금이 늘어나는 게 당연하다고 주장했다.

정부가 종부세에 대한 반감을 퍼뜨리는 데 동원하는 단골 소재는 1주택 보유 고령자 문제라며 "집 한 채 갖고 있을 뿐 소득 한 푼 없는데

빚내서 세금 내라는 거냐?"라는 주장을 비판했다. 1주택자로 종부세 대상이 되려면 시가로 13억~14억원(공시지가 9억원) 이상의 집을 보유해야 하고, 60세 이상 고령자나 장기보유 공제 제도를 활용하면 세금을 최대 70%까지 감면받기 때문에, 65세 1주택자(15년 보유 공시가격 11억원 아파트 소유)의 경우 종부세가 44만 2,000원에서 세액 공제를 받아 13만 2,600원으로 떨어지고, 공동 소유인 경우 더욱 떨어지기 때문에 고령 실수요 보유자의 부담은 크지 않다고 주장했다.

따라서 세율을 올리고 공시지가의 현실화율을 높인다고 해도 국내 부동산 보유세 부담은 높지 않다고 하면서, 우리나라 보유세 실효세율이 0.2% 수준으로 OECD 주요국 평균의 절반에 지나지 않는다고 주장했다. 결론으로 정부는 과세 형평성을 높이고 집값을 안정시키기 위해 종부세를 비롯한 보유세의 정상화를 꾸준히 추진해 나갈 것을 주문했다.

〈조선일보〉 12월 2일 자에는 **"종부세 부담에도…서울 집값 24주 연속 올라"**, 〈한겨레신문〉 12월 6일 자에는 **"서울 아파트값 23주째 올랐지만…'종부세 여파' 관망세 확대"**, 같은 날 〈조선일보〉에는 **"장위 9억·가재울 11억…서울 뉴타운 아파트 연일 신고가"**, 12월 10일 자 〈한겨레신문〉에는 **"서울 신축 아파트값, 30년 이상 노후 아파트값 추월"**, 같은 신문에서 **"아파트 1.4억 뛰었는데, 종부세는 67만원만 올라"**, 〈조선일보〉 12월 12일 자에는 **"부동산 총괄 김수현(전 정책실장) 아파트 10억 뛰어"**라는 기사가 실렸다. 같은 신문 12월 13일 자에는 **"추미애 법무장관 후보자, 아파트 다운계약서 의혹"**이라는 기사도 실려 눈길을 끌었다.

[심교언의 이코노믹스]

정부가 대책 내놓을 때마다 서울 아파트값 되레 뛰었다

종합부동산세가 집값 잡을까

2019년 종합부동산세 고지서를 받은 납세 의무자는 59만 5,000명이다. 이들에게 고지된 총액은 3조 3,471억원. 지난해와 비교해 대상 인원은 27.7%, 금액은 58.3% 늘었다. 전체 주택 소유자의 3.6%에 해당하기 때문에 별것 아니라고 하면 그만이다. 하지만 이들 상당수가 서울 거주자라는 점을 고려하면 서울 시민의 부담은 많이 늘어날 것으로 보인다.

이렇게 세금이 많이 늘어난 것은 과세표준이 되는 공시가격을 높이고, 세율을 올린데다 세액을 결정할 때 적용되는 공정시장가액 비율도 올렸기 때문이다. 문제는 올해만으로 끝나지 않고 내년에는 더 심각해진다는 점이다. 정부에서 공정시장가액 비율을 현재 85%에서 2022년에는 100%까지 올리겠다고 했고, 공시가격도 당분간 오를 것으로 예상하기 때문이다. 특히 공시가격은 재산세와 종합부동산세·건강보험료 등 60여 가지의 과세기준으로 사용되기 때문에 납세자의 세금 부담은 더 커질 수밖에 없다.

정부 출범 직후부터 그렇게 강력한 대책을 쏟아냈고, 종합부동산세 납부가 본격화됐음에도 불구하고, 부동산114에 따르면 서울 아파트값이 24주 연속 상승하고 있다. 시장에서는 종부세 납부가 시작됐지만 세금 부담에 따른 매도 움직임은 크지 않은 것으로 나타나고 있다. 오히려 매물 부족 현상이 심화되면서 가격 상승이 나타나는 게 아닌가 하는 조짐도 있다. 정부의 기대 밖 현상이다.

한국, OECD에서 부동산세 높은 편

정부는 지난해 세금 인상의 필요성을 역설하면서 선진국에 비해 낮은 보유세 부담률을 근거로 제시했다. 즉 우리나라 보유세 부담이 작으니 선진국 수준으로 높여야 한다는 것이다. 당시 재정개혁특별위원회 자료를 보면, 2015년 경제협력개발기구OECD의 국내총생산GDP 대비 부동산 보유세 비중은 평균이 1.10%인데 반해 우리는 0.80%로 나온다. 하지만 동일한 자료에서 거래세를 포함한 재산 과세의 경우 평균이 1.92%인데 반해, 우리는 그보다 훨씬 높은 3.04%에 이르는 것으로 나타난다. 최근에 재산세가 오르고, 다주택자 양도세 중과가 시행되기 때문에 이 수치는 더 올라갈 가능성이 크다.

결론적으로 보유세 부담이 낮기 때문에 높여야 한다는 주장은 동일한 논리로 월등히 높은 재산 과세를 OECD 평균으로 낮춰야 한다는 주장도 가능케 하므로 좀 더 신중하게 접근해야 한다. 즉 조세의 전반적 효과와 계층별 효과, 거시경제에 미치는 효과 등을 종합적으로 고민하는 것이 타당하다.

정부는 보유세가 인상되면 경제적 불평등을 해소할 수 있다고도 했는데, 실제 그런지도 의심스럽다. 가장 높은 수준의 보유세를 물리고 있는 영국과 미국은 세계에서 가장 불평등한 국가들로 알려져 있고, 불평등 정도가 훨씬 덜한 독일의 경우는 보유세 부담률이 우리의 절반 정도인 0.43%여서 보유세의 높고 낮음이 부의 불평등 해소에 직접적 도움이 되는 정책인지 확실치 않아 보인다.

보유세 인상이 집값 안정을 위해서도 필요한 조치라고 했는데, 그 효과가 실제로 있는지 불분명하다. 오랫동안 검증된 경제학 교과서에는 보유세 인상이 일회성으로 한 차례 부동산 가격을 하락시키는 효과가 있기는 해도, 그 이후에는 수요와 공급에 따라 변하는 것이라고 돼 있다. 미국처럼 세계적으로 높은 수준의 보유세를 부과하는 곳에서도 지속해서 가격이 상승했고, 가격 폭등으로 연결된 적도 있다. 더구나 몇 년 전까지 선진국 대도시의 집값이 일제히 올랐는데, 당시 보유세의 높고 낮음에 상관없이 폭등했다. 서울도 예외는 아닌 듯하다. 지난해 말부터 안정적인 모습을 보이다가 최근 상승하는 것을 보면 괜히 세금을 더 걷어서 경제에 부담만 주는 건 아닌지 우려된다. 지금처럼 경제에 대한 우려가 큰 상황에서 세금 부담을 늘리는 것이 바람직한지도 고민해야 한다. 지속적인 공시가격 인상으로 60여 가지 세금도 같이 올라갈 것이기 때문이다.

세금이 전세로 전가되는 부작용도

특히 서민 입장에서는 후폭풍이 이만저만 큰 게 아니다. 다주택자에 대한 보유세 중과가 결국 서민에게 피해를 줄 가능성도 있다. 다주택자 중에는 투기꾼도 있겠지만, 다주택자는 민간임대주택을 공급하는 사람들이다. 이들에 대한 세금 부담이 늘어나면 신규 공급을 줄일 것이고, 이는 임대주택 부족으로 연결돼 서민 주거가 더욱 불안해지게 된다. 대부분의 선진국에서 다주택자에 대한 징벌보다는 각종 인센티브를 통해 공급을 더 늘리는 방향의 정책을 하고 있다는 점도 참고해야 한다.

집값을 잡아서 서민들 생활을 편하게 한다는 정부의 착한 의도에는 모두 동의한다. 그러나 그와는 반대로 각종 규제로 인해 오히려 서민의 고통이 가중될 것 같아 염려된다. 강남 집값만 잡겠다는 생각에 공급위축과 거래절벽, 이로 인한 경기 위축만 심화시켜 결국은 서민만 피해자가 될 수 있다는 현실에 유념해야 한다. 세금이 전세로 전가되면서 전셋값이 오르는 것도 서민이 떠안게 될 피해다.

얼마 전 60대 은퇴 공무원의 인터뷰가 생각난다. 15년 전부터 강남의 아파트에 거주해왔는데 연금 생활하는 부부가 6개월 사이에 세금으로 1,000만원을 내게 됐다는 하소연이다. 이 사람은 수십 년간 공무원으로 일하면서 투기와는 상관없이 아파트를 한 채 샀을 뿐인데, 세금 폭탄 때문에 이주해야 할지도 모른다. 혹자는 돈 벌었으니 이사가도 된다고 편하게 말하겠지만, 당사자의 마음은 착잡할 것이다.

시장 조일수록 서울 집값 밀어올려

이번 정부 들어 2019년 11월까지 17번의 부동산 대책이 발표됐다. 꺼낼 수 있는 모든 수단을 동원한 총력전 양상이다.

2017년 다주택자에 대한 강력한 규제책인 8.2 대책이 나왔는데도 강남 집값이 폭등하는 양상을 보이자 가계부채종합대책과 임대주택등록제도, 재건축 안전진단 기준 강화, 투기지역 지정 등의 정책이 연이어 쏟아졌다. 그런데도 강남 집값이 오르자 정부는 지난해 가장 강력한 대책인 9.13 대책을 내놓았다. 종합부동산세 인상과 대출규제가 강화됐고, 그해 말 3기 신도시 계획을 담은 수도권 주택공급 확대 방안이 마련됐다. 이후 상당 기간 집값이 안정돼 정책의 효과가 나타나는 것처럼 보였다.

하지만 강남지역 신축주택 중심의 가격 불안이 다시 재연됐다. 그러자 이제는 민간택지에도 분양가 상한제를 적용하는 고강도 정책을 추가로 시행했다. 이에 따라 재건축 시장의 공급이 줄어들 것이라는 우려가 시장에 반영돼 신축아파트 중심의 국지적 상승세가 다시 나타나고 있다.

그러는 사이 눈길을 끄는 것은 정부 출범 후 지방은 7.3%나 빠져서 심각한 상황이지만 서울과 강남 아파트는 전혀 다른 모습을 보이는 점이다. 같은 기간 서울과 강남구 아파트는 각각 20.4%와 23.0% 폭등했다. 정부 의도와는 정반대다. 가장 강력한 대책이라 평가받았던 8.2 대책의 경우는 발표 이전 1년간 강남구 아파트 가격이 4.7% 올라, 평균 정도 상승하던 것이 대책 이후 1년간 14.0% 폭등했다.
더 이상한 것은 8.2 대책 얼마 후 서울과 강남의 상승세가 가팔라지고, 더 강력한 정책이라 평가받는 9.13 대책 즈음에 폭등세를 보였다는 점이다. 그 이후 안정세를 보이다가 올여름부터 분양가 상한제 이슈가 나오자 다시 상승세로 돌아섰다. 정부가 대책을 수립할 때마다 강남과 서울의 아파트값이 오르는 형국이다. 다른 거시경제의 변화가 그리 없었음을 고려하면 정부 규제의 부정적 효과로 보아도 무리가 없을 것이다.
이렇듯 과도한 정부 규제는 의도하지 않은 효과를 초래한다. 예를 들면 다주택자 양도세 중과 같은 거래세율 인상은 주택거래를 줄이거나 거래 시점을 나중으로 연기시킴으로 인해 거래매물 감소로 이어져 가격상승을 유발하는 것으로 알려져 있다. 그런데도 정부가 가격 안정 정책으로 사용하고 있는데, 어떤 정책카드를 쓸 때는 그 효과를 충분히 고민하는 신중함이 필요하다.

출처: 심교언(2019.12.3), 중앙일보.

16장

아직도 남았다!

정치인들은 그들이 듣고자 하는 바를 사람들에게 말하길 좋아한다.
그리고 그들이 듣고자 하는 것은 일어나지 않는다.

폴 새뮤얼슨

법치주의는 그래서 입법 범위의 한계를 시사한다.
법의 지배는 입법 범위를 형식적 법으로 알려진 것과 같은 종류의
일반적 규칙들로 제한하며, 특정한 사람들을 직접 목표로 둔 입법이나
혹은 누구든 그와 같은 차별을 위한 목적으로 국가의 강제적 권력을
사용할 수 있게 하는 입법을 배제한다.

프리드리히 하이에크

분양가 상한제 약발은 떨어지고…

2019년 12월 13일 자 〈조선일보〉에는 **"분양가 상한제가 불 지른 집값…속수무책 정부, 입 닫았다"**라는 기사가 실렸다. 기사는 11월 민간 택지 분양가 상한제를 확대 시행한 후 서울과 수도권 집값이 급등세를 보이고 있지만 김현미 국토교통부 장관은 아무 말이 없다는 내용으로 시작했다. 기사에서는 김 장관이 "시장에 불안한 움직임이 확대될 경우 모든 정책 수단을 총동원해 추가 대책을 강구하겠다"고 말했지만 뾰족한 대책이 없는 속수무책 상황이 되었다고 평가했다. 전문가들은 7월 분양가 상한제 도입을 검토하겠다고 했을 때부터 "시장가격을 통제하는 '극약 처방'은 공급을 옥죄 집값을 더 올릴 수 있다"고 경고했으나 김 장관은 아랑곳하지 않았다. 분양가 상한제가 단기 효과조차 나타내지 못한 채 시장을 완전히 망쳐버렸다는 비판까지 나오고 있다. 문재인 정부는 부동산 대책을 17차례나 쏟아냈는데, 대부분 대출 규제와 세금 중과, 투기과열지구 지정 등 수요를 억제하려는 규제였다. 오로지 수요 억제책으로만 밀어붙이니 더 이상 '약발'이 먹힐 카드가 없어졌다는 얘기까지 나왔다. 기사에서는 정부가 꺼내든 아파트 실거래의 자금출처 조사와 중개업소 단속 등도 보여주기식 이벤트에 그쳤다고 평가했다. 그 와중에 김 장관은 지난달 "전국 주택시장이 지속적인 안정세를 보이고 있고, 청약시장도 실수요자 위주로 재편됐다"며 자화자찬성 발언까지 했다.

하지만 한국감정원에 따르면 서울 아파트값은 지난 7월 반등한 뒤 24주 연속 상승세를 이어가고 있고, 청약시장도 과열되어 당첨 가점이 60~70점대까지 치솟아서 중·장년층에게 밀리는 30대는 '청포자**청약 포기자**'를 자처하며 기존 아파트 구입으로 눈을 돌리게 되었다. 문재인 정부 출범 당시 6억원대였던 서울 아파트 중위가격은 11월 8억 8,014만원으로 45%나 뛰었는데, 국토교통부는 변명에만 급급하고 있다고 꼬집었다. 국토교통부는 문재인 정부 들어 서울아파트의 실거래 24만여건을 전수 조사한 결과 실거래가가 40% 급등했다는 언론보도에 "최근엔 예년과 달리 거래량이 많지 않고, 일부 고가주택 위주로 거래가 이루어진 측면이 있어 시장을 과잉 해석할 수 있다"고 주장했다. 전문가들은 "김 장관이 경제 이슈인 부동산을 '정치'로만 보려는 시각을 버려야 한다"며 "공급을 확대하고 거래세를 낮춰 다주택자들이 집을 팔도록 유도하는 등 정책의 근본적 전환이 필요하다"고 지적했다.

같은 날 〈한겨레신문〉은 **"다주택자 보유세 늘리면서, 양도세 한시**

인하도 고려할 만"이라는 기사를 실었다. 집값 불안에 대한 우려로 시작한 기사에서는 정부가 분양가 상한제를 확대했지만 시장에선 정부 의도와는 반대로 '분양가 상한제→공급감소→집값 상승'으로 이어질 것이라는 기대 심리로 인해 집값이 오히려 뛰었기 때문에, 신규 아파트 공급이 원활해질 것이라는 확실한 신호가 나오지 않는 한 공급 부족에 대한 수요자들의 불안감을 덜어주기가 어려워 보인다는 지적이 많다고 전했다. 다만, 강동구 둔촌주공 재건축 조합이 2020년 초 일반분양에 나서기로 결정하면서 꽉 막혔던 서울 아파트 신규 공급에 물꼬를 트는 마중물이 될 가능성이 있다고 했다. 한 전문가는 "이달부터 서울 재개발·재건축 분양 물량이 늘어나면서 실수요자들의 불안심리는 다소 누그러질 전망"이라며 "그러나 수요에 비해선 공급물량이 턱없이 부족한 데다 청약 가점이 높은 중장년층 외에 30대 등 젊은 층의 당첨은 사실상 불가능한 탓에 아파트값 안정으로 곧바로 이어지기에는 한계가 있다"고 짚었다. 보유세 부담이 더 늘어나면 수요자들이 고가주택 구입에 신중해질 것이라는 전망도 소개했다. 그러나 보유세 증가분보다 집값 상승폭이 훨씬 큰 데다, 다주택 집주인이 높은 양도소득세(조정대상지역 최고세율 50~60%)를 부담하면서 주택을 처분하기보다는 가족 간 증여를 선택하는 게 이미 대세라고 진단했다. 이에 전문가들 사이에선 공시가격 현실화로 보유세를 획기적으로 높이는 대신 양도세는 한시적으로 인하해 주택시장에 매물이 나올 수 있도록 유도하는 게 필요하다는 지적도 조심스럽게 나오고 있다고 한다.

한 전문가는 "2017년 8.2 대책에서 양도세를 강화한 정부로선 다주택자에게 퇴로를 열어준다는 게 쉽지 않은 선택이겠지만 비상 상황을 타개하기 위한 한시적인 조처로는 검토해볼 수 있을 것"이라며 "매도자 누구에게나 혜택을 주는 게 아니라 무주택자나 이사 목적 1주택자 등 실수요자에게 매각하는 경우에 한해 감세 혜택을 제공하는 것도 방법"이라고 조언했다.

주택시장 '매물 잠김' 현상의 또 다른 원인으로 지목되고 있는 임대주택 등록제와 관련해서는 임대사업자 세제혜택을 축소해 사업자 증가 속도를 조절할 필요가 있다는 의견도 나왔다. 다주택자들이 전·월세를 놓고 있는 주택을 임대주택으로 등록하면 임대차 시장 안정 효과가 있는 대신 임대 의무 기간인 4~8년 동안 매물로 나오지 못하는데, 서울의 경우 전체 주택 370만호의 12.7%가량인 47만호가 임대주택으로 등록돼 있다고 밝혔다.

같은 신문에서 **"종부세 올랐지만 매물 실종…'집주인들 버티자는 심리 강해'"**라는 기사도 실었다. 기사에서는 거래량이 줄고 매수세가 움츠러든 이유를 '집값이 올라도 너무 올랐다'는 경계심리가 확산되고 있기 때문이라고 분석했다. 거의 고점에 다다른 상태에서 선불리 들어갔다가 큰 손해를 볼 수 있다는 공포가 시장에 번지고 있다는 것이다. 반대로 집주인들의 집값 추가 상승 기대가 여전한 것도 거래가 잠잠해진 이유 중 하나로 해석했다.

기사에서는 인상된 종부세가 시장에 큰 영향을 주지 못하고 있다고 평가했다. 한 중개사는 "다주택자가 집을 팔아서 내는 양도소득세가 수억원이다. 종부세 오른 것보다 양도세 내는 금액이 워낙 크다"며 "양도세를 낮춰야 거래가 이뤄질 것"이라고 말했고, 다른 중개사는 "매도자 입장에선 양도세 내고 나면 손에 쥐는 게 없다. '이 정권 언제까지 가겠느냐, 일단 버텨보자'는 심리가 강하다"고 전했다. 한 전문가는 "종부세보다 양도세를 훨씬 무서워하는 상황에서 수요를 억제하기 위해서는 공시가격 현실화율 제고 등을 통해 보유세를 더 강화해야 한다. 이와 함께 초과이익 환수를 전제로 서울시내 재건축·재개발 용적률을 높이고 역세권, 저층 주거지, 도시재생 주택을 얼마나, 어떻게 공급할지 명확히 밝히는 식으로 공급에 대한 우려를 해소해줄 필요가 있다"고 말했다.

12.16 대책: 이래도 버틸 테냐?

"주택시장 안정화 방안"

2019년 12월 16일 정부는 관계부처 합동으로 총 28쪽에 이르는 주택시장 안정화 방안을 발표했다. 이 대책 또한 주택시장 동향 및 평가로 시작했다. 이 방안에서는 전국 주택가격이 전반적인 안정세를 보이고 있으며 서울 주택가격도 2018년 9.13 대책 이후 11월 2주부터 32주간 하락했으나, 강남권 재건축발 상승세의 확산으로 7월 1주부터 24주 연속 상승했고, 분양가 상한제 적용지역 지정 이후 동작·양천·과천 등 미지정 지역을 중심으로 상승 기대 심리가 작용하면서 국지적으로 과열되고 있다고 진단했다.

다음으로는 집값 상승 기대 및 가격 상승에 따른 불안 심리로 매수세가 확대되고 있다면서 이에 따라 보증금을 승계하여 매수하는 갭 투자 비중도 증가하고 있다고 보았다.

그러면서도 실수요에 대응하기 위한 공급은 충분하다고 주장했다. 즉, 서울 아파트는 2018년 4.4만호에 이어 2019년과 2020년에도 약 4만호 이상이 공급되어 실수요에 대응하는 공급 물량은 충분한데, 일각에서 분양가 상한제 등에 따른 공급 부족론을 제기하며 시장의 불안 심리를 자극하고 있다고 분석했다.

시장 상황 평가 부분이 특히 눈길을 끌었는데, 이번 대책에서는 그간 8.2대책 및 9.13 대책 등을 통해 세제·금융·청약 등의 제도를 개선하고 실수요자를 위한 수도권 30만호 공급도 추진하여 상반기 서울 주택시장은 안정세를 보였으며, 다주택 세대가 처음으로 감소하는 등 실수요 중심으로 시장이 재편되기 시작했다고 보았다. 그러나 여전히 풍부한 시중 유동성이 일부 지역의 주택시장으로 유입되면서 국지적 과열을 재현하고 있다고 평가했다. 저금리로 자금조달 비용이 낮고, LTV 규제로 대출 규모가 제한되어 있으나 높은 전세가율(서울 62%), 전세 대출 등을 통한 갭 투자로 자금을 조달하고 있다고 본 것이다. 그리고 낮은 보유 부담 등에 따른 시세차익 기대도 매수세 확대에 영향을 주었다고 평가했다. 세제·대출 규제를 피해 증여, 법인 설립 등을 활용하여 투자재 성격이 강한 강남권 등의 고가주택 중심으로 매수행위가 성행하고 있다고도 진단했다. 그리고 다시금 실수요에 대응하는 공급은 충분하나 일각에서 분양가 상한제 등으로 인한 공급 부족론 등을 제기하며 불안 심리를 자극하고 있다고 보았다. 결론적으로 "일부 투기 수요로 인해 실수요자의 내 집 마련 기회 감소 우려가 있어 시장 교란 행위 방지 및 안정적인 수급 관리가 필요"하다고 시장 상황을 평가했다.

정책 대응 방향으로는 수요부문과 공급 부문에 대한 대응을 다루었는데, 갭 투자 및 다주택자의 투기수요 유입을 차단하기 위해 대출 규제의 사각지대를 해소하는 정책을 먼저 내세웠다. 다음으로 종합부동산세, 공시가격 등을 개선하여 주택 보유 부담의 형평성을 제고하고, 실거주하지 않는 주택의 양도차익에 대한 과세체계를 강화하겠다고 밝혔다. 그다음으로 분양가 상한제 지역을 확대하여 고분양가 및 풍선효과를 차단하기 위해 시장 조사체계와 청약 규제를 강화하여 거래질서를 투명하게 관리하고, 임대등록에 대한 세제 혜택 기준과 임대사업자 관리제도를 보완하기로 했다. 마지막으로 서울 도심 내 공급과 수도

■ **투기수요 억제 및 공급확대를 통한 주택시장 안정화 방안**

투기수요 억제 및 공급확대를 통한 주택시장 안정화			
투기수요 차단 및 실수요 중심의 시장 유도			실수요자 공급 확대
투기적 대출수요 규제 강화	주택 보유부담 강화 및 양도소득세 제도 보완	투명하고 공정한 거래 질서 확립	실수요 중심의 공급 확대
◆투기지역·투기과열지구 주담대 관리 강화 ·시가 9억원 초과 LTV 강화 ·초고가 아파트 주담대 금지 ·차주 단위 DSR 한도 규제 ·주담대 실수요 요건 강화 ·구입용 사업자대출 관리 강화 ·부동산임대업 RTI 강화 ·상호금융권 대출 관리 강화 ◆전세대출 이용 갭투자 방지 ·사적보증의 전세대출보증 규제 강화 ·전세대출 후 고가 신규주택 매입 제한	◆보유부담 강화 ·종합부동산세 세율 등 상향 ·공시가격 현실화·형평성 제고 ◆양도세 제도 보완 ·1주택자 장특공제에 거주기준 요건 추가 ·2년 이상 거주자에 한해 1주택자 장특공제 적용 ·일시적 2주택 전입요건 추가 및 중복보유 허용기간 단축 ·등록 임대주택 양도세 비과세 요건에 거주요건 추가 ·조정대상지역 다주택자 양도소득세 중과 시 주택 수에 분양권도 포함 ·2년 미만 보유 주택 양도세율 인상 ·조정대상지역 내 한시적 다주택자 양도세 중과 배제	◆민간택지 분양가 상한제 적용지역 확대 ◆거래 질서 조사체계 강화 ·고가주택 자금출처 전수 분석 ·실거래정비사업 점검 상시화 ·자금조달계획서 제출대상 확대 및 신고항목 구체화 ·자금조달계획서 증빙자료 제출 ◆청약규제 강화 ·불법전매자 등 청약제한 ·청약 당첨 요건 강화 ·청약 재당첨 제한 강화 ◆임대등록 제도 보완 ·취득세·재산세 혜택 축소 ·임대사업자 합동점검 ·임대사업자 등록요건 강화 ·임대사업자 의무 강화	◆서울 도심 내 공급의 차질없는 추진 ◆수도권 30만호 계획의 조속한 추진 ◆관리처분인가 이후 단계 정비사업 추진 지원 ◆가로주택정비사업 활성화를 위한 제도개선 ◆준공업지역 관련 제도개선

출처: 관계부처합동(2019.12.16), "주택시장 안정화 방안", p.4.

권 30만호 계획을 조속히 차질 없이 추진하고, 관리처분인가를 받은 정비사업의 조속한 분양을 지원하며, 가로주택정비사업 등 도심 내 공급확대를 위한 제도를 개선하겠다고 밝혔다.

구체적 방안으로는 먼저 투기적 대출수요 규제 강화를 들었다. 투기지역과 투기과열지구의 주택담보대출을 규제하기로 한 것이다.

9억원 이상 주택에 대해서는 기존 LTV 40%에서 9억원 초과분에 대해 LTV 20%를 적용하고, 시가 15억원을 초과하는 초고가 아파트에 대해서는 주택구입용 주택담보대출을 금지하기로 했다. 총부채원리금상환 비율인 DSR도 투기지역과 투기과열지구의 시가 9억원 초과 주택에 대해 차주 단위로 적용하기로 했고, 주택담보대출의 실수요 요건도 강화했다. 즉, 기존에는 1주택 세대는 2년 내 기존 주택을 처분하면 되는 조건이었으나 이를 1년 내 전입으로 강화했고, 고가주택 기준을 공시가격 9억원에서 시가 9억원으로 변경했다. 또한 투기지역 내에서 주택임대업·주택매매업 이외 업종의 사업자에 대해 주택 구입 목적 주택담보대출을 금지하던 것을 투기과열지구까지 확대해 적용하기로 했다. 주택임대업 개인사업자 대출에 대해서도 RTI**Rent to Interest, 임대업 이자상환비율**를 기존 1.25배 이상에서 1.5배 이상으로 강화했다.

전세대출 규제도 강화했다. 사적 전세대출 보증인 서울보증보험에 대해서도 시가 9억원 초과 주택에 대해 전세대출 보증을 제한했고, 9억원 초과 주택을 매입하거나 2주택 이상을 보유할 경우 전세대출을 회수하기로 했다.

두 번째로 주택 보유 부담 강화 및 양도소득세 제도의 보완에서도 기존 규제를 더욱 강화했다. 종합부동산세 세율을 일반 대상으로는 0.1%p~0.3%p 인상했고, 3주택 이상 및 조정대상지역 2주택 보유자를 대상으로는 0.2%p~0.8%p 인상해 주택 보유에 대한 과세 형평을 제고했다. 조정대상지역 2주택자에 대해서는 종합부동산세의 세 부담 상한을 200%에서 300%로 확대해 세금을 더 많이 내게 했다. 1주택 보유 고령자에 대해서는 세액 공제율을 10%p 높여 부담을 덜어주는 것도 포함했으나 공시가격 현실화율과 시세 변동률을 공시가격에 모두 반영하고, 특히 고가주택을 중심으로 현실화율을 제고하여 납세 부담을 강화했다.

양도소득세에도 전반적인 규제 강화와 약간의 완화를 적용했다. 먼저 1세대 1주택자 장기보유특별공제에 거주기간 요건을 추가했고, 2년 이상 거주자에 한해 1세대 1주택자 장기보유특별공제를 적용했으며, 조정대상지역의 일시적 2주택자 전입 요건 추가 및 중복 보유 허용 기한을 단축했다. 즉, 기존에는 신규 주택 취득일부터 2년 이내 기존 주택 양도 시 비과세 혜택을 주었던 것을 1년 이내로 강화했다. 또한 기존에는 등록 임대주택에 대한 양도소득세 비과세 요건에 거주기간 요건이 없었으나, 이제는 2년을 충족해야만 비과세 혜택을 주기로 했다. 조정대상지역 다주택자 양도소득세 중과 시 주택 수에 분양권도 포함했고, 2년 미만 보유 주택에 대한 양도소득세율도 1년 미만은 40%에서 50%로, 1~2년은 기본세율에서 40%로 올렸다. 그리고 시장의 요구를 받아들여 조정대상지역 내 다주택자가 10년 이상 보유한 주택을 양도하는 경우 한시적으로 양도소득세 중과를 배제하고 장기보유특별공제를 적용키로 했다.

세 번째로 투명하고 공정한 거래 질서 확립 대책을 세웠다. 민간택지 분양가 상한제 적용지역을 대폭 확대하고, 고가주택에 대한 자금출처를 전수 분석하며, 조세 부담 회피를 위해 설립한 부동산업 법인의 탈루 혐의에 대해 정밀 검증하기로 했다. 실거래 조사 및 정비사업 합동 점검을 상시화하고, 자금조달계획서도 제출 대상을 투기과열지구와 조정대상지역에서는 3억원 이상 주택, 비규제지역에서는 6억원 이상 주택 취득 시로 확대했다. 공급 질서 교란 행위 및 불법 전매로 적발될 시 주택 유형에 관계없이 10년간 청약을 금지하고, 청약당첨 요건과 청약 재당첨 제한도 분양가 상한제 주택 및 투기과열지구 당첨 시 10년, 조정대상지역 당첨 시 7년으로 강화했다. 임대등록에 대해서도 취득세와 재산세의 혜택을 축소하고, 등록 임대사업자의 의무 위반 사례에 대한 합동 점검을 실시하며, 등록임대사업자의 책임 강화를 위해 등록 요건도 강화함과 동시에 보증금 피해 방지를 위해 사업자의 의무를 강화하기로 했다. 즉, 사업자의 보증금 미반환으로 인해 피해가 발생하면 등록 말소 후 세제 혜택을 환수하기로 했으며, 선순위 보증금 등 권리관계 설명 의무 범위도 확대하기로 했다.

네 번째로 실수요자를 위한 공급 확대에 있어서는 서울 도심 내 공급을 차질 없이 추진하기 위해 인허가 기간 단축을 위한 제도 개선과 정비사업 심의 절차에 소요되는 기간을 줄이기 위한 방안을 내놓았다. 구체적으로 2019년 10월 기준으로 94개의 사업이 진행되고 있는 서울의 가로주택 정비사업을 더욱 활성화하기 위한 제도 개선과 서울 내 준공업지역에서의 주택공급을 확대하기 위한 방안을 내놓았다.

보고서 말미에서는 "대책 발표 이후 시장 상황을 면밀히 모니터링하며, 필요한 경우 내년 상반기 중 주택 수요, 공급 양 측면에 걸친 종합대책을 추가로 발표할 것"이라고 언급하고, 부동산 세제 및 대출 규제 추가 강화 및 주택 거래와 공급 전반에 걸친 추가 강화 대책을 예시하며 경고하는 형태로 마무리했다.

12.17 대책(?): 보유세는 계속 올린다

"2020년 부동산 가격공시 및 공시가격 신뢰성 제고 방안"

국토교통부는 2019년 12월 17일 부동산 가격공시 및 공시가격 신뢰성 제고 방안을 발표했다. 이 방안에서는 공시가격은 보유세, 건보료, 기초생활보장급여, 감정평가 등 60여 개 분야에서 활용되는데 시세반영률이 50~60% 수준으로 낮게 책정되어 있고, 특히 저가 부동산에 비해 고가 부동산의 현실화율이 낮은 불균형으로 인해 공평과세 측면에서 문제점이 있다고 진단했다. 그러면서 2019년 공동주택 현실화율이 3억원 미만에서는 68.6%인데 15억~30억원에서는 67.4%라고 밝히고, 이를 바로잡기 위해 2020년 공시에서는 현실화율 제고 등을 통해 가격공시 공정성을 확보하고, 제도를 다각도로 개선해 신뢰성을 제고하겠다고 밝혔다.

또한 기본 방향으로 공시가격 현실화율시세반영율을 지속적으로 상향시키고, 공시가격의 불균형성을 보다 과감하게 해소하며, 가격 공시 전반의 신뢰를 강화하겠다고 덧붙였다.

2020년 공시가격 = 2019년말 시세×(2019년 현실화율 + α)

국토교통부는 1년간 시세변동분 모두를 공시가격에 반영하는 것을 원칙으로 하되, 가격대가 높고 현실화율이 낮을수록 α를 상향하고 적용방식 등은 유형별 현실화율 격차 등을 고려하여 별도로 설정한다고 밝혔다. 공동주택의 경우 시세 9억원 미만은 시세변동률만 반영하고, 시세 9억~15억원은 70%, 15억~30억원은 75%, 30억원 이상은 80% 수준까지 현실화율을 제고하기로 했으며, 상한은 8~12%p로 설정했다. 단독주택의 경우에도 시세 9억원 미만은 시세변동률만 반영하고, 9억~15억원은 55%, 15억원 이상은 55% 수준까지 제고하되, 상한은 6~8%p로 설정했다. 토지의 경우는 모든 토지의 α를 균등하게 올렸다.

그밖에 늘어난 민원을 의식해서인지 공시가격 산정기준을 개선하고, 산정주체의 책임성 및 검증체계를 강화하며, 공시 관련 정보공개를 확대하는 등의 방안도 담았다.

여론의 반응

여론의 반응은 뜨거웠다. 〈조선일보〉 12월 17일 자에는 **"집값 불 질러 놓고…당장 대출 금지 '초법적 조치'"**라는 기사가 실렸다. 기사에서는 15억원이 넘는 아파트(투기지역·투기과열지구 내)를 살 때 주택담보대출을 한 푼도 받지 못하고, 또 3주택 이상 보유자와 집값이 급등한 조정대상지역 2주택 이상 보유자들에게 2020년부터 종합부동산세 세율이 최고 4.0%로 중과된다는 내용을 먼저 소개했다. 그러면서 '미친 집값'을 잡기 위한 고육책이라고 하더라도 대출 규제 등 중요 정책을 바꾸면서 사전 예고 없이 군사작전 하듯 '오늘 당장' 시행하는 것은 '초법적'이라고 비판했다. 홍남기 경제부총리는 "주택 시장 불안이 계속된다면 내년 상반기에 더 강력한 대책을 내놓겠다"고 말했는데, 한 전문가는 "내년 총선을 의식해 사유재산권까지 심각하게 침해하는 조치"라며

"하루아침에 대출을 막으면 실수요자들은 더 힘들어지고, 돈 있는 투자자들만 유리해질 것"이라고 언급했다.

조정대상지역 다주택자가 2020년 상반기까지 집을 팔면 양도소득세 중과 부담을 줄여주는 '퇴로'를 열어주는 정책이 포함되었으나, 그 대상이 10년 이상 보유 주택으로 한정돼 시장에 얼마나 매물이 나올지는 미지수다. 또 매물을 유도하는 정책이 주택담보대출을 더 조이는 정책과 함께 나와 시장이 반응하기 어렵게 만드는 모순된 정책이라고 지적했다.

전문가들은 재건축·재개발 활성화 등 공급을 늘리는 대책 없이는 집값을 잡는 데 한계가 있을 것으로 전망했다.

같은 신문에서 **"1주택자까지 털어가는 '증세 이중 폭격'"**이라는 기사도 실었다. 기사는 서울 마포구 30평대 아파트에 사는 직장인 사례로 시작했다. 2019년 재산세가 전해보다 40만원 늘어 195만원이 나왔는데, 2020년엔 내지 않던 종부세까지 내야 해서 70만원을 더 내야 하고, 2021년에는 여기에 80만원을 더 내야 한다는 내용이었다. 사례자가 2021년에 내야 할 보유세만 연봉의 10%가 넘는다고 한다. 그는 "집값이 오르긴 했지만 주머니에 실제로 돈이 들어온 것도 아닌데 세금이 너무 뛰어 큰 부담이 된다"며 "다주택자도 아닌데 이렇게까지 세금을 걷는 게 올바른 부동산 정책인지 이해하기 어렵다"고 푸념했다.

통계청에 따르면 2018년 기준 서울의 1주택 가구는 136만가구로 전체(395만가구)의 34%인데, 이들은 "직접 거주할 집 말고는 전부 팔라"는 문재인 정부의 지시를 가장 충실히 이행한 '모범 국민'으로 볼 수 있다.

정부는 9억원 이상 고가주택의 공시가격만 집중적으로 올리기 때문에 대다수 실수요자의 피해는 없다고 주장하지만, 실제로는 이들 '모범 국민'이 피해를 보게 된다. 정부가 공개한 가격대별 주택 비율에서는 시세 9억원 이상 주택이 전체(1,338만가구)의 3.9%에 불과하나 서울에서는 전체 아파트(125만가구)의 36.6%(45만가구)가 9억원이 넘기 때문이다.

1주택자가 이사하기도 어려워지고 있다고 진단했다. 정부가 '엿장수 맘대로' 식으로 양도소득세 감면제를 변경했기 때문이다. 9.13 대책으로 인해 2년 실거주 의무가 생긴 데 이어, 이번에는 10년간 거주해야 양도소득세를 80% 감면받게 된 것이다.

같은 신문 다른 지면에는 **"1주택자의 비명…보유세 기준인 공시가(9억 이상 아파트), 시세 70~80%까지 올린다"**라는 기사가 실렸다. 기사에서는 세금을 올리는 정책을 소개하고, 아파트 등 공동주택과 단독주택의 경우 공시가격의 현실화율을 가격대별로 차등해 목표치를 설정하는 것이 정책의 핵심이라고 보았다. 비싼 집일수록 현실화율 상향 목표치에 미달하면 공시가격을 집중적으로 올리겠다는 것이다.

그리고 정부의 발표대로라면 당장 2020년부터 서울 강남권과 마·용·성 등에서는 공시가격이 시세 상승률보다 더 많이 오르고, 보유세도 50% 오르는 아파트 단지들이 잇따를 것으로 예상하였다. 강남구에 전용 84㎡ 아파트를 보유한 1주택자의 경우 시세는 2018년 말 17억 6,000만원에서 2019년 말 23억 5,000만원으로 33% 올랐지만, 공시가격은 11억 5,200만원에서 17억 6,300만원으로 53% 오르게 된다. 2020년 재산세와 종부세를 합친 보유세는 2019년(420만원)보다 210만원

(50%) 늘어나 약 630만원을 내야 한다. 강남권에 아파트를 보유한 2주택자와 3주택자의 경우 보유세가 2배로 늘어난다는 내용도 실었다.

정부는 우리나라가 외국에 비해 보유세가 낮다는 점을 인상 명분으로 내세우는데, 실제 우리나라의 2018년 기준 GDP 대비 부동산 보유세 비율은 0.88%로 OECD 소속 국가 36개국 중 15위다. 그러나 양도세 비율은 1.01%로 스웨덴(1.37%)에 이어 2위다. 한 전문가는 "지구상에 보유세도 높고, 거래세도 높은 나라는 거의 없다"면서 "보유세를 높인다면 동시에 양도세 등 거래 비용을 낮춰야 조세 형평에 맞을뿐더러 거래가 늘어 집값도 안정될 수 있다"고 조언했다.

이 외에도 **"13억짜리 한 채만 가져도, 종부세 95만원→206만원으로 오른다**"와 **"전문가들 '서울 집값 제동 걸리겠지만…공급 줄면 결국은 가격 뛸 것'"** 등의 기사가 실렸다.

같은 신문에서 **"청, '다주택 참모들, 한 채 빼고 다 팔아라'"**라는 기사도 실었다. 노영민 대통령 비서실장이 "수도권 내에 2채 이상의 주택을 보유한 청와대 비서관급(1급) 이상 고위 공직자들에게 이른 시일 내에 1채를 제외한 나머지 주택을 처분할 것을 권고했다"는 내용이었다. 국민소통수석은 브리핑에서 "청와대 고위 공직자들이 솔선수범한다면 다른 정부 부처 고위 공직자들에게도 영향, 파급을 미치지 않을까 한다"고 말했다. 청와대는 이날 '권고', '요청' 등의 표현을 썼지만, 정치권에선 "청와대와 전 부처 고위직들에게 다주택을 서둘러 처분하라는 뜻"이라며 "재산권 침해 등 초법적 소지가 있는 지시"란 비판이 나왔다. 기사에서는 문재인 정부가 그간 부동산 가격을 잡겠다고 공언해 왔지만,

막상 청와대 참모 중 다주택자가 상당수인 데다 가격 급등의 덕까지 봤다는 비판을 의식해 노 실장에게 '다주택 처분 권고'를 한 것으로 해석했다. 청와대는 수도권이나 투기지역, 투기과열지구 등에 집을 2채 이상 보유한 고위직이 총 11명이라고 밝혔으며, 처분 시한에 대해 청와대 고위 관계자는 "대략 6개월 정도로 보고 있다"고 말했다.

같은 날 〈한겨레신문〉은 **"집값과의 전면전…'대출·세제·분양가 규제' 다 꺼냈다"**라는 기사를 실었다. 기사는 정부가 시가 15억원이 넘는 초고가 아파트에 대한 신규 대출을 전면 제한하고 보유세 인상을 공식화하는 등 강도 높은 부동산 대책을 내놓았다는 내용으로 시작했다. 분양가 상한제 '핀셋 지정' 등 찔끔찔끔 내놓은 대책으로 인해 서울 집값이 과열 양상을 보이자 지난해 9.13 대책을 발표한 이후 1년 3개월 만에 '전방위 정책 패키지'를 꺼내 든 것이다. 기사에서는 시장 예상을 깬 고강도 대책을 예고 없이 발표함으로써 정책 효과를 극대화하려는 의도로 해석하고 정책 내용을 상세히 소개했다.

같은 신문에서 **"'다주택자 빨리 집 팔아라'…양도세 한시 완화로 '출구' 열어줘"**라는 기사도 다루었다. 기사에서는 정부 방침에 따라 법이 개정되면, 3주택 이상이거나 서울 등 조정대상지역에 주택 2채를 보유한 사람의 보유 주택 공시가격 합계가 20억원(시가 26억 7,000만원)일 경우, 1,036만원인 종부세가 1,378만원으로 오르고, 공시가격이 100억원(시가 125억원)이면 종부세는 1억 4,690만원에서 1억 7,510만원으로 2,820만원 늘어난다고 분석했다.

정부에 따르면 이런 보유세 인상의 효과는 다주택자에게 한정될 예정이고, 주택 한 채를 오래 보유한 실소유자의 세 부담은 오히려 줄어든다고 한다. 고령자를 위한 세액 공제율이 10%p씩 높아지고, 1주택 보유기간에 따른 장기 보유공제와 고령 세액 공제를 합산한 공제율의 한도도 70%에서 80%로 높아지기 때문이다. 만 70세 이상 노인이 15년 이상 집을 보유했다면 공시가격이 10억원(시가 14억원)인 주택의 종부세는 현행 7만원에서 6만원으로 1만원 내리고, 공시가격이 15억원(시가 20억원)일 경우 154만원에서 130만원으로 줄어든다고 분석했다.

"총선 앞 '집값 상승' 위기감…투기수요 '원천 차단' 강수", **"15억원 넘는 아파트 아예 대출금지…9억 초과 LTV 40→20%로"** 등의 기사도 실렸다.

같은 신문에 **"청 '다주택 참모들 1채 빼곤 처분하라'"**라는 기사도 실렸다. 〈조선일보〉와 내용은 대동소이하나 국민소통수석이 "경실련에서 지적한 부분도 일부 수용했다"고 한 내용을 전했다. 앞서 경실련은 지난 11일 문재인 정부 출범 뒤 대통령 비서실에서 근무했거나 현재 재직 중인 참모진의 부동산 재산을 분석한 결과, 참모진 65명이 보유한 아파트·오피스텔 시세 평균이 40% 증가했다고 밝힌 바 있다. 또 2주택자는 2017년 11명에서 2019년 13명으로 늘었고, 3주택 이상도 2명에서 5명으로 늘었다고 했다. 경실련은 "문재인 정부 30개월 중 26개월 동안 집값이 상승했다. (대통령이) 문제의 심각성을 인식하지 못하는 동안 청와대 참모들의 부동산 가격은 폭등했다"고 주장했다.

다음 날인 12월 18일 자에도 대책 분석 기사들이 나왔다. 〈조선일보〉에서는 **"하루 만에…전세금 반환 위한 대출도 막았다"**라는 기사에서 12.16 부동산 대책 Q&A를 실었고, **"재산권 침해 소지…'15억 아파트 대출 금지' 헌소"**라는 기사도 실었다. 한 변호사가 12.16 대책 중 일부 내용이 헌법이 보장하는 재산권을 침해한다며 헌법소원 심판을 청구했다는 내용이었다. 헌법은 제23조에 국민의 재산권 보장을 천명하고 있고, 헌법 제37조 제2항에 따르면 기본권 제한은 필요한 경우에 한해 법률로 하게 돼 있다는 것이다. 기사에서는 국민 의견 수렴 등의 절차도 없이 갑자기 정책을 발표해 '권리를 제한하더라도 본질적 내용은 침해할 수 없다'는 헌법 원칙을 어겼다고 말하며, 정부 정책이 발표 하루 만에 법조인에 의해 위헌 심판대에 오른 것은 매우 이례적이라고 평했다.

같은 날 〈한겨레신문〉은 **"초고가주택 대출금지에 위헌 심판 청구, 금융위 '버블에 대한 건전성 관리' 반박"**이라는 기사를 실었다. 초고가주택 대출금지에 대해 '위헌 소지' 논란이 일자, 은성수 금융위원장은 집값 '버블' 우려에 대응한 정책적 선택이라고 반박했다. 은 위원장은 기자간담회에서 "LTV 규제는 금융기관 건전성 관리 차원에서 시작된 것"이라며 "우리는 거시건전성 차원에서 접근했다. 부동산 시장이 붕괴되면 거시건정성이 괜찮겠느냐?"고 말했다. 그는 또 전례 없는 LTV 0% 규제에 대해 "(부동산 가격과) 싸우겠다는 의시로 읽어날라"고 덧붙였다. 그는 "(주택시장에 대해) 지금이 버블"이라며 "집값이 폭락한다는 게 아니라 그 부분에 대비해야 한다는 생각"이라며, "여러분은 '투 얼리'too early, 너무 이르다라고 말할 수 있다. 하지만 2007년 거제도에서 조선업 시장이 호황이었을 때는 개도 1만원짜리를 입에 물고 다닌다고 했는데, 지금 이렇게 될지 누가 알았겠느냐?"고 반문하기도 했다.

같은 신문에서 **"당장은 '거래 잠김' 가능성…다주택자 힘겨루기 6개월이 관건"**이라는 기사도 실렸다. 기사는 정부 대책 발표 이후 아파트 매매 거래 시장이 '올스톱된 상황'을 전하며 시작했다. 거래절벽 상태가 나타나겠지만 정부가 보유세의 단계적 강화 로드맵을 제시하는 등 주택시장을 실수요자 중심의 시장으로 이끈다는 정책 의지를 분명히 했기 때문에, 2020년 6월까지 다주택자 양도세에 대한 한시적 혜택의 효과가 어떻게 나타날지에 주목해야 한다고 보았다.

기사에 따르면 실제로 다주택자들은 보유세 강화 등 예상을 뛰어넘는 고강도 조처에 당혹스러워하고, 실수요자들은 시장에서 '초고강도'라는 평가가 나오자 집값 하향에 대한 기대감을 표현하고 있다고 한다.

전문가들은 이번 대책으로 당분간 주택 시장이 냉각되고 서울 아파트값 상승세도 주춤해질 것이라는 데는 대체로 동의하는 분위기지만, 이것이 '반짝 효과'가 아니라 상당 기간 집값을 안정시키는 효과로 이어질 것인지에 대해선 반신반의한다고 전했다. 한 전문가는 "초고강도 대출 규제로 9억원 초과 아파트 매매시장이 경색되는 국면이 당분간 이어지겠지만, 최근 집값 불안의 배경인 공급 부족 우려가 해소되지 않는다면 안정세가 지속되는 데는 한계가 있을 것"이라고 말했다. 김현미 국토교통부 장관은 공급 부족론이 등장한 데는 일부 언론과 시장 전문가의 '공포 마케팅'이 부추긴 측면이 크다고 반박하면서 우려를 일축한 바 있다.

〈한겨레신문〉 12월 18일 자에서는 **"고가아파트 '공시가 현실화' 가**

속, 시세 23억이면 보유세 50% 오른다"라는 기사를 실었다. 기사에 따르면 국토교통부는 주택 공시가 현실화율시세반영률을 최대 80%까지 끌어올리는 부동산 가격 공시방안을 내놓았다. 기존에 시세반영률이 턱없이 낮아 조세 형평에 어긋난다는 지적이 많았다며, 공동주택의 가격대별 현실화율을 보면 오히려 고가주택이 낮은 경우들이 있다는 국토교통부 자료도 소개했다. 시세 23억 5,000만원인 서울 강남구의 전용 84.43㎡ 아파트의 경우 2019년 11억 5,200만원이었던 공시가가 2020년 17억 6,300만원으로 상향조정되면서 보유세가 419만 8,000원에서 629만 7,000원으로 약 50% 상승할 것으로 분석했다. 국토교통부 관계자는 "(아파트 가격에 상관없이) 똑같은 수준으로 맞춰야 형평성에 맞는다고 지적할 수 있겠지만, 고가 부동산 현실화율이 낮은 역전 현상을 해소하고 세금을 부담할 수 있는 자산능력을 고려해 고가 부동산의 현실화율을 우선 제고하기로 했다"고 설명했다. 한 전문가는 "올해 현실화율이 68.1%인데 9억~15억원 구간의 현실화율이 내년에 70%가 돼도 크게 오른다고 볼 수도 없다"며 "과표 현실화에 따른 보유세 강화가 부동산 대책의 핵심이 돼야 하고 이를 위해 몇 년까지 공시가 현실화율을 어떻게 하겠다는 로드맵이 조속히 나와야 한다"고 언급했다.

같은 신문에서 **"'집값 급등' 잡자는데 '서민' 팔아 반대하나"**라는 사설을 실었다. 일부 언론과 자유한국당 등이 정부의 고강도 집값 안정 대책을 맹비난하는 것에 대한 반론이었다. 사설에서는 〈조선일보〉가 "사유재산권까지 침해하는 초법적 조치", 〈중앙일보〉가 "비이성적 시장 역주행"이라고 주장한 내용과 자유한국당 대변인이 "사유재산 침해라는 심각한 초헌법적 조치"라며 "총선에 눈먼 문재인 정권이 '경제 독재'의 길로 접어들었다"고 주장한 내용을 먼저 다루었다. 그러면서 정부 대책이 뒤늦었다는 비판을 피하기 어려운 상황에서, '초법적 조치'니 '반시장적 정책'이니 하는 것은 '반대를 위한 반대'로 들린다고 주장했다.

무엇보다 황당한 것은 중산·서민층을 내세워 집값 안정 대책을 비난하는 일이라며, 신규 대출 금지 대상이 16만 6,000가구로 1.2%에 불과한 점을 근거로 들어 극소수 집 부자들의 이익을 위해 아무 관련도 없는 중산·서민층을 앞세우고 있다고 비판했다.

그리고 서울시가 전날인 17일 발표한 '부동산 정책에 대한 시민 인식 조사'에서 72%가 '다주택자에 대한 보유세 강화'에 찬성했다는 사실을 들며, 중산·서민층이란 용어는 이런 경우에 인용하는 것이라고 언급했다.

같은 신문에 다소 생뚱맞은 기사도 실렸다. **"박원순 '부동산 불로소득 환수해 대규모 공공임대 짓자'"**라는 기사다. 박원순 서울시장은 17일 열린 '불평등 해소를 위한 부동산 정책 개선방안 토론회'에 참석해 "부동산 불로소득과 개발이익을 철저히 환수해 미래세대와 국민 전체가 혜택을 누릴 수 있는 국민공유제를 강구해야 한다"고 밝혔다. 재건축·재개발의 초과이익을 철저하게 환수하고, 부동산 시세 차익 등을 통한 불로소득을 세금으로 걷어 공공주택 공급 등 공공 주거복지를 위해 사용하자고 제안한 것이다. 그는 "보유세 등 부동산 관련 세입으로 '부동산 공유기금' 등을 조성해 국가가 토지나 건물을 사들여 공공의 부동산 소유를 증대해야 한다"며 "이를 통해 기업과 개인의 생산시설과 사업 용도에 저렴하게 공급함으로써 국민의 주거권을 실현하고, 국민의 삶의 질을 획기적으로 향상시켜야 한다"고 주장했다.

〈한겨레신문〉은 12월 19일 자에 **"10년 보유 서울 아파트 양도세 절반 '뚝'…다주택자 매물 풀릴까"**라는 기사를 실었다. 그동안 지적된 시장의 '매물 잠김' 현상을 해소하기 위해 2020년 6월 말까지 조정대상지역에서 10년 이상 보유한 집을 파는 다주택자에게는 시행 중인 양도세 중과를 하지 않고, 장기보유특별공제를 적용해 '퇴로'를 열어준 것에 대한 기사였다. 부동산 업계에선 실질적인 양도세 감면 혜택이 크다고 진단하고 있으며, 2020년부터 다주택자의 보유세 부담도 크게 늘어나는 현실을 감안하면 주택 시장에서 시너지 효과를 낼 것으로 보고 있다고 한다. 한 전문가는 "보유세 부담 증가에 앞서 다주택자들의 퇴로가 짧게라도 열렸다고 볼 수 있다"며 "내년 봄 이사철에 맞춰 다주택자의 처분용 매물이 다량으로 나올 가능성이 높아졌다"고 말했다. 다주택자들이 매물을 잇따라 내놓기는 하겠지만 실제 매각은 쉽지 않을 것이라는 지적도 있었다. 고강도 주택담보대출 규제에 따라 시가 9억원 초과 주택의 경우 종전 집을 팔고 새 집을 구입하기가 쉽지 않고, 또 6개월의 처분 시한이 지나치게 짧기 때문이다. 기사에서는 10년 이상 보유한 주택으로 대상을 제한한 것도 다량의 매물이 나오는 데 걸림돌이 될 것이라는 지적도 함께 소개했다.

같은 날 〈조선일보〉는 **"'양도세 6개월 완화' 내걸고 집 팔라지만… 10년 이상 장기보유자만 적용"**이라는 기사를 실었다. 기사에서는 많은 전문가가 필요성을 주장했지만 '부자 감세'라는 반발 여론 때문에 금기

시되던 정책을 처음 꺼내 들었음에도, '10년 이상 보유 주택'으로 대상을 한정해 매물이 충분히 나오기 어렵고 집을 사줘야 할 실수요자들의 대출을 사실상 원천 봉쇄해 거래 활성화, 집값 안정으로 연결되기 어렵다고 지적했다. 한 전문가는 "10년 이상 보유한 집이 많지 않은 데다 최근 서울 집값을 감안하면 팔 것 같지도 않다"며 "설사 팔더라도 비인기 지역부터 팔지, 강남 아파트를 파는 사람은 없을 것"이라고 말했다.

정부도 이번 양도세 인하 정책의 효과를 추측조차 하지 못하고 있다고 한다. 건설업계 관계자는 이를 두고 "국민 재산권에 큰 영향을 미치는 정책을 만들면서 그 효과도 제대로 따져보지 않은 것"이라고 비판했다. 같은 신문에 **"미친 집값 부추긴 분양가 상한제, 되레 확대…정부 '또 오르면 또 확대'"**라는 기사도 실렸다.

〈한겨레신문〉 12월 19일 자에는 **"홍남기 '정부 고위공직자도 집 1채 빼고 매각하길' 권고"**라는 기사가 실렸다. 홍 부총리는 "청와대에서 솔선수범하는데 정부가 가만있을 수 없다"며 "정부 고위 공직자에게도 그런 원칙이 확산될 것으로 본다"고 말했다.

같은 신문 12월 20일 자에는 **"서울 아파트시장 꽁꽁…강남 3,000만~4,000만원 낮춘 매물 나와"**라는 기사가 실렸고, 같은 날 〈조선일보〉에는 **"청담 17억, 왕십리 10억 신고가…12.16대책 안 먹혔다"**라는 기사가 실렸다.

12월 21일자 〈조선일보〉에는 **"12.16 대책에 성난 민심? 대통령 지지율 5%p 급락"**, **"수원 950가구에 7만명 몰렸다, 더 센 풍선효과"**라는 기사가 실렸으며, **"전문가 '넘쳐나는 부동자금, 수도권·지방 새 아파트로**

이동 중'"이라는 기사도 실렸다. 12월 23일 자에는 **"'12.16 대책'에도 서울 아파트값·전세 상승세 안 꺾여"**라는 기사가 실렸다.

이날 같은 신문에 **"거래세·보유세·양도세 합치면 한국 부동산 세수(GDP 대비 비중), OECD 2위"**라는 기사도 실렸다. 기사에서는 정부가 부동산에 대해 세계에서 가장 높은 거래세는 그대로 둔 채 보유세만 급격히 올리면서, OECD 회원국 가운데 우리나라가 부동산 관련 세금 면에서 최고 수준이 되고 있다고 지적했다. 높은 세금이 결국 매매 가격이나 전·월세에 전가되는 부작용을 일으킨다는 지적도 소개했다. 부동산 거래세취득·등록세와 양도세, 보유세를 합친 세수가 국내총생산GDP에서 차지하는 비중은 3.9%로 우리나라는 OECD 회원국 32개국 중 영국(4.3%)에 이어 2위로 집계됐다. OECD 평균(1.8%)은 물론 미국(3.8%)보다도 높고 독일(0.8%)과는 비교가 안 되는 수준이다. 이렇듯 우리나라는 보유세는 다소 낮지만 거래세와 양도세는 OECD 최고 수준이다. 취득세의 경우 우리나라는 부동산 가격의 1~4%를 부과하지만, 미국은 100달러 정도의 등록비 외에는 별다른 세금이 없다.

기사에서는 정부가 종부세 세율을 올리고 공시지가 반영률도 높일 예정이어서 보유세 비중이 더 높아질 것으로 보이며, 따라서 거래세·양도세를 포함한 부동산 관련 세금이 OECD 최고 수준으로 커질 것으로 예상된다고 해석했다. 한 교수는 "다른 나라보다 보유세가 낮다고 해서 우리나라도 보유세를 높여야 한다고 주장하는 것은 나라별 거주 형태나 사회구조를 고려하지 않은 것"이라며 "그렇다면 상속세가 거의 없는 다른 OECD 회원국처럼 우리나라도 상속세를 폐지해야 되는 것 아니냐?"고 언급했다.

같은 신문에서 **"누더기 된 부동산 세제…살 사람도 팔 사람도 얼마 낼지 몰라"**라는 기사도 실었다. 부동산 양도소득세의 경우 거주 기간, 매매 시점, 구입 연도, 가구 합산 등에 따라 세제가 수없이 바뀌는 바람에 납세자들이 내야 할 세금을 정확히 파악하기 어렵다는 내용이었다. 형평성 논란도 소개했다. 2년 이상 보유한 1주택을 실거래가 9억원 이하로 팔 경우 비과세인데, 7억원에 산 주택을 2년 뒤 9억원에 팔면 양도 차익 2억원은 비과세인 데 반해, 9억원에 산 주택을 2년 뒤 10억원에 팔면 양도 차익은 1억원으로 절반이지만 양도세를 내야 하는 불합리한 경우가 발생한다는 것이다.

기사에서는 정부가 보유세를 강화하기 위해 공시가격을 대폭 인상하고 과표산정에 쓰는 공정시장 가액 비율을 연 5%p씩 올리는 것이 '조세법률주의'에 어긋난다고 지적했다. 한 전문가는 "공정시장 가액 비율 등은 세액을 변경시키는 주요 요소이기 때문에 실질적인 의미에선 세율과 마찬가지로 볼 수 있어 법률로 정하는 것이 바람직하다"며 "조세법률주의에 위반될 소지가 있다고 본다"고 말했다.

같은 날 〈한겨레신문〉은 사설을 통해 **"'집 부자 역대 최다, 보유세 영·미 1/3' 현실 직시를"**이라는 글을 실었다. 2018년 기준으로 주택을 10채 넘게 소유한 '집 부자'가 3만 7,487명에 이르는데, 2012년 관련 통계 이후 가장 많고 2주택 이상 소유자도 219만 2,000명으로 3.4% 늘었다고 한다. 사설은 '미친 집값'의 배경에는 주택을 삶의 터전보다 재산 증식 수단으로 여기는 한국 사회의 고질병이 있음을 지적했다.

그러면서 집값 안정을 위해서는 다주택자 문제 해결이 핵심이라며, '1가구 1주택 원칙'이 지켜질 경우 서울에서만 약 50만채의 주택이 신규 공급되는 효과가 있다고 주장했다. 그리고 정부가 12.16 대책에서 종합부동산세 세율 인상과 세 부담 한도 상향 조정 등 다주택자와 고가 주택의 세 부담을 높인 것은 옳은 방향이라고 평가했다.

일부 보수 언론이 "실수요자용 공급대책이 미흡하다"고 비판하는 것에 대해서도 아무리 공급을 늘려도 다주택자 문제를 해결하지 않으면 '밑 빠진 독에 물 붓기'에 그칠 것이고, 주택처럼 공급에 제한이 크고, 투기적 수요의 위험성이 높은 재화를 시장 자율에 맡기라는 것은 말이 되지 않는다고 주장했다. OECD 통계상 한국의 2018년 GDP 대비 보유세 비율은 0.87%로, 회원국 평균(1.06%)보다 낮고 특히 캐나다(3.13%)·영국(3.09%)·미국(2.69%) 등 주요 선진국에 비하면 1/3 이하인데도, '세금 폭탄'이라고 공격하는 것은 건전한 상식에 배치된다고 보았다.

또한 홍남기 경제부총리가 "장기적으로 부동산 보유세를 더 높이고 거래세를 낮춰야 한다"고 밝힌 것을 타당하다고 평가하고, 선진국 수준으로 부동산 보유세를 높이되 거래세는 낮추는 방향의 중·장기 로드맵을 만들어 투기수요와 불로소득을 원천 차단할 것을 촉구했다.

〈한겨레신문〉은 12월 26일 자에 **"다주택자 '아직 시간 있나' 관망… '9억 미만'은 매수 문의 늘어"**, 27일 자에 **"12.16 대책 이후…집값 상승세 주춤, 전셋값은 불안"**이라는 기사를 실었다. 〈조선일보〉는 12월 26일 자에 **"전세가 기가 막혀…잠실 10억(84㎡)·목동 8억(97㎡) 돌파"**, 27일 자에 **"올해 아파트 32% 분양 연기"**라는 기사를 실었다. 그리고 28일 자에 **"재건축 초과이익 환수, 5년 만에 합헌 결정"**, 30일 자에 **"강남 재건축 3억 내린 급매물 나와"**라는 기사를 실었다.

이 밖에 〈한겨레신문〉은 12월 31일 자에 **"홍남기 '전셋값 과열되면 대응하겠다'"**라는 기사를 실었다.

시장의 반응

2018년 발표된 9.13 대책의 힘은 여러 그래프에서도 여실히 드러난다. KB국민은행 아파트 매매가격지수의 연간 상승률을 살펴보자.

문재인 정부 임기의 전국 아파트 매매가격지수 상승률은 2017년과 2018년, 2019년에 각각 1.31%, 3.02%, -0.30%로 아주 안정적임을 알 수 있다. 그러나 서울로 국한해서 보면 그 숫자가 각각 5.28%, 13.56%, 2.91%로 나타난다. 기타 지방으로 분류된 지역이 정부 출범 이후 계속해서 마이너스를 기록해 전국 지표는 그나마 안정적으로 보이는 착시 현상이 나타난 것이다. 지방의 경우 지수를 생산하고 나서 처음으로 2016년 이후 연속 마이너스를 기록한 데 반해, 서울과 강남구의 경우 9.13 대책의 영향으로 다소 상승세가 누그러지는 모양새임을 알 수 있다.

■ 아파트 매매가격지수 연간 상승률(2019년 12월까지)

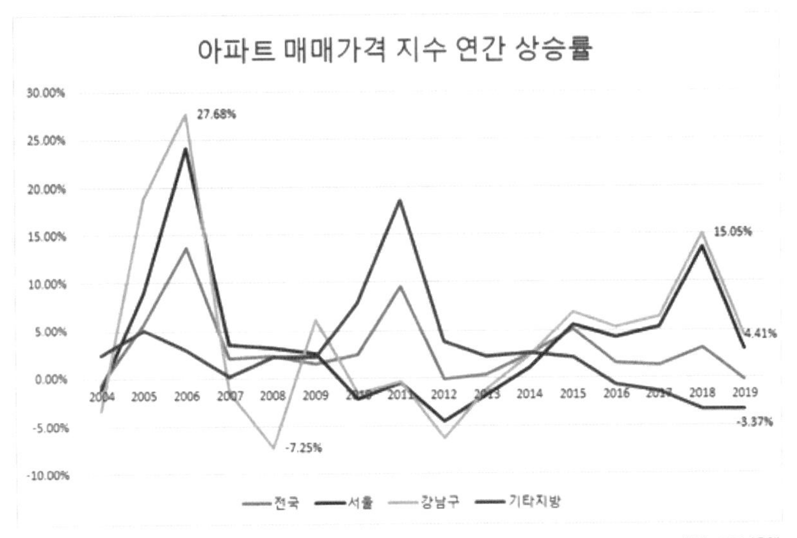

출처: KB국민은행.

그러나 월간 상승률을 보면 다소 다른 모습이 나타난다. 2019년의 경우 안정적이 아니라 하반기로 갈수록 상승세가 높아지는 모양새다. 9.13 대책 이후 급하게 하향하던 상승률이 여름을 지나면서 상승세로 돌아서고 있다. 이때는 분양가 상한제 얘기가 나오기 시작한 시기로 다른 특별한 사건이 없었고 거시경제에서도 특별한 이벤트가 없어, 각종 언론에서 얘기했듯이 분양가 상한제가 공급감소에 대한 우려를 낳으며 가격 상승폭이 더 커진 것으로 보인다. 상승세는 12월까지도 유지되었는데 초고강도 정책이라는 평가를 받는 12.16 대책으로 확 꺾였다. 주목할 만한 점은 기타 지방의 아파트 가격이 조금씩이나마 살아나고 있다는 점이다. 2016년 3월 이후 계속해서 빠지기만 하던 지방 아파트값이 2020년 1월을 기점으로 플러스로 돌아선 것이다. 여기에는 서

■ 아파트 매매가격지수 월간 상승률(2020년 2월까지)

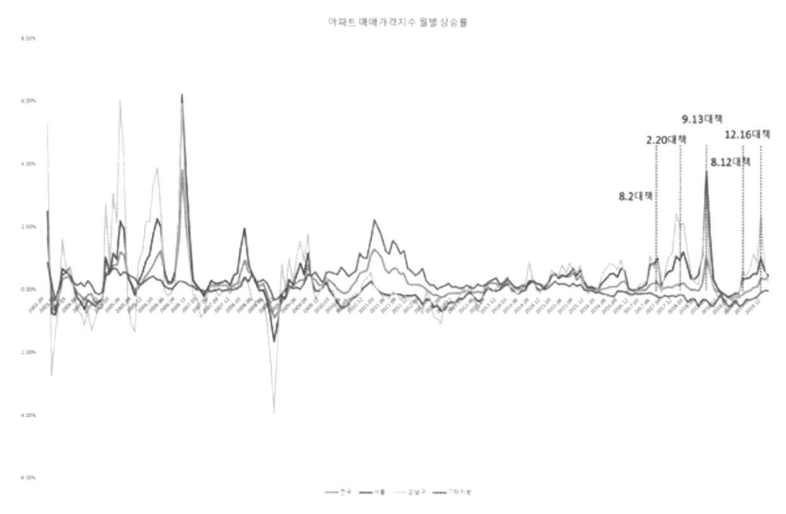

출처: KB국민은행.

■ 아파트 매매가격지수 주간 상승률(2020년 2월말까지)

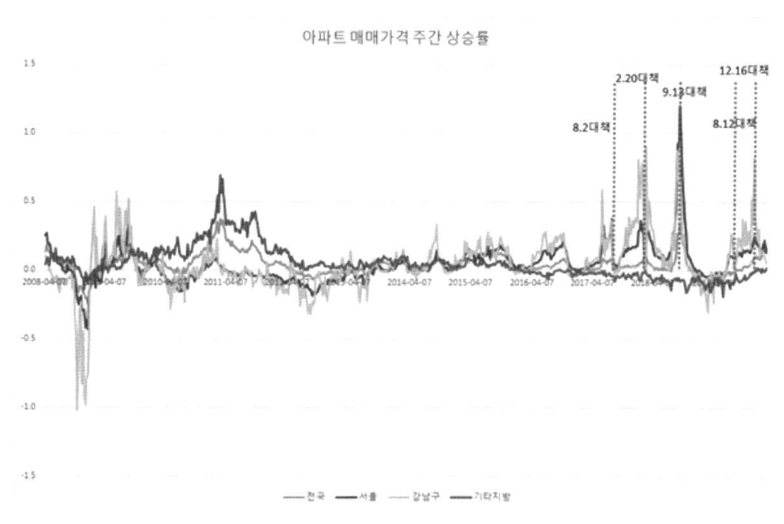

출처: KB국민은행.

울의 상승에 대한 키 맞추기 측면도 있겠으나, 언론에서 우려한 지방 원정 투자도 어느 정도 영향을 미친 것이 아닌가 하는 생각이 든다.

아무튼 2019년에는 정부의 노력에도 불구하고 분양가 상한제의 가격 안정 효과가 거의 나타나지 않았고, 대출 규제와 세금 부담 강화 정책이 효과를 본 것으로 판단된다. 그러나 이러한 정책의 장기적 효과가 앞으로 어떻게 나타날지 우려되는 상황은 계속 이어질 거라고 볼 수 있다.

[기고]

거래절벽 넘어 거래실종 우려되는 주택 시장

얼마 전 대통령이 국민과의 대화에서 부동산 가격은 안정되어 있고, 부동산 문제는 자신 있다고 피력한 바 있다. 여기에 대해 국민들은 갸우뚱하는 반응이 많았으나, 반은 맞고 반은 틀린 말로 볼 수 있다. KB부동산 지수에 따르면, 정부가 출범한 2017년 5월부터 강남구와 서울시 아파트는 2019년 11월까지 24.1%와 21.1% 상승했으니, 폭등한 것은 맞으나 2019년 1월부터 11월까지로 보면 2.0%, 1.8% 상승에 그쳤으니 안정기로 볼 수 있다. 지수 산정 후 32년간 서울 아파트는 연평균 6.4% 상승한 것으로 집계된다. 2008년 금융위기 이후로만 보더라도 연평균 2.4%이므로 지금 상태는 안정기로 보는 것이 타당할 것이다. 요약하면 이번 정부 들어 강남을 비롯한 서울 아파트값이 급등한 것은 사실이나, 최근에는 안정세로 접어든 것이다. 안정기인 이때 초강력 대책이 터진 것이다. 이로 인해 수억 원이 하락한 재건축 매물도 나오고 있다. 지방은 어떤가. 지방 아파트는 정부 출범 후 계속 하락세를 보여 7.4%나 빠졌다. 2003년 지방 지수 산정 후 최장기간 하락 중이다. 끔찍했던 외환위기 때 전국아파트값의 하락 폭이 13.6%임을 감안할 때 심각한 수준이다.
이번 정부 출범 후 서울아파트값은 어땠을까? 2017년 강력한 대책으로 평가받은 8.2 대책 발표 이전 일 년간 강남 아파트값이 4.7% 오른 데 반해 이후 일 년간 14.0% 폭등했다. 정책의 효과다. 2018년 9.13 대책 때도 비슷했고, 2019년 분양가 상한제 때도 정부가 대책을 발표하기 전까진 비교적 잠잠하던 것이 발표만 하면 급등하는 양상이다.
그리고 12.16 대책이 나왔다. 선진국에선 상상하기도 어려운 전쟁상황에서나 가능한 정책이 나온 것이다. 9억 원 초과 주택에 대해 LTV를 20%로 강화하고, 15억 원이 넘는 아파트에 대해선 대출을 금지시켰다. 서울 아파트 중위값이 8억 8천만 원인데 11년 전에 정한 고가 기준인 9억을 중심으로 규제를 강화했다. 현재 서울에서 시세 9억 원이 넘는 아파트는 37.1%라고 하는데, 다가구 주택 등을 포함하면 이 수치는 더욱 높아진다. 여기에 15억이 넘는 아파트는 아예 대출을 못 받게 막았고, 이에 대해 헌법소원이 제기되었다. 서울주택의 상당수가 규제대상이 되어, 중산층도 이젠 현금 없이는 집을 못 사게 되었다. 이젠 거래절벽을 넘어 거래실종의 상태로 가지 않을까 우려된다.
대책에는 보유세 및 양도세 규제 강화도 포함되어 있다. 보유세와 거래 과세를 포함한 재산과세는 이미 세계적으로 월등히 높은 수준인데 이를 더욱 올렸으니, 거래실종으로 인한 경제적 손실에 더하여 증세로 인한 소비감소마저 우려된다. 한편에서는 경제를 살리기 위해 막대한 돈을 풀고, 다른 한편에서는 경제를 위축시키는 정책을 펴는 형국이다.
대책 이후 아파트 전세가가 극도로 불안해지고 있다. 매매가 어려워지자 대거 전세시장으로 몰리기 때문이다. 지난해 이후 하락세를 보인 전세가가 대책 발표 이후 가파르게 상승하고 있다. 교육정책도 한몫하여 특정 지역은 품귀현상까지 나타나고 있으며, 수도권 일부 지역의 청약은 수천 대 일의 경쟁으로 격화되고 있다.
이전에 발표된 분양가 상한제와 재건축규제 영향이 합쳐져, 거래 및 공급축소 우려로 시장은 또한번 극도의 불안한 모습을 보일 전망이다. 이러한 상황에서는 현금 많은 부자들보다 서민들이 더 큰 피해를 입는다. 이젠 최소한 서민이라도 살리는 대책이 마련되어야 한다.

출처: 심교언(2019.1.3), 매일경제.

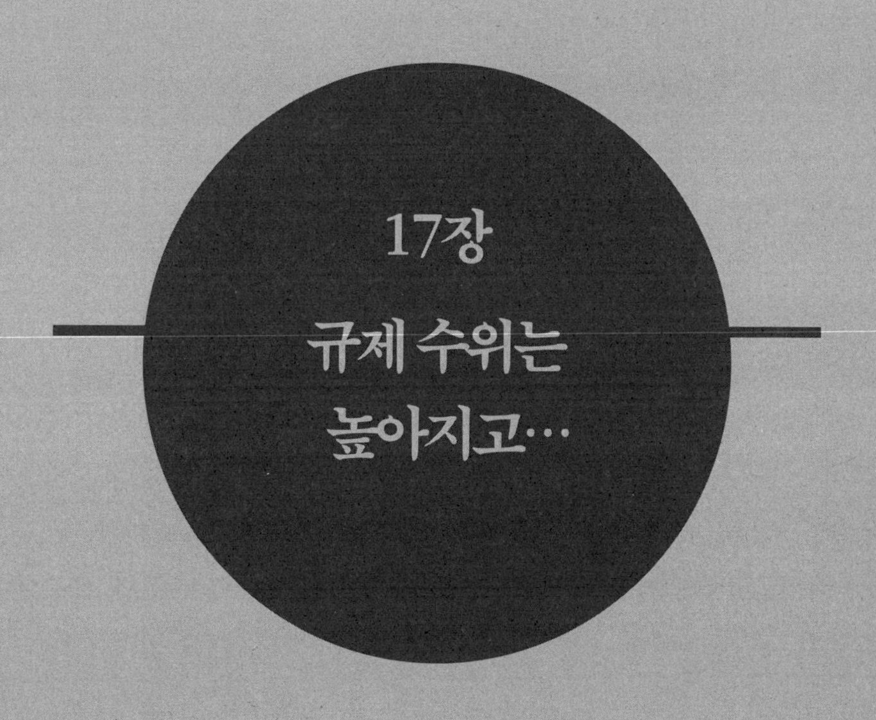

17장

규제 수위는 높아지고…

"규제와 제한이란 그 자체로 바람직하지 못한 것이며,
다른 방법으로도 목적을 달성할 수 있는 일에 대해서는
적용하지 말아야 할 방법이다."
"세금은 과세대상의 품목을 제거할 목적 또는 줄이기 위한 목적으로
부과하는 것입니다. 미국의 대부분의 주나 군에서는 개의 숫자가
많아지면 이를 줄이기 위하여 개에게 세금을 부과합니다. 그렇다면
주택을 없애기를 바라지 않는데 왜 세금을 부과합니까?"

헨리 조지

불안한 새해 출발

2020년 1월 1일 자 〈조선일보〉에는 **"서울不敗 올해도 계속될 것, 지방은 떨어진다"**라는 기사가 실렸다. 정부가 지난달 서울 집값을 잡기 위해 세금, 대출, 분양가 등의 규제를 총망라한 12.16 대책을 발표한 후 주택 시장에 관망세가 짙어지고 있는 상황에서 〈조선일보〉가 부동산 전문가 7명을 대상으로 올해 시장 전망을 조사한 결과, 6명이 올해도 서울 집값이 오를 것으로 내다봤다. 한 전문가는 "대출 규제 때문에 서울을 떠나는 사람들이 있어서 강남 근처는 집값이 오를 수도 있지만 수도권 대다수는 집값이 떨어질 것"이라고 말했고, 다른 전문가는 "내년부터 서울 아파트 입주 물량이 반 토막 나기 때문에 올 하반기엔 집값이 반등할 가능성이 크다"며 "상반기 조정장이 적정 매수 시점"이라고 말했다.

〈한겨레신문〉은 2020년 1월 2일 자에 **"서울 17.6억 대 3.7억 아파트 상-하위 20% 가격차 9년 만에 최대"**라는 기사를 실었다. KB국민은행의 'KB주택 가격동향 시계열 자료'에 나타난 2019년 12월 전국 아파트 5분위 배율은 6.8로, 2011년 1월 이후 8년 11개월 만에 가장 높았다고 한다. 배율이 높을수록 고가주택과 저가주택의 가격 차이가 크다. 기사에서는 서울과 일부 광역시에서 고가주택 가격이 급등한 데 반해, 중저가 주택이 밀집한 지방 중소 도시에선 부동산 침체가 이어지면서 아파트값 양극화 현상이 심화된 것으로 해석했다.

1월 3일 자 〈조선일보〉에는 **"투기로 집값 올라, 서울시가 공급 확대해야"**라는 기사가 실렸다. 박원순 전 서울시장이 투기 억제를 통해 집값을 잡겠다는 입장인 것과 반대로, 오세훈 시장은 공급 확대를 통한 집값 안정을 주장했다.

이에 〈한겨레신문〉은 1월 8일 자에 **"'부동산 투기와 전쟁 결코 안 진다' 고강도 대응 지속 의지"**라는 기사를 실었다. 전날인 7일 신년사에서 문재인 대통령이 국민의 눈높이에 맞게 '공정'을 새롭게 구축해야 한다며, 정부의 국정철학인 '공정사회 실현' 차원에서 부동산 투기와의 전쟁에서 결코 지지 않을 것이라고 강조했다는 내용이었다.

재미있는 기사도 실렸다. 1월 3일 자 〈조선일보〉에는 **"민주당, 실거주용 1주택자만 공천 준다지만…투기지역 다주택자 '2년 내 매각서약' 쓰면 돼"**라는 기사가 실렸다. 더불어민주당은 전날인 2일 투기지역 등에 2주택 이상을 보유한 사람에게는 오는 4·15 총선 공천을 주지 않겠다고 밝혔다. 민주당 후보자가 이 서약서를 작성하고 총선에서 당선되면 2년 내 실거주 외 주택을 팔아야 한다. 이에 야권에선 사실상 실효성 없는 서약서를 가지고 총선용 '쇼'를 하는 것 아니냐고 비난했다.

같은 신문 1월 4일 자에는 **"강남 눌렀더니 강북이 튀어 올랐다"**라는 기사가 실렸다. 기사에서는 대한민국 최고 부촌으로 통하는 강남·서초구보다 관악구의 집값이 더 오르는 것은 이례적인 일이라고 평가했다. 업계에서는 이 현상을 정부가 9억원 초과 고가주택에 대한 대출 규제를 강화하자 실수요자들이 눈높이를 낮추면서 나타난 '갭 메우기'로 보았다. 강남 수요자가 마·용·성으로, 마·용·성 수요자가 비非한강변으로 옮겨 가면서 비인기 지역으로 통하던 곳의 집값까지 연쇄적으로 올랐다는 것이다. 12.16 대책으로 강남 재건축 단지들은 충격을 받은 반면, 신축 아파트는 규제에도 불구하고 인기가 더 높아졌다고 한다. 한 전문가는 분양가 상한제 등 정부 규제로 아파트 공급이 줄어들기 때문에 입지 좋은 지역의 새 아파트는 앞으로도 희소성이 부각되며 계속 오를 것으로 전망했다.

같은 신문 1월 8일 자에는 **"서울서 9억 넘는 집 사려면 증빙서류 15개 내야"**라는 기사가 실렸다. 오는 3월부터 서울 등 투기과열지구에서 9억원이 넘는 주택을 구매하려면 자금조달계획서와 이를 뒷받침할 증빙서류 15종 정도를 관할 구청에 제출해야 한다는 내용이었다.

같은 날 〈한겨레신문〉에는 **"주택임대소득 2,000만원 이하도 올해부터 과세"**라는 기사가 실렸다. 주택임대사업자는 2019년에 발생한 주택임대소득에 대해 2월 10일까지 수입금액, 임대물건 소재지, 계약조건 등을 신고해야 하며, 미신고 시 수입금액 결정을 위한 현장 확인 대상자로 선정된다. 신고 의무 대상자는 기준시가 9억원이 넘는 주택을 월세로 준 1주택자, 월세 수입이 있는 2주택 이상 보유자, 임대보증금 합계가 3억원을 초과하는 3주택 이상 소유자다.

〈조선일보〉 1월 9일 자에는 **"김상조, 부동산 시장, 필요하면 모든 수단 풀가동"**이라는 기사가 실렸다. 김상조 청와대 정책실장이 "부동산 시장 안정은 문재인 정부 경제 정책의 최우선 순위에 있다"며 "필요하면 앞으로도 메뉴판 위에 올라와 있는 모든 정책 수단을 풀가동할 생각"이라고 밝힌 내용을 다루었다. 김 정책실장은 라디오 방송에 출연하여 "전체의 1.2%에 해당하는 15억원 이상 초고가주택과 4%에 불과한 9억원 이상 고가주택이 1,340만호 전체 주택 시장을 좌우하는 것이 부동산 시장의 특징"이라며 "어느 하나의 정책만으로는 시장을 안정시킬 수 없으므로 대출, 세금, 공급, 임대 등 모든 제도적 요소를 메뉴판 위에 올려놓고 필요한 결정을 전격적으로 시행하는 것"이라고 설명했다. 그러나 실상은 고가주택만 잡으면 된다는 김 정책실장의 설명과 달리 12.16 부동산 대책 이후 9억원 이하 비非강남 주택 가격이 뛰는 풍선효과가 나타났다.

같은 신문에서 **"전세대출 규제, 전근·자녀 전학도 예외 없다"**라는 기사를 실었다. 8일 금융 당국에 따르면, 이달부터 전세 자금 대출을 받은 뒤 시가 9억원 초과 주택을 사거나 2주택자가 되면 즉각 대출금을 회수하는 규제가 도입된다. 앞서 정부는 12.16 부동산 대책을 발표하면서 불가피한 전세 수요로 인해 전세 대출이 필요한 때는 보증을 유지하겠다는 단서를 달았지만, 금융 당국 관계자는 전세 자금을 빌린 뒤 고가

주택을 새로 사야 할 불가피한 사유를 생각하기 어렵다고 밝혔다. 예를 들어 새로 이사 갈 곳에서 전·월셋집을 구하면 되는데도 굳이 집을 새로 산다는 건 집값 상승을 기대하는 '투자' 성격을 띤다고 본 것이다.

〈조선일보〉는 1월 10일 자에 넘비오Numbeo의 자료를 인용해 **"서울 도심 평당 아파트값 파리보다 1,000만원, 도쿄보다 1,700만원 비싸"**라는 기사를 실었다. 같은 자료를 인용해 **"44% 뛴 서울도심 집값, 글로벌 도시 상승률 1위"**라는 기사도 실었다.

〈한겨레신문〉은 1월 15일 자에 **"'집값 급등지역, 원상회복돼야'…투기 세력과 장기전 태세"**라는 사설을 실었다. 문재인 대통령이 전날인 14일 새해 기자회견에서 "단순히 더 이상 가격이 인상되지 않도록 하는 것만이 목적이 아니라 일부 지역에서는 정말 서민들이 납득하기 어려운 만큼 급격한 가격 상승이 있었는데 원상으로 회복돼야 한다고 생각한다"고 말한 내용을 다루었다. 문 대통령은 "부동산 대책의 효과가 오랜 세월 동안 그대로 계속된다고 볼 수 없다"며 "지금의 대책이 시효를 다했다고 판단되면 보다 강력한 대책을 끝없이 내놓겠다"고도 했다. 사설에서는 그 의지에 찬성하고 가시적 성과를 내기를 바란다고 하면서도 정부의 접근 방식이 사후 대책에 치중돼 있다고 지적했다. 집값이 급등하면 대책을 내놓고 약효가 떨어져 집값이 다시 들썩이면 더 강한 대책을 내놓는 소모전을 반복한다는 것이다. 그러면서 보유세를 꾸준히 올려 투기수요를 근본적으로 억제할 것을 촉구했다.

〈조선일보〉 1월 15일 자에는 **"3억 7,000만원 올랐군 '로또 분양' 맞긴 맞네"**가 실렸고, 같은 신문에 **"대통령 믿고 집 안 사고 기다려도 되나**

묻자…文 '답변 불가능'"이라는 기사도 실렸다. 문재인 대통령의 신년 기자회견 내용을 소개한 기사들로, 문 대통령이 "원상회복의 기준이 언제냐. 서민들이 대통령 말 믿고 집 안 사고 기다려도 되느냐"는 질문에 "대답이 불가능한 질문이다. 강력한 의지라고 생각해달라"고 답했다는 내용을 다루었다.

문 대통령은 이 자리에서 언론의 책임도 거론했다. "부동산 시장에서 정부 정책의 영향이 큰 것은 맞지만, 언론이 협조하지 않으면 대책이 제대로 먹히기 어렵다"며 "언론이 서민을 보호하는 데 함께해주길 바란다"고 말했다. 기사에서는 정부가 집값 안정화 대책을 내도 일부 언론이 '효과가 없을 것'이라는 식으로 보도하면서 정책 효과를 반감시킨다는 논리로 해석했다.

같은 신문 1월 16일 자에는 **"주택 매매허가제 언급한 靑"**이라는 기사가 실렸다. 청와대가 전날인 15일 부동산 투기 '의심자'를 대상으로 '부동산 매매 허가제'를 검토한다는 뜻을 밝혔다가 반나절 만에 추진할 생각이 없다고 입장을 바꿨다는 내용이었다. 부동산 시장과 정치권에서 '재산권 침해', '반시장적이고 위헌적 발상', '사회주의로 가려는 거냐'는 비판이 쏟아지자 뒤늦게 진화에 나선 것이다. 청와대 고위 관계자는 정부가 강력한 의지를 갖고 있다는 차원에서 정무수석이 개인 생각을 말한 것이라고 밝혔다.

같은 신문에서 **"실수요자들 '한국이 공산주의 국가냐' 부글부글"**이라는 기사도 실었다. 15일 강기정 청와대 정무수석이 '주택매매 허가제'를 언급한 후 청와대가 반나절 만에 이를 번복하자 "부동산 정책을 애들 소꿉장난하듯이 내뱉느냐", "아니면 말고 식으로 간 보고 내빼다니 국민이 만만하냐"는 글이 인터넷 커뮤니티에 쏟아졌다는 내용이었다. 한 전문가는 "재건축·재개발 규제 완화 등 공급 확대 방안이 없이 지금처럼 규제 일변도 정책만 펴서는 집값을 안정시킬 수 없을 것"이라고 말했다. 이 외에도 **"총선서 '집값 책임론' 터질라, 위헌조치도 서슴없이 거론"**, **"이번엔 '집 매매 허가제', 폭탄 갖고 노는 아이들이 따로 없다"**라는 기사가 실렸고, 다음 날에는 **"'제발 그 입 좀…' 부동산 실수요자들 분노"**라는 기사도 실렸다.

〈조선일보〉 1월 17일 자에는 **"與 부동산 규제 쏟아내자…정 총리 '우격다짐으론 투기 못 잡아'"**라는 기사가 실렸다. 전날인 16일 더불어민주당 회의에서 이해찬 대표는 "주택 정책에서 3주택을 갖는다는 건 상식적으로 정상적인 게 아니다"라며 3주택 이상 다주택자에 대한 보유세 강화 방안을 거론했다. 국회 기재위 간사인 김정우 의원은 "집을 3채 보유한 사람과 5채 보유한 사람에게 같은 세금을 부과하는 게 적절한지 검토할 필요가 있다"며 '종합부동산세 부과 세분화'를 주장했다. 박선호 국토교통부 1차관도 부동산 특별사법경찰을 대폭 늘릴 방침이라고 했지만, 정세균 국무총리는 "부동산 투기를 근절해야 하는 것은 맞지만, 법과 제도하에서 하는 것이지 우격다짐으로만 되는 일이 아니다"라고 말했다. 기사에서는 이를 두고 여권에서 나오는 '강경론'에 대해 '속도 조절이 필요하다'고 지적한 것으로 해석했다.

〈한겨레신문〉은 1월 17일 자에 **"국토교통부, 아파트값 담합 단속 강화, '주택거래허가제 검토한 적 없어'"**라는 기사를 실었다. 국토교통부는 부동산 특별사법경찰을 늘려 아파트값 담합 등 시장교란 행위를 집중 단속할 계획이라고 말하면서 강기정 청와대 정무수석의 주택거래허가제 도입 논란에 대해선 구체적으로 검토한 적이 없다고 밝혔다. 이해찬 더불어민주당 대표도 "(주택거래허가제를 놓고) 당과 협의한 적은 전혀 없다. 허가제는 굉장히 강한 국가 통제 방식인데 시장경제에서는 적절하지 않다"고 일축했다.

같은 신문에서 **"정 총리, 집 투기 근절하되, 법제도 지켜야"**와 **"고가 아파트 거래 반토막 강남 4구 오름세 멈췄다"**라는 기사도 실었다.

〈조선일보〉는 1월 20일 자에 **"서울 재건축 2주 연속하락…구로·금천은 올라"**, 〈한겨레신문〉은 21일 자에 **"서울 아파트 상위 10% 평균 매맷값 20억 돌파"**, 22일 자에 **"올해 수도권 집값 연 0.8% 하락할 듯"**이라는 기사를 실었다.

〈조선일보〉는 1월 21일 자에 **"집값 통계 혹세무민惑世誣民"**이라는 기사를 실었다. 국토교통부는 "국가 승인 통계인 한국감정원 주택가격 동향 조사에 따르면 최근 3년간 서울 집값 상승률은 11.46%로, 44%라는 보도는 사실과 다르다"고 〈조선일보〉 보도 내용을 반박했다. 감정원 통계끼리도 어떤 기준을 잡느냐에 따라 결과가 달라진다. 2017년부터 지난해 10월까지 서울 아파트 '실거래가 지수' 상승률은 39.19%이고, 서울 도심권 실거래가 지수 상승률은 42.21%로 넘비오와 거의 같다. 한 전문가는 이를 두고 "많은 통계 중 정부 입맛에 맞는 것만 추려서 비교하는 건 혹세무민惑世誣民"이라고 비판했다.

〈한겨레신문〉 1월 23일 자에는 **"12억~15억 단독주택 공시가 10.1%**

상승"이라는 기사가 실렸고, 같은 내용을 〈조선일보〉에서는 **"서울 9억 넘는 단독주택 공시가격만 대폭 올려"**라는 제목으로 다루었다. 같은 신문에 **"주택 매입 시점은 신중론이 우세"**, **"서울 아파트 3,687가구, 지방 큰손이 사들였다"**라는 기사도 실렸다. 〈한겨레신문〉은 1월 24일 자에 **"강남 3구 아파트값 7개월 만에 하락"**, 28일 자에 **"지난해 땅값 상승폭 7년 만에 둔화 3.92%↑"**와 **"청약점수서 밀리자…30대, 서울 아파트 매매 '큰손' 됐다"**, 31일 자에는 **"낙폭 커진 강남 3구 아파트값 12.16효과"**라는 기사를 실었다.

〈조선일보〉는 2월 3일 자에 **"5주 연속 꺾인 서울 아파트값 상승폭 더 키우는 전세금"**, 4일 자에 **"서울 전셋값 상승률 4년 만에 최대 기록"**과 **"임대주택등록 60% 급감"**이라는 기사를 실었다. 국토교통부가 발표한 '2019년 신규 임대 등록 실적'에 따르면, 지난해에 전국적으로 14만 5,635가구의 임대주택이 등록됐는데, 이는 전년(38만 2,237가구) 대비 61.9% 줄어든 수치다. 임대사업자 등록 실적도 전국 기준 7만 3,855명으로 전년 대비 50.1% 줄었다. 국토교통부는 "2018년 9.13 대책 등으로 일부 세제 혜택을 축소한 결과가 영향을 미친 것"이라고 설명했다. 부동산업계 관계자는 "정부가 강남 집값 잡는 데 임대주택 제도를 사용하다 보니 일관성 없는 정책을 펼치게 된 것"이라며 "'임대차 시상 양성화'라는 임대주택 정책의 당초 목적도 달성하기 어려워졌다"고 말했다.

〈조선일보〉 2월 10일 자에는 **"강남 3구 아파트값 일제히 '뚝'"**과 **"마·용·성 눌렀더니, 수용성 튀어 오른다"**라는 기사가 실렸다. 마포·용산·성동구에 빗대 수원·용인·성남이 '풍선효과'와 교통 호재로 올랐다는 내용이었다. 2월 13일 자에는 **"공시지가 6.3% 올라 성동 11%, 강남 10%, 동작 9%"**, 14일 자에는 **"'수용성'도 규제 검토"**, 15일 자에는 **"문 정부 출범 후 2,000만원이던 서울 아파트값, 3,000만원으로 올라"**라는 기사가 실렸다. 부동산114에 따르면 지난달 서울 아파트 평균 매매가는 3.3㎡당 2,925만원이었는데 1년 전(2,680만원)에 비하면 245만원(9.1%), 문재인 정부가 출범한 2017년 5월(1,969만원)에 비하면 평당 956만원(48.5%) 올랐다는 내용이었다.

2월 15일 자 〈조선일보〉에서는 **"청, 수·용·성 규제 내주 발표…이해찬 '총선 전엔 절대 안돼'"**라는 기사를 실었다. 김상조 청와대 정책실장이 이해찬 대표를 찾아가 면담했는데, 이 자리에서 경기 남부 수원·용인·성남 아파트값이 급등해 규제 등급을 높일 수밖에 없다는 점을 설명했다는 내용이었다. 이 대표는 4월 총선 전까지는 절대로 안 된다는 입장을 밝혔고, 해당 지역에 국회의원 13석이 걸려 있다는 점도 강조했다고 한다. 같은 내용을 18일 자 〈한겨레신문〉에서는 **"'총선' 이유로 집값 안정 대책 미루자는 민주당"**이라는 사설로 다루었다. 수원·용인·성남(수용성) 지역의 부동산 규제를 강화하겠다는 정부 방침에 여당인 더불어민주당 지도부가 제동 거는 것을 비판하는 내용이었다. 민생경제에서 주택시장 안정은 무엇보다 중요한 사안이며 선거 일정과 무관하게 꾸준히 추진해야 할 과제라고 하면서, 주택 정책을 선거의 유·불리 잣대로 바라보는 관점 자체가 적절치 않고, 지금 이들 지역의 집값 급등세를 잡지 못하면 앞으로 상황은 더욱 나빠질 가능성이 높다고 주장했다.

〈조선일보〉 2월 17일 자에는 **"동탄까지 번진 풍선효과, 85㎡ 아파트**

10억 찍었다", 18일 자에는 "**인천까지 번진 풍선효과…청라 95㎡ 아파트, 석달 새 2억 8,000만원 껑충**", 19일 자에는 "**중계동·봉천동·독산동도 10억 찍었다**", "**지방 큰손, 노원·도봉·강북 아파트까지 사들여**"라는 기사가 실렸다.

그 후 나온 것이 바로 2.20 부동산 대책이다.

2.20 대책: 조정대상지역 규제 강화와 확대

"투기수요 차단을 통한 주택시장 안정적 관리 기조 강화"

2020년 2월 20일 정부는 관계부처 합동으로 또다시 대책을 발표했다. 새로운 내용은 별로 없고 기존에 해왔던 정책을 강화하겠다는 것이 주요 골자였다. 이 대책도 먼저 주택시장 동향 분석으로 시작했다. 정부는 12.16 대책 이후 서울 집값은 빠르게 안정세를 회복하고 있으나, 경기도에서는 대책 이후에도 상승세가 지속되고 있고, 1월부터는 개발호재 등이 있는 지역 중심으로 상승폭이 재확대되고 있다고 분석했다.

이에 투기수요에 엄정하게 대응하겠다며, 우선 조정대상지역 내 주택담보대출 시 시가 9억원을 기준으로 9억원 이하분은 LTV 50%, 9억원 초과분은 LTV 30%로 낮추었다. 투기지역과 투기과열지구에서 주택

구입 목적의 사업자 대출을 강화하던 것을 조정대상지역까지 확대했고, 조정대상지역 내 1주택 세대의 주택담보대출 시 실수요 요건도 강화하여 '2년 내 기존 주택 처분 및 신규주택 전입 의무'를 조건으로 주택담보대출이 가능케 했다.

이 외에도 투기수요에 대한 관계기관 합동 조사를 집중 실시하여, 탈세 혐의가 있는 경우 예외 없이 세무조사를 실시하기로 했고, 경기도 수원시 영통구, 권선구, 장안구 및 안양시 만안구, 의왕시를 조정대상지역으로 신규 지정하여 개발호재에 따른 투기수요 유입을 막고자 했다.

정부는 이번에도 대책 말미에 신규로 지정된 지역과 이미 지정된 지역의 시장 상황을 집중 모니터링하고, 과열이 지속될 경우 즉시 투기과열지구 지정을 검토할 것이라고 경고했다. 물론 면밀한 모니터링을 통해 비규제지역도 과열될 우려가 있을 때는 규제지역으로 지정하겠다는 말까지 덧붙였다.

여론의 반응

다음 날부터 언론에서 다양한 기사가 쏟아져 나왔다. 2월 21일 자 〈한겨레신문〉에서는 **"조정대상지역 LTV '60%→50%'로 강화"**, **"10억 집 살 때 대출 6억→4억 8,000만…풍선효과 차단 '돈줄 죄기'"**라는 기사를 싣고 정부 대책을 상세하게 소개했다. 그리고 규제지역만 일부 더 추가하는 '핀셋 규제'에서 벗어나 조정대상지역 전체에 대해 주택담보비율을 대폭 낮추는, 시장의 예상을 뛰어넘는 '돈줄 죄기' 처방이 나왔다는 점에서 최근 경기 남부 지역을 중심으로 확산하는 집값 폭등세가 한풀 꺾일 것으로 전망했다. 한 전문가는 "이들 지역에서 최근 집값이 가파르게 오른 아파트 등을 보유한 다주택자라면 절세를 위해 오는 6월 전까지 매각에 나설 유인이 생겼다"고 짚었다. 같은 신문에서 **"'집값 짬짜미' 이상 급등 단지 기획조사"**라는 기사와 **"19번째 집값 대책, '사후 대**

응' 넘어 '근본 처방' 나와야"라는 사설을 실었다. 여기서는 정부가 정치 일정에 구애받지 않고 애초 방침대로 대책을 내놓은 것을 바람직하다고 평가하면서도, 19번째 부동산 대책이라는 점에서 정부가 사후적인 단기 대응에 치중하고 있다고 비판했다. 이른바 '핀셋 규제'로 인해 내용이 너무 복잡해지고 풍선 효과가 반복적으로 나타나면서, 정책에 대한 피로감이 쌓이고 신뢰도가 떨어질 수 있다고도 지적했다. 근본적인 대책을 촉구하며 '보유세 강화와 거래세 완화'의 일정표를 제시해서 세제 정상화를 흔들림 없이 추진하고, 양질의 공공임대주택을 확충해 중장기적 시장 안정에 대한 믿음을 줘야 하며, 총부채원리금상환비율DSR 적용 대상을 넓힐 것을 주장했다.

같은 날 〈조선일보〉도 해당 정책을 많이 다루었다. **"수원 영통·권선·장안구, 안양 만안구·의왕, 조정대상지역 묶인다"**라는 기사에서 정책을 소개했고, **"전문가들 비강남권 추가 대책은 전혀 없어 과열 우려"**라는 기사에서 대책의 영향을 다루었다. 19번째 부동산 대책의 영향으로 수·용·성 등 수도권 시장은 일시적으로 '숨 고르기'에 들어갈 것으로 전망했지만, 서울 내에 9억원 미만 중저가 주택이 밀집한 '노·도·강(노원·도봉·강북)', '금·관·구(금천·관악·구로)' 등 비非강남권에 대한 추가 대책이 전혀 없다는 점에서 이 지역들의 과열을 우려하는 목소리도 전했다. 또한 **"선거 신경 쓰다 타이밍 놓쳤다"**라는 기사에서는 이번 대책이 시장에서 집값 상승세 확산을 막기에는 역부족일 것이라는 전망을 다루었다. 총선을 앞두고 여당의 눈치를 보느라 타이밍이 늦었고, 너무 자주 대책을 내놔 시장에 내성이 생겼다는 것이다.

수·용·성 대부분이 이미 조정대상지역인 탓에 투기과열지구 등 더 센 규제가 나올 것이란 전망이 우세했지만, 수·용·성 지역구 13곳 중 9곳을 차지하고 있는 여당 눈치를 보느라 이 지역 규제 강도를 낮췄다는 얘기도 있다. 한 전문가는 "총선을 앞두고 나와서 그런지 이번 대책은 지금껏 정부가 서울을 대상으로 냈던 규제들에 비해 범위나 강도가 약한 느낌"이라고 말했다. 다른 전문가는 "대출·세금·청약 관련 규제를 강화하면서 단기 시세 차익을 노린 갭 투자가 차단되는 효과가 있을 것"이라며 "당분간 매수 수요가 줄어들면서 집값 상승에도 제동이 걸릴 것"이라고 말했다.

다른 지역으로 풍선효과가 옮아가는 등 부작용이 나타날 것이란 지적도 소개했다. 인터넷 부동산 커뮤니티에선 벌써 '안·시·성(안성·시흥·화성)', '김·부·검(김포·부천·검단)' 등의 신조어가 나오고 있다고 한다. 또 다른 전문가는 "집값 상승 지역에 대한 '두더지 잡기' 식 규제책은 단기적 집값 진정에는 도움이 될 수 있지만, 공급 확대 대책이 병행되지 않는다면 한계가 있을 수밖에 없다"고 언급했다.

같은 신문 사설에서는 **"19번째 집값 대책, 어디로 가는지도 모르는 부동산 정치"**라는 제목으로 이 내용을 다루었다. 사설에서는 33개월간 19번째 부동산 대책이 나왔는데, 앞서 내놓았다가 줄줄이 실패했던 18번의 대책처럼 이번에도 주택 대출과 분양권 전매 등을 어렵게 하는 규제 강화 대책이 전부라고 비판했다. 즉, 시장이 요구하는 양질 아파트 공급 확대 대책이 포함되지 않은 것을 꼬집은 것이다. 이에 19번째 예정된 실패라는 얘기가 벌써 나온다고 언급하고, 결론에서 반反시장 정책의 목적은 대중大衆의 지지라면서 문재인 정부가 부동산 정책을 펼치는 것이 아니라 부동산 정치를 한다고 비판했다.

〈한겨레신문〉은 2월 22일 자 **"'아파트값 담합' 단속, 겁주기에 그쳐선 안 된다"**라는 기사에서 강도 높은 조사를 통해 실제로 처벌하여 경각심을 높여야 한다고 주장했다. 〈조선일보〉는 2월 24일 자에 **"계속 핫한 비강남권 중저가"**, 27일 자에 **"서울 아파트 중위가격 9억 4,798만 원"**, 28일 자에 **"수원·의왕 집값 못잡고, 인천·세종까지 풍선효과"**, 3월 2일 자에 **"非강남 중저가 아파트 인기"**라는 기사를 실었고, 〈한겨레신문〉은 3월 6일 자에 **"지난주 대구 아파트값 5개월 만에 하락"**이라는 기사를 실었다.

코로나와 함께 더욱 커지는 불안

〈조선일보〉는 2020년 3월 6일 자에 **"강남·마·용·성 공시가격 30~50% 뛴다"**라는 기사를 실었다. 국토교통부가 밝힌 지난해 전국 공동주택 공시가격의 시세반영률은 평균 68.1%였는데, 이를 2020년에는 시세 9억원 이상~15억원 미만은 70%, 15억 이상~30억원 미만은 75%, 30억원 이상은 시세 80% 수준까지 높일 계획이라는 내용이었다. 전문가들은 가격대별로 다른 현실화율을 적용하는 것이 조세 형평성에 어긋난다고 지적했지만, 국토교통부는 "9억원 이상 극소수 고가주택만 해당하기 때문에 문제없다"는 입장을 고수했다. 기사에서는 서울 아파트 중위가격이 현재 9억원을 넘었는데 공시가격이 급등함에 따라 보유세 부담이 덩달아 늘어나, 일부 단지의 경우 1주택자도 세금이 50% 가까이 급증할 것으로 전망했다.

〈조선일보〉는 3월 9일 자에 **"서울에서 분양한 아파트 40%, 9억 넘어 중도금 대출 못받아"**, 11일 자에 **"6억 이하 아파트가 서울 거래 절반 차지"**라는 기사를 실었고, 같은 날 〈한겨레신문〉은 **"조정지역 3억 집 살 때도 자금계획서 내야"**라는 기사를 실었다.

〈조선일보〉 3월 11일 자에는 **"분양가 상한제 미루면 안된다던 국토교통부, 입장 바뀌나 주목"**이라는 기사가 실렸다. 우한발 코로나 때문에 재건축 및 재개발 조합들에 비상이 걸린 상황에서 분양가 상한제를 피하려면 4월 28일까지 분양 공고를 내야 하는데, 코로나 때문에 이를 위한 조합원 총회를 열기 어려워졌기 때문이다. 강동구 둔촌주공, 강남구 개포주공 1단지는 조합원 수가 5,000명이 넘어 총회를 열면 1,000명 이상이 모일 수밖에 없기에, 코로나 확산을 우려한 정부와 서울시는 정비사업 관련 총회를 연기·취소하도록 권고했다. 이에 조합원들은 분양가 상한제 유예를 요청했다. 국토교통부 관계자는 "아직까진 분양가 상한제를 연기하는 방안은 검토하지 않고 있다"면서도 코로나 때문에 총회를 연기해야 하는 사업장의 동향을 모니터링 중이라고 했다.

같은 신문에 **"아파트 거래 10분의 1토막, 부동산 '잔인한 3월'"**이라는 기사가 실렸고, 16일 자에는 **"강남 4구 아파트값 1년만에 동시 하락"**, 17일 자에는 **"규제 풍선효과…군포·오신·안산 집값 뛰어"**, 18일 지에는 **"중저가 아파트 청약시장 중심으로 집값 상승 가능성"**, **"'금리 인하=부동산 상승 공식' 깨지나"**라는 기사가 실렸다. 금융통화위원회에서 금리를 0.5%p 낮추면서 금리 0%대 시대가 되었지만, 정부의 고가주택 대출 규제 강화와 코로나가 가져온 실물 경기 위축으로 인해 전문가들이 단기적으로 부동산 값이 상승하지는 않을 것이라고 답했다는 내용이었다.

〈조선일보〉 3월 19일 자에는 **"이 와중에 올린 공시가, 9억 집 세금 20% 뛴다"**라는 기사가 실렸다. 올라간 공시가격으로 인해 서울은 10가구 중 1가구꼴로 종부세 대상이 되었는데, 이에 대해 전문가들은 일부 주택에만 공시가격 기준을 달리 적용하는 것은 형평을 침해할 소지가 있으며, 정부의 공시가격 과속 인상이 우한 코로나로 침체된 부동산 시장을 더 악화시킬 수 있다고 우려했다.

같은 날 〈한겨레신문〉은 **"공시가 25억 1주택, 529만원 늘어 1,652만원, 합계 41억 2주택자, 2,507만원 올라 6,325만원"**과 **"서울·대전 공시가 14% 넘게 오른다"**라는 기사를 실었다. 국토교통부 관계자는 "고가주택의 현실화율이 저가주택보다 더 낮은 현상이 오랜 기간 지속됐다"며 "현실화율 차등 제고는 조세 정의와 형평성에 부합하지 않았던 부분을 바로잡는 것이며, 고가주택을 중심으로 우선 형평성을 맞춘 뒤 전반적으로 개선해나가겠다"고 말했다. 올해 9억원 미만 아파트 공시가 상승률은 1.9%에 그친 반면, 9억원 이상 아파트는 21.15% 올랐다고 한다.

〈한겨레신문〉 3월 20일 자에는 **"서울 아파트값 상승세 37주만에 멈춰"**, 30일 자에는 **"서울 아파트값 10개월 만에 하락세"**라는 기사가 실렸다.

3월 20일 자 〈조선일보〉에는 **"상위 5%라고? 서울 아파트 절반이 9억 넘어"**와 **"시세 턱밑까지 오른 공시가격…이러다 역전될라"**, 23일 자에는 **"서울 아파트 발길 '뚝' 강남 3구 하락"**, 24일 자에는 **"마·용·성도 2**

억 떨어진 급매물…강남의 냉기 퍼진다"와 **"양도세·보유세 절세 위한 매물 늘어…매수자 우위 시장으로"**, 27일 자에는 **"'한 채 빼고 팔라'던 청의 고위직 15명이 다주택자"**라는 기사가 실렸다. 기사에 따르면 청와대 참모진과 중앙부처 장·차관 등 고위공직자 3명 중 1명이 2주택 이상을 보유하고 있는 것으로 나타났다. 노영민 비서실장은 정부가 18번째 부동산 대책을 발표한 지난해 말, 수도권에 주택을 2채 넘게 보유한 비서관급 이상은 불가피한 사유가 없다면 한 채만 빼고 나머지 주택을 처분하라고 했다. 그런데 실제로 집을 판 사람은 2명뿐이었고, 노 실장은 집 두 채 보유에 대해 "나는 권고 대상과 무관하다"고 말했다.

같은 신문 3월 30일 자에는 **"급매물 잇따르자…부동산 전망지표 줄줄이 악화"**와 **"지난 40년…쌀값은 3배, 아파트값은 84배로 뛰었네"**, 31일 자에는 **"청약시장은 나홀로 호황…2분기 11만 가구 쏟아져"**라는 기사가 실렸다. 4월 1일 자에는 **"억 억…서울 집값 떨어지는데 전셋값은 뛰는 기현상"**, 2일 자에는 **"서울 집값 때려잡으니…인천경기가 펄쩍 펄쩍"**, 4일 자에는 **"고가 아파트 급매물 나오자, 현금 부자들 매수 잇따라"**, 7일 자에는 **"서울 전셋값 평균이 4억6,000만원 매매 대출 규제로 고공행진"**, 11일 자에는 **"은마·잠실주공 4억원 하락…코로나가 집값 잡네"**라는 기사가 실렸다.

〈한겨레신문〉은 4월 4일 자에 **"민주당, 표 얻자고 '종부세' 완화하겠다고 하나"**라는 칼럼을 실었다. 서울 강남 3구와 경기 분당 등 고가 아파트 밀집 지역에 출마한 더불어민주당 후보들이 지난달 27일 '1가구 1주택자 종부세 감면, 장기 실거주자 완전 면제'를 공약한 데 이어, 이낙

연 위원장까지 종부세 완화론을 주장한 것에 대해 비판하는 내용이었다. 정부의 종부세 강화 방침을 담아 더불어민주당 김정우 의원 등이 발의한 법안이 아직 국회에 계류 중인데, 시행도 해보지 못한 정책을 여당에서 선거 때문에 뒤집자고 하면 앞으로 누가 정부와 여당의 부동산 정책을 신뢰하겠느냐며, 이는 보수 세력의 '종부세 폭탄론' '부동산 규제 망국론'에 정당성을 부여하는 셈이라고 주장했다.

같은 신문 4월 17일 자에는 **"다주택 보유세 강화·3기 신도시 탄력"**이라는 기사가 실렸다. 이틀 전인 15일에 치러진 제21대 국회의원 선거에서 더불어민주당이 압승하며 「종합부동산세법」 정부 개정안의 국회 통과에 청신호가 켜졌다고 분석했다. 기사에서는 여당 지도부가 제시한 '1가구 1주택자 종부세 경감' 방안의 처리 여부도 관심을 끌고 있으며, 정부가 추진 중인 수도권 3기 신도시 예정지역에서 여당이 완승을 거두면서 3기 신도시 사업 추진도 탄력을 받을 것으로 전망했다.

〈한겨레신문〉 4월 21일 자에는 **"강남 부동산 급매"**라는 기사가 실렸다. 제21대 국회의원 선거 이후 강남 일대 아파트 시장에 호가를 낮춘 급매물이 증가한 것을 다루었다.

〈조선일보〉는 4월 22일 자에 **"고가 아파트 급매물 쏟아지자…경매에서도 찬밥"**, **"임대수입 월34만원부터 소득세…더 무서운 건 건보료"**와 **"재산에도 건보료 부과 한국과 일본 뿐"**이라는 기사를 실었고, 24일에는 **"세금 줄이려 '무늬만 법인' 명의로 부동산 매입, 국세청이 잡아낸다"**라는 기사를 실었다. 같은 날 〈한겨레신문〉도 **"자녀명의 법인 만들어 20억 아파트 편법 증여"**에서 같은 내용을 다루었다. 4월 25일 자

〈조선일보〉에는 **"은마 5억, 잠실5단지 4억…금융위기 때만큼 떨어졌다"**가 실렸고, 〈한겨레신문〉 4월 27일 자에는 **"부동산 시장 'U자형' 침체 가능성"**, **"급매물 증가"**와 **"전월세 신고제 5월 국회통과 가능성"**, 29일 자에는 **"매매 약세·보유세 강화…전세시장엔 악재"**라는 기사를 실었고, 5월 6일에는 **"종부세 강화·재벌개혁 용두사미…21대 국회가 다시 살려야"**라는 사설을 실었다.

〈조선일보〉 4월 29일 자에는 **"집값 4억 떨어진 은마, 보유세는 191만원 늘어 610만원"**, 30일 자에는 **"180석+α로 '토지공개념 개헌' 밀어붙이나"**라는 기사가 실렸다. 문재인 정부에서 시민사회수석을 지낸 이용선 당선자가 "우리 사회 빈부 격차는 주로 임금 격차가 아니라 자산 격차에서 비롯된다"며 "토지 공개념을 바로잡을 필요가 있다"고 언급했고, 이인영 원내대표도 2월 언론 인터뷰에서 "헌법 정신에 토지 공개념이 있느냐는 논쟁이 있는데, 저는 있다고 보고 (개헌을 통해) 명확히 했으면 좋겠다"고 한 바 있다. 민주당 원내대표 선거에 출마한 김태년 의원도 이익 공유제를 거론하며 "이런 사회적 대타협을 국회가 주도할 필요가 있고, 원내대표가 되면 핵심 과제로 적극 추진하겠다"고 밝혔다. 기사에서는 총선에서 압승을 거둔 여권이 국회에서 개헌을 추진하고, 이익 공유제 관련 법도 통과시기려는 것 아니냐는 관측을 소개했다.

같은 신문 5월 2일 자에는 **"2억 넘게 뚝…강남 3구 아파트값, 8년 만에 최대폭 떨어져"**, 4일 자에는 **"널뛰는 강남 재건축 급매물 소화되자 호가 반등"**이라는 기사가 실렸다.

[심교언의 이코노믹스]

서울 집값, 팬데믹에는 버텨도 경제 충격엔 못 버틴다

질병과 부동산

지난해 12월 중국 우한에서 발생한 코로나바이러스가 전 세계로 퍼지고 있다. 이 여파로 국제통화기금IMF은 한국의 올해 경제성장률을 –1.2%로 전망했다. 이 예상대로라면 외환위기가 발생했던 1998년 –5.1% 이후 22년 만에 역성장을 기록하게 된다. 불과 두 달 전만 해도 우리 경제가 성장할 것이라던 전망이 팬데믹세계적 전염병 확산에 따라 부정적으로 바뀌고 있다. 우리나라 실물경제에 대한 우려도 깊어지고 있다. 이번 코로나 사태가 자산시장에는 어떤 영향을 미칠지도 관심이다. 부동산 시장의 향방을 가늠하기 위해서는 과거 역사를 살펴보는 것이 유용하다.

우리가 알고 있기로 가장 오래되었고 가장 파괴력이 큰 팬데믹은 14세기 유럽의 흑사병이 아닐까 싶다. 유라시아에서 유행한 흑사병은 7,500만명에서 2억명이 사망한 것으로 추산된다. 경제 자체의 체질 변화를 일으킬 정도의 파괴력이었다. 유럽의 몇몇 도시는 50% 이상까지 사망했다니 엄청난 재앙이었을 터다. 당시는 절대다수가 농업에 종사하는 상황이라, 일할 농민은 부족하고 땅은 그대로여서 임금이 급상승했다고 알려져 있다.

그렇다면 부동산 가격은 어떻게 되었을까? 일반적으로 폭락했을 것이라고 예상하지만 결과는 조금 다르다. 몇 년 전 영국의 농업용 토지 임대료를 1210년부터 1500년까지 연구한 논문을 보자. 놀랍게도 인력이 적게 드는 방향으로 토지 이용을 전환하는 등의 대응을 통해 하락조차 미미했던 것으로 조사됐다.

다음으론 1918년에 발발한 스페인독감을 들 수 있다. 당시 세계 인구의 4분의 1에 이르는 5억명이 감염됐고, 1,700만~5,000만명이 사망한 것으로 추산된다. 혹자는 1억명이 사망한 것으로 추정한다. 이 당시에 어떤 마을은 가게 문을 모두 닫고, 주문은 밖에서 하도록 했다는 기록도 있어서 최근 모습과 묘한 대조를 이룬다. 지금과 유사하게 경제활동이 급격히 위축됐고, 단기적으로 국내총생산GDP의 5~10% 충격이 있었던 것으로 추정한다. 이후에 나온 여러 연구 결과도 심각한 팬데믹이 발생할 경우 대략 5% 내외의 GDP 충격이 있을 것으로 분석되고 있다.

스페인독감 시기에 부동산 가격은 어땠을까? 연구 결과를 보면 예상과 다르게 가격이 안정적이었던 것으로 나타난다. 당시에는 교통 인프라와 수송 수단의 발달 등으로 가격 상승 압력이 높았기 때문이라고 해석하고 있다. 즉, 독감 사망에 따른 인구 감소로 인한 충격이 부동산 가격에 미치는 영향은 적다고 결론 내리고 있다.

사스 때도 홍콩 집값 안 떨어져

2002년 겨울 중국에서 발발한 사스 때는 어땠을까? 발발한 지 6개월 만에 홍콩·싱가포르·캐나다 등 30여개 나라로 퍼져 환자 8,000명과 사망자 774명이 발생했다. 지금 코로나와 비교하면 별것 아니라고 생각할 수 있겠지만, 당시에도 지금과 같은 공포감이 전 세계를 뒤덮었고, 경제도 위축됐다.

특히 홍콩 경제가 심각한 위기를 겪었다. 지금의 사회적 거리두기와 유사하게 사회 활동을 줄임에 따라 서비스 경제와 관련 산업이 큰 타격을 받았다. 이 당시 흥미롭게도 부동산 가격은 그리 떨어지지 않았다. 당시 집값을 연구한 논문을 보면 1.6% 하락이 있었고, 감염 지역의 경우 2.8% 하락한 것으로 조사됐다. 그러나 사회적 거리두기의 영향으로 부동산 거래는 33~72%나 떨어졌다. 실로 어마어마한 양이다. 그래서 관련 산업이 더욱 위축되는 부작용이 나타났다.

이후 여러 학자가 스페인독감과 사스 등에 대해 연구를 진행했다. 결론은 질병으로 인해 경제가 급격히 위축되나 질병이 끝나면 급속히 회복되는 것으로 모인다. 2012년에는 메르스가 중동 지역을 중심으로 발발했다. 26개국에서 1,167명이 감염됐고, 479명이 사망했다. 우리나라는 186명의 환자가 발생해 이 중 38명이 사망했으나, 발생 38일 만에 메르스 종료를 선언할 정도로 조기에 진화돼 경제와 부동산에 미친 영

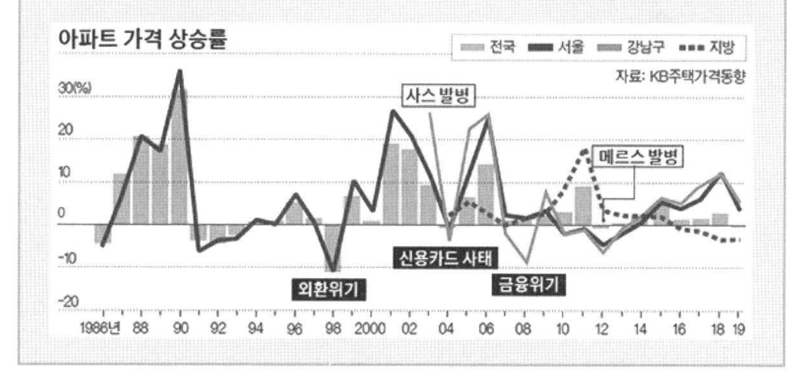

향은 미미했다.
이젠 우리나라 부동산이 경제적 충격에 어떻게 반응했는지를 살펴볼 필요가 있다. 처음 지수를 조사한 1986년 이후를 살펴보자. 1980년대 후반에는 3저 호황 등으로 인해 폭등했으나, 200만호 건설과 그 입주 후부터는 안정적 흐름을 보여준다. 그러다가 외환위기가 닥쳤다. 1998년 1년 동안 전국 집값은 -12.4%, 전셋값도 -18% 폭락했다. 그해 서울 아파트값은 -14.5%나 폭락했다. 당시 가장 인상적인 것은 서울 대치동 은마아파트일 것이다. 1988년 8,500만원에 거래됐는데 1997년에는 2억 7,000만원까지 올랐으나, 외환위기 이후 1억 8,500만원으로 하락했다. 30% 넘는 하락이다.

이번엔 막대한 돈 풀기가 변수

이후 사스가 발생해 한창 기승을 부리던 2003년에는 거의 영향이 없었고, 신용카드 사태 때 하락했으나 그 폭은 그리 크지 않았다. 그리고 2008년 글로벌 금융위기가 발생했는데 우리는 지방 시장에서 혁신도시와 기업도시, 행복도시가 워낙 호황을 타면서 서울 강남구가 큰 폭으로 하락했음에도 불구하고 전국적으로는 플러스가 됐다. 당시 미국은 대폭락을 경험했고, 강남구의 경우도 금융위기 이후 5년에 걸쳐 -17.4% 하락했다. 다시 은마아파트를 보면, 2007년 13억 7,000만원을 찍고 계속 흘러내려 2013년에는 8억 6,000만원까지 하락했다. 이때는 하락률이 37%에 달했다.
그렇다면 코로나로 인해 부동산 시장은 어떻게 움직일까? 이에 대한 예측은 거의 불가능하다. 왜냐하면 이 질병이 언제 종식될지 모르기 때문이다. 만약 장기화해 경제가 심각한 충격을 받게 되면 외환위기 수준 혹은 그 이상까지 하락할 수 있고, 희망적이긴 하지만 단기간에 수습이 된다면 약간의 조정으로 끝날 수도 있다. 그리고 회복시에는 지금까지 풀린 막대한 유동성을 어떻게 처리해야 할지가 새로운 문제로 부각될 것이다.
지금은 위기 진행을 면밀히 모니터링하면서 다양한 시나리오를 미리 만들어 미래에 닥칠 부작용을 줄이는 것이 최선이라 여겨진다.

공급 동결 효과 불러오는 양도세 중과

부동산 시장도 코로나로 인해 확실한 조정기로 접어드는 모습이다. 경제 전망도 갈수록 나쁜 소식만 들려서 전망도 불투명하다. 그럼에도 불구하고 6월은 부동산 시장에서 제법 중요한 의미를 가진다. 매년 6월 1일을 기준으로 재산세가 부과된다는 측면에서 의미가 있고, 이번에는 6월 말까지 다주택자에 대한 양도세 중과가 한시적으로 유예되기 때문에 더욱 그러하다.

강남 개포주공 1단지 아파트를 보유한 다주택자의 경우 지난해 3,818만원을 보유세로 납부했다. 이제는 6,325만원으로 치솟는다. 내년에도 내릴 가능성은 거의 없어 보인다. 이 정도면 감당이 어려운 수준이다. 정부는 이쯤 되면 다주택자들이 집을 내놓겠거니 판단하고 있겠지만, 오히려 시장은 다르게 반응하고 있다.

정부가 정책을 만들면 시장은 대책을 만든다고 했다. 올해 초부터 급증하는 강남 4구의 아파트 증여가 그런 경우다. 최근엔 전세를 끼고 하는 부담부 증여를 하거나, 지분을 쪼개어 나누어 주는 등 절세를 위한 전방위적 실험이 진행되고 있다. 양도세를 한시적으로 줄여주면 물량이 많이 나와서 좀 숨통이 트일 줄 알았지만, 물량은 오히려 줄어들고 있는 형국이다.

일반적으로 양도세 인상은 주택의 수요가 감소해 거래량은 줄어들고 가격은 하락하는 원인이 된다. 하지만 양도세 인상에 따른 공급 동결 효과가 나타나면 주택 공급이 감소해 거래량은 더 많이 줄어들고 가격은 오히려 상승하는 것으로 알려져 있다. 공급 동결 효과가 클 경우에는 부동산 매각을 더욱 지연시켜서 공급 부족 및 가격 상승을 부추길 수 있다. 3년 전 8.2대책에서 양도세 중과 이후 시장에 나타난 모습도 예외가 아니었다. 더구나 지난해 12.16대책에서 6월까지 한시적으로 양도세 중과를 연기했음에도 물량이 나오지 않는 것은 공급 동결 효과가 크다는 점을 보여준다.

그렇다면 6월 이후 양도세 중과가 시작된다면 시장은 어떻게 반응할까? 지금처럼 코로나 사태로 경제가 힘든 상황에서는 동결 효과로 인한 가격 상승은 기대하기 힘들다. 그렇다면 정상적 거래량은 유지하도록 정책을 손볼 필요가 있다. 최근 선진국에서는 위기 극복을 위해 세금을 낮추고 재정 지원을 하는 등 각고의 노력을 하고 있다. 우리도 지금을 부동산 시장 연착륙의 기회로 활용해야 한다.

출처: 심교언(2020.5.13), 중앙일보.

5.6 대책: 당분간은 충분하나 미래를 위해 공급을 늘리겠다?

"수도권 주택공급 기반 강화방안"

2020년 5월 6일 국토교통부는 주택공급을 늘리기 위한 기존 계획을 보강하는 방안을 발표했다. 이 대책도 수도권 주택공급 현황 및 평가로 시작한다. 정부는 2017~2019년 3년간 수도권 입주물량이 연 29.2만호, 서울은 연 7.4만호로 과거(2013~2016년) 대비 각각 41.7% 및 1.3% 증가했고, 인허가 및 착공도 과거 수준을 유지하여 장기 전망도 양호하며, 수도권 30만호 공급도 순조롭게 진행 중이라고 평가했다. 그리고 2022년까지 향후 3년간 수도권 입주 물량은 연 22.4만호, 서울은 연 7.2만호로 예년 수준을 유지할 것으로 전망하면서, 이후의 공급 기반 강화를 위해 선제적으로 추진하는 방안을 마련했다고 밝혔다. 특히 공급 부지

확보가 어려운 서울 도심의 경우 유휴부지 활용 및 장기 지연 중인 재개발 사업 활성화 방안 등의 검토가 필요하다고 보았다.

방안은 크게 4개 부문으로 구성되는데, 첫 번째는 공공성을 강화한 정비사업 활성화 부문으로 공공 재개발 사업을 활성화하는 것이다. 현재 서울에는 총 531곳의 재개발·재건축 사업이 추진 중인데, 조합 내 갈등과 복잡한 절차로 착공까지 평균 10년 이상 소요되므로 공공이 참여해 사업 속도를 높여서 도심 내 주택공급을 보완하겠다는 구상이다. LH와 SH가 단독 혹은 공동시행자로 재개발 및 주거환경개선사업에 참여하면 규제 완화와 신속한 인허가, 국비 및 기금을 지원하겠다는 내용을 다루고 있다. 공공이 관리처분 시 산정되는 분담금을 끝까지 보장하고, 저소득층 조합원의 분담금을 대납하며, 조합원 중도금 및 이주비 부담도 완화하고, 세입자 재정착도 지원하며, 영세상인의 경우 대체 영업지를 조성하여 영업을 계속 지원한다.

이를 위해 '주택공급활성화지구'를 신설하여 규제와 기부채납 완화, 신속한 인허가, 분양가 상한제 적용제외 등을 지원하는데, 그 대신 조합원 물량을 제외한 50% 이상(공공임대는 전체 물량의 최소 20%)을 공적임대로 공급해야 한다.

이 경우 사업 기간을 종전 재개발 사업의 절반 이하로 단축하고, 주택도시기금에서 총 사업비 50%까지 연 1.8%로 사업비를 융자해주며, 공간지원리츠가 상가와 공장시설 등 비주거시설도 매입하기로 했다. 지분형 주택과 수익공유형 전세주택 등의 운영을 통해 주택을 공급하는 방안도 제시했다.

소규모 주택정비사업도 보완하여 용적률 완화 조건인 공적 임대주택 공급 비율도 조정하고, 주차장 설치 의무도 공용주차장을 함께 건설하면 의무확보 주차면 수의 50%까지 면제해준다. 공공참여 가로주택 정비사업의 경우 분양가 상한제 제외와 기금융자 금리도 낮춰 준다. 그

■ 수도권 주택공급 기반 강화 방안

`23년 이후 수도권의 주택공급 안정세 공고화

⇨ 수도권 주택 공급량 年 25만호 + α 수준 유지

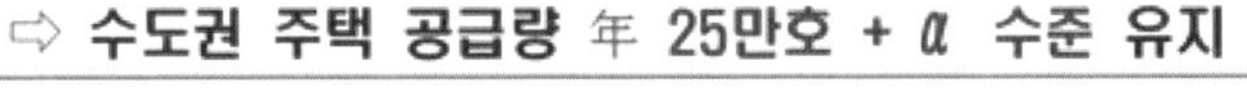

도심 내 공급 기반 강화 (서울 7만호 추가 공급)			수도권 공급계획의 조기 이행
공공성을 강화한 정비사업 활성화	유휴공간 정비 및 재활용	도심 내 유휴부지 추가 확보	
1 공공재개발 활성화 - LH · SH 사업참여 및 주택공급활성화 지구 지정 2 소규모정비 보완 - 가로주택정비사업 추가 제도개선 - 공공기여시 민간 소규모 재건축 지원 3 역세권 민간사업 - 용도지역 상향 등	1 준공업지역 내 공장 이전 부지 활용 - 민관합동 공모를 통한 앵커조성 등 2 오피스 공실 등을 1인용 공공임대로 용도변경	1 국공유지 활용 - 문화체육시설 등과 공공임대주택 건설 2 코레일 부지 활용 - 역세권 우수입지 활용 공공임대 건설 3 공공시설 복합화 - 노후 공공시설 복합개발 4 사유지 개발 공공기여 - 사유지 용도지역 변경시 기부채납	1 수도권 30만호 조기화 - 3기 신도시 등 지구지정 완료 - 지구계획·토지보상 병행 등 패스트 트랙 적용 2 수도권 공공택지 아파트 지속공급 - 향후 77만호 공급 - 일부 공공택지에서 사전 청약제 시행

출처: 국토교통부(2020.5.6), "수도권 주택공급 기반 강화 방안", p.3.

리고 역세권 민간 주택사업을 활성화시키기 위해 증가하는 용적률의 1/2을 공공임대주택으로 공급하면 용도지역을 상향해준다.

두 번째로 유휴공간 정비 및 재활용이다. 준공업지역 내 공장 이전 부지개발을 위해 공공이 참여하는 순환정비 방식을 도입하고, 산업시설 의무확보 비율도 완화해주며, 산업시설의 매입 지원 및 기금융자를 제시하였다.

1인용 주거 공급과 오피스 및 상가의 주거 전환을 활성화하기 위해 공공이 도심 내 공실 오피스와 상가 등을 적극적으로 매입하여 1인용 장기공공임대로 전환하고, 용도 변경 활성화를 위해 주차장 설치와 세대 간 경계벽 두께 규정을 완화하기로 했다.

세 번째로 도심 내 유휴부지를 추가 확보하는 방안이다. 정부는 국·공유지를 활용하여 문화·체육시설과 공공주택의 복합 건물을 짓고, 철도부지를 활용하여 주거 복합개발을 하며, 주민센터 등을 복합해 편의시설과 공공주택을 건설하는 등의 방안을 내놓았다.

도심 공급을 위해 많이 고민했으나, 서울 내 531곳 사업지 대부분을 차지하는 민간의 재건축과 재개발에 대한 공급 증가 대책은 빠져 있다. 그리고 그 물량을 확보한 것도 자세히 살펴보면 정말 고생을 많이 한 것이 눈에 띈다. 예를 들면 국유지인 해군복지단 개발을 통해 110호가 공급되는데, 용산 정비창의 8,000호를 제외하면 서울의 주택시장 안정에는 그리 효과를 기대하기가 어려운 수준이라고 할 수 있다. 그나마 용산 정비창도 주민들이 그렇게 어마어마한 임대주택 건설에 찬성할지 의심스럽다.

■ 도심 내 유휴부지 추가 확보 현황도

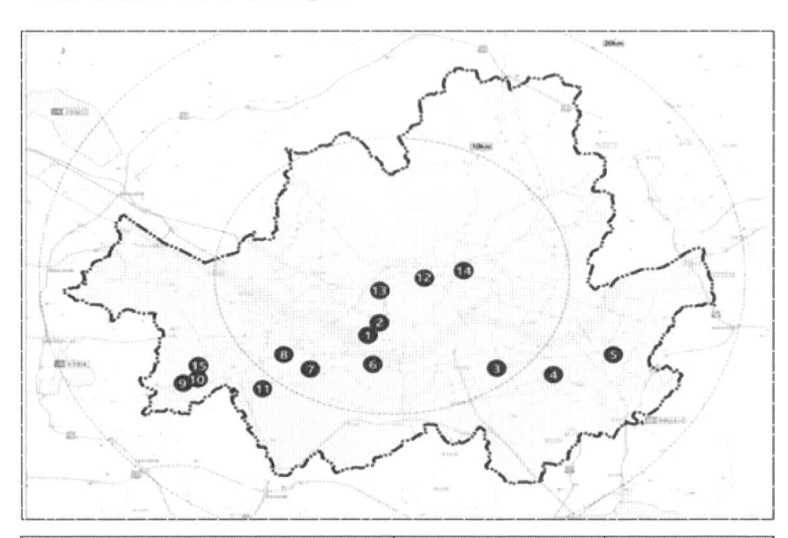

사업부지		부지유형	호수
총계(18곳)			15,446호
①	용산 정비창	코레일·국공유지	8,000호
②	용산유수지	국공유지	500호
③	역삼동 스포월드	사유지 공공기여	185호
④	대치동 코원에너지	사유지 공공기여	149호
⑤	방이2동 주민센터	공유지	138호
⑥	흑석동 유수지	국유지 등	210호
⑦	해군복지단	국유지	110호
⑧	영등포 쪽방촌	국유지, 사유지	1,190호
⑨	오류동역	코레일 부지	360호
⑩	오류동 기숙사	코레일 부지	210호
⑪	구로 노동자복지관	공유지	220호
⑫	중구 청사부지	공유지	500호
⑬	서울역 북부역세권	코레일 부지	516호
⑭	창신1동 주민센터	공유지	208호
⑮	서부트럭터미널	국공유지, 사유지	950호
<개발계획 확정 후 공개부지(3곳)>		코레일·국유지	2,000호
(공개)	한국교육개발원(30만호 비공개부지)	공유지	344호

* 용산정비창은 '21년 말 구역지정을 완료하고 '23년 말 사업승인 예정

출처: 국토교통부(2020.5.6), "수도권 주택공급 기반 강화 방안", p.18.

네 번째로 기존에 있었던 수도권 30만호 공급계획을 신속히 추진하기로 하고, 공급 유형별 투기 방지 방안을 제시했다. 말미에는 늘 그렇듯이 "필요시 대출 규제, 세제 보완 등 종합적인 대책을 강구"하겠다는 경고로 마무리했다.

여론의 반응

〈조선일보〉 5월 7일 자에는 **"용산에 8,000가구 미니신도시 건설"**이라는 기사와 **"용산에 8,000가구 미니 신도시, 문 정부 첫 서울도심 대규모 공급"**이라는 기사가 실렸다. 정책을 소개하는 기사인데, 한 전문가는 "실제로 공급이 얼마나 늘어날지 지켜봐야겠지만, 그동안 수요 억제 위주의 부동산 정책을 펴왔던 정부가 서울 도심에 대규모 공급 대책을 내놓은 것은 긍정적인 신호"라고 평가했다. 지금껏 "서울 주택 공급은 충분하다"며 수요만 옥죄던 것과 상반되는 모습이라면서, 특히 8,000가구 규모 용산 미니 신도시나 재개발 사업지 분양가 상한제 면제 조치는 파격적이라는 평가를 전했다. 같은 신문에 **"도심 한복판 용산에 8,000가구 짓는다지만, 집값 안정 효과는 '글쎄'"**라는 기사도 실렸다. 전문가들의 우려와 조언을 담은 이 기사에서 한 전문가는 "용산국제업무지구 개발이 무산된 것은 서울의 도시계획 차원뿐만 아니라 국가적인 차원에서도 손실"이라면서 "경제 원리로 생각해도 중심 지역의 비싼 땅을 매각하고, 그 자금으로 외곽 지역의 토지를 매입해 택지를 개발해야 도심에 주택을 공급할 때보다 훨씬 많은 물량을 지을 수 있다"고 말했다.

다른 전문가는 "둔촌주공아파트 재건축으로 5,000가구가 들어선다고 해서 강동구 집값이 내릴 것이라고 볼 수 없지 않겠느냐"면서 "용산에 8,000가구가 들어선다고 해서 용산 일대 집값이 하락할 것이라고 예상하기는 어렵다"고 의견을 밝혔다.

같은 신문에서 **"'재개발은 주택 수 줄이기도 하는데'…대규모 재건축 쏙 뺀 공급대책 '우려'"**라는 기사를 통해 전문가들이 "결국 서울의 대형 재건축 추진 단지는 계속 묶어 두겠다는 것", "강남권 재건축 추진 단지에는 충격파가 있을 수 있다"고 얘기한다고 소개했다. 기사에 따르면 특히 한 전문가는 "주택을 공급하려면 빈 땅을 마련하든가 아니면 재건축, 재개발 등 정비사업을 활용해야 한다"면서 "서울에 대형 아파트 단지를 조성할 만한 새 땅이 없는 상황에서 재건축이라는 큰 축을 빼버리고 어떻게 공급을 늘리겠다는 것인지 모르겠다"고 말했다. 또 "시세 상승을 우려해 기존 대형 단지의 재건축을 규제로 막을 게 아니라, 공공성을 강화하면서 사업성을 높여주는 방식으로 장려해 활용해야 할 것"이라고 덧붙였다. 다른 전문가는 "서울은 민간택지 분양가 상한제 실시와 뉴타운 출구전략으로 향후 대규모 정비사업의 진행이 쉽지는 않을 것으로 예상된다"고 언급했다. 또 다른 전문가는 "이미 정부의 재건축 규제 기조가 재건축 시장 가격에 반영된 측면도 있으나, 추가 대책이 나왔기 때문에 매도자와 매수자의 판단과 가격 형성에 영향을 줄 수 있고 이에 따른 작은 충격파도 예상된다"고 말하고, "재건축, 재개발 추진 사업장들 중에선 사업성 악화를 고려해 공공 참여를 택하기보단 아예 사업을 장기화하려는 곳들이 나올 수 있다"고도 덧붙였다.

〈조선일보〉 5월 8일 자에는 **"외면받던 '나홀로 아파트' 귀하신 몸 되나…부동산시장서 '관심'"**이라는 기사가 실렸다. 정부가 소규모 주택 정비사업을 지원하겠다고 밝히면서 건설업계가 관심을 보인다는 내용이었다.

〈한겨레신문〉 5월 7일 자에도 **"서울 도심에 주택 7만호 공급…'공공 재개발' 방식 도입"**이라는 기사가 실렸다. 정책 내용을 소개한 기사다. 같은 신문에서 **"오피스·상가, 1인 가구 공공임대로 쓴다"**라는 기사도 실었다. 부동산 업계에선 공실 오피스와 상가를 1인용 소형주택으로 리모델링하는 방식은 청년층 주거난 해소와 주거비용을 낮추는 장점이 있지만, 서울 숭인동 관광호텔 리모델링과 같이 무더기 입주 포기 사례가 나오지 않게 만족할 수 있는 주거시설을 제공하는 게 중요하다고 지적했다.

같은 신문 5월 11일 자에는 **"용산 미니신도시, 실수요자 호재 될까, 투기세력 먹잇감 될까"**라는 기사가 실렸다. 기사에 따르면 용산역 철도정비창 부지에 8,000호가 공급된다는 '용산 미니신도시' 이슈를 두고 갑론을박이 벌어지고 있다고 한다. 특히 민간이 주도하는 방식이었던 과거와 달리 공공이 개입해 공공주택을 50%가량 확보한다는 점에 대해 실수요자들과 개발 이익을 노리는 이들의 평가가 엇갈리고 있다는 것이다. 공공주택의 규모가 투기 세력에게는 '눈엣가시'라고 한다. 박선호 국토교통부 제1차관이 "8,000가구 중 절반 정도는 공공주택으로 공급할 계획"이라고 밝힌 바 있는데, 이에 따라 오피스텔 물량 1,000호를 빼고 7,000호 가운데 30%인 약 2,000호가 '공공임대'로, 나머지 20%에 해당하는 1,500호는 공공분양의 형태로 공급될 것으로 전망했다. 용산 국제업무지구 시절인 2009년 용산구청이 공람한 개발 계획에 따르면 주택 공급 규모는 약 3,000호였으며, 이 가운데 임대주택은 약 870호 수준이었다. 이와 관련해 청와대 국민청원에 "주거 시설의 과도한 비율로 인한 중심지역 사유화와 슬럼화가 우려된다. 용산 정비창 부지 임대주택 계획을 취소해달라"는 게시글이 올라왔다고 한다.

반면 실수요자들은 과거 용산 국제업무지구 때는 없었던 '공공분양' 등에 기대감을 표시하는 것으로 나타났다. 부동산 온라인 커뮤니티에 올라온 "공공분양 생애 최초 자격을 유지해야겠다", "경기도로 이사 가지 말아야겠다" 등의 반응도 소개했다. 실수요자들이 용산 정비창에서 강남의 대규모 재건축 단지를 넘어서는 5,000~6,000가구에 해당하는 일반분양 물량이 나오는 것을 눈여겨보고 있다는 점도 덧붙였다.

18장

규제의 막바지, 세계 최고 수준의 세금과 임대차 3법

1단계 상태의 파시즘은 모든 민주국가에 존재하며, 미국도 예외는 아니다. 일부 미국인을 포함해 서구 민주주의 국가 시민들이 '자유주의 제도를 포기'하는 것, 특히 인기 없는 소수 집단의 자유는 무시해도 된다는 생각에 매력을 느끼는 현상은 주기적으로 반복된다.

로버트 오언 팩스턴

다른 위협은 훨씬 더 미묘한 것으로, 이는 좋은 의도와 선의를 갖고 우리를 개조하고 싶어 하는 사람들로부터 오는 내부적 위협이다. 설득하고 모범을 보이는 일은 시간이 걸린다. 계획한 사회적 대변혁을 이루고 싶어 안달이 난 나머지 그들은 자신들의 목적을 달성하기 위해 국가권력을 몹시 사용하고 싶어 하며, 자신들의 능력으로 국가권력을 휘둘러 소기의 성과를 거둘 수 있다는 데 추호도 의심을 품지 않는다. 그러나 만약 권력을 잡는다고 해도 그들은 당면한 목표를 달성하지 못할 것이며, 결국에는 집산주의 국가를 만들어내는 데 이르게 될 것이다.

밀턴 프리드먼

계속되는 시장 불안과 정부의 노력

〈한겨레신문〉은 2020년 5월 12일 자에 **"'꼼수 투기' 법인 아파트에 칼 빼들었다"**와 **"9월부터 지방광역시까지 분양권 전매 금지"**라는 기사를 실었고, 〈조선일보〉는 5월 15일 자에 **"용산 정비창 일대 '토지거래허가구역' 지정"**이라는 기사를 실었다.

〈조선일보〉는 5월 20일 자 **"주택 공시가 엉터리 산정, '억울한 세금' 얼마나 많겠나"**라는 칼럼에서 단독주택 공시가격을 엉터리로 매긴 사례가 수두룩하다는 사실이 감사원 감사에서 드러났다는 내용을 다루었다. 전국 단독주택의 5.9%인 22만여호의 토지 공시지가가 토지·주택을 합친 '주택 공시가격'보다 높게 산정됐으며, 지난해 주택 공시가격에 대한 이의 신청은 1년 전보다 10배나 늘었다고 한다. 감사원이 전국민의 70% 이상이 거주하는 아파트·빌라 등 공동주택은 이번 감사 대상에서 제외해 또 다른 논란을 낳았다고 한다. 청와대 국민청원 등에는 "매매가격이 2억원 내렸는데 공시가는 2억원 넘게 올랐다", "같은 아파트 단지인데 공시가 인상률이 10%p 이상 차이 난다"는 등의 항의가 잇따랐다. 전국 공동주택 1,400만 가구의 공시가를 조사하는 한국감정원 인력은 550여명에 불과하고, '억울한 세금' 하소연이 쏟아지는데 국토교통부나 한국감정원은 산정 기준에 대해 "비밀"이라며 공개를 거부했다. 미국 등 선진국은 구체적 기준은 물론 담당자 이름까지 공개한다고 한다.

같은 신문에 **"가격 산정 기준·절차 투명하게 공개하라"**라는 기사도 실렸다. 국토교통부는 공시가격 관련 이의 신청을 기각하면서 "시세 등을 고려해 적정하게 산정했다"는 정도의 짧은 답변만 내놓았고, 이에 대해 한 전문가는 "조세와 부담금의 산정 기준이 되는 공시가격 산정 절차나 기준을 투명하게 공개하지 않는 한 공시제도에 대한 국민의 신뢰를 얻기 어렵다"고 말했다. 이 외에도 **"더 낸 세금 돌려주나…지자체에 떠넘긴 국토교통부", "국민 절반이 사는데, 아파트 공시가격은 감사도 안했다"**라는 기사도 실렸다. 기사에 따르면 2017년 336건이었던 이의 신청은 문재인 정부 출범 이후 3년 사이에 3만 7,419건으로 100배 이상 급증했다고 한다.

같은 신문 5월 21일 자에는 **"공시價 감사에 아파트 빼고 15일만 현장 감사"**와 **"아파트 당첨되려고…임신진단서까지 위조"**라는 씁쓸한 기사도 실렸다.

'집 걱정 없는 삶, 공정한 시장질서, 편안한 주거환경'을 위한 2020년 주거종합계획

"2020년 주거종합계획"

2020년 5월 20일 국토교통부는 주거종합계획을 발표했다. 이전의 주거복지 로드맵과 유사하게 분량이 42쪽에 이르는 이 계획은 주거복지를 총망라한다. 처음에는 국토교통부에서 추진하고 있는 주거복지와 주택공급 전체를 요약해서 보여준다. 공공주택 21만호(공공임대 14.1만, 공공지원 4만, 공공분양 2.9만)를 공급하고, 주거급여는 지원 대상을 확대하여 113만 가구로 확대하며, 주택 구입 및 전세자금을 29만 가구에 지원하여 총 163만 가구를 지원한다는 내용이다. 물론 실수요자 중심의 주택시장 안정적 관리 기조를 일관되게 유지하고, 임차인 보호 및 고품질의 주거환경 개선을 지속적으로 추진한다는 계획도 포함되어 있다.

이 계획은 2017년의 주거복지 로드맵과 유사한 면이 많다. 이 책의 1권 127쪽 내용과 비교하면 약간의 차이를 느낄 수 있다.

중점 추진과제로는 4가지를 들고 있는데, 첫 번째는 사각지대 없는 포용적 주거복지 실현 부문이다. 이전 계획과 유사하게 청년과 신혼부부, 고령자 등 생애주기별 맞춤형 지원으로 고도화하고 비주택 거주가구 등 취약계층에 대한 지원을 강화하기로 했다. 쪽방과 노후 고시원, 지하방 거주 등 취약계층의 주거권 보장을 위해 공공임대로의 이주를 추진하고, 낙후 주거지 재창조 등을 진행함과 동시에 수요자 특화형 주거금융 지원 및 대출 절차 혁신, 전달체계 등 주거복지 인프라 개선도 추진하고 있다.

두 번째는 실수요자 중심의 주택시장 관리 공고화다. 먼저 부동산 시장 모니터링 및 관리체계를 강화하고 안정적으로 수요를 관리하기 위해 주택통계를 개선할 계획이다. 실거래 신고 기간을 60일에서 30일로 단축하고 표본 수를 단계적으로 확대하기로 했으며, 부동산 시장에 대한 고강도 조사체계를 구축하고 합리적인 분양가 책정을 위해 분양가 산정기준 체계도 정비하는 것은 물론, 분양가 심사도 강화하기로 했다. 택지제도 보완에서는 원주민을 지원하고 시장안정을 위한 대토·채권보상을 활성화하며, 공동주택용지가 직접 주택사업을 추진하려는 실수요자에게 공급되도록 공정한 경쟁환경을 조성할 예정이다. 주택공급과 관련해서는 얼마 전 발표했듯이 수도권 도심 내 주택공급을 활성화하고, 수도권 30만호 공급을 속도감 있게 추진할 계획이다.

■ 2020년 주거종합계획

비 전	집 걱정 없는 삶, 공정한 시장질서, 편안한 주거환경
목 표	▪ 포용적 주거복지 성과의 가시화 ▪ 주택시장의 안정적 관리 지속 ▪ 소비자 중심의 공정한 주택·토지 시장질서 정립 ▪ 편안한 주거환경 조성 및 미래형 주택 실증

2020년 중점 추진과제

1. 사각지대 없는 포용적 주거복지 실현
2. 실수요자 중심의 주택시장 관리 공고화
3. 공정하고 투명한 시장질서 정립
4. 고품질의 편안한 주거환경 조성

출처: 국토교통부(2020.5), "2020년 주거종합계획", p.4.

세 번째는 공정하고 투명한 시장 질서 정립으로, 임대인과 임차인이 상생하는 임대차 시장을 조성하는 것이다. 이를 위해 먼저 임대차 신고제를 도입하고, 전세보증금 반환 보증 제도를 개선하며, 등록 임대사업자 및 임차인 관리를 강화하기로 했다. 공시가격 현실화 및 부동산 청약·거래 질서를 확립하기 위해 부동산 전자계약을 활성화하는 등의 방안도 담겼다. 정비사업에서도 투명성과 공공성을 강화하기 위한 대책을 마련했고, 후분양 활성화를 위한 대책도 내놓았다.

네 번째로 고품질의 편안한 주거환경 조성에서는 공동주택 품질 제고를 위한 제도와 입주자 권리 강화 내용을 다루었으며, 이 외에도 미래형 주택 기술의 개발 및 실증을 위한 방안을 내놓았다.

여론의 반응

주거종합계획은 파격적인 내용이 상대적으로 적어서인지 언론에서 크게 다루지는 않았다. 5월 21일 자 〈조선일보〉에서는 **"정부 '부동산 정책, 경기 부양 수단으로 활용 안 해' 다시금 못박아"**, **"다가구주택 임차인도 전세금 보증"**이라는 기사를 실었고, 같은 날 〈한겨레신문〉에서는 **"정부, 무주택 서민주거 안정에 예산 32조원 투입"**으로 해당 내용을 다루었다.

〈조선일보〉 5월 22일 자에는 **"전·월세도 매매처럼 신고, 안하면 과태료 물어요"**라는 기사가 실렸다. 정부가 주택 매매 거래에만 적용하던 실거래가 신고를 주택 전·월세 계약에도 의무화하는 임대차 신고제(전·월세 거래 신고제) 도입을 추진한다는 내용이었다. 이에 임대차 신고제가 계약갱신청구권과 전·월세 상한제 등 주택임대차 시장의 규제를 강화하기 위한 포석이라는 분석도 나왔다.

〈한겨레신문〉은 5월 27일 자에 **"전월세 상한제, 21대 국회 문턱 넘을까"**라는 기사를 실었다. 20대 국회에서 통과된 「주택임대차보호법」 개정안은 임대인이 세입자에게 계약 갱신 거절을 통지해야 하는 기간을 기존 다섯 달(6개월 전~1개월 전)에서 넉 달(6개월 전~2개월 전)로 단축시켰다. 최창우 집걱정없는세상 대표는 이를 두고 "세입자들에게 집 구할 기간을 겨우 한 달 늘려준 것으로 서민 주거 안정에 기여했다고 할 수 있느냐?"고 비판했다.

21대 국회 개원을 앞두고 계약갱신 청구권과 함께 임대료 인상률을 5%로 제한하는 상한제를 패키지로 도입해야 한다는 목소리도 높다. 한국도시연구소와 전국세입자협회 등 주거 관련 시민사회단체들은 6월 3일 무주택자의 날을 맞아 '기한 없는 계약갱신청구권'이 반영된 「주택임대차보호법」 개정안을 국회에 요구할 계획이라고 밝혔다.

〈조선일보〉는 5월 28일 자에 **"상가 공실률 11.7% 역대 최악"**, 6월 1일 자에 **"서울 아파트 거래절벽 심화…'절세용 급매물' 강남만 소폭 증가"**와 **"중저가 아파트는 되레 상승, 서민 내 집 마련 더 어려워졌다"**라는 기사를 실었다. 15억원을 훌쩍 넘는 강남권 초고가 아파트는 수억원씩 떨어지고 있지만, 9억원 아래의 중저가 아파트 가격은 오히려 오르거나 제자리걸음이라는 내용이었다.

같은 신문 6월 6일 자에는 **"'다주택 공천 배제'라더니 與의원 43명이 다주택자"**라는 사설이 실렸다. 총선 전 다주택자를 공천에서 배제하겠다고 했던 더불어민주당의 21대 의원 가운데 43명이 다주택자이고, 통합당 다주택자 의원은 41명이었다. 기사에 따르면 3주택 이상을 가진 의원도 10명이나 되고, 5주택을 가진 의원도 있었다고 한다.

지도부는 주택을 여러 채 가진 출마 후보에게 1주택 외에는 팔겠다는 서약서를 제출하라고 했다며 "'노노(No No) 2주택' 국민운동을 하겠다"고도 밝혔다. 그런데 더불어민주당의 다주택자 의원 숫자가 야당보다 많다고 한다.

같은 날 〈한겨레신문〉은 **"다주택 의원들, 국회 국토위·기재위 배정 안된다"**라는 제목의 사설을 실었다. 경실련 조사에 따르면, 본인이나 배우자 이름으로 2주택 이상을 보유한 의원 수는 88명으로 전체의 29.3%였는데 이는 국민 평균 다주택자 비중(15.6%)보다 2배나 큰 규모라고 한다. 사설에서는 고위 공직자의 부동산 보유를 무조건 비난할 일은 아니지만, 21대 국회에서 의원이 절반 이상 바뀌었는데도 여전히 '집 부자'들이 많다는 사실에 우리 사회 지도층에 뿌리박힌 '부동산 불패신화'를 보는 것 같아 씁쓸하다고 밝혔다.

현행 「국회법」 제48조에 따르면 "공정을 기할 수 없는 뚜렷한 사유가 있다고 인정할 때" 특정 상임위원회 선임을 배제할 수 있다. 이에 사설에서는 「국회법」 취지를 적극 살려 부동산 정책과 세법을 다루는 국토교통위원회와 기획재정위원회에서 다주택 의원들을 원천적으로 배제할 필요가 있다고 주장했다.

노영민 청와대 비서실장은 지난해 말 수도권에 2채 이상 집을 가진 참모진에게 6개월 이내에 1채 외엔 처분할 것을 권고했지만, 대상자 8명 가운데 지금까지 다주택 문제를 해소한 이는 1명뿐이었다. 이에 사설에서는 지난 총선 때 더불어민주당은 공천받은 후보들한테서 다주택 처분 서약을 받았으니, 국민을 상대로 한 약속을 지키라고 촉구했다.

〈조선일보〉는 6월 6일 자에 **"강남 대형개발 이어지자…국토교통부 잠실 등 투기단속"**, 8일 자에 **"서울 아파트값 2주 연속 상승"**, 9일 자에 **"서울 새 아파트 전셋값, 분양가의 86%"**라는 기사를 실었다. 〈한겨레신문〉은 6월 10일 자에 **"서울 소형 아파트값, 중대형의 2.6배 뛰어"**, 12일 자에 **"다시 들썩이는 수도권 집값, 정부는 추가 규제 만지작"**이라는 기사를 실었다. 기사에서는 한동안 내림세를 보였던 서울 아파트값이 다시 상승세로 돌아서고 경기 남부지역을 중심으로 규제 '풍선효과'로 인해 아파트값이 강세를 보이는 상황에서, 서울 아파트값이 상승세로 돌아선 이유를 강남권 급매물이 모두 소진된 데다 잠실과 삼성동, 용산 등지에 개발 호재가 생겼기 때문이라고 해석했다. 이에 국토교통부는 잠실 개발로 부동산이 과열되면 토지거래허가구역으로 묶어 과열 확산을 차단할 것이라고 밝혔다. 국토교통부 관계자는 "현재로선 이 지역의 주택 실거래 조사에 주력하고 있으나, 시장이 불안하다고 판단되면 토지거래허가구역 지정을 검토할 것"이라고 말했다. 허가구역으로 지정되면 대지면적 기준 18㎡이상 토지 및 주택을 매매할 때 관할 구청의 승인을 받아야 한다.

〈한겨레신문〉 6월 12일 자에는 **"홍남기, '집값 추가대책 주저 없이 시행할 것'"**이라는 기사가 실렸다. 〈조선일보〉는 6월 15일 자에 **"서울 아파트값 3주 연속 상승"**이라는 기사를 실었다.

6월 15일 자 〈한겨레신문〉에는 **"'세입자 계약갱신권', '전세 무한연**

장법'?"이라는 기사가 실렸다. 박주민 더불어민주당 의원이 계약갱신권을 보장하는 「주택임대차보호법」 개정안을 발의한 내용을 다루었다. 여기서 발의안에 계약 갱신 횟수를 제한하지 않은 것을 두고 '전세 무한연장법', '재산권 침해', '사회주의 발상'이라는 비난이 쏟아졌다. 박 의원실 관계자는 "세입자 단체 쪽에서는 오히려 갱신 거절 사유가 너무 폭 넓어서 임차인 보호가 미흡하다고 지적할 정도로 임대인의 갱신 거절권도 보호하고 있다"고 말했다. 같은 신문 6월 16일 자에는 **"양도세 중과 한시 배제 종료 임박, 지난달 서울 아파트 매매량 급증"**, 17일 자에는 **"부동산 규제 피해 '갭투기 열풍'…2억 이하 매수 '성지리스트'까지"**라는 기사가 실렸다.

6.17 대책: 다시 한판 붙어보자!

"주택시장 안정을 위한 관리 방안"

2020년 6월 17일 정부는 관계부처 합동으로 주택시장 안정을 위한 관리 방안을 발표했다. 이젠 정책 이름을 만드는 능력도 일취월장한 느낌이다. 그간 나온 비슷한 이름의 대책을 열거하면 2017년 6.19 대책인 "주택시장의 안정적 관리를 위한 선별적·맞춤형 대응 방안"과 2017년 8.2 대책인 "실수요자 보호와 단기 투기수요 억제를 통한 주택 시장 안정화 방안", 2018년 8.27 대책인 "수도권 주택공급 확대 추진 및 투기지역 지정 등을 통한 시장안정 기조 강화", 2018년 9.13 대책인 "주택시장 안정 대책", 2019년 12.16 대책인 "주택시장 안정화 방안" 등이 있다. 그에 이어 이번에는 "주택시장 안정을 위한 관리 방안"이라는 이름으로 대책이 발표됐다.

총 27쪽에 이르는 이 대책 역시 시장 동향과 시장 상황 평가로 시작한다. 다른 나라에서는 몇 년에 한 번씩 발표하는 대책을 우리는 몇 달에 한 번씩 발표하니 국토교통부가 세계적으로 보아도 가장 열심히 하는 부서가 아닌가 싶을 정도다. 그리고 대책 보고서도 이제는 거의 기계적으로 정형화됐다. 전국 주택가격은 12.16 대책 이후 전반적 안정세를 유지했다. 서울에서도 주택가격이 3월 5주부터 9주간 연속 하락했으나 하락폭이 지속적으로 줄어들며 6월 1주 보합 이후 상승 추세로 전환했다. 정부는 개발 호재 인근 지역의 상승세도 동반되고 있다고 진단했다. 또한 경기도 신규 조정대상지역의 상승폭은 소폭 둔화됐으나 최근에는 비규제지역 중심으로 과열 양상이 지속되고 있고, 지방도 대전과 청주를 비롯하여 단기간 급등하는 모습이라고 진단했다.

법인 거래와 갭 투자도 증가세가 뚜렷하다고 진단했다. 부동산 매매업 법인은 2017년 12월 2.3만 개에서 2019년 12월 3.3만 개로, 부동산 임대업 법인은 동 기간에 4.2만 개에서 4.9만 개로 증가했고, 이들이 아파트를 매수한 비중도 동 기간 1%에서 3%로 증가했다. 보증금을 승계하여 매수하는 갭 투자 비중도 서울은 2020년 1월 48.4%에서 52.4%로, 강남 4구는 같은 기간 57.5%에서 72.7%로 증가 추세였다.

시장상황 평가에서는 서울 주택시장이 각종 정책으로 5월까지 전반적 안정세를 유지하고 있고, 수도권 가격 상승 지역도 규제지역 지정 후 안정적이었으나, 역대 최저수준 금리와 급격히 증가하는 유동성에 따라 투기수요의 주택시장 유입 가능성이 큰 상황이라고 진단했다. 서

■ **과열요인 차단을 통한 주택시장 안정화 방안**

과열요인 차단을 통한 주택시장 안정화

과열지역에 투기수요 유입 차단	정비사업 규제 정비	법인을 활용한 투기수요 근절	12.16 대책 및 공급대책 후속조치 추진
◈ **조정대상지역 지정** - 경기·인천·대전·청주 대부분 ◈ **투기과열지구 지정** - 경기·인천·대전 17개 지역 ◈ **토지거래허가구역 지정** ◈ **거래질서 조사체계 강화** - 실거래 기획조사 시행 - 자금조달계획서 및 증빙자료 제출 대상 확대 ◈ **주택담보대출 및 전세자금대출 규제 강화** - 규제지역 주담대 및 보금자리론 실거주 요건 강화 - 전세자금대출보증 제한 강화	◈ **재건축안전진단 절차 강화** - 안전진단 시·도 관리 강화 및 부실안전진단 제재 - 2차 안전진단 현장조사 강화 및 자문위 책임성 제고 ◈ **정비사업 조합원 분양 요건 강화** - 투기과열지구·조정대상지역에서 조합원 분양신청 시까지 2년 이상 거주 필요 ◈ **재건축부담금 제도개선** - 재건축 부담금 본격 징수 - 공시가격 현실화에 따른 공시비율 적용 및 재건축 부담금 귀속비율 조정	◈ **주택 매매·임대사업자 대출규제 강화** - 모든 지역 개인·법인 사업자 주담대 금지 ◈ **법인 등 세제 보완** - 종부세율 인상 및 공제 폐지 - 조정대상지역 신규 임대주택 종부세 과세 - 주택 양도 시 추가세율 인상 및 장기등록임대도 적용 ◈ **부동산 매매업 관리 강화** ◈ **법인 거래 조사 강화** - 법인대상 실거래 특별조사 - 법인용 실거래 신고서식 도입, 모든 법인 거래에 자금조달계획서 제출 의무화	◈ **주택시장 안정화 방안(12.16대책) 후속조치** - 분양가상한제 및 12.16대책 관련 5개 법률 신속 개정 ◈ **수도권 주택공급 기반 강화방안(5.6) 후속조치** - 공공참여 가로주택정비사업 1차공모 사업지구 선정 및 2차 사업지 공모 착수(8월) - 공공재개발 시범사업 공모(9월) - 준공업지역 민관합동사업 공모(9월) - 오피스상가 주거 용도변경 사업 시범사업 선정(10월)

대책 발표 이후 시장상황을 면밀히 모니터링하여, 필요한 경우 세제·금융·공급 등 근본적인 시장안정 방안을 강구

출처: 관계부처 합동(2020.6.17), "주택시장 안정을 위한 관리 방안", p.4.

울의 중저가 주택과 수도권·지방 비규제지역 중심으로 시장 불안 요인이 여전하며, 서울의 고가·재건축 주택의 상승 압력이 가시화되고 있다고 요약했다.

정부는 "투기수요 근절, 실수요자 보호"라는 원칙 아래 주택시장 과열 요인을 차단하고, 기존 대책의 후속 조치를 차질 없이 추진한다는 대응 방향을 설정했다.

대책은 크게 4개 부문으로 이루어지는데, 첫 번째는 과열 지역에 투기수요 유입을 차단하는 것이다. 먼저 조정대상지역과 투기과열지구를 대폭 늘려 대출 규제 및 양도세와 종부세 등을 강화하고, 분양권 전매제한과 재건축 조합원 지위 양도 등도 제한했다. 개발호재 지역에 토지거래허가구역[3]을 지정한 것이 독특하다. 서울 송파구와 강남구에서는 '국제교류복합지구' 조성과 관련한 대규모 사업계획을 추진 중인데, 이를 근거로 실질적 '주택거래 허가제'를 전격적으로 시행하겠다는 것이다. 주택거래 허가제는 세계적으로 유례를 찾기 힘든 정책인데, 얼마나 급했으면 이렇게까지 무리하게 추진하겠다고 할까? 허가 대상 면적을 초과한 토지(주택인 경우 대지지분 면적을 의미) 취득을 위한 계약을 체결하고자 할 경우에는 관할 구청장의 허가를 받아야 하며, 6월 23일부터 시행한다고 밝혔다. 물론 여기서도 굵은 글씨체로 "이번 토지거래허가구역 지정 이후 시장 과열이 주변으로 확산될 경우에는 지정구역 확대도 적극 검토"한다는 경고를 잊지 않았다.

투기적 주택 수요에 대한 조사체계도 강화해, 특정 지역을 대상으로 기존 조사보다 강화된 고강도 실거래 기획조사에 착수한다고 밝혔다. 자금조달계획서도 기존에는 투기과열지구와 조정대상지역 내 3억원 이상 주택에 대해 작성하게 했으나, 이제는 투기과열지구와 조정대상지역내에서 주택을 거래하는 경우 거래가액과 무관하게 제출토록 했다. 자금조달계획서의 증빙자료도 기존에는 9억원 초과 주택이 대상이었으나, 거래가액과 무관하게 작성 항목별로 증빙자료를 첨부하도록 바꾸었다.

대출 관련 규제도 대폭 강화했다. 무주택자의 경우, 기존에는 투기지역과 투기과열지구 내 시가 9억원 초과 주택을 위한 주택담보대출은

3 본래 토지거래허가제는 1979년 처음 도입된 것으로 신도시 등의 개발이 예정된 지구 주변에 시행했다. 땅 투기를 막기 위한 것이다. 그런데 이를 도심으로 끌고 들어온 것이다. 실질적 주택거래허가제를 실시하겠다는 의도로 볼 수 있다.

■ 조정대상지역·투기과열지구 지정 현황도 (2020.6.19 기준)

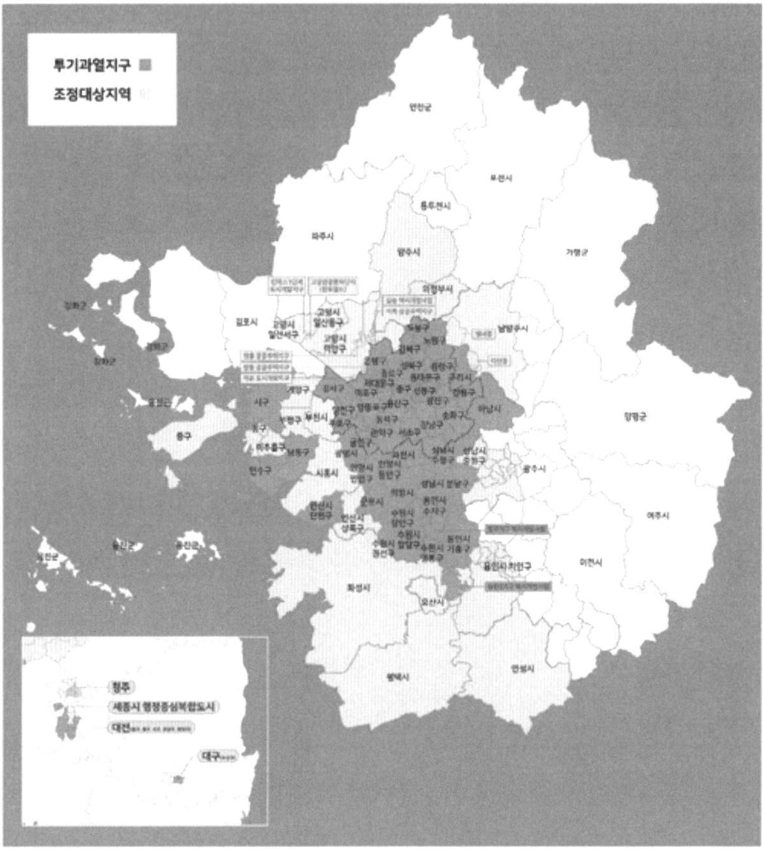

출처: 관계부처 합동(2020.6.17), "주택시장 안정을 위한 관리 방안", p.6.

1년 내 전입 의무, 조정대상지역일 때는 2년 내 전입 의무였으나, 이제는 전 규제지역 내 주택구입을 위해 주택담보대출을 받을 경우 주택가격과 관계없이 6개월 내 전입을 의무화했다. 1주택자의 경우에는 무주택자의 규제와 함께 기존 주택도 6개월 내에 처분하도록 했다. 보금자리론을 받는 경우 3개월 내 전입 및 1년 이상 실거주 의무를 부과하고, 이를 위반 시 대출금을 회수하며, 갭 투자 방지를 위해 전세대출을 받은 후 투기지역과 투기과열지구 내에서 3억원 초과 아파트를 구입하는 경우에는 전세대출을 즉시 회수토록 했다. 1주택자의 갭 투자 용도로 활용되는 주택도시보증공사의 전세대출 보증한도도 2억원으로 낮추었다.

두 번째는 정비사업 규제 정비로, 규제 정비라기보다는 규제 강화가 더 적합한 표현이다. 기존에는 시군구가 안전진단 기관을 선정했는데 이제는 1차와 2차 안전진단 의뢰를 시도가 담당토록 했고, 부실 안전진단기관에 대한 제재와 2차 안전진단 시 현장 조사도 강화했다. 또 기존에는 재건축사업에서 거주여부와 상관없이 조합원 자격 요건이 부여됐는데, 수도권 투기과열지구의 재건축에서는 조합원 분양신청 시까지 2년 이상 거주한 경우에 한해 분양 신청을 할 수 있게 했다. 재건축 부담금도 본격적으로 징수하겠다고 밝혔다. 시뮬레이션 결과를 보면 강남 5개 단지의 조합원 1인당 평균 재건축 부담금은 4.4억~5.2억원, 강북 1개 단지의 경우에는 1,000만~1,300만원으로 나타났다.

세 번째는 법인을 활용한 투기수요 근절이다. 규제지역 내 주택매매 및 임대사업자의 경우 기존에는 주택담보대출 LTV가 20~50%이고 비규제지역의 경우 LTV 규제가 없었는데, 이제는 모든 지역에서 법인의 주택담보대출이 금지됐다. 기존에는 법인 보유 주택에 대해서도 개인과 동일하게 종부세를 부과했으나, 이제는 개인에 대한 세율 중 최고세율로 종부세를 부담토록 했다. 이 외에도 법인 보유 주택에 대한 종부세 공제(6억원)를 폐지했고, 법인의 조정대상구역 내 신규 임대주택에 대해서도 종부세를 과세하며, 법인 보유 주택 양도 시 추가로 세율을 인상토록 했다. 또한 부동산 매매업 관리를 강화하고, 법인들의 실거래에 대해 특별 조사를 진행하기로 했다.

마지막으로 12.16 대책의 후속 조치 추진과 본격적으로 주택을 공급하기로 한 내용을 담았다.

여론의 반응

6월 18일 자 〈한겨레신문〉에는 **"실거주 목적 아닌 '갭 투자' 손발도 묶는다"**라는 기사가 실렸다. 3억원 초과 주택을 구입할 경우 정부가 전세대출을 회수하는데, 이번 대책은 조정대상지역 69곳이 아니라 투기과열지구 48곳에만 적용되기 때문에 나머지 21곳으로 갭 투자가 쏠리는 '갭 투자 풍선효과'가 생길지 여부가 관건이라고 보았다. 국토교통부 주택정책과 관계자는 "부동산 시장 과열을 주도하는 곳이 투기과열지역으로 상당 부분 포괄되었기 때문에 진정 효과를 볼 수 있다"고 말했다.

같은 신문의 **"투기과열지구 재건축 '2년 이상' 거주해야 분양권 준다"**라는 기사에서는 이번 조치를 고강도 처방이라 평가하며 정책을 소개했다. 한 전문가는 "이번 조치는 재건축 갭 투자나 원정 투자도 원천 차단하겠다는 뜻으로, 연내 조합설립인가를 받기 어려운 초기 단계 재건축 추진 단지들은 충격을 받을 것으로 보인다"고 내다봤고, 다른 전문가는 "최근 시중의 광의통화량M2이 사상 처음 3,000조원을 넘어서는 등 부동산시장 불안의 핵심은 풍부한 유동성과 초저금리인데, 각종 규제를 강화하고 대출 제도의 허점을 메꾼 이번 대책이 핵심 문제는 해결하지 못한 모양새"라고 언급했다.

같은 신문 6월 19일 자에는 **"'매수 문의 끊겼다'…강남·목동 재건축 규제 강화에 술렁"**이라는 기사가 실렸다. 특히 수도권 재건축 관련 대책이 부동산 시장에 파장을 일으키고 있다며, 서울 등 투기과열지구에서는 이제부터 2년 이상 실거주한 재건축 주택 소유자에게만 분양권을 주기로 해 외지인의 재건축 투자가 힘들어질 것으로 예상했다. 한 전문가는 "정부 대책에 놀란 매수 희망자들이 일제히 관망세로 돌아서면서, 집값 조정 가능성이 높아졌다"고 말했다. 기사에서는 6.17 대책을 통해 개발사업 영향권에 있는 강남구 청담·삼성·대치동, 송파구 잠실동을 1년간 토지거래허가구역으로 지정해 2년 이상 실거주용 주택만 매매가 가능하도록 하는 긴급대책도 소개했다.

같은 신문에서 **"갭 투자 차단은 실수요자 사다리 걷어차기?"**라는 기사도 실었다. 일각에서 전세대출을 규제해 수도권 갭 투자를 막은 6.17 대책이 투기수요가 아니라 실수요를 규제하는 '사다리 걷어차기'라고 비판하자, 정부는 이번 대책이 실거주 목적으로만 집을 사라는 의미라고 설명했다고 한다. 한 전문가는 "갭 투자 역시 집값이 상승할 것이라는 기대에서 하는 것이고, 모두가 집값이 뛸 거라고 믿고 집을 사면 실제로 집값이 뛰는 '자기실현적 기대'는 자산시장에서 투기가 일어나는 중요한 원인"이라며 "정부가 이번 규제를 통해 이 악순환의 고리를 끊으려는 것"이라고 말했다.

〈한겨레신문〉 6월 24일 자에는 **"정부 억제책, 현금부자 갭 투자는 못 막아…?"**라는 기사가 실렸다. 현금부자의 갭 투자에 제동을 걸기 위해서는 지난해 발표된 12.16 대책에 포함됐으나 법안 개정이 이루어지지 않은 종합부동산세 세율 인상 및 다주택자 세 부담 상한 상향, 양도소득세 장기보유특별공제 거주기간 요건 추가 등을 속히 시행해야 한다고 지적했다.

국토교통부는 다주택자들이 큰 부담을 느낄 정도로 중과세해 집값 상승에 따른 기대수익을 떨어뜨린다면, 갭 투자 확산을 억제하고 집값 안정에도 기여할 수 있다는 데 대해선 국민적 공감대가 형성돼 있다고 보았다. 국토교통부 관계자는 "현금부자들의 갭 투자 확산 억제를 위해 종부세와 소득세법 등 입법 사항을 조속히 완료하는 한편, 투기과열지구 내 재건축 단지의 경우 2년 이상 거주 조합원에 대해서만 분양신청을 허용하는 등 전방위적인 갭 투자 유인 줄이기에 나설 방침"이라고 말했다.

〈조선일보〉도 이와 관련해 많은 기사를 쏟아냈다. 6월 18일 자에 먼저 **"21번째 규제, 현금 없인 수도권 집 사기 힘들다"**라는 기사가 실렸다. 기사에서는 이번 대책을 문재인 정부가 출범 후 지금까지 강조해 온 '수요 억제' 기조의 정책을 총망라한 고강도 규제로 평가했다. 그러면서 기존에는 서울 강남의 고가주택을 타깃으로 했던 규제가 수도권 전체로 확대되고, 규제대상 주택 가격도 9억원에서 3억원으로 낮아짐에 따라 실수요자가 피해를 입을 수도 있다며 우려했다. 정부는 "역대 최저 수준 금리와 급격히 증가하는 유동성으로 인해 투기 수요가 주택시장에 유입될 가능성이 크다"고 규제 강화 배경을 설명했지만, 전문가들은 유동성이 넘쳐나는데 수요만 옥죄어서는 집값 안정 효과를 기대하기 어려울 것으로 전망했다.

같은 신문에서 **"대출 많이 받아야 가능한 서민·젊은층, 집 사기 더 어려워졌다"**라는 기사가 실렸다. 기사에 따르면 각종 대출 규제를 강화한 이번 6.17 대책으로 무주택 서민과 젊은 층 등 실수요자들의 박탈감이 커지는 것과 함께 주거 이전의 자유도 크게 줄어들 것이란 비판도 적지 않다고 한다. 9월부터는 투기과열지구나 조정대상지역에서 집을 사려면 가격에 관계없이 자금조달계획서를 제출해야 하는데, 한 전문가는 "사실상 주택허가제와 마찬가지"라며 "투기 억제에 집중한 대책이 대출과 규제만 더해가면서 무주택자들은 집 사기가 더 까다로워졌다"고 말했다.

이 밖에 **"대치·잠실 집 사려면 구청장 허가 받아야"**, **"재건축도 강화…2년 살아야 새아파트 분양권 받아"**, **"서울 눌러 풍선 부푼 수도권 누르면… '서울 집값이 다시 오를 수도'"**라는 기사도 실렸다.

같은 신문에서 **"'갭 투자 차단' 카드 영향은…'집값 안정 도움, 전세 불안은 키울 수도'"**라는 기사를 실었는데, 정부가 전세보증금을 활용해 집을 사들이는 '갭 투자'를 막기 위해 전입신고 요건과 전세자금대출 규제를 강화하면, 단기적으로 투자수요를 줄이는 효과는 있겠지만 전세

시장의 불안을 키울 수 있다는 내용이었다. 한 전문가는 정부 대책에 대해 "갭 투자를 줄이는 효과는 분명할 것"이라면서 "거래가 위축되고 아파트 오름세가 둔화하는 등 진정 효과가 있을 것"이라고 평가했다.

그러나 갭 투자로 매입한 아파트는 누군가가 전세로 살 수 있는 임대주택인데, 갭 투자가 줄면 임대주택 공급이 줄어드는 문제가 생긴다. 이에 대해 다른 전문가는 "현재 전세시장이 불안한 것은 주택 가격대별로 대출 규제를 강화하면서 수요자들이 전세 시장으로 밀려난 데 따른 영향"이라면서 "각종 규제 때문에 매매거래를 못하게 되면서, 이번 대책이 전세수요는 더 늘어나는 반면 전세 공급 기여 물량이 사라지는 문제를 야기할 수 있다"고 지적했다. 그는 '동결 효과lock-in-effect'로 이를 설명했는데, 규제 강화가 주택가격을 떨어뜨리기보다는 반대 방향으로 영향을 끼치는 것을 말한다. 주택에 자물쇠lock를 채워 걸어 잠근 채 매도하지 않는다는 뜻인데, 집값 안정을 노리는 잇단 규제가 오히려 매매 및 전세 공급을 줄어들게 해 가격 상승으로 이어질 수 있다는 얘기다.

〈조선일보〉 6월 19일 자에는 **"규제 다음 날 또 풍선효과…김포·파주 들썩"**이라는 기사가 실렸다. 정부가 6.17 대책을 내놓자마자 규제지역으로 묶이지 않은 경기도 김포·파주 부동산 시장이 들썩인다는 내용이었다. 김포 운양동의 부동산 중개업소 관계자는 "집을 보지도 않고 오늘 바로 계약하고 간 손님도 있다"고 했다. 반면 미분양 아파트가 많아 '미분양 관리지역'으로 묶여 있는데도 이번에 '조정대상지역'으로 신규 지정된 곳에서는 반발이 커지고 있다고 한다. 한 부동산 중개업소는 "집값이 오르는 동네도 아니고, 그렇다고 외지에서 투자하러 오는 것도 아니다"라며 "도대체 지정 기준이 뭔지 황당하다"고 했다.

같은 신문 6월 22일 자에서는 **"국토연, '영국·프랑스·싱가포르, 다주택자에 세 부담 강화'"**라는 기사를 실었다. 지난 17일 김현미 국토교통부 장관이 6.17 대책 브리핑에서 국토연구원이 발표한 '해외 부동산정책 시리즈' 연구보고서를 언급했다는 내용이었다. 김 장관은 "다른 나라에서는 보다 더 다양하고 꼼꼼한 주택 관련 대책을 시행하고 있는 것을 확인할 수 있다"며 "관련한 세제 문제는 관련 부처, 국회와 논의해 나가도록 하겠다"고 말했다. 기사에서는 이를 두고 이번 대책에도 불구하고 집값이 다시 과열되면 세제 개편에 나설 수 있음을 시사한 것으로 풀이했다.

같은 신문에 **"김상조 '문 정부 정책, 한국 위상 높였다'"**라는 기사가 실렸다. 6.17 대책 발표 이후 청와대 국민청원 게시판 등에 무주택자의 주택 구입 문턱까지 높여놨다는 비판이 쏟아지자, 김상조 청와대 정책실장은 "국민의 많은 불만을 잘 안다"며 "국토교통부가 필요하다면 보완책을 마련할 것"이라고 했다.

6월 26일 자에는 **"일주일새 수천만원씩…6.17대책이 집값 더 불질렀다"**라는 기사가 실렸다. 6.17 대책이 발표되기 직전보다 상승폭이 커졌다는 내용이었다. 경기(0.39%)와 인천(0.34%) 아파트값이 급등했는데, 특히 규제지역에서 빠진 김포에서는 일주일 사이 아파트값이 1.88% 폭등했다. 전국 아파트 가격은 관련 통계를 집계하기 시작한 2012년 5월 이후 가장 큰 폭(0.22%)으로 올랐다고 한다. 27일 자에는 **"서울 아파트 전셋값 52주째 상승 내년엔 더 오를 것"**, 29일 자에는 **"국**

토교통부 장관 이어 차관까지 '김포·파주, 규제지역 묶을 수도'"와 **"서울 아파트값 5주째 상승…6.17 대책에도 수도권 상승 커져"**, 30일 자에는 **"참여연대까지 文정부 부동산정책 실패"**, **"'8,000만원 올려달라니'…전세폭등 부른 규제"**라는 기사를 실었다.

〈한겨레신문〉은 7월 1일 자에 **"신규 규제지역 잔금대출 축소 '주택 실수요자는 제외해달라'"**라는 기사를 실었다. '6.17 부동산 대책'에 따라 규제지역으로 새롭게 지정된 곳에 적용되는 신규 분양 주택 대출 규제로 인해 실수요자도 피해를 입게 됐다는 논란을 다루었다. 기사에 따르면 청와대 국민청원 게시판에는 잔금 대출 축소로 피해를 입고 있다는 청원이 다수 제기되었다고 한다. 금융 당국은 "무주택 세대와 처분조건부 1주택 세대 등이 대책 발표 전 이미 주택에 당첨됐거나 계약금을 치른 경우 중도금 대출에는 변화가 없고, 잔금대출은 규제지역의 주택담보대출비율LTV을 적용받되 이미 분양받은 세대의 경우 '중도금 대출(통상 분양가의 60%)을 받은 범위 내'에서는 가능하다"고 밝힌 바 있으며 "규제지역 신규 지정에 따른 LTV 적용 기준은 그동안 일관되게 운영됐고 이번 대책에서도 기존과 같은 기준으로 적용됐다"고 설명했다. 이에 대해 한 전문가는 "무주택자나 처분조건부 1주택자로서 규제를 예측하지 못한 채 분양받은 실수요자는 최대한 보호할 필요가 있다"고 짚었다.

7월 2일 자 〈조선일보〉에는 **"국토교통부장관 '부동산 정책 다 작동', '잠꼬대한다' 말 안 나오겠나?"**라는 기사가 실렸다. 김현미 국토교통부 장관이 "지금까지 내놓은 부동산 정책이 종합적으로 다 작동하고 있다"

고 말한 내용을 다루었다. 김 장관은 앞선 대책들이 효과를 내지 못했다는 지적에 "관련 세법이 통과되지 않아서"라고 답했다. 또 실제로 발표한 부동산 대책도 "4차례뿐"이라면서 '21차례'는 "언론이 온갖 것을 갖다 붙인 것"이라고 말했다. 이는 문 정부 출범 후 서울 지역 아파트 중위가격이 6억원에서 9억 2,000만원으로 53%나 뛰고, 집값 급등이 전셋값 폭등으로 이어지는 상황에서 나온 말이다. 〈한겨레신문〉은 **"'부동산 정책 작동하고 있다'라는 발언, 실망스럽다"**라는 기사에서 같은 내용을 다루었다.

같은 날 〈조선일보〉에는 **"경실련 '靑 다주택 참모 즉각 교체하라'"**라는 기사가 실렸고, 3일 자에는 **"주택공급 확대…시장요구 받아들인 文, '발굴해서라도 늘려라'"**라는 기사가 실렸다. 대통령이 국토교통부 장관을 만난 자리에서 서민 실수요자 보호, 다주택자 규제 강화, 주택 공급 확대 등 대책 마련을 주문하면서, 보완책이 필요하면 주저하지 말고 언제든지 추가 대책을 만들라고 당부했다는 내용이었다. 한 전문가는 "대통령 발언에 주택 공급 확대가 포함됐다는 점은 새롭지만 여전히 과세 강화 등 규제에 무게중심이 있어 얼마나 효과가 있을지 의문"이라며 "잠깐 집값을 잡을 수 있을지는 몰라도 중장기적으론 효과를 보기 어려울 것 같다"고 말했다. **"여론 들끓자 文 직접나서 '집값 잡겠다'"**라는 기사도 실렸다.

같은 신문 3일 자에는 **"다주택자 장관은 5명, 청 참모는 12명"**이라는 기사가 실렸고, 7월 2일 〈한겨레신문〉에서는 **"노영민 '반포' 아닌 청주 아파트 판다…대통령 복심도 '똘똘한 한채'"**라는 기사가 실렸다. '다주택 해소' 약속을 지키기 위해 13평짜리 서울 반포동 아파트 대신 충북 청주의 41평 아파트를 판 노영민 비서실장의 사례가 알려지면서, 강남 아파트는 '불패 신화'라는 걸 청와대 비서실장이 직접 증명해 줬다고 비판했다.

〈한겨레신문〉은 7월 4일 자에 **"'집값 불안' 사과한 민주당, '종부세 강화'로 책임져야"**, 6일 자에 **"집값 대책, '보유세 강화' 중심에 놓고 다시 짜라"**라는 기사를 실었다. 7월 임시국회에서 종부세와 전월세 상한제 등의 법 처리를 촉구하는 내용이었다. 7일 자에는 **"다주택 의원 40명이나 되는데…여당 '투기근절' 말발 먹힐까"**와 **"여당 '종부세 강화·다주택 핀셋 증세'"**라는 기사를 실었다. 이해찬 대표가 "아파트 투기, 갭투자 등에 집중하기 위해 종부세 외에 부동산 투기를 유발하는 것에 대한 '핀셋 증세'가 필요하다"고 강조했다는 내용을 다루었다. 8일 자에는 **"다주택 고위공직자, 분노한 민심에 응답하라"**라는 기사를 실었다. 경실련이 더불어민주당 소속 다주택자 의원들에게 '주택 처분 서약' 이행을 촉구했다는 내용이었다. 같은 신문에 **"'부동산 TF 꾸려라'…이해찬, 집값 잡기 '당에서 주도' 주문"**이 실렸고, 9일 자에는 **"'다주택 공직자 빨리 집 팔아라'…당정청, 일제히 민심달래기"**와 **"임대주택 확충 통한 전월세 안정책 필요"**라는 기사가 실렸다. 계약갱신청구권제와 전월세상한제, 전월세신고 의무제 등으로 이루어진 임대차 3법은 지난 6일 국회에 모두 발의돼 통과가 유력시된다는 내용이었다. 한 전문가는 "법안이 국회에 발의됐고 정부와 여당이 추진하기로 결정한 만큼 현재로선 법안을 속히 국회에서 통과시키고 8월께 공포와 함께 즉시 시행에 들어가는 게 최선"이라고 말했다.

같은 신문 7월 9일 자에서는 **"치솟는 서울 전셋값…임대차 3법 서둘러야"**라는 기사를 실었다. 규제지역 확대와 대출 규제 등을 통해 주택 매수 수요를 억제하려는 정부의 6.17 대책이 전셋값 상승을 촉발한 것과 함께, 최근 정부와 여당이 국회에서 추진 중인 임대차 3법 시행에 앞서 집주인들이 전세금을 미리 올려 받으려는 심리가 확산되며 전세금 상승을 이끌고 있으니 신속히 처리하라는 내용이었다.

〈조선일보〉 7월 4일 자에는 **"규제가 더 올려놨다…서울 도심 집값 상승률 세계 1위"**와 **"아파트값 상승폭, 盧>文>朴>李정부"**, **"지자체·시민단체 '6.17대책 서민만 피해'…지지세력도 등돌렸다"**, **"집 판 금태섭은 공천 탈락, 안 팔고 버틴 다수는 금배지"**, 6일 자에는 **"경실련 집값 52% 올랐다 vs 국토교통부 14% 진실은?"**과 **"살때도, 팔때도, 갖고 있어도…집값 잡겠다며 세금만 올렸다"**라는 기사가 실렸다. 7일에는 **"강남 때리기 3년, 강북 집값도 55% 치솟았다"**와 **"강남 투기 잡겠다더니…'이번 생은 망했어' 전 국민을 잡았다"**, 8일 자에는 **"서울 강남 재산세 30% 올랐다…벌금이냐"**와 **"최근 4년 새 보유세는 4조원, 거래세는 18조원 늘었다"**, 9일 자에는 **"'거래세 완화' 뒤집고, 임대혜택 줬다가 뺏고…양치기가 된 정부"**와 **"아파트 팔겠다, 난 못판다, 당정청 온종일 부동산 소동"**, **"부동산 발언 하나하나가 반대로… 난타당하는 '3년前 김현미'"**라는 기사가 실렸다. "다주택자 집 팔라"고 하니 다주택자가 오히려 늘었고, "신혼부부 청약 쉽게"는 "금수저 전용"으로, "임대사업 혜택"에 대해서는 혜택 소급 박탈을 거론하는 상황을 빗댄 내용이었다.

〈조선일보〉 7월 10일 자에는 **"전월세 시장도 규제로 잡겠다며 당정 '임대차 3법' 속도전"**이라는 기사가 실렸다. 민주당이 추진하는 임대차 3법은 전·월세 신고제와 전·월세 상한제, 계약갱신청구권제 등 3가지다. 전·월세 신고제를 기반으로 전·월세 상한제와 계약갱신청구권제가 동시에 도입되면 4년간 임대료 상승률이 약 10%로 제한되는 효과가 있다. 더불어민주당 관계자는 "임대차 3법이 도입되면 '전세대란'을 방지할 수 있고, 다주택자들이 '갭 투자'를 할 유인도 줄어든다"고 했지만, 부동산 업계에선 임대차 3법 추진으로 인해 오히려 전·월세 가격이 요동칠 거라며 우려했다. 집주인이 세입자의 장기 거주를 염두에 두고, 4년치 전·월세를 당장 한꺼번에 올릴 수 있다는 것이다.

7.10 대책: 세금을 세계 최고 수준으로!

“주택시장 안정 보완대책”

2020년 7월 10일 정부가 관계부처 합동으로 발표한 이 대책은 총 분량이 8쪽에 불과하지만, 그 내용의 파급력은 역대 가장 강하다고 볼 수 있다. 이렇게 강력한 대책이 보완대책으로 나온 것이 의아하긴 하나, 세부 내용을 살펴보면 정부에서 미리 준비한 내용으로 보인다.

직전 6.17 대책이 나온 지 채 한 달이 되지 않은 상황에서 또다시 나온 새 대책은 주택시장 동향 및 평가로 시작된다. 보고서에서는 신규 규제지역의 상승폭이 둔화되고 있고, 영동대로 복합개발이나 잠실 MICE개발 등 개발사업에 따른 과열 심화가 우려된 지역은 토지거래허가구역 지정 후 관망세이긴 하나, 서울 및 수도권 일부 지역의 매수세 및 상승세는 지속되고 있다고 진단했다.

또한 주택시장의 높은 기대수익률을 낮추지 못한다면 주기적 주택 가격 상승 반복의 우려가 있고, 실수요자들의 내 집 마련 불안감 및 신축 선호 등의 이유로 30대 등 젊은 층을 중심으로 추격 매수 심리가 확산되고 있으며, 무주택 실수요자가 소외감과 불안감을 느끼지 않는 수준의 지속적이고 충분한 공급 시그널이 필요하다고 평가했다.

이번 대책의 정책은 크게 4개 부문으로 나뉜다. 첫 번째는 서민·실수요자 부담 경감 부문이다. 먼저 생애최초 특별공급이 적용되는 대상 주택의 범위 및 공급 비율을 확대했다. 국민주택뿐만 아니라 민영주택에도 이를 도입했고, 공급 비율도 국민주택은 20→25%까지 확대하고, 85㎡ 이하 민영주택 중 공공택지는 분양물량의 15%, 민간택지는 7%를 배정했다. 소득 기준도 국민주택은 도시근로자 월평균 소득 100%를 유지하되, 민영주택은 130% 이하까지로 확대했다. 신혼부부 특별공급의 소득 기준과 공공분양, 민영주택의 소득 요건도 맞벌이 부부 상황 등을 감안하여 완화했다. 생애최초 주택에 대해서는 취득세를 감면해주었고, 중저가 주택의 재산세율도 인하했다. 그리고 사전분양 물량을 9,000호에서 약 3만호로 내폭 확대했고, 서민과 실수요자의 경우 규제지역의 LTV·DTI를 10%p 우대하는 것으로 소득기준을 완화했다. 이 밖에 청년층을 포함하여 전월세 대출 지원을 강화해 청년 버팀목 대출금리를 0.3%p 인하해주었고, 대출 대상도 보증금 7,000만원에서 1억원으로 확대했으며, 지원 한도도 5,000만원에서 7,000만원으로 늘렸다. 청년 전용 보증부 월세의 대출금리도 0.5%p 인하했다.

두 번째는 실수요자를 위한 주택공급 확대 부문이다. 먼저 관계부처 장관 및 지자체가 참여하는 부총리 주재 '주택공급확대 TF'를 구성하여 근본적인 주택공급 확대방안을 마련하겠다고 밝혔다. 그리고 검토 가능한 대안으로 도심 고밀 개발을 위한 도시계획 규제 개선과 3기 신도시 용적률 상향, 도시 주변 유휴부지 및 도시 내 국가시설 부지 등 신규 택지 추가 발굴, 공공 재개발·재건축 사업 시 도시규제 완화를 통한 청

■ **다주택자 및 단기 거래에 대한 부동산 세제 강화안**

종부세 세율 인상(안)

시 가 (다주택자 기준)	과 표	2주택 이하 (조정대상지역 2주택 제외, %)		3주택이상 + 조정대상지역 2주택(%)		
		현행	12.16	현행	12.16	개정
8~12.2억	3억 이하	0.5	0.6	0.6	0.8	1.2
12.2~15.4억	3~6억	0.7	0.8	0.9	1.2	1.6
15.4~23.3억	6~12억	1.0	1.2	1.3	1.6	2.2
23.3~69억	12~50억	1.4	1.6	1.8	2.0	3.6
69~123.5억	50~94억	2.0	2.2	2.5	3.0	5.0
123.5억 초과	94억 초과	2.7	3.0	3.2	4.0	6.0

* 공시가격 현실화율 75~85%, 공정시장가액비율 95%를 적용했을 경우

양도소득세 세율 인상(안)

구분		현행			12.16.대책	개선	
		주택 외 부동산	주택·입주권	분양권	주택·입주권	주택·입주권	분양권
보유기간	1년미만	50%	40%	(조정대상지역) 50% (기타지역) 기본세율	50%	70%	70%
	2년미만	40%	기본세율		40%	60%	60%
	2년이상	기본세율	기본세율		기본세율	기본세율	

취득세율 인상(안)

구분		현 재	개 정
개인	1주택	주택 가액에 따라 1~3%	주택 가액에 따라 1~3%
	2주택		8%
	3주택		12%
	4주택 이상	4%	
법 인		주택 가액에 따라 1~3%	

년·신혼부부용 공공임대·분양APT 공급, 도심 내 공실 상가 및 오피스 등을 활용하는 방안을 제시했다.

세 번째는 이 정책의 핵심 사항으로 다주택자 및 단기 거래에 대한 부동산 세제 강화 부문이다. 먼저 다주택자 대상 종부세 중과세율을 인상했는데, 개인의 경우 3주택 이상 및 조정대상지역 2주택자에 대해 과세표준 구간별로 1.2~6.0% 세율을 적용하기로 했다. 종부세에 부과되는 금액의 20%를 농어촌특별세로 납부하기 때문에 실질적으로 최고 과세는 7.2%다. 아마 세계 최고 세율이 아닌가 싶다. 세율이 7.2%일 경우 세금만 내더라도 얼마 지나지 않아 국가가 집을 가져가는 형태가 될 것이다.

다주택 보유 법인의 경우에는 더욱 가혹하다. 중과 최고세율인 6%를 단일세율로 적용함과 동시에 기본공제 6억원과 세 부담 상한을 적용하지 않겠다고 했다.

양도소득세의 경우도 매물 유도를 위해 2021년 6월 1일까지 시행을 유예한다고 하면서 세금을 대폭 올렸다. 이미 세계 최고 수준인 양도소득세를 더 올리겠다고 한 것이다. 1년 미만 단기 보유 주택에 대한 양도소득세는 기존 40%에서 70%로 올리고, 2년 미만일 경우에는 기본세율에서 60%로 인상했다. 규제지역 다주택자의 양도세 중과세율도 인상했다. 기본세율인 6~42%에서 규제지역 2주택자는 10%p, 3주택 이상인 경우에는 20%p를 더 내는 상황에서 일괄적으로 10%p 더 올리겠다고 한 것이다.

정부는 다주택자와 법인 등에 대한 취득세 세율도 대폭 올렸다. 2주택자는 8%로, 3주택 이상과 법인의 경우에는 12%로 올랐다. 그리고 개인에서 법인으로 전환해 세 부담을 회피하는 것을 방지하기 위해 부동산 매매·임대업 법인은 현물 출자에 따른 취득세 감면 혜택(75%)에서도 배제했다.

기존에는 다주택자들이 주택을 신탁할 경우 수탁자가 납세의무자가 되어 재산세에서는 종부세 부담이 완화됐는데, 이제는 부동산 신탁 시에도 종부세와 재산세를 원소유자(위탁자)가 내도록 했다.

마지막으로 네 번째는 등록임대사업제 제도 보완 부문이다. 4년 단기 임대와 아파트 장기 일반 매입임대(8년)를 폐지하고, 단기 임대의 신규 등록 및 장기임대로의 전환도 불가능하게 했다. 그 외 장기 임대 유형은 유지하되 의무기간을 8년에서 10년으로 연장하여 공적 의무를 강화했다.

여기에 대한 조치로 국토교통부는 7월 9일에 '주택시장 안정 보완대책: 국토교통부 소관사항'을 발표했다.

여론의 반응

정부가 7.10 대책을 발표한 다음 날인 7월 11일 자 〈조선일보〉에서는 **"다주택자 세 부담 2배 '징벌과세'… 공급대책은 없었다"**라는 기사를 다루었다. 기사에서는 7.10 대책의 의도가 집을 두 채 이상 가지면 보유세를 지금의 2배 이상 내도록 해 집을 팔 수밖에 없게 하겠다는 것이지만, 공급 없는 징벌적 과세만으로는 집값을 잡기 어려울 것이라고 지적했다. 한 전문가는 "규제만 강화하고 공급 대책은 새로운 게 없다"며 "단기적으로는 집값이 하락할 수도 있겠지만 중장기 적으로는 공급 물량이 줄어 전세를 비롯한 부동산 시장이 더 불안해질 것"이라고 말했다.

같은 신문에 **"대치·아현동 집 2채 종부세, 2,966만원→6,811만원"**이라는 기사도 실렸다. 기사에서는 정부가 7.10 부동산 대책의 "본인이 거주하는 집 외에 다른 집은 모두 투기", "단기간에 집을 사고파는 것도 투기"라는 원칙에 따라 세율을 대폭 올리기로 했다고 전했다. 그 결과 다주택자의 보유세(종합부동산세)와 양도세가 크게 늘어나게 되었는데, 서울 마포구 아현동 '래미안푸르지오'(전용 84㎡)와 강남구 대치동 '은마 아파트'(84㎡)를 가진 2주택자의 경우 보유세가 2,966만원에서 6,811만원(2.3배)으로 오를 것으로 예상했다. 그리고 14억원짜리 아파트 한 채 소유자가 매입 후 1년 이내에 17억원에 팔 경우, 현재는 1억 3,090만원을 양도세로 내지만 내년엔 2억 2,907만원을 내야 한다. 이에 따라 세금을 내기보다는 자녀나 손주에게 증여하는 우회로를 택하는 다주택자가 늘어날 것으로 전망했다.

같은 신문 7월 13일 자에는 **"양도세 안내려고 증여? 증여 취득세도 인상 검토"**와 **"지난주 서울 아파트값 올들어 최대폭 상승"**, **"집값 잡힐 만하면 불지르는 발언…與 인사 입에 망가진 부동산정책"**이라는 기사가 실렸다. 14일 자에는 **"다주택 처분, 대답 없는 강경화·김조원"**, 15일 자에는 **"7.10 대책 나흘 만에 또…與, 증여 때 취득세 12%로 인상 추진"**과 **"주택공급 충분? 내년 입주물량 올해의 절반"**, **"1주택자 세금 크게 늘었는데…아니라는 김현미"**라는 기사가 실렸다. 김 장관이 라디오 방송에서 "7.10 대책은 증세를 위한 조치가 아닌, 부동산 시장의 불로소득을 없애기 위한 조치"라며 "1주택자 등 실소유자의 경우 지난해 12.16대책 때와 비교해 부동산 세제의 변화가 거의 없다."라고 말한 내용을 다루었다.

〈한겨레신문〉도 7월 11일 자 **"다주택자 종부세·양도세·취득세 다 올린다"** 등의 기사에서 정책 내용을 다루었다. **"투기 이익 원천봉쇄…'다**

주택자 내년 6월까지 집 팔라'"라는 기사에서 제도 시행 전 다주택자에게 집을 팔 수 있도록 출구를 마련해주기 위해 양도세 인상은 2021년 6월 1일부터 시행한다고 밝히며, 홍남기 부총리 겸 기획재정부 장관이 "주택을 매각하라는 사인으로 받아들이면 좋겠다"고 말한 내용을 다루었다.

양도소득세가 강화되면서 다주택자들이 집을 팔지 않고 가족에게 증여해 세 부담을 줄일 가능성이 있는데, 이럴 경우 정부 의도와 달리 매물이 나오지 않을 수 있다. 홍 부총리는 "그런 문제점에 대해 정부가 별도로 점검하고 있으며 검토가 마무리되면 추가로 (대책을) 발표하겠다"고 말했다.

다주택자가 세 부담을 세입자에게 전가해 전월세 가격이 오를 수 있다는 우려에 대해, 정부는 전월세시장 안정과 임차인 보호를 위한 임대차 3법 입법을 통해 세입자들의 주거 안정 문제를 해결할 수 있다는 입장을 밝혔다.

업계에서는 다주택자가 집을 팔아 주택시장에 숨통을 틔우고 주택투기를 근절하겠다는 정부 계획이 시장에 통할지는 미지수라고 전망했다. 한 전문가는 "세율 인상폭 자체는 높지만 정책 시행 시기가 다소 늦었다"며 "현 정권 임기가 2년 남은 상황에서 다주택자들이 집을 팔지 않고 버틸 가능성도 배제할 수 없다"고 말했다.

〈한겨레신문〉 7월 13일 자에는 **"다주택자 증여 우회·세입자 전가 대책 서둘러야"**와 **"아파트 투자는 끝났다, 역대급 세제 대책 충격"**, **"다주택자 꼼수 막으려 '증여 취득세'도 올린다"**라는 기사가 실렸다. 7.10 대책이 나온 뒤 올라온 한 부동산 유튜브 콘텐츠의 제목이 "파티는 끝났다"였을 만큼, 이제는 아파트 시세 차익을 노린 투기가 사실상 불가능해졌다는 평가가 온라인 커뮤니티와 유튜브 채널에 많이 올라왔다고 한다. 한 커뮤니티 운영자는 "엄청난 세율"이라며 "현금 흐름이 좋지 않거나 대출이 많아서 대출 원리금 상환도 버거운 케이스 중에는 급격하게 늘어나는 세금을 감당하지 못해 국세 체납에 공매로 넘어가는 사례들도 나오지 않을까 우려된다"고 말했다. 기사에서는 한편으로 다주택자들이 세입자에게 세 부담을 전가하는 것을 우려하는 목소리도 적지 않아 임대차 3법 국회 통과가 시급하다고 주장했다.

이젠 임대차 3법(+표준임대료?)

2020년 〈한겨레신문〉은 7월 14일 자에 **"정부 '임대차 3법, 기존 계약에도 적용'"**이라는 기사를 실었다. 7.10 대책의 불똥이 전·월세 시장으로 번질까 봐 무주택 세입자들의 불안이 커지고 있는 가운데, 정부가 임대차 3법을 기존 계약에도 도입해 임차인들을 보호하겠다는 입장을 내놨다는 내용이었다. 기사에 따르면 2018년 「상가건물임대차보호법」 제정 당시 기존 계약과 갱신 계약에 모두 계약갱신청구권을 소급 적용한 바 있다고 한다. 김현미 장관은 "이번에도 (「상가건물임대차보호법」처럼) 반영된다면 현재 세입자 부담을 줄이는 데 도움이 되지 않을까 한다"고 밝혔다.

같은 신문 7월 16일 자에는 **"'공급 부족론' 또 들썩, 재건축 규제 풀면 집값 잡힌다?"**라는 기사가 실렸다. 공급 부족론은 부동산 불로소득에 대한 세제 강화만으로는 집값 안정에 한계가 있고, 서울 도심 내 공급 확대가 근본적인 대안이라는 주장이며, 그 대안으로 민간 재개발·재건축이 거론된다는 내용을 다루었다. '2020 주택업무 편람'을 분석한 자료를 보면, 재건축 입주가 처음 이루어진 2005년 이후 서울에 공급된 재건축 물량은 총 9만 6,683호로 연평균 6,445호 수준인데, 사라진 기존 주택을 감안해 순증된 신규 주택 물량은 연평균 1,471호에 그쳤다. 이는 서울시가 해마다 공급하는 공공임대 물량의 10%도 안 되는 수치이고, 재개발을 통한 주택 공급 역시 제한적이었다고 한다. 한 전문가는 "재개발·재건축은 주택 공급 확대 기능은 미미한 반면, 수익추구형 개발이 이루어지는 과정에서 고분양가, 주변 집값 상승, 젠트리피케이션 등의 부작용은 큰 것이 문제"라고 지적했다. 노후 주택 재건축과 주거환경이 열악한 지역의 재개발은 주거권을 위해 필요한 일이지만, 재건축·재개발이 서울 주택 공급 부족을 해결할 수 있는 만병통치약은 아니라고 해석했다. 다른 전문가는 "서울 주택 공급 부족은 고가주택보다는 '부담 가능한' 저가주택의 부족 문제가 더 크기 때문에, 강남권 재건축 규제 완화는 공급 확대와는 무관한 이야기"라고 말했다. 이와 관련하여 국토교통부 관계자는 "규제를 완화한 재건축으로는 개발 이익이 사유화되고 집값 불안이 이어진다. 도심에 실제 공급되는 물량도 얼마 안 되는데, 여러 가지로 정부 방침과 맞지 않는다"며 "개발 이익을 공유하는 다른 방법을 찾아야 한다"고 언급했다.

같은 신문에 **"2018년 종부세 최고세율납세자 20명뿐"**이라는 기사가 실렸다. 김진애 열린민주당 의원이 국세청으로부터 받은 '2018년 개인별 종합부동산세 과세표준 규모별 결정 현황'을 공개하며, 주택 종부세 최고 세율을 적용받은 과표 94억원(시가 123억 5,000만원 수준)에 해당하는 개인은 20명에 불과하다고 발언한 내용을 다루었다. 김 의원은 2019~2020년 집값 상승으로 대상 인원이 일부 늘었겠지만 정부가 최고 세율을 6%로 올려도 이를 적용받는 인원은 극소수 중 극소수라며 일각에서 주장하는 세금 폭탄론은 매우 과장된 것이라고 말했다.

7월 16일 자 〈조선일보〉에는 **"'전세 1억 올려달라네요'…서민들 잠이 안 온다"**라는 기사가 실렸다. 정부가 최근 6.17 대책과 7.10 대책을 잇달아 내놓으며 부동산 규제를 강화하고, 여당이 임대차 3법을 이달 내에 처리하겠다고 밝히자, 서울 강남·강북 가릴 것 없이 전셋값이 급등하고 있다는 내용이었다. 같은 신문에선 **"서울 전셋값 상승률 5년 만에 최고…누르면 누를수록 더 올라"**와 **"與 '2+2+2년 전세' 발의…6년치 전셋값 한번에 오를 수도"**라는 기사를 실었다. 더불어민주당 김태년 원내대표는 15일 당 회의에서 부동산 투기 근절과 서민 주거 안정을 위한 부동산 세법과 임대차 3법을 7월 국회에서 반드시 처리하겠다고 했다. 민주당 이원욱 의원은 이날 세입자에게 최대 6년(2+2+2년) 거주를 보장하고 전·월세 인상률을 1회에 '기준금리+3%p'로 제한하는 내용의 「주택임대차보호법」 개정안을 발의했다고 밝혔다.

같은 신문 7월 17일 자에는 **"서울아파트 전셋값 55주 연속 올랐다"**, 18일 자에는 **"서울 아파트 전세 씨가 마른다…한 달 새 최대 60% '매물 실종'"**이라는 기사가 실렸다.

〈한겨레신문〉 7월 16일 자에는 **"주택공급 확대 TF 첫 회의…강남권**

그린벨트 허무나", 17일 자에는 "**서울에 주택공급 시그널, 강남 집값 기름 부을 수도**"와 "**'야당 주택공급 확대 요구 경청' 임대차 3법 조속한 처리 당부**", "**서울 아파트값 상승세 여전…전셋값도 불안**"이라는 기사가 실렸고, 18일 자에는 "**그린벨트 해제, 성급한 추진 안 된다**", 21일 자에는 "**그린벨트 놓고 '중구난방' 당정청, 정책 불신만 키워**"와 "**그린벨트 보존…국공립시설 터에 '주택공급' 가닥**"이라는 기사가 실렸다.

7월 20일 자 〈조선일보〉에는 "**주택공급, 그린벨트 해제보다 재건축이 낫다**"와 "**노무현 정부 시즌2 될라 '강남 트라우마'에 빠진 정부**", "**아파트 누르자 다세대·연립·오피스텔로 '풍선효과'**", "**與 대선주자들 그린벨트 풀면 안 돼**"라는 기사가 실렸다. 23일 자에는 "**'세금 내느니 물려주자' 2분기 아파트 증여 1만 8,696건 역대 최고**"와 "**국회예산처 '종부세, 5년간 10조 이상 늘 수도'**"라는 기사가 실렸다.

〈한겨레신문〉은 7월 22일 자에 "**지난해 주택 종부세 대상 11만명 증가**"라는 기사를 실었는데, 더불어민주당 양경숙 의원은 "지난해 종부세수가 과표 중상위 구간을 중심으로 전년보다 늘어난 것은 공정 과세가 강화된 결과"라고 말했다. 28일 자에는 "**임대차 2+2년, 인상률은 5% 내 지자체 결정**"이라는 기사가 실렸다. 추미애 법무부 장관이 국회 법제사법위원회에서 밝힌 내용을 다루었는데, 전월세 인상률 상한제를 기존 계약을 갱신할 때만 적용하고 신규 계약 시에는 적용하지 않기로 했으며 4년 이후 임대인이 신규 임차인을 받을 때는 임대보증금을 자유롭게 정할 수 있다는 내용이었다. 추 장관은 이날 "신규 계약자에 대해서도 적용할지는 중·장기적으로 검토하기로 했다"고 밝혔다. 같은 신문 29일 자에는 **"보름 새 1억·두달 새 2억…전셋값 폭등에 세입자들 아우성"**이 실렸고, 같은 날 〈조선일보〉는 **"임대차 3법, 전셋값 3억 끌어올렸다"**라는 기사를 실었다. 국회에서도 임대차 3법이 불러올 부작용에 대한 우려가 나왔는데, 국회 법제사법위원회는 임대료 증액 제한 시 단기적인 임대료 급등 및 신규 임차인에 대한 진입 장벽 등 부작용이 발생할 우려가 있다고 지적했다. 같은 날 **"'전셋값 열흘새 또 1억이' 임대차 3법이 불붙인 전세대란"**, 30일 자에는 **"'법 시행 전 전셋값 인상', '못 준다, 법대로 하자'…3법이 싸움 붙였다"**라는 기사가 실렸다.

같은 날 〈한겨레신문〉은 **"이재명, '경기도 4급 이상, 한 채만 남겨라'"**라는 기사를 실었는데, 경기도의 간부 다주택자들에게 "연말까지 1주택 초과분을 처분하라"는 내용의 고강도 '공직사회 부동산 지침'을 발표했다는 내용이었다.

〈한겨레신문〉 7월 29일 자에는 **"임대차 3법 중 '전월세신고제' 국토위 통과"**, 31일 자에는 **"'전월세 5% 상한' 오늘 곧장 시행"**이라는 기사가 실렸다. 전월세상한제와 계약갱신청구권을 도입하는 내용의 「주택임대차보호법」 개정안이 30일 국회를 통과했고, 31일 임시국무회의에서 의결해 공포하면 개정안이 바로 효력을 지니게 된다는 소식을 다루었다.

〈조선일보〉는 7월 30일 자에 **"전셋값 폭등 난리인데 추미애 '2% 오를 것'"**이라는 기사를 실었다. 인터넷상에서는 임대차 시행을 앞두고 전셋값이 폭등하는 등 시장이 혼란한 상황에 대한 우려가 커지고 있지만, 추미애 법무부 장관은 이와 관련해 "전세가 상승률의 확률 분포를 돌려본 결과, 제도 도입 직후 초기 임대료 상승률 기댓값은 2.35% 정도"라고 말했다는 내용이었다.

8월 1일 자에는 **"전세 매물 실종, 정말 세입자 위한 임대차법인가"**와 **"서울 대단지 26만 가구에 전세매물은 454건"**이라는 기사가 실렸다. 강남에서 영업하고 있는 한 부동산 중개인은 "18년째 영업하면서 이렇게 전세 물건이 없는 건 처음"이라며 "대부분 자녀 교육 때문에 4~6년씩 전세살이하는 사람들인데, 임대차법 개정으로 집주인이 들어온다고 하니 세입자들은 그야말로 패닉 상태"라고 말했다.

같은 신문에 **"전월세법 강행한 與, 이젠 임대료도 정해주자"**라는 기사가 실렸다. 더불어민주당에서 전·월세 인상률 상한을 법으로 정하는 것에서 나아가, 전·월세 가격 자체를 정부나 지방자치단체 등에서 정하는 '표준임대료' 제도를 도입하자고 주장한다는 내용이었다. 이런 강제적인 표준임대료제는 시장의 가격 설정 기능을 정면으로 거스르는 것이고, 집주인의 사유재산권을 과도하게 침해해 위헌 소지가 있다고 보았다. 설훈 최고위원은 더불어민주당이 「주택임대차보호법」 개정안을 제대로 심사하지 않고 일방적으로 처리했다는 비판에 대해 "우리는 180석을 국민으로부터 받았다"며 "(부동산 대책을) 빨리 처리해서 고통에서 벗어나게 해달라는 주문이었기에 우리가 지난번 총선에서 그런 결과를 얻었던 것"이라고 말했다.

〈한겨레신문〉은 8월 1일 자에 **"뛰는 전셋값 잡겠지만 월세 전환 늘어날까 우려"**, 4일 자에 **"'다주택자 배제' 법안까지 나오는 씁쓸한 현실"**이라는 기사를 실었다. 기사에 따르면 천준호 더불어민주당 의원이 국회의원 및 고위 공직자가 2주택 이상을 보유할 경우 부동산 관련 업무 또는 관련 국회 상임위원회에서 배제하는 내용의 「공직자윤리법」 개정안을 발의하겠다고 밝혔다. 하지만 여야 스스로 다주택 의원을 관련 상임위에서 빼지 않고 입법까지 강제하고 나선 건 씁쓸하기 짝이 없다고 평가했다.

〈조선일보〉 8월 3일 자에는 **"'월세가 낫다'는 與…집값 분노에 기름 붓다"**라는 기사가 실렸다. 정부·여당이 군사작전 하듯 이틀 만에 「주택임대차보호법」을 처리·시행한 이후 전·월세 시장이 극도의 혼란에 빠졌는데, 여당 의원들이 "누구나 월세 사는 세상이 나쁜 게 아니다"라고 말하고 나서자 세입자들이 분노했다는 내용이었다. 같은 날 **"임대계약 78%가 전세, 서민들 월세로 바뀔까 걱정"**과 **"'전세 2년법' 땐 가격 30% 급등…이대론 2년 뒤 더 큰 충격 덮친다"**라는 기사도 실렸다. 부동산 전문가들은 지금 기존 계약자는 보호받고, 신규 계약자만 충격을 받는 사실상 '2중 가격제'가 만들어졌다며, 정부가 2년은 억눌러도 결국 잠재된 충격이 폭발할 것이라고 지적했다.

8월 4일 자 〈한겨레신문〉에는 **"'부동산 슈퍼위크'…규제법안·공급대책 동시에"**라는 기사가 실렸다. 국회 법사위는 이날 법인세·종합부동산세·지방세법 개정안 등 기획재정위원회·국토교통위원회·행정안전위원회에서 각각 올라온 부동산 관련 법안 11개를 미래통합당이 불참한 가운데 통과시켰다. 여기에 7.10 부동산 대책 후속 법안으로 종합부동산세 최고세율을 6%까지 올리는 '부동산 3법'도 포함됐고, 다주택자가 증여하는 꼼수를 막기 위해 증여 시 취득세율을 최대 12%까지 올리는 지방세법 개정안 등도 통과됐다고 전했다.

임대차 3법으로 인해 전세가는 어떻게 되었을까? 아래 그림에서 볼 수 있듯, 임대차 3법에 대한 언급이 나오기 전까지는 아마 역대 정부 가운데 가장 안정적이었다고 볼 수 있다. 그러던 것이 임대차 3법으로 인해 가격이 폭등하는 양상으로 변했다. 문 정부 출범 시점을 100으로 조정했을 때, 강남구는 2017년 5월부터 2020년 5월까지 5%밖에 상승하지 않았다. 폭발하는 집값에 비하면 전셋값은 아주 안정적이었다. 지방의 경우는 문 정부 출범 후 계속해서 하락하는 추세까지 보여주었다. 그러던 것이 임대차 3법에 대한 언급이 나오던 시점부터 급등으로 돌변했다. 아무리 다른 요인이 있다 하더라도 이렇게까지 단기에 폭등한 것은 임대차 3법의 영향 외에는 찾기 힘들다. 문 정부 출범 후 계속해서 하락하던 기타 지방의 전세가마저 상승세로 돌려 버릴 정도로 영향이 컸다.

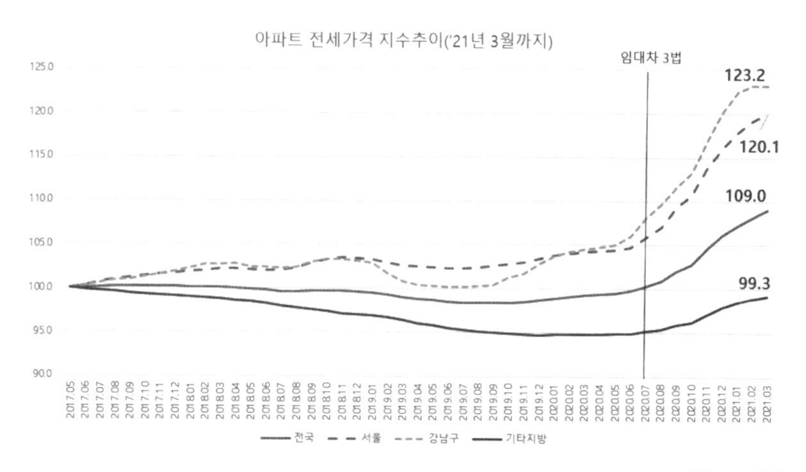

출처: KB국민은행.

[outlook]

토지규제 푼 독일, 임대주택 늘린 영국… 공급이 답이다

며칠 전 문재인 대통령이 부동산 대책을 직접 언급함에 따라 시장이 술렁이고 있다. 시민단체에서도 연일 부동산 정책 실패를 언급하며 대책을 촉구하고 있어 조만간 22번째 대책이 나올 것 같다.

일단 이번 대통령 지시로 인해 실수요자와 생애 최초 구입자 등은 다소 숨통이 트일 것으로 보인다. 세금과 대출규제 완화 등이 이들 계층에 적용될 것으로 예상된다.

문 대통령은 주택 공급물량을 발굴해서라도 추가로 늘리라는 주문도 했다. 이는 지금까지의 정부 입장과 사뭇 다르게 느껴진다. 그동안 정부는 공급은 충분한데 투기꾼들 때문에 집값이 올랐다고 주장해 왔기 때문이다. 여하튼 물량 확대는 중장기적 시장 안정을 위해 필요한 조치다. 잘만 된다면 효과를 볼 수 있겠지만 시장 반응은 좀 다르다. 기존의 재개발 · 재건축 규제 강화 기조는 그대로 놔두고 진행할 가능성이 크기 때문이다. 그린벨트 해제와 같은 획기적 공급안이 추가되지 않으면 그 효과는 미미할 것으로 보인다. 즉, 필요한 곳에 공급을 늘리는 것이 무엇보다 중요하다.

전월세 거주자에 대한 부담을 줄이는 정책은 그 목표에 이견이 있을 수 없으나, 그 실행 방법에 대해서는 염려되는 바가 크다. 자칫 전월세 상한제와 계약갱신제 등과 같은 가격 규제로 이어진다면, 중장기적 공급 부족 현상 혹은 슬럼화를 불러온다고 알려져 있기 때문이다. 과거 선진국에서 임대료 상한제 등과 같은 정책이 시행됐을 때 겪었던 현상이다.

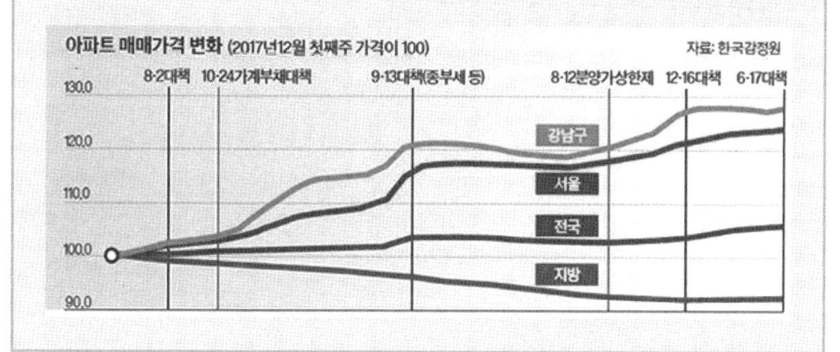

문 대통령은 다주택자 등 투기성 주택 보유자의 부담을 강화하라는 주문도 했다. 이에 여당은 종부세법 개정안을 포함한 '부동산 5법' 처리에 속도를 내기로 했다. 국토교통부 장관이 다른 나라 세제를 검토하고 있다고 말한 것으로 봐서 대략 취득세와 양도세, 보유세, 종부세와 같은 거의 모든 항목에 대한 세금 정책과 대출 규제 등이 더욱 강화될 것으로 보인다. 그러나 이러한 정책들의 가격 안정 기능은 의문시되고 있으며, 오히려 다주택자를 규제함에 따른 악영향이 우려된다. 즉 임대주택의 절대다수를 공급하는 다주택자들이 향후 투자를 줄임에 따라 임대주택 재고가 줄어들게 되고, 이는 다시 가격 상승으로 연결될 가능성이 크다는 말이다. 단기적 안정 효과는 있을지 몰라도, 중장기적 효과는 반대로 나타나기 때문에 선진국에서는 우리와 반대로 다주택 임대사업자에게 지원까지 하고 있다.

지금까지 21번이나 대책을 발표하고서도 효과가 이러하다면 왜 그런지 근원적 고민을 해야 한다. 얼마 전까지만 해도 우리 부동산 시장이 선진국과 동조하는 현상을 보였던 것을 감안하면 최근 선진국 시장이 하락 혹은 조정을 받고 있음에도 불구하고 왜 우리만 이렇게 상승하는지 생각해 봐야 한다.

영국 런던의 집값은 지난 15년간 거의 두 배 수준으로 올랐다. 런던과 더불어 뉴욕과 시드니, 스톡홀름도 몇 년 전까지 폭등 양상을 보였으나, 최근 하락세로 돌아서거나 가격 상승이 멈춘 상태다. 서울과 비교 가능한 세계 대도시들에서 얼마 전부터 상승세가 멈춘 것이다. 여기에는 몇 가지 부동산 규제가 효과를 본 측면도 있겠으나, 무엇보다 정부가 주택 공급을 늘리기 위해 총력을 기울인 것이 그 원인으로 분석된다.

독일에서는 토지 공급을 원활히 하기 위해 규제를 완화했고, 임대주택 공급을 위한 세제 인센티브 등을 실시했다. 영국에서도 공급 확대를 위한 인허가 과정을 효율화하고 공급 속도를 높이기 위한 정책을 시행했다. 그리고 민간 임대주택 건설을 확대함과 동시에 다양한 주거 사다리 정책도 시행하고 있다. 호주에서도 시장 안정을 위한 공급 확대 정책이 핵심적으로 시행되고 있으며, 미국에서는 세금 및 부담금 감면과 규제 완화 등을 통한 공급 확대책을 펼치고 있다.

선진국 사례를 보면 우리는 너무 규제 일변도로 가고 있다. 국가가 모든 것을 할 수 있다면 모르지만, 한계가 있다면 선진국 제도를 벤치마킹해 제도를 보완해야 할 것이다.

출처: 심교언(2020.7.7), 중앙일보.

[시론]
공급 위축 부를 '부동산 세금폭탄'

정부에서 다시 부동산대책을 내놓았다. 22번째다. 지난 6.17 대책을 발표하자마자 보완 얘기가 나왔고, 이후 대통령이 장관을 불러 특별 지시를 하고 나서, 7.10 대책이 나왔다. 투기의 여지가 있는 것은 모두 막기로 작정한 대책이 지난달 대책이었다. 그럼에도 불구하고 시장 불안 양상은 계속되었고, 애꿎은 피해자가 대폭 늘어남에 따라 민심마저 들끓었다. 그래서 다시 3주 만에 부랴부랴 대책을 발표했다. 이젠 코로나에 대한 걱정이라든가, 경제 위축에 대한 우려, 자영업자들의 위기 등 현안에 관한 모든 이슈가 사라지고, 오로지 집값을 잡는 것이 최상위 목표가 된 듯하다. 아예 정부가 특정 국민을 상대로 전쟁을 벌이고 있다는 느낌마저 든다.

이번 대책의 핵심은 부동산 세제 강화다. 이에 따라 이제는 모든 부동산 관련 세금이 세계 최고 수준으로 된 듯하다. 선진국들의 세금 중 높아 보이는 것은 모두 끌어들인 게 아닌가 하는 생각마저 든다. 참여정부부터 현 정부에 이르기까지 인정되었던, 거래관련 세금은 낮추고 보유세는 올린다는 교과서적 명제마저 다 사라졌다. 지난해 OECD 통계에 제시된 2017년 GDP 대비 부동산 조세징수 실적을 살펴보면, 거래세는 36개 회원국 중 탁월하게 높은 1위이고, 보유세는 중간 정도인 18위로 나타난다. 그럼에도 대폭 올렸다.

여러 세금 중에서 다주택자들이 특히 부담으로 느낄만한 것은 종부세 부담일 것이다. 최고 6%를 납부하게 한 것은 아마 세계 최고 수준이 아닐까 싶다. 최고액을 납부할 경우 몇십 년만 지나면 국가가 집을 가져가는 형태가 된다. 이 정책은 단기적으로 가격을 안정시킬 가능성이 있으나, 중·장기적으로는 공급위축을 통해 집이 더욱 부족해지는 결과를 초래하고, 이는 전셋값 급등으로 연결될 가능성이 높다. 재산세율이 높은 나라인 미국의 경우, 지방마다 차이가 있지만 실효세율이 0.3%~3.65% 수준 정도이다. 그러나 이마저도 소득세를 산정할 때 과세 대상소득에서 재산세 납부액은 공제가 된다.

다음으론 양도소득세 세율 인상도 경제에 부담이 될 전망이다. 단기 보유 주택에 대해 최고 70%까지 부과하는 양도소득세 중과는 다급한 정부 입장에서 보면 이해는 가지만, 거래가 이루어지지 않음에 따른 피해도 만만치 않을 것으로 보인다. 다주택자에 대한 중과세율을 지난해 12월에 이어 또 인상한 것도 문제가 될 소지가 크다. 기본세율이 6~42%인데 다주택자는 여기에다 최고 30%P가 추가된다. 상당수의 선진국에서는 양도소득세가 없거나, 있더라도 우리만큼은 아니다. 이미 세계 최고 수준인데, 이를 더욱 경신한 모양새다. 양도세 중과에 따라 벌써부터 시장에서는 증여가 급증했고, 매물이 줄어듦에 따라 가격이 불안해지는 단기적 부작용이 이미 나타났다. 중장기적으로는 세율 인상에 따라 투자수익이 줄어들게 되고 이에 따라 공급이 위축되는 부작용이 나타날 가능성이 높다. 결국 서민과 중산층이 피해를 볼 가능성이 높은 정책이다.

이번 대책에서 정부는 등록임대사업제 제도보완이라는 명목으로 단기임대와 아파트 장기일반 매입임대를 폐지했다. 등록임대사업자가 투기의 주범으로 몰리긴 했지만 안정적 임대주택의 공급자 역할을 한 측면이 있다. 임대주택의 대부분을 공급하는 이들에 대한 규제는 향후 공급 위축으로 연결되어 집을 구하기 더욱 어려운 상황으로 귀착될 가능성이 높다. 결국 중장기적으로 서민이 더욱 어려워질 가능성이 높다.

이번 대책에서 생애최초 구입자와 신혼부부 등에 대해 그간 불만사항이었던 점을 일부 해소했고, 소급논란이 일었던 잔금대출에 대해서도 피해가 없도록 한 점은 노력을 인정할 만하다. 그러나 한편으론 조금만 더 사려 깊게 정책을 만들었으면 피할 수 있었던 혼란이 아닌가 하는 생각도 든다.

얼마 전 재미난(?) 사례를 들었다. 결혼을 하긴 했는데, 신혼집을 마련해야 해서 혼인신고를 못 한다는 것이다. 남편이 주택담보대출을 받아 집을 사고, 부족한 돈은 부인이 전세자금대출을 받아서 동거한다는 이야기였다. 결혼 생활마저 위협하는 규제가 과연 적절한 것인지, 또 다른 선의의 피해자는 없는지 깊은 고민이 필요하다.

출처: 심교언(2020.7.15), 한국경제.

[시론]

임대차 2법과 해외학자들의 고민

지난 몇 개월간 부동산 시장은 혼란의 시기였다. 너무나 급작스럽게 제도가 바뀌는 바람에 정부도 갈팡질팡했고, 시민들은 더욱 정신을 못 차리게 되었다. 임대차 2법은 당초 임대차 3법을 추진했으나 여의치 않아 미리 시행된 계약갱신청구권제와 전월세 상한제를 일컫는다.

계약갱신청구권은 세입자가 집을 2년 동안 사용한 뒤 1회에 한해 임대차 계약연장을 청구할 수 있는 권리이다. 이에 따라 집주인은 임대차 종료 6개월 전부터 1개월 전까지 갱신을 요구하는 경우, 정당한 사유 없이는 거절하지 못하게 하는 제도이다. 그리고 전월세상한제는 집주인이 계약을 연장할 때 전월세의 상승폭을 기존 금액 대비 연 5%로 제한하는 제도이다.

벌써부터 시장에서는 정부 기대와 반대로 다양한 악영향이 나타나고 있다. 들어가 살기 위해 집을 샀는데 계약갱신청구권의 6개월 기간 때문에 길거리에 나앉게 되었다는 사연부터, 나가기로 한 세입자가 돌변하여 웃돈을 요구한다는 얘기, 전세 물량이 없어서 이제 주변으로 이사갈 수밖에 없는 하소연까지 들려온다. 정부가 곧 안정된다고 얘기하는 것을 대부분의 국민은 양치기 소년의 허망한 소리로 받아들이고 있다. 몇 년 전부터 안정된다던 집값은 계속 오르고 있고, 전세가는 최근 60주간 그칠 줄 모르고 상승하고 있다.

수많은 전문가들의 경고가 실현되는 게 아닌가 싶다. 물량위축에 따라 서민이 더 힘들어질 것이라는 경고와 품질 저하에 따른 열악한 환경으로의 내몰림이 대표적인 얘기이다.

해외학자들은 어떻게 생각할까? 먼저 2014년 EC의 지원으로 나온 보고서에는 이런 규제가 집주인과 세입자 사이의 갈등을 악화시킬 수 있다고 언급하면서, 기존 세입자에 비해 신규 세입자가 피해를 보는 역진적인 배분효과가 나타난다고 하고 있다. 그리고 집주인은 임차기간 동안의 낮은 임대료를 보상받기 위해 초기 임대료를 높게 부과한다고 한다. 결론으로 주거안정성을 높이면서 기존 세입자와 신규 세입자 간의 차별적 대우를 피하기 위해서는, 임대인의 재산권을 보장하면서 임차인과 임대인의 이해에 대한 균형 있는 제도만이 시장의 실패를 교정할 수 있다고 역설하고 있다.

도시경제학의 거장인 아서 오설리반**Arthur O'Sullivan**은 이런 규제하에서 주택에 대한 초과수요가 발생하면서 주택을 찾는 데 더 높은 탐색비용이 소요됨을 먼저 지적한다. 여기에 장기적으로 공급까지 축소된다면 그 비용은 더 올라갈 것이다. 그리고 두 번째로 열쇠대금**key money**을 지적하고 있는데 이는 임대료 외에 열쇠에 대한 돈을 부과한다는 것이다. 낮은 임대료를 집주인들이 만회하기 위한 수단으로 사용한다는 것이다. 세 번째로는 품질 저하를 들고 있다.

《맨큐의 경제학》으로 너무나 유명한 맨큐는 그의 책에서 다른 경제학자의 발언을 시작으로 경고하고 있다. 즉, 도시를 파괴하는 데 있어서 폭격 외에 가장 좋은 방법이 임대료 규제라는 얘기를 인용하면서 시작한다. 맨큐는 단기적인 영향보다 장기적인 악영향이 더 심각하다고 결론 짓고 있다. 장기적으로 공급은 더 위축되고, 시장가격보다 저렴한 임대료로 인해 수요는 더 늘어나게 된다고 한다. 그 결과로 집주인이 세입자를 가려서 받거나 뇌물도 사용됨을 경고하고 있다. 그리고 집주인이 수리를 할 이유가 사라짐에 따라 주택 품질도 저하됨을 지적하고 있다. 맨큐는 그의 교과서 서문에서 이렇게 잘못된 정책이 계속해서 시행되는 이유로 일반대중을 설득하지 못했다는 반성의 말과 함께 그 책의 목적이 이러한 것들을 이해시키는 것이라고 서술하고 있다.

출처: 심교언(2020.10.24), 하우징헤럴드.

[시론]

임대차법의 역습

지난 7월 임대차법이 군사작전을 방불케 하는 속전속결로 통과되고 나서 혼란이 극을 이루고 있다. 서울아파트 전셋값은 68주, 수도권은 62주 연속 상승하고 있다. 며칠 전에는 서울의 한 아파트에서 전셋집 하나 구하는데 9팀이 몰려서 화제가 되었다. 결국 가위바위보와 제비뽑기를 통해 당첨된 사람이 계약을 했다는 씁쓸한 얘기다. 국토연구원에서 발표하는 전세시장 소비지수도 5년 만에 최고치를 기록하고 있고, 이래저래 전세시장의 난맥상은 해결될 기미가 잘 보이질 않는 가운데 정부에서는 곧 진정된다는 희망고문을 계속하고 있다.

지난해 말 베를린에서는 세상을 깜짝 놀라게 할 제도가 만들어졌다. 5년간 임대료 동결이다. 그리고 지난달 베를린에서는 방 한 칸짜리 임대주택 한 채를 보기 위해 1,749명이 운집했다는 뉴스가 화제가 되었다.

계약갱신청구권이라는 세입자 보호책과 전월세상한제라는 임대료 규제의 효과에 관해서는 수많은 연구들이 진행되어 왔다. 집주인과 세입자 간의 갈등을 심화시키고,

물량위축과 품질 저하에 따른 주거난 가중이라는 공통된 결론이 제시되었음에도 불구하고 정부에서는 그럴 가능성이 낮다는 안이한 태도로 일관하여 지금의 혼란이 가중되고 있다.

사실 전세가는 이번 정부 내내 상당히 안정적이었다. 임대차법이 국회를 통과하면서부터 시장은 요동치기 시작했다. 이를 KB 주간 아파트전세가격지수를 통해 보자. 법안이 통과된 7월 말을 기준으로 이전 일 년간 서울의 전셋값 상승률은 3.9%였던 것이, 법안 통과 후 3개월이 되지 않은 10월 12일까지 4.1% 상승했다. 서울시 내에서도 이 짧은 기간 동안 폭등한 구를 살펴보면, 송파구가 가장 높게 5.8% 상승했고, 강서구, 성북구, 노원구, 강북구가 5% 이상 상승했다. 강남지역의 상승도 문제이긴 하지만, 서민들이 사는 지역의 전셋값이 덩달아 폭등하는 것이 더 큰 문제이다. 게다가 이제는 서울 주변 지역으로 그리고 대도시 지역으로 이러한 전세난이 확산되고 있다. 본격적으로 전세난민화되는 현상이 만연하고 있다.

몇몇 선진국들의 임대료 규제와 세입자 보호책은 일부 주택에만 적용됨에 반해, 우리는 모든 주택을 대상으로 하기에 기존 사례에서 알려진 것보다 그 부작용이 더 크게 나타날 가능성이 높다. 기존 연구에서 일관되게 경고하는 것처럼, 단기적 혼란보다 장기적 부작용이 더 클 경우 서민들 생활고는 상상을 초월할 정도로 힘들어질 가능성을 배제할 수 없다는 말이다. 전셋집이 줄어들어서 서민들은 집을 구하기가 더 힘들어지고, 거기에 따라 웃돈**열쇠대금, key money**을 얹어주는 행태와, 가구, 설비 등의 교체에 따른 비용을 엄청나게 높은 가격으로 세입자에게 넘기는 방법들도 나타날 것으로 보인다. 임대료를 못 올리게 하니, 집주인이 이를 만회하기 위해 사용하는 전형적인 방법들이다.

이번 정부에서 본격적인 부동산 대책의 시작은 2017년의 8.2 대책으로 볼 수 있다. 그 대책 이전 일 년간 오른 수치보다 이후 일 년간 폭등 양상을 보여줬다. KB부동산지수로 보면 8.2 대책 이전 일 년간 강남구 아파트값은 4.9% 상승했고, 이후 일 년간은 14.0% 폭등했다. 전세가도 비슷한 모습이다. 임대차법 통과 이전 일 년간 상승한 것보다 이후 몇 달간 서울 전셋값이 더 오른 것이다. 이렇게 짧은 기간 동안 급변한 것은 정부 정책 이외에 설명할 길이 없다. 정책의 장단기 효과와 부작용 등을 충분히 감안하지 않고 졸속으로 집행한 결과, 혼란이 반복되고 있고, 서민들의 생활고가 가중되고 있음을 깨달아야 한다.

출처: 심교언(2020.10.20), 서울경제.

"베네수엘라 닮아가는 부동산 정책… '대네수엘라' 현실되나"

베네수엘라, 우리와 '판박이' 부동산 규제. 결과는 '임대료 폭등'

정부의 부동산 정책이 규제 일변도로 치닫고 있다. 취득·보유·거래세 인상과 전세대출 규제 등에 이어 부동산 거래를 감시하는 별도의 기구 설치를 시사하는 등 반反시장적 대책이 쏟아지고 있다. 부동산 전문가들과 일반 국민들 사이에선 "정부 부동산 정책이 포퓰리즘과 과도한 규제로 부동산 가격 폭등을 야기한 베네수엘라를 닮아간다"는 지적이 공감을 얻고 있다.

11일 정부와 부동산 업계에 따르면 최근 시장에서 한국 부동산 정책을 베네수엘라의 2000년대 중반 이후 정책과 연결하는 분석이 나오고 있다. 한국에서 최근 강화되고 있는 부동산 규제 대부분이 10여년 전 베네수엘라에서 잇따라 도입해 실패한 것과 닮았다는 것이다.

'대네수엘라' 현실화되나

한-베네수엘라 경제협력센터의 보고서에 따르면 베네수엘라 정부는 2003년부터 9년간 임대료를 동결하는 조치를 단행했다. 이후에도 임대감사국이 면적에 따른 임대료를 정해주는 식으로 운영한다. 최근 시행된 전월세 상한제나 추진 중인 표준임대료제와 비슷하다고 평가받는다. 베네수엘라 정부는 2011년엔 임차인이 새로운 주택을 구하기 전 퇴거를 강제하지 못하게 하는 임의적퇴거금지법을 도입했다. 최근 전세가격 폭등을 일으킨 주범으로 지목되는 계약갱신청구권제와 유사하다는 분석이다. 각종 부동산 관련 커뮤니티 등에선 대한민국과 베네수엘라를 합쳐 '대네수엘라'가 되겠다는 자조 섞인 목소리가 나왔다.

문재인 대통령이 지난 10일 부동산 감독기구 신설을 시사하면서 자조는 현실화에 대한 우려로 바뀌는 모습이다. 부동산 감독기구가 2011년 베네수엘라에 설립된 공정가격감독원SUNDDE과 성격이 유사할 수 있다는 예상이 나오기 때문이다. 베네수엘라의 공정가격감독원은 현재 주로 생필품 등 유통되는 공산품의 가격을 제한하는 형태로 운영되지만, 필요에 따라 부동산 가격을 결정하는 역할을 할 수 있을 것이란 해석이 나온다. 우고 차베스 전 베네수엘라 대통령은 "다섯 채의 아파트를 보유한 사람이 처분을 거부할 경우 정부는 공공의 이익을 위해 이를 수용하고 소유주에게는 공정가격으로 보상해 줄 수 있다."라고 발언하는 등 부동산 가격에 정부가 개입할 수 있다는 점을 시사하기도 했다.
문 대통령이 도입을 시사한 부동산 감독기구도 이같은 가격 규제를 할 수 있다는 우려가 나온다. 성태윤 연세대 경제학부 교수는 "기구의 실체에 대해선 지켜봐야겠지만 시장 가격에 대한 개입을 강화하겠다는 것은 분명해 보인다."라며 "부동산 시장을 더 위축시키고, 양질의 부동산 공급이 어려워질 가능성이 높다."라고 말했다.

가장 큰 피해자는 빈곤층

베네수엘라와 한국의 정책적 유사점은 이 외에도 많이 발견된다는 것이 부동산 업계의 분석이다. 2010년부터 민간주택사업에 정부가 개입하기 시작한 것은 6.17 대책의 재건축 안전진단 강화 등 규제 강화와 대응한다는 평가다. 2011년 건설 중인 주택은 정부 허가 후 분양 또는 매매할 수 있게 한 부동산사기방지법을 도입한 것과 분양가를 물가에 연동되지 못하게 한 조치는 노무현 정부 때 부활한 분양가 상한제, 최근 확대되고 있는 분양권 전매제한 등을 떠올리게 한다는 설명이다.
물론 한국의 경제 상황이 베네수엘라와는 다르다는 반론이 제기되기도 한다. 베네수엘라는 원유를 기반으로 한 자원 경제의 성격이 강한 반면 한국은 자원이 없고 제조업과 수출 중심 경제다. 우리가 주택 소유에 대한 열망이 강한 것과 달리 베네수엘라는 국토가 넓고 인구가 적어 주택을 소유하려는 사람이 적다는 설명도 있다.
하지만 규제의 방향이 유사한 만큼 그 결과는 교훈으로 삼을 필요가 있다는 것이 전문가들의 지적이다. 반시장적 규제의 결과로 베네수엘라의 부동산 가격은 폭등했다. 보고서는 2013년을 기준으로 "매달 부동산 가격이 16%씩 오르고 있다."라며 "극빈층을 돕고자 정책을 실현했지만 주택을 매입할 여건이 되지 않는 빈곤층이 가장 큰 피해를 입었다."라고 설명했다. 임대료를 강제로 정한 조치는 제대로 작동하지 않았고, 2배 이상 웃돈이 붙는 '임대료 암시장'이 형성됐다고 소개하기도 했다.

개인간 거래 들여다보는 곳 없어

베네수엘라 외에도 일부 국가에서 정부가 부동산 거래에 상당 부분 개입하는 모습이 나타나는 것으로 파악된다. 대부분이 사회주의 국가다. 하지만 사회주의 국가에서도 부동산 거래만을 특정해 감독하거나 거래 허가제를 도입하는 경우는 찾아보기 어렵다는 설명이다. 예를 들어 베트남에서는 토지가 국유화 상태여서 거래가 불가능하지만 건물은 자유롭게 거래할 수 있다. 중국에서도 토지는 국유화 상태지만 토지 사용권 개념을 도입해 거래를 허용한다. 일반 부동산 거래를 정부가 허가하는 절차는 없다.

부동산 규제가 강화되고 정부의 개입이 많아지면 결국 개인의 재산권을 침해하는 결과로 이어질 수밖에 없다는 지적도 나온다. 도시국가인 싱가포르에서는 주택과 관련된 전 과정을 주택개발청이 직접 관여한다. 싱가포르 주택의 80% 이상을 국유화해 환매조건부 분양제도에 따라 분양한다. 주택을 분양가에 매입할 수 있지만 이사를 갈 경우엔 매입가격에 되팔아야 한다. 하지만 싱가포르식 제도를 도입하기 위해선 기존 주택의 국유화 과정이 필요하다. 싱가포르는 개인 소유 주택을 강제 수용하는 형태로 이 같은 제도를 구축했다.

홍기용 인천대 경제학부 교수는 "정부 개입으로 사유재산권이 침해되고 부동산 가격은 더 뛰는 부작용이 심해질 수 있다."라고 지적했다.

출처: 강진규(2020.8.11), 한국경제.

주택 산업의 싹을 자른 루마니아의 주택 정책

…국민의 96%가 자기 집에서 사는 나라가 있다. 바로 루마니아다. 모든 국민들이 자기 집에서 살고 있으니 루마니아 국민들은 주택과 관련하여 아무런 고민이 없을까?

1990년대 공산주의가 무너져 내리기 전, 루마니아 정부는 전 국민들이 자기 집을 가지고 자기 집에서 살게 하는 정책을 시행했다. 공산주의에서는 모든 주택을 정부가 소유하고, 필요한 때마다 국민들에게 주택을 배정했다. 그런데 이때 루마니아 정부는 국민들에게 주택을 싸게 판매했다. 국민들은 저렴한 가격에 집을 구할 수 있었고, 결국 전 국민의 96%가 자기 집을 소유하게 되었다. 모든 국민들이 자기 집 걱정 없이 살아갈 수 있게 된 것이다.

이렇게 국민 모두가 자기 집을 가지게 되면 어떤 일이 벌어질까? 우선 건축업자들이 더 이상 주택을 짓지 않게 된다. 건축업자들은 주택을 지어서 파는 사람들이다. 그런데 누가 그 주택을 살까? 국민 모두가 자기 집을 가지고 있는 곳에서는 새로 지은 집을 살 사람이 없다. 물론 이미 자기 집을 갖고 있는 사람이 좀 더 새집에서 살고 싶어 할 수는 있다. 그런데 자기 집을 가지고 있는 사람이 새로 지은 집을 사기 위해서는, 자기가 지금 살고 있는 집을 팔아야 한다. 하지만 지금 살고 있는 집이 팔리지를 않는다. 모든 사람들이 자기 집을 가지고 있으니, 집을 내놓아도 팔리지 않는다. 자기가 살고 있는 집이 팔려야 새집으로 이사를 갈 수 있는데, 자기가 살고 있는 집을 팔 수가 없다. 그렇게 되면서 건축업자는 결국 새집을 지어도 팔릴 가능성이 거의 없는 지경에 이른다. 이제 건축업자들은 집을 짓지 않게 된다.

A가 다른 도시에 가서 직장을 얻으려 한다고 가정해보자. 다른 도시에서 원하는 직장을 구할 수는 있는데, 단순히 직장만 구해서는 안 된다. 그 도시에서 자기가 살 곳을 마련해야 한다. 그런데 살 수 있는 집이 없다. 모든 사람들이 집을 가지고 있고, 모든 집은 이미 살고 있는 사람이 있다. 빈집이 있어야 자기가 들어갈 수 있는데, 빈 집이 없다. 이런 경우 다른 나라에서는 렌트를 한다. 한국에서라면 전세나 월세로 들어갈 것이다. 그런데 전세나 월세 등은 집주인이 자기가 살고 있는 집 이외에 다른 집을 가지고 있을 때 가능한 것이다. 달랑 자기가 살고 있는 집 한 채만 있다면 전세도 월세도 불가능하다.

돈이 많은 사람이 집을 여러 채 사서 전세나 월세를 주면 되지 않을까? 그런데 전세나 월세를 살고자 하는 사람들은 집이 없는 사람들이다. 집이 없는 사람들이 많아야 전세나 월세를 살고자 하는 사람도 많고, 그러면 돈 많은 사람들이 몇 채씩 집을 지어서 전세나 월세를 주고 소득을 올릴 수 있다. 하지만 루마니아에는 이미 모든 사람들이 집을 가지고 있다. 전세나 월세를 살 사람이 없다. 자기가 살고 있는 집 외에 집을 더 지어 전세나 월세를 주겠다는 것은 바보 같은 생각이다.

결국 다른 도시로 이동하려는 사람들은 그 도시에서 거주할 수 있는 집을 찾는 것이 거의 불가능하다는 것을 깨닫는다... 학생들의 경우 진학을 하면서 다른 도시로 갈 수 있다. 이때는 기숙사 생활을 한다. 학교를 졸업하고 기숙사에서 나오면 원래 자기 집으로 돌아와야 한다. 기숙사를 제외하고는 외지에서 살 수 있는 집이 없다.

더 큰 문제는 아이들이 커서 독립을 하고자 할 때 발생했다. 아이일 때는 부모 집에서 살아가지만, 성인이 되면 독립을 해야 한다. 최소한 결혼을 하면 새로 집을 구해 나가야 한다. 그런데 구할 수 있는 집이 없다. 이때 자기가 살 집을 마련하기 위해서는 건축업자에게 의뢰해서 새집을 하나 지어야 한다. 하지만 이제 막 결혼하는 젊은이들에게 집 한 채를 지을 돈이 있을 리가 없다. 세계 어느 나라나 젊은 사람들은 전세나 월세로 시작한다. 결혼하면서 자기 집을 가지고 시작하는 것은 부모가 아주 부자인 경우에나 가능하다.

새집을 지을 수도 없고, 그렇다고 전세나 월세로 들어갈 집도 없는 루마니아 젊은이들이 할 수 있는 방법은 결국 하나뿐이다. 자기 부모 집에서 계속 사는 것이다. 그래서 루마니아는 점점 대가족이 되어간다. 세계적으로 혼자 사는 1인 가정이 늘어나지만, 루마니아는 예외다. 루마니아에서는 결혼해도 독립하지 않는다. 이는 아기가 태어나도 마찬가지다. 아무리 독립하고 싶어도 사실상 불가능하기 때문이다. 그냥 모든 식구들이 계속해서 그동안 살던 집에서 살아야 한다.

이게 다가 아니다. 루마니아에서는 거의 대부분의 집들이 노후화라는 문제를 겪고 있다. 새 집이 지어지지 않는 상태로 20년이 넘게 지났다. 모든 집들이 20년 넘게 제대로 수리도 하지 못한 상태로 노후화되고 있다. 자기가 살고 있는 집을 수리하면 되지 않을까? 그런데 사람들이 집을 수리하는 것은 보통 언제일까? 잘 살고 있는 집을 두고 이제 낡았으니 수리하자고 하는 경우는 거의 없다. 보통 이사 갈 때 수리를 한다. 월세나 전세를 주는 집주인은 새로 세입자를 받기 위해서 집을 수리하고 정비한다. 집을 새로 사서 들어가는 사람은 앞으로 자기가 살 집을 수리하고 정비한 다음 들어간다. 어떤 경우든 이사를 할 때 수리가 이루어진다. 그런데 루마니아에서는 모든 사람들이 자기 집에서 살다 보니 이사를 하지 않는다. 수도관이 터졌다거나 할 때처럼 큰일이 일어나야만 수리한다. 그렇게 몇십 년이 지나 이제 루마니아 집들은 모두 노후화해 문제 있는 집들이 되어 버렸다.

다른 많은 나라에서는 사람들이 자기 집을 가지지 못해서 아우성이지만, 루마니아에서는 거의 전 국민들이 자기 집을 가지고 있다. 모든 사람들이 자기 집을 가지게 하겠다는 루마니아의 주택 정책은 성공했다. 그러면 루마니아 국민들은 모두가 자기 집을 가지고 있는 지금 현실에 만족할까? 나이 든 사람들, 직접 자기가 집을 구해서 샀던 현재 노년층 사람들은 만족할지도 모른다. 하지만 그 후의 세대들은 그렇지 않다. 루마니아의 젊은이와 장년층은 모든 사람들이 자기 집을 가지고 있는 것은 저주라고 표현한다. 대부분 루마니아 젊은이들은 자기가 태어난 집에서 죽을 때까지 살 수밖에 없다. 명목상으로는 이동의 자유, 거주의 자유가 있지만 실제로는 없다. 모든 사람들이 자기 집을 가진 사회는 변화가 이루어질 수 없는 정체된 사회다.

출처: 최성락(2020.7), "규제의 역설: 왜 좋은 의도로 만든 정책이 나쁜 결과를 가져올까?", 페이퍼로드에서 부분 발췌.

먼저 찜하면 되는 카다피의 주택 정책

카다피는 가난한 사람들의 주거 문제를 해결하기 위해서 독특한 주택 정책을 도입했다. 우선 모든 주택을 국유화했다. 사회주의를 도입해서 사유재산제를 없애고, 집도 개인적으로 소유할 수 없게 했다. 모든 주택은 국가의 소유였다.

주택 국유화는 모든 사회주의 국가에서 도입한 정책이다. 그래서 주택의 국유화 자체는 별다른 게 아니다. 카다피의 주택 정책에서 재미있는 것은 이 주택들을 어떻게 국민들에게 나누어주느냐다. 보통 주택을 국유화한 사회주의 국가들에서는 국가가 주택을 각 개인, 가정에 배정을 했다. "너는 이 집에 살아라, 너는 저 집에 살아라"라는 식으로 국민들에게 주택을 나누어주었다. 그런데 이런 방식이 실제로 빈부의 격차, 주거지의 격차를 없앤 평등한 조치는 아니다. 사회주의 국가들은 집을 나누어줄 때 높은 지위를 가진 사람들에게는 좋은 집을 배정하고, 낮은 지위를 가진 사람들에게는 나쁜 집을 배정했다. 그래서 사회주의의 주거지는 오히려 자본주의 주거지보다 더 차별이 심하다. 정부가 그 사람의 사회적 지위, 국가에서의 위치에 따라 집을 배분하다 보니, 같은 출신 성분의 사람들이 같은 동네에 모여 살게 된다. 사회주의 국가에서는 어떤 동네에 사느냐가 그 사람의 출신 성분과 현재의 위치를 말해준다. 북한의 경우 평양에서 산다고 하면 그 자체로 특권층에 해당하는 것과 마찬가지다. 조금이라도 문제가 있는 사람은 평양에서 살 수가 없다.

카다피는 이런 사회주의의 주택 배분 정책을 따르지 않았다. 정말로 모든 사람들이 평등하게 주거지를 찾을 수 있는 방법을 고안했다. 주거지를 정말로 평등하게 국민들에게 배분하는 방법, 그것은 각자가 선착순으로 스스로 자기가 살 집을 선택할 수 있도록 하는 것이었다.

리비아 국민들은 길거리에 있는 어떤 집이든 마음대로 들어가서 살펴볼 수 있었다. 그 집이 빈집이면 그 집을 자기 집으로 삼고 살 수 있었다. 말하자면 선착순으로 자기가 살 집을 고를 수 있게 한 것이다.

그런데 이렇게 하면 먼저 좋은 집을 차지한 사람은 평생 동안 좋은 집에서 살고, 나쁜 집에 살기 시작한 사람은 평생 동안 나쁜 집에서만 살아야 한다. 이런 식으로는 실질적으로 빈부격차가 그대로 남는다. 그래서 카다피는 지금 나쁜 집에 살고 있는 사람이라 하더라도 언제든지 좋은 집에서 살 수 있는 기회를 가질 수 있게 했다. 어떤 집이든 지금 현재 집에 사람이 없다면, 그 집을 자기 집으로 할 수 있다. 길을 가다가 좋은 집이 있다. 그 집에 들어가보니 사람이 없다. 누군가 살고 있는 집이기는 하지만, 어디엔가 나가서 지금은 아무도 없다. 그러면 그 집을 자기 집으로 할 수 있다. 가구들을 모두 다 집 밖으로 들어내고 자기 집이라고 선포하면 된다.
살고 있는 사람이 집을 비우면 다른 사람이 들어와서 자기 집이라고 주장할 수 있는 정책이라니 과감하다. 보통의 경우라면 자기가 나가 있는 동안 다른 사람들이 들어오는 것을 막기 위해 자물쇠를 채울 것이다. 자물쇠를 채우면 외부인이 집에 들어갈 수 없고, 그러면 계속 현재 집주인이 그 집을 소유할 수 있게 된다. 그래서 취해진 조치가 자물쇠 금지였다. 집을 잠가둘 수 없고, 누구든 문을 열고 들어올 수 있도록 해야 했다. 정말로 누구나 평등하게 집을 구할 수 있고, 누구나 평등하게 좋은 집에 살 수 있는 기회가 주어지는 것이다.
그러면 이런 카다피의 주택 정책에 의해 모든 사람들이 좋은 집에 살 수 있게 되었을까? 빈부의 격차 없이 모든 사람들이 평등하게 집을 구할 수 있게 되었을까? 그럴 수는 없었다. 우선 가장 큰 불편은 사람들이 절대로 자기 집을 비울 수 없게 되었다는 점이다. 어떤 상황에서라도 누군가는 반드시 집에 남아있어야 한다. 만약 식구 모두가 집을 나가 있으면 순식간에 다른 사람에 의해 집을 잃을 수 있다. 언제 어떻게 지금 살고 있는 집이 다른 사람에게 넘어갈지 몰라 불안감을 가지며 살 수밖에 없다.
또 이렇게 자기 집이 언제 다른 사람들에게 넘어갈지 모르니, 집을 수리하지도 않고 관리하지도 않는다. 가구도 제대로 만들 필요가 없다. 집을 수리하고 잘 관리해 보았자 집을 빼앗기면 다른 사람 좋은 일만 시킬 뿐이다. 집을 빼앗기면 가구를 모두 버려야 할지도 모르니까 좋은 가구도 필요 없었다. 리비아의 집들은 그냥 비와 밤이슬을 막아주는 공간으로서의 기능만 했다. 제대로 공들인 좋은 집은 만들어질 수 없었다.
그리고 이런 정책으로 주거에서의 빈부격차가 감소하지도 않았다. 누가 집을 다른 사람에게 빼앗길 걱정 없이 좋은 집에서 계속 살 수 있을까? 자기 집에 가정부나 집사, 하인을 둘 수 있는 경우다. 이렇게 자기 집에서 일하는 사람을 둘 수 있는 사람들은 자기 집을 비울 염려가 없어서 계속 그 집에서 살 수 있다. 하지만 가난한 사람들, 집 식구 모두가 나가서 일을 해야 하는 가정에서는 집을 구할 수도 없고, 구해봤자 계속 유지할 수도 없다. 이런 가정은 사람들이 원하지 않는, 좋지 않은 집만 구해서 살 수 있었다. 결국 부자는 계속 좋은 집에 살고 가난한 사람은 계속 나쁜 집에서만 살게 된다. 더 좋은 집에서 살 수 있을 거라는 희망도 없다. 내가 돈을 더 번다고 해서 좋은 집에 들어갈 기회가 생기지도 않는다. 남은 방법은 혹시나 좋은 집 중에서 지금 사람이 나가 비어있는 집이 있지 않을까 기대하면서 모든 집 문을 열어보고 다니는 방법뿐이다.

카다피의 주택정책은 결국 실패했다. 주거지의 빈부격차는 줄이지 못했고, 사람들이 자기 집을 관리하고 수리하지 않으면서 주거 환경만 더 나빠졌다. 그리고 언제 자기 집이 사라질지 모른다는 불안감을 가지고 살아가야 했다. 의도는 좋았지만, 단지 의도만 좋았을 뿐이다.

출처: 최성락(2020.7), "규제의 역설: 왜 좋은 의도로 만든 정책이 나쁜 결과를 가져올까?", 페이퍼로드에서 부분 발췌.

19장

공공주도의 공급과 터지는 비리

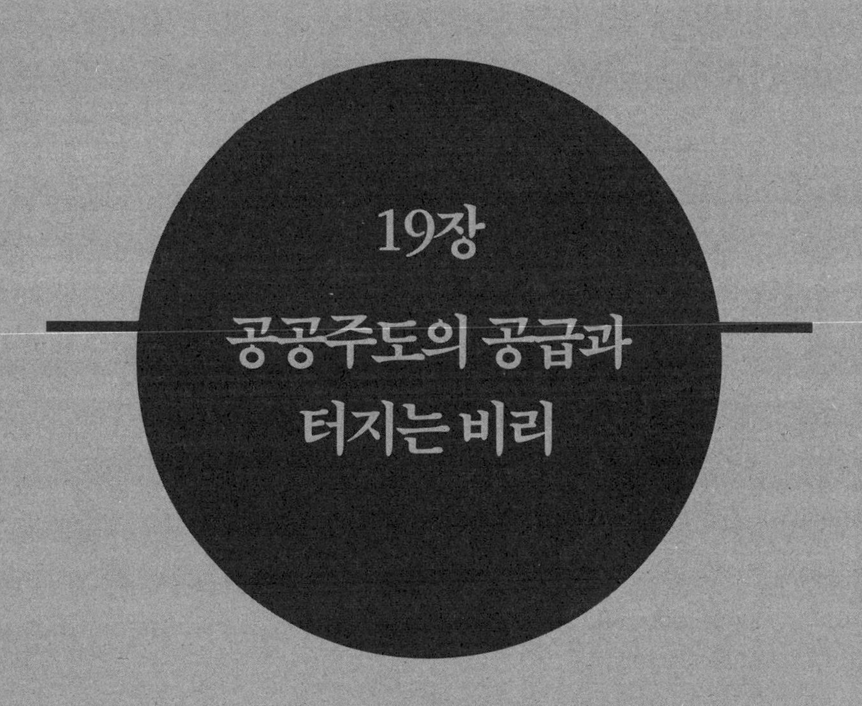

1920년대 초반에는 뉴욕도 건설업자들의 천국이었고,
따라서 집값은 적절한 수준을 유지했다. 전쟁이 끝나자 뉴욕은 점차
개발을 제한했고, 임대료 통제와 공공주택 보급을 통해 민간 주택
공급 감소를 상쇄하기 위해서 노력했다. 그러나 유럽 전역에서 그랬던
것과 마찬가지로 이런 전략은 초라한 실패로 끝났다. 저렴한 주택을
대규모로 공급하는 유일한 방법은 개발 규제를 푸는 것이다.

에드워드 글레이저

8.4 대책: 도심개발에 공공의 참여 확대

"서울권역 등 수도권 주택공급 확대 방안"

2020년 8월 4일 정부가 관계기관 합동으로 발표한 방안이다. 워낙 자주 발표해서인지 내용이 꽤 중복되지만 그 내용을 개략적으로나마 소개한다. 먼저 추진 배경에서 수요 측면과 공급 측면으로 나누어 서술했다. 수요 측면으로 시장안정 대책을 지속적으로 추진했으나 단기투자와 갭 투자 등으로 수요 관리에는 일부 한계가 있으며, 시장 심리 불안으로 30대의 아파트 매수가 급증하고 있다고 진단했다. 공급 측면에서는 서울 아파트 공급이 과거 대비 증가했으며, 향후 3년간 공급도 높아질 것이라며 2023년 이후에도 안정적 주택공급을 이루기 위한 대응 방안의 필요성을 밝혔다.

중앙정부와 지자체의 협업으로 모든 가용 정책수단을 점검하여 26.2만호+α 세대 규모를 공급하기 위해 군 부지와 이전기관 부지 등 신규 택지를 최대한 발굴하고, 노후단지를 고밀도로 재건축하여 공급하는 것으로 방향을 잡았다. 2020년 5월 6일 발표한 서울 도심 내 주택공급 1만호 외에 13.2만호+α의 공급물량을 확대하고 당초 계획된 공공분양물량의 사전청약도 6만호로 늘리기로 한 것이다.

첫 번째는 신규택지 발굴이다. 도심 내 군부지인 태릉 CC(1만호)와 용산 캠프킴(3,100호)을 활용하여 1만 3,100호를 공급하고, 과천청사와 서울지방조달청 등의 공공기관 이전부지 또는 유휴부지를 활용해 6,200호를 건설하며, 상암 DMC와 SH의 마곡 미매각 부지 등을 활용하여 4,500호를 공급하고, 노후 우체국과 면허시험장 등 공공시설을 복합개발하여 6,500호를 건설하겠다는 계획이다.

두 번째는 3기 신도시 등의 용적률을 상향하고 기존 사업을 고밀화해 2.4만호를 공급하는 방안이다. 당초 30.3만호를 공급하기로 한 3기 신도시의 주거단지 밀도를 높여 2만호를 추가 공급하고, 용산정비창(8,000호→1만호)과 서울의료원 부지를 확장해 4,200호를 건설한다고 밝혔다.

세 번째는 재건축·재개발 등 정비사업 공공성 강화를 통해 7만호를 공급한다는 계획이다. 먼저 공공이 참여할 경우 도시규제를 완화하여 주택을 획기적으로 공급하는 '공공참여형 고밀재건축'을 도입하기로 했다. LH·SH 등 공공이 소유자 2/3 동의하에 참여하면 용적률을 300~500% 수준으로 완화하고 층수는 최대 50층까지 허용하며, 준주거지역의 주거비율 상한과 공원 설치 의무도 완화해 주는 방안이다. 물론 증가 용적률의 50~70%를 기부채납으로 환수하여 장기공공임대 등으로 활용한다. 정비 예정 및 해제구역에서도 공공재개발을 활성화해 2만호 이상을 공급한다. 아직 정비구역으로 지정되지 않은 지역에서도 공공재개발이 가능하도록 허용하고, 이 경우 인센티브를 제공하여 주택을 공급하겠다는 안이다.

네 번째는 노후 공공임대 재정비 시범사업을 추진하고, 공실 오피스와 상가를 주거용으로 전환하며, 각종 규제를 완화하여 도심 공급을 확대하겠다는 내용으로 그 물량을 5,000호+α로 추정했다.

마지막으로 다섯 번째는 기존 공공분양 물량의 사전 청약 물량을 당초 9,000호에서 6만호로 확대하고, 늘어나는 물량 중 50% 이상을 생애최초 구입자와 청년, 신혼부부 등에게 공급한다는 내용이다.

여론의 반응

8월 4일 자 〈조선일보〉에는 **"신도시 5개 규모 주택 날려버린 서울시 反부동산 정치"**라는 기사가 실렸다. 박원순 서울시장 취임 후 2012년부터 6년간 서울 지역에서 재개발·재건축이 취소된 곳이 390여 개에 달했고, 세입자 보호, 주민간 갈등, 문화재 보존 등을 이유로 서울시가 정비사업 지구지정을 무더기 해제하면서, 새 아파트 약 25만 가구를 짓지 못했다는 것이다. 이는 위례신도시 5개를 건설하는 것과 맞먹는 규모다. 같은 신문에 **"7월 서울 아파트값 올들어 최대폭 상승"**이라는 기사도 실렸다.

8.4 대책 발표 다음 날 〈한겨레신문〉은 **"태릉·용산 등 서울에 13만호 공급…공공 재건축 50층 허용"**과 **"공공재건축 50층 허용…서울에 11만호 더 짓는다"**라는 기사를 싣고 정책을 설명했다.

〈조선일보〉는 8월 5일 자에서 **"태릉골프장 1만호, 용산 캠프킴 3,100호, 과천청사 4,000호 등 수도권 13.2만호 공급"**과 **"2028년까지 서울권역에 13만 2,000가구 추가 공급"**이라는 기사를 통해 정책을 설명했다.

"'13만호 공급, 50층 재건축' 나오자마자 삐걱"이라는 기사도 실었다. 서울시 등 지자체와 일부 여당 의원까지 공급계획에 반발하면서 "내부 의견 조율도 안 거친 '졸속 대책' 아니냐?"는 지적을 다루었다. 서울시는 정부 발표 후 3시간 만에 50층 재건축 허용을 골자로 하는 공공재건축 제도가 "실효성이 없다"며 정면 반박하는 의견을 냈다가 논란이 불거지자 "정부와 이견異見이 없다"는 자료를 내며 논란을 봉합했다. 더불어민주당 정청래 의원서울 마포구을은 "상암동에 또 임대주택을 지어야 하느냐?"며 반발했고, 같은 당 우원식노원구을·김성환노원구병 의원은 태릉골프장 부지와 관련 "고밀도 개발에 반대한다"고 밝혔다. 김종천 과천시장은 "강남 집값 안정을 위해 왜 과천 시민이 희생해야 하느냐?"는 성명을 냈다.

더불어민주당은 국회 본회의에서 세금 인상을 골자로 하는 부동산 3법소득세·법인세·종부세법 개정안, 고위공직자범죄수사처공수처 후속 법안 등을 미래통합당이 불참한 가운데 표결로 일방 처리했다. 전날 더불어민주당이 법사위에서 안건을 단독 처리한 후 본회의 통과까지는 불과 하루밖에 걸리지 않았다. 「국회법」에 규정된 소위원회 법안 심사, 축조 심사, 찬반 토론 같은 절차는 생략했고, 제1 야당인 통합당은 철저히 배제됐다고 한다.

"'공공 재건축 생각대로 안 될 것' 전문가들 난색"이라는 기사도 실렸다. 주택공급 확대방안에 대해 전문가들은 대체로 정부의 공급 확대 의지에는 긍정적인 평가를 내렸지만 강남 등 서울 집값 안정 효과에 대해서는 의문부호를 달았다고 한다. 한 전문가는 "정부의 의지가 담긴 공급 대책이 나왔다는 측면에서 중·장기적으로 집값 안정에 도움이 되고 시장에 좋은 반응이 나타날 것으로 기대하고 있다"며 "다만 목표한 기간 안에 원활하게 추진할 수 있는 구체적인 후속 방안이 마련돼야 할 것"이라고 했다.

다른 전문가는 "정부가 서울권역에 신규로 공급하겠다는 13만 2,000가구 중 공공참여형 고밀재건축 물량이 약 5만가구로 가장 많다"며 "그런데 증가한 수익의 대부분을 정부가 거둬들이는 방식이어서 과연 정비사업 조합원들이 얼마나 참여할지 미지수이고, 민간이 참여하지 않으면 원활한 공급도 어려울 것"이라고 했다. 또 다른 전문가는 "재건축 조합원들 입장에서는 '우리한테 돈이 되느냐' 여부가 사업 추진에 중요한 요소인데, 이익의 70%를 환수하겠다고 하면 그동안 재건축이 어려웠던 강북 일부지역 사업장을 제외하곤 참여하지 않을 것"이라고 했다. 그러면서 "신규 주택 공급이 필요한 곳은 강남인데 공공 재건축 대상에 포함되지 않을 확률이 높아 사실상 강남은 이번 공공 재건축 대책에서 빠졌다고 봐야 한다"고 덧붙였다. 그리고 "서울에 공급하는 부지에 청약을 기대하는 수요가 전·월세 시장에 머물면서 급변하는 임대차 시장 분위기와 맞물려 어떤 변수로 작용할지 예상하기 힘들다"는 의견도 소개했다.

그 외에 **"경실련 '8·4 대책은 투기조장 대책…주변 집값만 자극할 것'"**이라는 기사도 실렸다. 경실련은 입장문을 통해 "집값 폭등은 결코 공급물량이 부족해서가 아니다"라며 "지금처럼 집값에 거품이 잔뜩 낀 상황에서 분양가를 찔끔 낮춘 새 아파트가 시장에 나오면 오히려 주변 집값만 자극할 것"이라고 주장했다. 이어 "23번째 공급 확대대책은 투기를 조장해 경기를 인위적으로 부양하겠다는 정부의 선언처럼 보인다"며 8·4대책을 철회할 것을 거듭 요구했다.

같은 신문에서 **"공급대책 청년층 반응은…'소득제한에 특공은 여전히 그림의 떡, LTV나 좀 풀어달라'"**, **"주택 공급량 40%는 정부 희망치…8·4 대책, 곳곳서 날림 흔적"**이라는 기사도 실었다. 정부가 목표로 세운 공급 물량의 약 40%는 재건축 사업장 조합원의 동의가 있어야 가능한데, 대다수 사업장이 정부 계획에 반발하는 상황이라고 한다. 국토교통부 관계자는 "서울지역에서 사업시행 인가를 받지 않은 93개소(26만 가구 규모) 가운데 20%가 이 사업에 참여한다고 전제했을 때의 수치"라며 "목표치적 수치이긴 하나, 충분한 용적률을 통해 사업성을 확보할 것"이라고 말했다.

〈한겨레신문〉 8월 5일 자에는 **"예상 뛰어넘는 공급 확대, 집값 안정 전환점 돼야"**라는 기사가 실렸다. 대책을 소개하고, 부동산 세법 강화와 함께 공급 확대 대책까지 나온 만큼 집값 안정의 일대 전환점이 되길 기대한다는 내용이었다. 같은 신문에서 **"통합당 공급대책 늦었다…2023년까지 공급절벽"**이라는 기사도 실었다. 배준영 미래통합당 대변인은 통합당과 수많은 전문가가 공급 확대를 이야기했음에도 규제 강화가 수요 억제로 일관하더니, 연이은 실패에 대한 분석이나 반성도 없이 공급 대책을 내놓았다며 실제 입주까지 상당한 시간이 걸리는 것을 감안하면 최소 2023년까지 공급 절벽이 이어질 것이라고 보았다. 6일 자에는 **"'1만 가구 늘면 교통정체 어쩌나', '저렴한 새집 기회' 개발 기대도"**와 **"공공 고밀재건축, 강남권에선 시큰둥…5만호 공급 가능할까"**, **"수도권 공공주택, 3~4인 가구용 20평 이상 많이 짓는다"**라는 기사도 실렸다.

같은 날 〈조선일보〉는 **"은마·잠실 '공공재건축 실익없다'…중계주공은 '이번이 기회'"**와 **"윤희숙, 다주택자 때려잡겠다? 1주택자에게는 왜 중과세 하나"**, **"김진애, 집값 올라도 문제없다, 세금만 열심히 내주시면 된다"**, 8월 6일 자에는 **"강남선 내 돈 더 들여 '1대1 재건축' 하겠다"**와 **"전세 이어 월세까지 통제… 두더지잡기하듯 反시장법 쏟아내"**라는 기사를 실었다. 전·월세 전환율을 낮추고 표준임대료를 설정하는 방안을 검토하고 있다는 내용이었다. 한 전문가는 "부동산 공급 대책보다 집주인의 권한을 통제하는 쪽으로 가는 정부·여당의 대책은 결국 전세든 월세든 임대주택 자체가 줄어드는 결과를 낳을 것"이라며 "그로 인한 피해는 결국 집 없는 사람들에게로 돌아간다"고 했다. 7일 자에 실린 **"세무사도 포기한 부동산 세금"**이라는 기사에서는 부동산 양도세제가 워낙 복잡해져 부동산 매도 전에 적어도 3명 이상에게 상담받으라는 온라인의 조언을 소개했다. **"기재부, 기존 임대사업자 稅혜택 일부 유지하기로"**라는 기사도 실렸다. 〈한겨레신문〉에서는 8월 8일 자에 **"임대사업자 주택 팔도록 '퇴로' 열어줬다"**로 같은 내용을 다루었다. 민간

주택임대사업자가 의무 임대기간의 절반만 채우면 양도소득세 중과 배제 및 거주 주택 양도세 비과세 혜택을 적용받는다. 기사에서는 정부가 이처럼 의무 임대기간을 채우기 전에 자진 등록말소를 허용하고 양도세 혜택을 주는 이유는 주택 공급이 부족한 상황에서 시장에 매물이 조금이라도 더 빨리 나오게 하려는 취지라고 해석했다.

〈조선일보〉는 8월 7일 자에 **"부동산 시장은 8·4대책 비웃고…"**, 같은 날 〈한겨레신문〉은 **"임대차법 논란 속에 서울 전셋값 더 뛰어"**라는 기사를 실었다.

8월 8일 자 〈조선일보〉에는 **"전셋값 들썩이자 또…8·4대책 이틀 만에 24번째 규제 만지작"**과 **"다주택자 靑 참모진 사의, 아파트 대신 공직 내려놓나"**, **"권력은 짧고 아파트는 영원하다"**, **"부동산법 만든 지 3일 만에 땜질 입법"**이라는 기사가 실렸다.

〈한겨레신문〉은 8월 11일 자에 **"문 대통령, 부동산 감독기구 검토하겠다"**라는 기사를 실었다. 문재인 대통령이 전날인 10일 "정부가 책임지고 주거 정의를 실현하겠다"며 강력한 부동산 시장 안정화 의지를 거듭 밝힌 내용을 다루었다. 문 대통령은 "주택을 시장에만 맡겨두지 않고 세제를 강화해 정부가 적극적으로 개입하는 것은 전 세계의 일반적 현상"이라며 "대책이 실효성을 기둘 수 있도록, 필요하면 부동산 시장 감독기구 설치도 검토하겠다"고 말했다. 〈조선일보〉는 **"집값 계속 뛰는데…文대통령 부동산대책 효과"**라는 기사에서 같은 내용을 다루었다. 문 대통령은 정부의 부동산 대책과 관련해 "종합 대책의 효과가 서서히 나타나고 있다"고 했다. 같은 신문 8월 12일 자에는 **"'집값 진정,**

경제 선방', 대통령 자랑 듣는 국민 심정 헤아려 보라"라는 기사가 실렸다. "**문, 지시한 '집값 감독기구'…차베스식 가격통제와 닮은 꼴**"과 "**與 내부, 집값 문책은커녕 안정됐다니 답답**", 13일 자에는 "**부동산 민심 이반, 정책 아닌 홍보 실패라는 건가**"와 "'**부동산 경찰국가' 만드나**"라는 기사가 실렸다.

같은 날 〈한겨레신문〉은 "**부동산 정책 흔들림 없다**"라는 기사에서, 이호승 청와대 경제수석이 "7.10 부동산 대책 발표 뒤 서울의 주택 가격 상승률이 0.11에서 지난주 0.04 수준까지 하향 안정 흐름을 보인다"며 "조세, 대출 규제, 공급 확대 등 정책 패키지가 완성됐기 때문에 조만간 시장 안정 효과는 더 확실하게 확인할 수 있을 것이고 반드시 이뤄질 것이다"라고 호언한 내용을 다루었다.

〈조선일보〉는 8월 17일 자에 "**서울 청약 광풍…은평 745가구에 6만 명 몰려**", 18일 자에 "**서울 강북 전세난 강남보다 더 심각**", 19일 자에 "**이제는 연립주택 가격도 오름세, 끝 모를 풍선 효과**", "**다세대·연립까지 번진 부동산 광풍**", "**이사 가려고 5억짜리 집 사면? 기존 집 안팔 경우 취득세 4,000만원**"이라는 기사가 실렸고, 같은 날 〈한겨레신문〉은 "**아파트값 뛰자 연립·다세대로…서울 7월 매매 12년 만에 최고**"라는 기사에서 같은 내용을 다루었다. 〈조선일보〉 8월 20일 자에는 "**통계기준 갈아엎는 게 문 정부의 상투적 수법…숫자는 죄가 없다**"와 "**부동산 분노에 또 통계 물타기**", "**임대차법 이후 1억 껑충…마·용·성 85㎡ 전세 9억**"이라는 기사가 실렸다. 새로운 「주택임대차보호법」이 시행된 후 전·월세난이 닥치자 정부가 또다시 '통계 탓'을 하며 통계 마사지에 나섰다는 내용이었다. 홍남기 부총리는 "현행 전세 통계는 집계 방식의 한계로 임대차 3법으로 인한 전세가격 안정 효과를 단기적으로 정확히 반영하는데 일부 한계가 있다"며 "전문가 의견을 수렴해 보완 방안을 신속히 검토할 예정"이라고 말했다. 이와 관련해 전직 통계청장들은 통계는 죄가 없다는 반응을 보였다. 이들은 오히려 현실이 그렇지 않은데 좋은 성과만 보여주고 싶어 하는 현 정부의 조급증 탓에 통계의 독립성이 훼손되고 있다고 입을 모았다.

8월 24일 자 〈한겨레신문〉은 **"강남 토지거래허가 두달…집 거래 급감, 가격상승 둔화"**, 같은 날 〈조선일보〉는 **"미아동·상계동·봉천동 아파트값 9억 돌파"**와 **"추미애, 주부·젊은 층마저 투기…부동산 급등 정부 탓만은 아니다"**라는 기사를 실었다. 〈조선일보〉 8월 28일 자에는 **"4배 차이 나는 KB·감정원의 전셋값 상승률"**과 **"서울 아파트 중 6억 이하 비율 3년 새 57%→26%"**, 29일 자에는 **"서울 대형아파트 평균값 20억 훌쩍"**과 **"'고구마 같은 세상, 뻥 뚫어줬다' 시무 7조 신드롬"**이라는 기사가 실렸다. 청와대 청원 글 중 하나가 민초들의 폭발적 호응을 얻고 있다는 내용이었다. 필명 '진인 조은산'이라는 39세 가장이 청와대 국민청원에 '시무 7조'라는 상소문 형식으로 올린 글인데 "나라가 폐하의 것이 아니듯, 헌법은 폐하의 것이 아니옵니다"라는 내용으로, 27일 공개된 지 하루 만에 30만명 넘는 숫자가 해당 글에 공감을 표시했다. 청와대 답변 요건(20만명 동의)을 단번에 넘어버린 것이다. 애초 청와대는 이 글을 보름 동안 비공개했다가 비판이 일자 27일에야 뒤늦게 공식 게재했다.

〈조선일보〉 9월 1일 자에는 **"임대차 3법으로 전·월세 가격 모두 올**

라", 2일 자에는 **"브레이크 없는 세종 집값…8월에도 1억 6,000만원 올라"**, 3일 자에는 **"증세 없다던 문 정부, 2년 새 법인·소득세 20조 더 거둬"**, 4일 자에는 **"서울 아파트 전셋값 62주 연속 상승"**, 11일 자에는 **"내 집에 내가 못 들어간다, 전세 끼고 산 새 주인의 절규"**, 12일 자에는 **"강남 아파트 평균 전셋값 9억 돌파…'고가주택' 기준 뛰어넘었다"**, 19일 자에는 **"5,500가구 단지에 전세 2건…노원·도봉 전셋값도 급등"**과 **"임대차법 시행 두 달, 전셋값 상승률 6배"**라는 기사가 실렸다.

〈한겨레신문〉 9월 18일 자에는 **"종부세 피하려…2030에 물려준 부동산 '한 해 3조'"**와 **"종부세 후퇴 때마다 강남은 고점 찍었다"**, 23일 자에는 **"뛰는 전월세에 주거비용 비중 14년 만에 최고"**와 **"서울 원룸 전셋값 1억 6,000만원 넘었다"**, **"강남 4구·세종 아파트값, 내재가치의 2배…'거품' 가능성 높다"**, 28일에는 **"'집값 못내려, 그 값엔 안사'…매도-매수 힘 겨루기 길어지나"**, **"집주인 '실거주' 한마디에, 짐 싸야 하는 세입자들"**이라는 기사가 실렸다.

10월 10일 〈조선일보〉는 **"학생들에게 집값 상승 부메랑…국가장학금 손해자 2만명"**이라는 기사를 실었다. 국회예산정책처 보고서에 따르면 지난해 집값 상승에 따라 종전보다 1만 9,400여 명의 학생이 국가장학금 지급액이 줄었거나 아예 못 받는 것으로 나타났다. 같은 신문에 **"홍남기가 4억 떨어졌다던 반포자이, 다시 4억 올랐다"**라는 기사가 실렸고, 14일 자에는 **"전셋집 보러 9팀이 몰려 제비뽑기로 세입자 결정"**이라는 기사가 실렸다. 서울의 전세난이 갈수록 심해지면서 매물로 나온 전셋집을 보기 위해 아파트 복도에 10여명이 줄을 서는 진풍경이 벌어졌다는 내용이었다. 한 전문가는 "새 임대차법 시행으로 재계약에 나서는 세입자가 늘면서 전세 품귀 현상이 심화하고 3기 신도시 등 청약을 기다리는 수요까지 더해지면서 전세난이 더 심해지고 있다"고 했고, 홍남기 부총리는 국정감사에서 "계속해 추가 대책을 강구하겠다"고 말했다.

〈조선일보〉 10월 15일 자에는 **"임대차법 부메랑에…경제수장 두번 맞았다"**라는 기사가 실렸다. 새 임대차보호법 때문에 '전세 난민' 처지가 된 홍남기 경제부총리가 이번엔 같은 법에 막혀 의왕 아파트 매각이 무산될 상황에 처했다는 내용이었다. 자신이 밀어붙인 정책에 부메랑을 맞아 오도 가도 못하게 된 것이다. 17일 자에는 **"홍남기 의왕 집 가보니, 모두가 피해자였다"**, 19일 자에는 **"전세난민 홍남기, 전세거래 늘고, 매매 안정세"**, 27일 자에는 **"서울 전세난 언제 풀리나, 11월 입주 물량 296가구뿐"**, 29일 자에는 **"'전세난은 과도기', '월세가 어때서'…서민 가슴에 불지르는 정부"**, 30일 자에는 **"'오르는 집값에 결혼 포기' 靑청원까지 나왔는데 여권선 '정상화 과정', 'MB·박근혜 정권탓' 주장"**, 11월 2일 자에는 **"서울 전세 중간값 처음으로 5억 돌파"**, 3일 자에는 **"임대차법 석 달…서울 전셋값 2년치만큼 올랐다"**, 5일 자에는 **"'미분양 늪'이었던 인천이 살아났다"**, 9일 자에는 **"또 부동산 규세법 쏟아내는 與"**라는 기사가 실렸다.

〈조선일보〉 11월 10일 자에는 **"서울 아파트 청약 경쟁률 1년새 2배로"**, 12일 자에는 **"'김현미 자기 집 시세도 모르냐' 일산 주민들 '5억 발언'에 분노"**, 13일 자에는 **"부동산규제 풍선효과, 부산·김포 집값 폭등"**,

17일 자에는 **"판 집 2억 뛰고 전셋집은 방 빼야 할 판…야당 비대위원조차 '전세 난민' 위기"**, 18일 자에는 **"'부동산은 자신 있다'더니 주거 양극화 사상 최악"**과 **"마포도 용산도…문 정부서 보유세 2배로 뛰어"**라는 기사가 실렸다.

〈한겨레신문〉 10월 12일 자에는 **"'실거주 악용' 잇따라…세입자 방어수단 보완 필요"**, 13일 자에는 **"올 서울 아파트 실거래 매맷값 평균 8.4억"**, 14일 자에는 **"전세품귀에 부르는 게 값…속타는 신규 세입자들"**과 **"집값보다 비싼 '깡통전세' 주의해야"**, 15일 자에는 **"서울 아파트 중간가격 '들쭉날쭉'"**, 16일 자에는 **"강남구 아파트 매맷값 18주 만에 하락"**과 **"임대인 세금 4억 8,250만원 대 1,714만원, 공평과세에 맞나요?"**라는 기사가 실렸다. 기사에서는 기존 주택임대사업자의 임차인 보호 의무였던 '임차인 계약갱신요구권 보장 및 전월세값 5% 상한제'가 「주택임대차보호법」 시행으로 일반 임대인에도 확대 적용되는 가운데, 주택임대사업자에게 부여된 각종 세제 혜택이 공평과세 원칙에 어긋나는 게 아니냐고 지적했다. 이경민 참여연대 사회경제2팀장은 "세 부담 비교 분석 결과, 등록임대사업자는 종부세와 양도세의 90% 이상을 감면받는다"며 "「주택임대차보호법」이 시행되면서 임차인 보호 의무가 일반 임대인에게 확대된 만큼 조세형평성 차원에서 과도한 세제 혜택을 즉시 폐지해야 한다"고 말했다. 반면, 대한주택임대인협회의 김성호 변호사는 "전임 정부도 아니고 현 정부에서 등록임대 활성화 정책을 실시하면서 세제 혜택을 부여한 것인데, 이를 갑자기 폐지하는 것은 신뢰보호의 원칙에 어긋난다"며 "임대료 증액 제한 및 임대 의무기간 준수를 통해 임대차시장 안정이라는 공익에 기여한 측면이 있는 만큼 기존에 국가가 약속한 혜택을 유지해야 한다"고 말했다.

〈한겨레신문〉 10월 21일 자에는 **"'종부세 완화' 만지작거리는 민주당, 부적절하다"**와 **"서울 대표 아파트 전셋값 상승률 최고 19배 높았다"**, 27일 자에는 **"서울 아파트 쌓이는 매물, 강남권 가격 하락 조짐도"**, 28일 자에는 **"꼭 필요한 '공시가격 현실화', 일관되게 추진해야"**, 29일 자에는 **"시세-공시가 격차 클수록 고가주택 수혜…세금폭탄 아닌 정상화"**, 11월 2일 자에는 **"갭 투자 부추긴 전세대출, 4년새 3배 급증해 114조"**와 **"연립·다세대 전셋값 상승은…2016년 '버팀목대출' 확대 영향"**, 4일 자에는 **"당연한 '공시가격 현실화', '세금폭탄론' 옳지 않다"**와 **"6억 이하 1주택자 재산세, 최대 18만원 감면"**, 11일 자에는 **"똑같은 아파트 전세인데…갱신은 4억대, 신규는 8억대"**, 13일 자에는 **"전세난 풍선효과…중저가 아파트 매맷값 상승세 심상찮다"**, 14일 자에는 **"부동산 빚투 못하게 신용대출 고삐 죈다"**, 17일 자에는 **"10월 주택 매매 심리지수 넉달 만에 반등…지방이 상승 주도"**, 18일 자에는 **"집주인의 '아파트 쇼핑'…자금줄은 전세보증금 증액이었다"**라는 기사가 실렸다.

24번째 대책인 11.19 대책: 전세대책

"서민·중산층 주거 안정 지원방안"

2020년 11월 19일 정부는 관계부처 합동으로 또다시 지원방안을 마련했다. 그간 워낙 많은 대책을 발표해왔던 터라 그다지 새로운 것은 없으나, 기존 정책을 더 열심히 하겠다는 정도로 평가받았다. 전·월세 시장동향으로 시작하는 이 보고서에서는 전세시장이 2016년부터 2019년까지 4년간 안정세를 보이다가 2019년 하반기부터 상승했는데, 금리 하락 등을 비롯해 전세 수요가 증가한 것도 상승요인 중 하나로 진단했다. 2020년 1월부터 둔화되던 상승폭은 기준 금리 추가 인하와 임대차 3법 논의 본격화로 인해 더 확대되었다고 보았다. 월세의 경우는 전세 대비 안정세이나, 전세 성격이 강한 준전세가 주도하면서 상승하고 있다고 진단했다. 공급 동향 분석에서는 입주실적이 역대 최고 수준이고, 공공임대 재고도 2020년 OECD 평균 수준(8%)을 달성했으며, 공공임대는 연평균 14만호를 신규 공급하여 2022년에는 200만호 시대가 열릴 것으로 평가했다.

시장 상황 평가 및 진단에서는 저금리에 따른 주거 상향 수요 증가로 아파트 중심의 전세 가격 상승이 나타나고 있고, 다주택자와 1주택자의 갭 투자 규제와 임대차 3법 등 실수요자와 임차인 주거 안정을 위한 필수적 조치에 따라 수요와 매물이 동시에 감소하고 있다고 평가했다. 이 외에도 1~2인 가구 분화 가속화로 전체 가구 수가 빠르게 증가하고 있다는 점 등을 진단했다. 특기할 만한 것은 임대차 3법 시행 효과를 참고로 넣었다는 것이다. 서울의 100대 아파트를 분석한 결과, 기존 임차가구의 계약갱신청구권 활용으로 갱신율이 높아져 임차인들의 안심 거주 기간이 늘어나고 있음을 확인할 수 있었다.

정책은 크게 네 가지로 나뉜다. 첫째는 주택의 단기 공급 확대로 시장안정을 도모하겠다는 것이다. 주택의 조기 공급을 위해 공공임대의 공실을 활용하여 전세형으로 전환하고, 공공주택의 입주를 조기화하며, 정비사업의 이주 시기를 조정하겠다는 내용을 담았다. 신축 전세형 주택 공급을 확대하여 공공 전세주택을 신규로 도입해 2022년까지 전국 1.8만호, 수도권 1.3만호, 서울 5,000호를 전세로 공급할 계획이다. 그리고 신축 매입약정 임대주택의 공급을 확대하고 품질도 향상시키며, 공실이 많은 상가와 오피스, 숙박시설 등을 리모델링하여 주거용으로 전환시켜 주택을 공급하겠다고 밝혔다.

둘째는 중장기 공급기반 확대로 미래 수요에 대비하겠다는 내용이다. LH의 사업 승인 후 미착공 물량을 조기 착공하여 공급을 앞당기고, 공공참여형 가로주택정비사업을 서울에서 전국으로 확대하며, 택지지구도 추가로 발굴하겠다고 밝혔다. 그리고 민간의 건설공급을 확대하기 위해 공공지원 민간임대주택에 인센티브를 부여하고, 토지거래허가구역 내 신탁을 통한 주택공급도 허용하며, 리츠와 펀드를 활용한 건설임대 공급도 활성화하겠다고 밝혔다.

셋째는 질 좋은 평생 주택을 공급하기 위해 거주 기간을 30년으로 늘리고, 중형주택도 공급하며, 품질을 높이기 위한 다양한 정책을 시행하고, 생활 SOC도 공급하겠다는 내용이다.

넷째는 임차인 부담을 완화하고 임차인 보호를 강화하기 위해 먼저 월세를 전세로 전환하는 정책을 도입한다는 내용이다. 즉, 공공지원 민간임대의 전세형 공급 시 인센티브를 부여하고 오피스텔도 전세로 유도하겠다는 것이다. 다음으로는 한계 임차인을 지원하기 위해 임대보증금 보증을 개선하는 방법으로 보증료율 인하 등을 제시했다.

여론의 반응

〈조선일보〉 2020년 11월 19일 자에는 **"5~6평 호텔방이 전세대책이라니…기가 막힌다"**라는 기사가 실렸다. 이번 대책은 공공 기관이 단기간에 확보할 수 있는 주택을 최대한 끌어모아 전세 시장에 공급하는 데 초점을 맞춘 것으로 알려졌다. 호텔이나 상가, 공장을 개조해 임대주택으로 내놓는 방안도 검토 중인데, 이에 대해 한 전문가는 "공실 건물을 임대주택으로 활용하려 해도 각종 행정 절차나 임차인 퇴거 등에 시간이 많이 필요하기 때문에 단기간에 공급하기는 어렵다"며 "난기석인 관점에서 보면 지금 거론되는 전세 대책들은 대부분 아무런 의미 없는 정책들"이라고 말했다. 같은 날 **"文대통령 수행해야 한다며 부동산 대책 발표 미룬 홍남기 경제부총리"**라는 기사도 실렸다.

11월 20일 자 〈조선일보〉에는 **"빈집·호텔 모아 11만가구…서울 아**

파트는 2,000가구뿐"이라는 기사가 실렸다. 기사에서는 문재인 정부의 24번째 부동산 대책인 전세 대책에 '수요자들이 원하는 전세 아파트 공급'이라는 알맹이가 빠졌다고 평가했다. 즉, 정부가 공개한 11만 4,100가구에는 민간 아파트 물량은 없고, 임대주택 공실 물량 3만 9,000가구 중 아파트가 일부 있지만 주거 취약 계층에게 공급하던 영구임대(전용 40㎡ 이하), 국민임대(전용 60㎡ 이하) 아파트라서 수요자들의 외면을 받을 게 뻔하다는 것이다. 한 전문가는 "빈 임대주택은 입지나 주택 상태에 문제가 있다는 뜻인데, 그런 집에 들어갈 사람이 있을지 의문"이라고 말했다. 최근 논란이 된 '호텔방 전셋집'도 대책에 포함됐다. 김현미 장관은 호텔이 저렴한 임대료의 질 좋은 1인 가구 주택으로 변신하는 모습을 머지않아 확인할 수 있을 것이라고 말했다. 이에 대한 시장 반응은 냉소적이어서 '호텔 사는 거지'라는 뜻의 '호거'라는 신조어가 등장했다.

같은 신문에서 **"김현미, 이번에도 전세난 송구하지만 임대차법 탓 아니다"**와 **"전세 대란 일으켜놓고 실패 인정 안 하니 구두 위 긁는 대책만"**이라는 기사도 실었다. 국토교통부 자료에 따르면 국민이 정부에 가장 원하는 주거지원 정책은 주택구입 자금(31%)이나 전세 자금(23%)을 대출해 달라는 것이었다. 국민은 어느 정도 질 좋은 주거를 원하고, 또 대출을 받아서라도 내 집을 장만하거나 원하는 곳에 전세로 살고 싶어 하는데, 정부는 대출을 옥죄고 새집 공급도 제대로 안 하면서 엉뚱한 곳에 전세를 공급할 테니 가서 살라고 하고 있다며 비판했다. 같은 신문에서 **"전세대책 나온 날, 전국 집값·전셋값 최대폭 뛰었다"**라는 기사도 실었다.

〈한겨레신문〉은 11월 20일 자 **"2년간 11만가구…공실 끌어모은 '전세난 불 끄기'"**라는 기사에서 정부의 대책을 소개하면서, 시장에서는 단기간에 입주 가능한 공공임대 물량을 총동원한 '영끌'(영혼까지 끌어모음) 대책이라고 평가했다고 전했다. 다만, 공급 물량 대부분이 소형 공공임대·다세대·오피스텔 등이어서 현재 서울·수도권과 지방 대도시의 입지가 양호한 아파트에서 촉발된 전세난을 해소하기에는 역부족일 것이라는 우려도 없지 않다고 보았다. 기사에서는 정부가 긴급 대책으로 꺼내든 공실 임대주택의 경우 사실상 수도권을 제외하면 입지가 좋지 않고 선호도가 낮은 소형(전용 40~50㎡)이 대부분이라는 것을 약점으로 평가했고, 2년간 6만 2,000가구를 공급해 비중이 가장 큰 공공전세와 매입약정형 공공임대의 경우도 다세대주택과 오피스텔이 대부분이어서 품질을 높인다고는 해도 아파트를 선호하는 수요층의 눈높이를 맞출 수 있을지에 대해 여전히 의문부호가 남는다고 분석했다. 한 전문가는 "임대차 3법 시행 이후 나타나고 있는 신규 계약 임대료 급등을 억제하기 위해선 임대인의 실거주 등 갱신거절 사유 입증 책임을 법에 명시하는 등 보완책이 필요한 상황"이라며 "생애 최초 주택구입자에 한해서는 대출 한도를 높여주는 등 전세 거주자가 집을 살 수 있도록 지원하는 방안이 고려되지 않은 점도 아쉽다"고 짚었다. 같은 신문에서 **"늦어진 전세대책, 조기에 효과 나게 총력전 펴야"**라는 사설도 내놓았다.

〈한겨레신문〉 11월 24일 자에는 **"규제 쏟았어도, 5채 이상 다주택자 역대 최다"**와 **"일관된 '주택 정책' 위해…주택청 신설 목소리"**, 26일 자에는 **"올 종부세 4조 2천억, 납세대상 74만 4천명"**과 **"'종부세 폭탄론'에 흔들리지 말되, 정부 신뢰 높여야"**라는 기사가 실렸다.

같은 신문 12월 4일 자에는 **"주간 아파트 매매 · 전세가격 계속 강세"**와 **"집값 급등·전세난에 '임계점'…변창흠, 공급대책 구원 등판"**, 18일 자에는 **"강원·제주만 빼고…전국 36곳, 조정대상지역 무더기 추가"**와 **"경기도, 부동산 투기 막는 '기본주택 분양형' 공급 추진"**, **"전국 아파트 주간 상승률 또 기록경신"**이라는 기사가 실렸다.

〈조선일보〉 11월 23일 자에는 **"아파트 환상 버리라면서, 與 의원 90%가 아파트 살아"**와 **"주택담당 국토교통부 차관, 세종 특공 아파트 팔아 2배 차익"**, 24일 자에는 **"양포세 나올 정도로 세법 복잡…3명 이상 전문가와 상담하라"**와 **"종부세, 올해 4조 역대 최대. 서울선 3년 새 20만 채 늘어"**, 26일 자에는 **"눈덩이 종부세 '11월의 악몽'"**과 이와 관련하여 **"서울 39만명 대상 지난해보다 10만명 늘어"**, **"'영끌' 몰린 노원구, 집값 10개월 새 25% 급등"**, **"지금처럼 집값 오르면, 5년 뒤 서울 모든 아파트 '종부세 폭탄'"**, 30일 자에는 **"서울 전셋값 상승폭 18년 만에 최고 기록"**이라는 기사가 실렸다.

〈조선일보〉는 12월 1일 자에 **"김현미 '아파트가 빵이라면 밤새워서라도…'"**라는 기사를 실었다. 정부 전세 대책에 아파트 공급 방안이 빠진 것을 지적하는 의원들에게 김 장관이 "5년 전 아파트 인허가 물량이 대폭 줄어들었기 때문"이라면서 단기간에 아파트 공급이 쉽지 않다고 토로했다는 내용을 다루었다. 그러자 "제대로 된 공급책은 외면한 채 줄곧 반反시장적 부동산 대책만 밀어붙여 온 국민이 고통받게 됐는데, 장관이 책임질 생각은 안 하고 한가한 소리, 전 정권 탓만 한다", "얼마 전까지 주택 공급이 부족하지 않다고 해왔는데 이제 와서 무슨 소리냐?"라는 비판이 쏟아졌다고 한다. 같은 신문 12월 4일 자에는 **"1주택자 세금은 G7평균의 절반, 3주택자는 뉴욕의 2배"**, 7일 자에는 **"전임자보다 더한 국토장관, 이럴 거면 왜 바꿨나"**와 **"서울도 공급 늘릴 수 있어 재건축 규제 완화는 안 돼"**라는 기사가 실렸다. 기사에서는 국토교통부 장관을 교체하면서 청와대가 "김현미 장관이 성과를 많이 냈다"고 한 내용과 "문재인 정부가 주택 정책을 제일 잘한다"고 평가한 변창흠 LH 사장을 새 국토교통부 장관으로 발탁한 내용, 변 내정자가 민간 재건축·재개발 규제완화에 대해 사실상 불가능하다는 입장이라는 내용을 전했다.

같은 신문 12월 7일 자에는 **"전세 품귀에 서울 집값 다시 들썩"**, 8일 자에는 **"與 진성준 '집값 상승은 정책 실패 아닌 시장의 실패' 또 궤변"**과 **"전국 집값 상승폭 9년 만에 최대"**, 10일 자에는 **"정부 규제에 '막판 영끌'…11월 가계대출 증가폭 역대 최대"**, 16일 자에는 **"'수도권 마지막 비규제' 파주, 집값 상승률 1위"**와 **"올해 6차례 대책에도 전국 집값 6.89% 올라 盧정부 이후 최대 폭"**, 18일 자에는 **"전세난이 저금리 탓? 수급 불균형이 문제"**라는 기사가 실렸다. 김현미 국토교통부 장관이 전세난의 근본 원인은 저금리 탓이라고 한 데 대해 이주열 한국은행 총재가 근본 원인은 수급 불균형 때문이라고 반박했다는 내용이었다. 이주열 총재는 저금리가 전세 가격에 영향을 주긴 하지만, 6월 이후 전셋값 상승세가 두드러진 것을 볼 때 전세난은 수급 불균형 우려에 더 기

인한 것이라고 강조했다. 임대차법 개정 후 전국에서 전세 매물이 급감한 현상을 지목한 것이다.

〈한겨레신문〉은 12월 19일 자에 **"서울 도심 주택 공급, 4,000만평 잠재 부지 개발"**이라는 기사를 실었다. 변창흠 국토교통부 장관 후보자는 18일 "서울 도심에 주택을 추가로 공급할 수 있는 4,000만평 이상의 잠재 부지가 있다"며, "개발이익 공유를 전제로 과감한 규제 완화를 통해 서울 도심에 저렴한 주택을 추가 공급하겠다"고 밝혔다. 인사청문회도 거치지 않은 장관 후보자 신분으로 이런 공개 언론 인터뷰를 하는 것은 매우 이례적인 일로 받아들여졌다. 같은 신문의 **"서울 저층주거지 역세권 공공 주도로 개발"**이라는 기사에서, 변 후보자는 "저층 주거지의 경우 주차장, 도로, 일조권 등 현재 수준의 각종 규제를 그대로 적용하면 절반 이상의 주택이 현재의 규모로도 다시 지을 수 없다"며 규제 완화의 필요성을 역설했다.

민간 재개발·재건축 규제 완화에 대해서는 "재개발·재건축은 용도변경 및 용적률 상향, 수용권까지 인정하는 등 엄청난 혜택을 받아 이루어지고, 분양시장이나 전세시장에 미치는 영향이 너무 크기 때문에 일정 수준의 규제가 불가피하다"는 입장을 밝히면서, 공공 재개발과 공공 재건축을 활성화하겠다고 말했다.

같은 신문 12월 22일 자에는 **"3기 신도시 사전청약·공공전세 공급, 내년 수도권 부동산시장 진정 효과"**라는 기사가 실렸다. 변창흠 국토교통부 장관 후보자가 전세형 공공임대 공급과 3기 신도시 사전청약이 개시되는 내년에 부동산 시장 안정 효과가 나올 것이라는 전망을 내놨다는 내용이었다.

〈조선일보〉 12월 19일 자에는 **"변, '서울에 집 지을 땅 많다'면서 재건축엔 부정적"**, 22일 자에는 **"변 후보자 '부동산 보유세 더 강화해야'"**, 25일 자에는 **"전국서 '주택 패닉 바잉' 올해 거래량 역대 최다 114만건"**, 30일 자에는 **"도심 주택공급 방안, 설 전에 발표하겠다"**라는 기사가 실렸다.

공급을 획기적으로 늘린다?

2021년 1월 1일 〈한겨레신문〉은 **"부동산·세금…문 대통령 부정평가 57%"**라는 기사를 실었다. 〈조선일보〉는 1월 2일 자에 **"서울시민 69% '집값 더 오를 것'…66% '부동산 세금 수준 너무 높아'"**, 6일 자에 **"변창흠 '공공만으로 한계, 민간 아파트 늘릴 것'"**, 7일 자에 **"전세 1억~2억씩 뛰었는데…통계청은 '0.3% 올라'"**라는 기사를 실었다. 같은 신문 12일 자에는 **"'부동산 자신 있다'더니 임기 1년 남은 이제 와서 '송구'"**와 **"文 '신속한 주택공급' 與 '양도세 완화는 없다'…헷갈리는 시장"**이라는 기사가 실렸다. 11일 부동산 문제에 대해 처음으로 사과한 문재인 대통령은 "특별히 공급 확대에 역점을 두고, 빠르게 효과를 볼 수 있는 다양한 주택 공급 방안을 신속히 마련하겠다"고 했다. 같은 날 〈한겨레신문〉은 **"여당, 다주택자 양도세 완화론 일축"**이라는 기사를 실었다. 〈한겨레신문〉 1월 15일 자에는 **“서울 보선, 부동산 공약 차별화, 與 ‘공공주택’ - 野 ‘민간 재개발’”**, 18일 자에는 **“실수요에 투자수요 겹쳐 ‘빌라 들썩’”**이라는 기사가 실렸고, 같은 날 〈조선일보〉에는 **“다세대·연립주택까지 풍선효과… 거래량·가격 뜀박질”**이라는 기사가 실렸다. 〈조선일보〉는 20일 자에 **“보유세·다주택 양도세 올리자 지난해 주택 증여 역대 최대”**, 같은 날 〈한겨레신문〉에서는 **“아파트 증여도 역대 최고…서울에 집중”**이라는 기사를 실었다. 〈조선일보〉는 28일 자에 **“1% 부자만 낸다더니, 서울 여덟 집 중 한 집이 종부세”**라는 기사를 실었고, 〈한겨레신문〉은 2월 3일 자에 **“수도권 아파트 평균 전셋값 4억 처음 넘어”**라는 기사를 실었다.

2.4 대책: 공로민불!
(공공개발 로맨스, 민간개발 불륜)

"'공공주도 3080+'대도시권 주택공급 획기적 확대 방안"

2021년 2월 4일 정부는 관계기관 합동으로 2.4 대책을 발표했다. 총 48쪽에 이르는 대작(?)이다. 제목부터 고민을 많이 한 흔적이 보인다. 문재인 정부에 들어서며 공급 관련 방안들의 제목도 나날이 진보하고 있는데, 2018년 8월 27일에는 **"수도권 주택공급 확대 추진 및 투기지역 지정 등을 통한 시장안정 기조 강화"**, 같은 해 9월 21일에는 **"수도권 주택공급 확대 방안"**, 같은 해 12월 19일에는 **"2차 수도권 주택공급 계획 및 수도권 광역교통망 개선방안"**, 2019년 5월 7일에는 **"제3차 신규택지 추진계획"**, 2020년 5월 6일에는 **"수도권 주택공급 기반 강화 방안"**, 같은 해 8월 4일에는 **"서울권역 등 수도권 주택공급 확대 방안"**이 나왔다.

기존 제목을 의식한 것인지 이번에는 제목부터 신선하다는 평가를 받았다.

보고서에서는 시장동향 분석에서 투기수요에 대한 세제, 대출 규제 강화 등 그간 강도 높은 수요 관리로 투자 수요가 감소하는 등 주택시장이 실수요자 중심으로 재편되었다고 진단했다. 또한 역대 최대 수준의 주택공급에도 불구하고 유례없는 초저금리와 가구 수 급증 등으로 주택시장이 여전히 불안하다고 진단했는데, 공급 측면에는 문제가 없다는 뉘앙스다. 산업 구조의 변화와 신기술 발전, 소득수준 향상 및 주

■ **공공주도 3080+ 대도시권 주택공급 획기적 확대 방안**

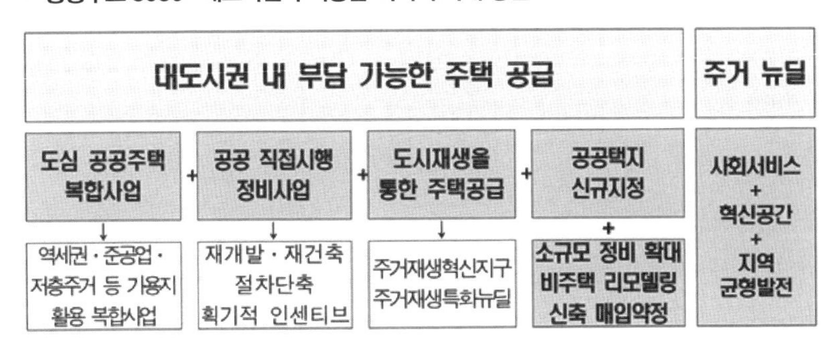

< 공급 부지확보 물량('21~'25) 추계치 총괄 >

(단위 : 만 호)

	총계	정비사업	도심공공주택복합사업			소규모	도시재생	공공택지**	비주택 리모델링	신축매입
			역세권	준공업	저층주거					
계	83.6	13.6	12.3	1.2	6.1	11	3	26.3	4.1	6
서울	32.3	9.3	7.8	0.6	3.3	6.2	0.8	-	1.8	2.5
인천경기	29.3	2.1	1.4	0.3	1.3	1.6	1.1	18.0	1.4	2.1
5대광역	22.0	2.2	3.1	0.3	1.5	3.2	1.1	(광역)5.6 (지방)2.7	0.9	1.4

* 지방 중소도시 등에 대한 주거뉴딜의 물량 등 구체적인 사업계획은 금년 상반기중 별도 발표

** 신규 공공택지 지정 25만호, 행복도시 추가공급(용도변경 등) 1.3만호 등 총 26.3만호 공급

*** 부지확보 기준 : (정비사업) 정비계획 변경 (도심공공 · 공공택지) 지구지정 (소규모) 사업시행인가 (도시재생) 지구지정 (비주택 · 신축매입) 물건 확보

출처: 관계기관 합동(2021.2.4), "'공공주도 3080+'대도시권 주택공급 획기적 확대 방안", p.3.

거 트렌드 변화로 도시 공간구조의 개편도 필요하기 때문에 이와 연계한 도심 내 공급 확대 방안이 시급하다고 평가했다. 따라서 "실수요 보호·투기수요 근절 등 정책 기조를 확고히 유지하면서 시장의 기대를 뛰어넘는 속도·물량·품질의 주택을 신속히 공급"하겠다고 밝혔다.

정부는 그간 도심 내 주택공급의 문제점으로 절차가 복잡하고, 조합방식에 따른 이해관계 조정에 장시간이 소요되어 부지확보에 애로가 있으므로 새로운 개발 수단을 도입하여 신속히 주택을 공급하겠다고 밝혔다. 즉, "공공이 전문성을 바탕으로 빠르게 사업을 추진하고, 개발이익 사유화 방지·시장 안정도 동시에 추진할 수 있는" 새로운 수단을 도입하겠다는 것이다.

정부는 2025년까지 전국 대도시에 약 83만호 주택 공급부지를 확보하고, 주거 뉴딜 추진을 통해 사회서비스와 혁신공간, 지역균형발전 사업이 연계된 다기능 임대주택을 전국에 공급하기로 했다.

주민이 희망할 경우 공공 주도의 패스트 트랙 옵션을 제공하여 신속하게 공급하고, 역세권 등 도심 내 가용용지와 공공택지를 통해 충분한 물량을 공급하며, 생활 인프라와 혁신 공간, 일자리와 연계된 품질 높은 주택을 공급하는 것을 기본 방향으로 설정했다. 그리고 수요자가 선호하는 주택을 공급하고, 사회적 합의에 기초한 개발이익 배분 및 선제적인 투기수요 차단도 기본 방향으로 설정했다.

세부 추진 방안으로는 무려 7가지를 제시했는데, 첫 번째는 '도심 공공주택 복합사업'의 도입이다. 역세권과 준공업지역, 저층 주거지 등에서 사업성 등으로 인해 민간사업이 어려운 지역을 대상으로 공공이 주도적으로 사업을 수행하면, 다양한 혜택을 주어 빨리 진행함으로써 공급을 늘린다는 개념이다. 이 사업에서는 토지주와 민간기업, 지자체 등이 우수한 입지를 발굴하여 LH와 SH 등에 사업을 제안하면, 공기업이 사업의 적정성을 검토하여 국토교통부 또는 지자체에 복합사업 지구 지정을 요청한다. 이때 토지주의 10% 동의가 필요하다. 이후 토지주의 2/3 이상 동의가 확보되면 지구를 확정하고, 지구가 확정되면 공기업은 단독 혹은 공동시행자로서 사업을 진행한다. 이때 토지소유자에게 추가 수익을 보장하고, 특수 상황에 처한 토지소유자에게는 대출 지원과 생계 대책 지원 등 다양한 맞춤형 지원을 제공하며, 세입자와 영세 상인에게도 이주비 지급 및 재정착 등을 지원한다.

공기업이 단독으로 사업을 시행할 때 해당 구역은 토지거래허가구역으로 지정되고, 대책 발표일 이후 구역 내 부동산을 취득하는 경우에는 아파트와 상가의 우선 공급권을 부여받지 못하며 현금청산해야 한다.

정부는 다양한 당근책도 제시했다. 준주거지역의 용적률을 최대 700%까지 끌어올렸고, 주거비율 제한도 완화했으며, 주차장 확보 의무의 감면과 일조 및 채광기준의 완화, 조경 설치 의무 기준 완화 등을 인센티브로 제시했다.

두 번째는 '공공 직접 시행 정비사업'의 도입이다. 주민이 희망하는 경우 재개발·재건축을 LH·SH 등 공기업이 직접 시행하고, 공기업 주도로 사업 및 분양계획을 수립하여 신속히 추진하는 방법으로, 민간이 시행하면 정비구역 지정에서 이주에 소요되는 기간이 13년 정도인 데 반해 공공이 직접 시행하면 소요기간을 5년 이내로 단축할 수 있다. 이 경우에도 용적률 상향과 조합원에 대한 추가 수익을 보장하고, 재건축 초과이익 부담금을 부과하지 않으며, 현물 선납 시 양도세를 물리지 않고, 재건축 조합원 2년 거주의무도 없애기로 했다.

세 번째는 도시재생을 통한 주택공급이다. 여기서는 먼저 '주거재생 혁신지구'를 도입했다. LH 등의 공기업이 쇠퇴한 주거 취약지에서 주거·복지·생활편의시설의 거점을 조성하는 사업인데, 원활한 부지 확보를 위해 제한적인 수용방식(토지면적 2/3 + 주민 2/3 동의)을 적용하고, 입지규제최소구역의 의제 및 기반시설과 생활SOC 설치에 국비와 기금을 지원한다. 다음으로 '주거재생 특화형 뉴딜사업'도 도입해 도시재생지역 내외에서 재개발·재건축과 소규모 정비, 도심 공공주택 복합사업 연계 및 국비를 지원하는 특화사업을 추진하기로 했다.

네 번째는 소규모 정비사업 활성화다. 정부는 이를 위해 '소규모 재개발 사업'을 신설했다. 역세권과 준공업지역 중 5,000㎡ 미만 소규모 입지에 대해 지자체가 구역을 지정하면 토지주가 정비사업을 시행한다. 이 경우에도 용적률을 최대 700%까지 상향하고, 사업비와 이주비에 대한 대출 보증 상품을 신설했다. '소규모 주택정비 관리지역'도 신설했는데 저층 주거지의 난개발을 방지하고, 계획적 소규모 주택정비를 위해 블록별 정비계획과 기반시설 계획 등을 포함한 계획 체계다. 이 지역으로 지정되면 지구단위계획과 활성화 계획의 수립 및 변경이 의제처리되어 신속하게 진행된다. 또한 이 지역 내 가로주택정비사업과 자율주택정비사업에 특례를 부여하는데, 공공이 시행할 경우 일정 동의를 얻어 수용권을 부여했다. 일조와 채광, 동간 간격 등의 건축규제를 완화해주는 것은 물론, 용적률을 상향하고 도로와 주차장 등의 기반시설 설치를 국비로 지원한다. 정부는 기타 소규모 정비사업에도 가로요건 등의 규제를 완화해 공급을 늘릴 계획이다.

다섯 번째는 신규 공공택지 지정을 통한 공급 증가다. 정부는 이미 수도권에 공공택지 84.5만호와 지방 공공택지 28.5만호 등 113만호 규모를 확보했으며 이를 차질 없이 신속하게 추진하겠다고 밝혔다. 그다음으로는 전국적으로 25만호 내외의 신규 공공택지를 15~20곳에 추가로 확보하여 주택을 공급하겠다고 밝혔다.

여섯 번째는 단기 공급 확대 방안이다. 오피스와 숙박시설, 고시원 등을 매입해 청년주택으로 공급하는 방안으로, 기금융자와 세제 혜택 등을 부여한다. 신축 매입약정도 확대하며 매입약정 전용 사업자 대출보증을 신설하여 지원한다.

일곱 번째는 '주거 뉴딜' 추진이다. 정부는 다양한 사회서비스와 연계된 다기능 공공주택을 공급하기로 하고, 구체적인 사업모델과 인센티브 등은 이후에 발표하기로 했다.

즉, 공급 효과가 큰 민간 재개발과 재건축에 대해서는 기존 규제를 그대로 두고, 소규모 개발에 대해서는 인센티브를 부여하며, 공공이 개발할 경우 획기적인 인센티브를 주겠다는 내용이다.

여론의 반응

〈한겨레신문〉 2월 5일 자에는 **"83만호 주택공급 안에 여당 '환영'… 야당 '선거용 눈속임'"**이라는 기사가 실렸다. 김태년 더불어민주당 원내대표는 4일 오전 '대도시권 주택공급 확대방안 당정협의' 머리발언에서 "이번 공급대책은 시장의 수급불안 심리를 해소해서 주택 시장 안정화에 기여하고 무주택자의 내 집 마련 꿈을 실현해 드릴 것"이라고 말했고, 홍정민 더불어민주당 원내대변인은 이날 오전 민주당 정책조정회의 뒤 기자들에게 "(회의에서) 변창흠표 부동산 대책이 실효성이 있는 것 같아 안심된다는 의견이 있었다"고 당내 분위기를 전했으며, 우상호 민주당 의원은 자신의 페이스북에 "주택가격의 안정과 수요를 충족시키기 위한 정부의 노력에 아낌없는 박수를 보낸다"며 환영했다.

반대로 김종인 국민의힘 비상대책위원장은 "징벌세금 등 각종 세금을 그대로 놔둔 채 공급 조절을 얘기하는 것은 '눈 감고 아웅'하는 선거용 눈속임"이라고 지적했다. 정호진 정의당 수석대변인도 이날 국회 소통관에서 "압도적 물량 공급을 위해 재개발·재건축 규제를 완화하고 인센티브 부여 등을 하겠다는 점은 누가 봐도 투기·토건 세력이 환영할 조처"라고 지적했다고 한다.

같은 날 〈조선일보〉는 **"'서울만 30만호' 예고한 당정 '공공 주도로 도심 내 획기적 물량 공급'"**과 **"2.4 대책에 전문가들 '획기적 물량. 시장선 단기 불안 부추길 수도'"**라는 기사를 실었다. 전문가들은 주택 시장에 영향을 줄 수 있는 '획기적인 물량'이라고 평가했지만, 현 주택 시장의 매매가격 상승세와 전세난 등을 단기에 잡기는 어렵다는 시각이 우세하다는 내용이었다.

한 전문가는 "집값 안정화 효과가 나타나기까지는 어느 정도 시간이 걸린다"면서 "오히려 단기적으로는 신규택지 개발과 공공 정비사업 등이 개발 호재로 인식되면서 시장 불안이 나타날 수 있고, 이와 함께 청약 대기수요는 늘어 전세난이 심화할 수 있다"고 지적했다. 그러면서 "주택 공급 확대 효과는 입주 시기에 이르러서 나타나는데 그때 가격 조정이 이루어질 수 있다"고 하였다.

같은 신문에선 **"'공공에 독점권 주는 획기적 난개발'…'공공집착' 25번째 부동산 대책"**이라는 기사도 실었다. 기사에서는 공공 직접시행 방식으로 재개발·재건축이 시행되면 토지 등 소유권을 공기업에 넘겨야 하니, 어쩔 수 없이 초과 이익 환수제 적용 대상에서 벗어나게 되지만 정부는 이를 '혜택'으로 홍보하고 있다고 비판했다. 현행법상 공기업은 재건축 초과 이익 부담금 부과 대상이 아니므로 당연한 것임에도 특별히 고안해낸 정책처럼 소개했다는 것이다.

민간으로 돌아갈 수 있었던 개발 이익을 정부가 가져가는 대신 제시한 '당근책'이 부실하다는 비판과 개인의 재산권을 과도하게 침해한다는 의견도 소개했다. 공공개발은 정부와 지자체가 개인이 보유한 재산을 강제로 낮은 공시지가로 수용해 막대한 차익을 거두고, 그것을 세원으로 쓰겠다는 의미라는 것이다.

서울 강남 등 주요 정비 사업지가 공공 직접 시행 재건축에 참여할지는 미지수라고 보았다. 기존에 추진한 공공재건축의 참여도 미미했고, 공공재개발도 참여를 선언했던 일부 지역에서 수익성이 떨어진다며 불참을 선언하는 등 난항을 겪고 있기 때문이다.

〈조선일보〉는 2월 7일 자에 **"국토교통부, 현금청산 방식 강행…文 '변창흠표 정책 꼭 성공시켜라'"**, 〈한겨레신문〉은 9일 자에 **"2.4 대책, 70~80%가 임대 아닌 분양, 젊은층 사이 자산격차 심화시킬 것"**이라는 기사를 실었고, 〈조선일보〉는 15일 자 **"2.4 대책이 서울 집값 잡진 못할 것, 하지만 살 때는 아니다"**라는 기사에서 공공주도 개발 사업 '현금청산' 논란에 관한 내용을 다루었다. '2월 4일 이후 개발 사업 지역에서 집·상가·토지 등을 산 사람에겐 나중에 입주권을 주지 않고 감정평가 가격으로 보상'하는 내용에 대해 정부는 '현금 보상, 법적으로 문제 없다'고 밝혔다. 이에 업계에서는 '개발 지역 발표도 안 하고 2월 4일을 기준으로 삼는 것은 소급 입법'이고, '현금 보상은 새 아파트 입주권보다 가치가 낮은 만큼 '현금청산' 방식은 사유재산권 침해'라며 반발했다.

〈한겨레신문〉은 2월 19일 자에 "**2.4 대책 이후 주택시장 상승세 주춤**", 〈조선일보〉는 20일 자에 "**'반전세' 늘고 강남선 1,000만원대 월세도 등장**"이라는 기사를 실었고, 〈한겨레신문〉은 22일 자에 "**집값, 관망세 들어서나…주택 매수세 '주춤'**"이라는 기사를 실었다. 〈조선일보〉는 3월 2일 "**1세대 1주택자 종부세 완화법, 기재부 반대로 무산**", 같은날 〈한겨레신문〉은 "**2.4 대책 한달, 집값 주춤…공급 체감할 조치 뒤따라야 안정**"이라는 기사를 실었다. 〈조선일보〉는 3월 3일 자에 "**서울 아파트 평균 가격, 정부 통계로도 9억 돌파**"라는 기사를 실었다.

[시론]

공공이 부동산개발을 독점해야 하나?

얼마 전 외국학자들과 화상회의를 한 적이 있다. 2.4 부동산 대책과 우리나라 쪽방촌 개발 이야기를 해주었더니 연신 정말이냐고 물어볼 정도로 놀라워했다. 종부세 최고 구간이 부과세를 포함해서 7.2%라고 했더니, 매년 내는 금액인지를 물을 정도로 충격을 받은 듯했다.

2.4 부동산 대책은 시장의 기대를 뛰어넘는 속도와 물량, 품질의 주택을 공급하기 위해 만들어졌다. (공공주도 3080^{+})대도시권 주택공급 획기적 확대방안이 공식명칭이다. 서울 32.3만호를 포함하여 전국에 83.6만호를 공급하는 어마어마한 계획이다. 그러나 그 세부계획을 보면 공공택지에서 나오는 물량 26.3만호를 제외하면, 전부가 민간의 개발영역을 공공이 개입하여 공급하겠다는 식이다. 수십 년간 개발이 지연된 것을 공공이 개입하여 빨리 정비하겠다는 것이 요지이다. 그런데 그 방식이 자못 두렵기까지 하다. 이 대책에서 여러 개발 방식을 제안했는데 대부분이 2/3 동의를 받으면 공공이 직접 수용해서 하겠다는 것이다. 물론 어떤 지역은 정비가 시급하게 필요하지만, 공공이 수용해서 하겠다는 것은 과한 것으로 보인다. 이번 대책 전에 발표한 쪽방

촌 정비도 그렇다. 여기는 주민 동의도 필요 없이 공공이 직접 수용해서 사업을 진행한다. 공공주택특별법에 따른 합법적 절차이다. 이 법은 신도시를 만드는 법인 택지개발촉진법의 후신인데, 당초 택지개발촉진법 자체도 워낙 사유권 침해요소가 커서 한시적으로만 운영해야 한다는 의견이 있었다. 외곽에 신도시를 만들 때 주민 의사를 물어보지도 않고 정부에서 구역을 정하고 바로 수용하는 절차를, 이제는 도심을 정비하는 데 적용하는 것이다. 해외에도 수용을 통한 개발이 있긴 하나, 우리처럼 주민 의견을 묻지도 않고 수용하는 사례는 없다. 그리고 90명 중 60명이 동의하면 나머지 30명의 땅을 뺏을 수 있다는 것도 충격적이다.

게다가 공공이 개발할 때는 용적률을 700%까지 올려주고, 층수 제한도 완화해주며, 주차장 및 조경 설치의무도 감면해줄 뿐 아니라 일조·채광기준도 완화해준다. 물론 이번 대책에서 세입자와 영세상공인에 대한 배려가 강화되는 등의 긍정적 요소도 있다. 그렇지만 민간이 할 때는 각종 규제를 그대로 적용하고, 공공이 할 때는 규제를 파격적으로 완화해주는 것은 시대착오적인 것으로 보인다.

주택 공급이 시급한 문제일 경우 민간을 먼저 활용해야 한다. 우리나라는 한 해에 50만호 정도 인허가가 난다. 이 중 공공이 공급하는 것은 대략 10~20% 정도인데 공공의 물량을 늘려서 주택난을 해소하겠다는 것보다는, 민간이 조금 더 공급을 늘릴 수 있도록 하는 것이 훨씬 효율적임을 알 수 있다.

개발이익의 사유화를 막기 위해 공공이 직접 개입해야 한다는 명분을 내세우고 있으나, 민간에도 동일한 조건의 기회를 부여하면 공급이 더 잘되지 않을까하는 아쉬움도 있다. 민간이 자기 지역에 더 어울리는 다양한 공공기여를 하도록 하고, 그 정도에 따라 인센티브를 부여하는 것이 우선되어야 한다. 그럼에도 불구하고 잘 되지 않을 경우 마지막으로 공공이 직접 수용해서 하는 것도 고려할 수 있다.

이번 정부에서 주요 공약으로 내건 것이 도시재생 뉴딜이다. 여기서 가장 중요한 원칙으로 주민주도를 그렇게 강조하지 않았던가? 그리고 철거재개발에 대해 그렇게 비판하지 않았던가? 이제라도 선진국 사례들을 좀 참조하여 서민을 위한 것이 어떤 것인지를 진지하게 고민할 필요가 있다.

출처: 심교언(2021.3.4), 하우징헤럴드.

이젠 공공 투기와의 전쟁이다

〈한겨레신문〉 2021년 3월 3일 자에는 **"고양이에 생선 맡겼나…LH 직원, 광명시흥 100억대 투기 의혹"**이라는 기사가 실렸다. 한국토지주택공사LH 직원들이 광명·시흥 신도시 지구에 투기 목적으로 100억원대의 토지 수천 평을 사전에 매입했다는 의혹을 다루었다. 전날인 2일 참여연대와 민주사회를 위한 변호사모임민변은 기자회견을 열고 이러한 내용을 설명하면서 "「공직자윤리법」상 이해충돌 방지의무 위반 및 「부패방지법」상 업무상 비밀 이용금지 위반 가능성이 높은 만큼 감사원에 공익감사를 청구한다"고 밝혔다. 마침 4월 재보궐 선거를 앞두고 있던 때라 이 사건은 사회를 일파만파 흔들었다. 이후 어마어마하게 많은 기사들이 쏟아져 나왔다.

〈조선일보〉 3월 3일 자에서는 **"LH 직원 10명, 광명·시흥 신도시에**

100억대 땅투기 의혹"과 "LH 직원 광명 시흥 투기는 변창흠 사장 때 일어난 일… 변 장관이 제대로 조사할까", "丁총리, LH 직원 투기 의혹에 '용납 못해…수사의뢰 등 철저 조치'", 4일 자에는 "경찰, LH 직원 '광명 시흥 신도시 투기' 의혹 수사 착수", "'투기 의혹' LH 직원 13명…3기신도시 전체 전수조사", "文 대통령 '국토교통부·LH·공공기관 직원·가족, 토지거래 전수조사'", "LH 직원들 투기 의혹에…광명·시흥시도 '공직자 전수 조사'", "광명·시흥 투기한 LH 직원들, 나무심기·지분쪼개기 등 토지 보상 잘 받는 수법 동원", "'땅투기 의혹' 정부합동조사단 4일 출범…전수조사 착수", 5일 자에는 "진성준 '국토교통부·LH 임직원, 주거 외 부동산 소유 금지해야'"와 "김태년, 與 시의원 '알박기' 의혹에 '송구…공직자 투기이익 환수 추진'", "후한 한도 위한 '꼼수'…북시흥농협서 무더기 대출 받은 LH 직원들", "文대통령 '신도시 투기 의혹, 개인적 일탈인지 부패 구조 때문인지 규명하라'", "친오빠는 임대료 0원, 부인은 대토개발사 임원…변창흠號 LH 비리 '천태만상'", "'투자경력만 18년'…그 토지경매 1타 강사, LH 직원이었다", "'혹시 우리도?'…LH 투기 의혹에 지자체도 조사 착수", 6일 자에는 "'LH 땅투기' 쏟아지는 제보…'정치인·공무원도 있어'"와 "'개발 안 될 걸로 알고 샀는데 갑자기 신도시 지정' LH 직원 땅투기 두둔한 변창흠…'누가 50억 대출해 맹지에 묘목 심나' 국민 분노", 7일 자에는 "주민 'LH 못 믿어'…땅투기 쏟아지면 '2.4 대책'도 차질", 8일 자에는 "'땅 투기 의혹' 시흥시의원·포천 간부급 공무원 고발"과 "홍남기 'LH 사태, 부당 이득 반드시 환수…부동산 등록제 검토'"가, 9일 자에는 "정책 실패로 집값 올린 정부, 이번엔 'LH 공공 재개

발' 고집하나", 10일 자에는 **"계양·왕숙까지 투기 의혹…신도시 발표前 땅 거래 최대 5배 급증"**과 **"광명시청 주택담당 공무원까지…신도시 발표 전 땅 샀다"**, **"與 '변창흠, LH 비리 묵인했다면 책임져야…3기 신도시 취소도 검토'"**, 11일 자에는 **"與 양이원영 모친, 지분 쪼개기로 신도시 인근 땅 매입"**과 **"양이원영·김경만·양향자…여당으로 옮겨 붙는 투기의혹"**, 12일 자에는 **"정세균 'LH 해체 수준의 환골탈태…경제부총리 중심 쇄신'예고"**라는 기사가 실렸다. 매일매일 새로운 비리가 보도되는 국민 공분의 시기였다.

3.29 대책: 공공에 종사하는 자는 부동산 보기를 돌같이 하라!

"부동산 투기근절 및 재발 방지대책"

2021년 3월 29일 정부는 관계부처 합동으로 3.29 대책을 발표했다. 정부는 이 대책에서 LH 사태로 공공부문의 신뢰가 하락하고 정책의 일관성에 대한 우려가 제기되는 가운데 시장 부패 해소 요구가 확산되는 상황이므로, 발본색원뿐만 아니라 문제의 근원을 찾아내어 근본적으로 개혁할 필요가 있다고 했다. 그리고 부동산 시장의 부패 해소와 동시에 주택공급을 간절히 바라는 무주택자·청년 등을 위해 주택공급 정책을 일관되게 추진하겠다고 밝혔다.

3.29 대책의 목표는 부동산 투기·부패 발본색원과 부동산 관련 공공기관 환골탈태, 부동산 정책 신뢰 회복이다. 강도 높은 단어들이 쏟

아진 여론에 대응하여 목표도 살벌한 단어들로 구성되었으며, 예방·적발·처벌·환수에 걸친 4대 정책과 LH 혁신 방안을 제시했다.

첫 번째는 예방 대책이다. 재산등록 대상을 전 공직자로 확대하는 것으로 시작해 부동산 관련 업무 공직자 전원(공무원+공공기관)이 인사처에 재산을 등록하기로 했다. 총 30만명 내외로 추정하고 있다. 다음은 인사처 재산등록자 이 외의 모든 공직자(공무원+공공기관)가 소속 기관에 재산을 자체(감사 부서) 등록하도록 했다. 총 130만명 내외로 추정된다. 다음으로 공직자의 부동산 신규 취득 제한제를 도입했다. 부동산 관련 업무 공직자에게는 직무 관련 소관 지역의 부동산 신규취득을 원칙적으로 제한하고, 불가피한 경우에는 소속 기관장에게 신고하도록 했다. 세종시 이전기관의 특별공급 제도도 요건을 강화했다.

이 외에 「공직자의 이해충돌 방지법」을 신속히 입법하여 직무상 비밀 이용금지 위반 행위에 대한 징계와 처벌을 강화하고, 경영평가 시 윤리 경영의 비중을 높이는 방법 등을 통해 공공기관의 공공성 및 윤리경영을 강화했다. 투기적 토지거래의 기대 수익을 줄이기 위해 양도소득세를 더욱 강화했고, 농지 취득의 심사도 강화하는 등의 전방위적 강화 정책을 내놓았다.

두 번째는 적발 대책이다. 부동산 거래분석 전담조직인 '부동산 거래분석원'을 빨리 출범시키고, 투기 제보를 상시 접수하며, 내부정보를 이용한 투기를 근절하기 위해 '100일 집중신고 기간'을 운영하고, 외지인의 투기성 매수와 신고가 허위거래 신고 후 취소 등에 대한 정밀 실거래 조사를 실시하기로 했다. 신고에 대해 최대 10억원의 포상금도 내걸었고, '공직자 재산 집중심사단'도 신설하며, 대규모 택지지정 시 투기거래를 사전조사하고, 기획부동산과 상습투기자를 비롯해 불합리한 지분 쪼개기 등을 완전 색출하는 방안을 내놓았다.

세 번째는 처벌 대책이다. 먼저 부동산 시장 4대 교란 행위에 대한 처벌을 강화하기로 했다. 4대 교란 행위는 비공개 및 내부정보를 불법·부당하게 활용하여 투기하는 행위와 가장 매매, 허위 호가 등의 시세 조작행위, 허위 계약 신고 등 불법 중개 및 교란 행위, 내 집 마련 기회를 빼앗아 가는 불법 전매 및 부당 청약행위다. 이들에 대해서는 부당이득액에 비례하여 가중 처벌하게 된다. 지연 신고 등의 단순 의무 해태 사항에 대한 과태료도 대폭 상향했다.

4대 시장 교란 행위의 가담자는 취업과 인허가를 제한하여 부동산 시장에서 퇴출시키고, 미공개 정보 이용 관련 처벌 대상도 확대했다. 직무 관련성이 없더라도 업무 관련으로 정보에 접근한 자, 정보를 받은 제3자도 처벌 대상에 추가했다. 분양권 불법 전매 시에 매수자도 처벌하고, 10년간 청약 당첨 기회도 제한하기로 했다.

마지막으로 네 번째는 환수 대책이다. 4대 시장 교란 행위에 대해서는 일정 요건에 해당될 경우 부당 이득액의 3~5배를 환수하고, 토지투기자의 토지 보상 시 불이익을 부여하며, 투기 목적의 농지에 대해서 강제 처분 명령을 내리기로 했다.

별첨으로 LH의 혁신 방안도 담고 있다. 대내외 통제 장치를 구축하고, LH의 역할과 기능, 조직, 인력을 철저히 분석하여 각 기능별로 축소 혹은 민간·지자체 이양, 타기관 이관 가능성 등을 점검하여, 혁신 방안을 조속히 마련하겠다는 내용을 제시했다.

이후 7월 19일에는 국토교통부가 '청렴·소통·국민 신뢰 회복을 위한' 국토교통 혁신방안 추진계획을 내놓았다. 이 방안에는 기존에 내놓은 대책들을 잘 진행하겠다는 것과 일부 추가 방안들을 담았다.

[Deep & wide]

'비밀주의' 신도시 개발이 투기 초래…LH 해체는 정답 아냐, LH 신도시 투기, 원인과 해결책은

한국토지주택공사LH 직원들의 3기 신도시 투기 의혹과 관련해 국민들이 분노하는 건 당연한 일이다. 국민들은 투기하지 못하도록 그렇게 규제를 가했는데, 정작 모범이 되어야 할 집단은 투기를 통해 거액을 벌어들였으니 공분이 커질 수밖에 없다. 평상시 투자를 꺼리는 맹지에, 그것도 거액의 대출을 받아 투기했다는 사실과 한 푼이라도 더 받아내기 위해 엄동설한에 묘목까지 심었다는 대목에선 할 말을 잊게 만든다. 이렇게 하여 상승한 개발원가는 결국 입주자들의 부담 증가로 연결된다.

신도시 개발 때마다 반복되는 투기

과거 노태우 정부는 1기 신도시 계획을 발표한 뒤 부동산 가격이 폭등하자, 합수부를 설치해 공직자 131명이 포함된 1만여 명을 부동산 투기로 적발했다. 노무현 정부에서도 2기 신도시 지역인 수도권과 충청권에서 투기가 극성을 부리자 '부동산 투기사범과의 전쟁'을 선포하고 합수부를 설치하여 27명의 공무원을 포함한 9,700명을 적발했다. 이제 3기 신도시에서도 비슷한 일이 반복되고 있다.

신도시 투기 재발의 가장 근본적인 원인은 개발 방식에서 찾을 수 있다. 정부는 심각한 주택 문제를 해결하기 위해 1980년 「택지개발촉진법」이라는 것을 만들었다. 이 법에 따르면 정부가 비밀리에 구역을 결정하고, 구역이 결정되면 민간의 토지를 수용하여 개발하게 된다. 개인의 소유 개념이 명확한 선진국뿐 아니라, 한국의 주택정책을 벤치마킹하려는 개도국에서도 이것만큼은 도입할 엄두를 내지 못할 정도로 강력한

제도다.
법 제정 당시에도 주민한테 의견을 묻지도 않고 구역을 결정하고 수용하는 것이 너무 가혹한 게 아니냐는 지적이 있었다고 한다. 대부분의 국가에서는 도시개발을 하기 전 주민들과 꾸준히 소통하고 나서 결정한다. 우리처럼 주민들한테 묻지도 않고 결정하고 수용까지 하는 사례는 거의 없다. 처음부터 주민들과 협의한다면 투기가 끼어들 여지도 상당히 줄어든다. 협의 과정에서 사업이 무산되는 사례도 나오고, 이 경우 미리 투기했다면 큰 손실을 볼 수도 있기 때문이다. 정부가 일방적으로 결정하는 관행과 이러한 정보를 소수만 알게 되는 비밀주의 때문에 지금의 LH 사태가 나왔다고 볼 수 있다.
윤리성 문제도 빼놓을 수 없다. 이번 국민적 공분이 커진 데에는 일부 LH 직원들이 SNS에 올린 조롱성 글, 공공기관 직원의 윤리의식을 의심케 하는 글들이 불쏘시개 역할을 했다. 금융업의 경우 일찍이 투자윤리에 대한 중요성을 인식해 교육이나 사고방지 시스템을 고안해 놓았지만, 부동산은 그렇지 못했다. 부동산 분야의 투자윤리센터는 국내에 한 곳뿐이며, 선진국과 같은 시스템을 찾기 힘들다.

LH는 막강한 영향력 지닌 거대 독점조직

LH는 2009년 10월 1일 한국토지공사Land와 대한주택공사Housing가 합쳐져 탄생했다. 1941년 설립된 조선주택영단은 1948년 대한주택영단으로, 1962년에는 대한주택공사로 바뀌었다. 대한주택공사는 마포아파트를 시작으로 한남외인·남산외인아파트, 한강맨션아파트, 반포·잠실·둔촌아파트와 광명시 철산아파트, 과천신도시, 서울의 개포·고덕아파트 단지, 군포 산본, 부천 중동, 상계, 광명 하안지구 등 수많은 주택을 건설한 실적이 있다. 임대아파트 건설 및 다가구 매입 임대 등을 포함하여 LH로 통합 전까지 200만호 이상의 주택을 공급했다.
1975년 설립된 토지금고는 1979년 한국토지개발공사로 바뀌고 1996년 한국토지공사로 재탄생했다. 한국토지공사는 분당·일산·판교·동탄 등 신도시와 6개의 혁신도시, 부산·인천·진해 등의 경제자유구역 조성, 개성공단 조성 등 남북경제협력사업, 산업단지 및 물류단지 조성, 도시재생사업 등 지역종합개발사업, 해외사업 등 다양한 사업을 진행해 왔다. 통합 당시까지 292개 택지 및 산업단지 등 총 356㎢의 개발을 완료하였고, 59개 지구 296㎢의 개발을 진행하였다.

이러한 초거대기업들이 합병하여 2009년 LH가 탄생할 당시 자산 규모 105조원, 직원 수 7,300명을 넘어, 삼성(175조원)과 한국전력(117조원)에 이어 단번에 3위 기업으로 자리매김했다. 합병할 때 인력감축과 경영효율을 약속하였으나 작년 말 직원 수는 9,449명으로 늘어났고, 변창흠 국토부 장관이 언급하였듯이 우리나라 공공주택의 80% 이상을 차지하는 독점적 지위 때문에 부작용도 우려되고 있다.
2019년 기준 자산과 부채는 각각 184조원, 134조원에 달하며, 매출액과 영업이익은 각각 20조 5,297억 원, 2조 7,827억 원을 기록하여, 1위 건설업체인 현대건설보다도 훨씬 크다. 보유한 주택 수도 120만호가 넘어 세계적으로 주택 관련 기업 중 최대 수준이자 막강한 사회경제적 영향력을 지닌 기관인 셈이다.
이렇게 사업영역이 넓어지고 규모도 커짐에 따라 과거의 비밀주의적 사업방식이 더 이상 통용되기 어려운 상황이 되었고, 거기에다 둔감해진 윤리의식이 지금의 사태를 낳았다고 볼 수 있다. 그렇지만 최근에는 한국형 신도시를 해외에 적극적으로 수출하는 등 획기적 변화도 꾀하고 있다. 쿠웨이트와 인도, 베트남, 볼리비아, 미얀마, 케냐, 탄자니아 등에서 신도시를 비롯한 각종 개발사업을 선도하고 있고, 해외로부터 지속적인 러브콜을 받고 있다.

어떻게 수습해야 하나

이번 사태로 당장 2.4 부동산 대책이 계속 추진될 수 있을지 의심스럽다. 역대급 물량이라는 83만호 주택 공급계획에서 26만호는 공공택지 방식으로 추진되므로 정부 의지만으로도 추진할 수 있겠지만, 여론이 악화되면 이 또한 어려워질 것이다. 그리고 57만여호는 민간의 동의가 필수적인데 지금 상황을 감안하면 거의 힘들지 않을까 우려된다. 이러한 우려가 공급 차질로 시장에 반영되면 다시 가격 상승으로 연결될 수 있다.
이런 시대를 막으려면 공공이 하는 방식을 똑같이 민간에도 적용해, 공급시장에 민간 참여를 유도해야 한다. 현재 민간에는 재건축초과이익환수제처럼 규제만 많고 혜택은 별로 없다. 반면 공공은 용적률 상향, 용도 변경 등 혜택은 많으면서 조경 같은 의무는 적다. 만약 민간에도 공공처럼 혜택을 주면서 세입자 대책 같은 의무를 부여한다면, LH 사태로 인한 공급 차질을 민간이 어느 정도는 메워줄 수 있을 것이다.
지금은 너무 많은 해법이 감정적으로, 또 무차별적으로 쏟아져 혼란스럽기까지 한 상황이지만 어쨌든 해결책의 기준은 정해놓아야 한다. 핵심은 국가에 도움이 되도록 해야 한다는 것이다. 'LH를 해체해 통합 이전으로 돌리자', 'LH 독점을 깨기 위해 제2, 제3의 LH를 만들자'는 얘기가 나오지만 자칫 소탐대실이 될 수 있다.
2009년 LH 통합은 오랜 연구의 결과물이었고, 만약 지금 LH에서 특정 기능을 배제하거나 쪼개려고 한다면 예상 가능한 효과와 부작용부터 깊게 고민해야 한다. LH는 이미 3기 신도시뿐만 아니라 택지개발, 지역개발, 산단 · 공단개발, 도시재생, 해외 신도시 개발 등 너무나 많은 중대 사업들을 진행하고 있다. 웬만한 지방도시공사의 수십 배에 달하는 조직을 갑자기 해체할 수는 없다.
일각에선 택지개발을 민간으로 넘기자고 한다. 하지만 토지개발은 인허가 관련 특혜 소지가 많고 너무나 큰 단위의 이익이 발생하기 때문에 외국에서도 보통 토지는 공공의 영역, 건축은 민간의 영역으로 보고 있다. 공공이 토지를 소유하되 민간에 적당히 수익률을 보장하면서 집을 짓게 하는 식이다.
핵심은 LH의 세계적 경쟁력과 노하우는 살리면서 건전한 기관으로 재정비하는 것이다. 우선은 현재 진행 중인 투기조사를 국민들이 납득할 정도로 철저히 해야 한다. 부패감시 시스템 강화, 임직원 윤리교육, 처벌조항 강화 등도 이뤄져야 한다. 더 크게는 비밀주의로 일관하는 개발방식을 개선해야 한다. 홧김에 조직 자체를 깨뜨리면 그 고통은 LH 직원들이 아니라 국민 전체에게 돌아올 수 있다.

출처: 심교언(2021.3.18), 한국일보.

계속되는 규제와 함께 고통의 시간은 간다

2021년 3월 16일 자 〈조선일보〉는 **"정부가 집값 올려놓고 국민에 세금 폭탄, '부동산 0점'도 후하다"**와 **"서울 은마 보유세 561만→845만원…마래푸 362만→533만원"**, 같은 날 〈한겨레신문〉은 **"공동주택 공시가격 19% 급등 '6억 이하' 92%는 재산세 감면"**이라는 기사를 실었다. 17일 자 〈조선일보〉에는 **"강서·성북구 30평대 아파트도 올해 종부세 고지서 날아온다"**와 **"文정부서 종부세 대상 470% 폭증… 처음 내는 아파트 속출"**, **"집주인들 '갑자기 50%씩 오르는 게 말이 되나, 집단 이의신청 내자'"**라는 기사가 실렸다. 20일 자에는 **"같은 동 같은 층인데…한 곳은 종부세 내고 한 곳은 안 내고"**, 25일 자에는 **"'공시가격 재조정하라' 조세 저항 확산"**, 27일 자에는 **"2월 아파트 거래량 1년 전보다 31% 줄어, 집값 상승세 꺾이나"**라는 기사가 실렸다.

〈조선일보〉는 4월 3일 자에 **"서울 아파트 '패닉 바잉' 한풀 꺾였다"**, 5일 자에 **"과천·강동에 집값 해법 있다, 입주물량 쏟아지자 전셋값·매매가 동반 약세"**라는 기사를 실었다. 기사에서 한 전문가는 "주택시장에 입주 물량이 대폭 증가하면 당장 가격을 내리는 효과가 나온다"며 "다주택자 양도세 중과를 한시적으로 유예해 물량이 쏟아져 나오게 해도 유사한 효과를 볼 수 있을 것"이라고 말했다. 4월 7일 자에는 **"압구정 현대아파트 평당 1억 찍었다"**, 12일 자에는 **"재건축 규제완화 기대감에 호가 껑충…전문가들 '추격매수 신중해야'"**라는 기사가 실렸다. 오세훈 서울시장 당선 후 재건축·재개발 관련 규제가 완화될 것이라는 기대감에 서울 주요 재건축 단지에서 수억원씩 호가가 오른 매물이 등장했다는 내용이었다. 같은 신문 13일 자에서는 **"서울 아파트 중간값 4억대→9억대, 종부세 납부기준은 13년째 그대로"**, 16일 자에서는 **"월세 30만원부터 신고제, 증세의 서막?"**, 20일 자에서는 **"아파트 규제에, 중대형 오피스텔 몸값 '껑충'"**이라는 기사를 다루었다. 〈한겨레신문〉은 4월 23일 자에 **"서울 아파트값 2주 연속 오름폭 확대…거래허가제로 진정될까"**, 27일 자에 **"서울 아파트 평균 매맷값 11억 돌파"**라는 기사를 게재했다.

〈조선일보〉 5월 7일 자에는 **"서울 아파트값 다시 들썩…2.4대책 발표 때 수준으로"**, 12일 자에는 **"7억 하던 서울 성동구 아파트 文정부 4년 동안 15억 됐다"**, 17일 자에는 **"전국 아파트값 5개월 연속 1% 이상 올랐다"**, 29일 자에는 **"속초 17억! 제주 15억!"**이라는 기사가 실렸는데, 전국 시군 절반을 규제 지역으로 묶자, 비규제지역인 강원도와 제주도 집값까지 들썩이는 '풍선 효과'가 나타나고 있다는 내용이었다.

〈조선일보〉는 6월 1일 자에 **"같은 15억 집인데, 노원선 대출 못 받고 천안선 6억 가능"**, 18일 자에 **"서울 아파트값 주간 상승률 1년 6개월 만에 최고"**라는 기사를 실었고, 〈한겨레신문〉은 21일 자에 **"종부세 상위 2% '1주택자 한정…영향 크지 않을 것', 양도세 기준 완화 '12억 맞춰 집값 키 맞추기 가능성'"**이라는 기사를 실었다. 더불어민주당이 당론으로 1주택자 종부세 과세기준을 '공시가격 9억원 초과'에서 '공시가격 상위 2%'로 변경하고, 1주택자 양도세 비과세 기준을 9억원에서 12억원(실거래가 기준)으로 상향하는 안을 내놓은 것에 대한 내용이었다. 한 전문가는 "금리 인상 얘기가 나오면서 지금이 막차 중의 막차라는 인식이 공유되고 있는 데다, 정부 여당의 부동산 정책에 대한 불신이 커서 쉽사리 움직일 것 같지 않다"며 "부동산 불로소득을 근절하는 더 근본적이고 강화된 대책을 내놓는 게 차라리 시장 안정에 도움이 되었을 것"이라고 말했다. 6월 22일 〈조선일보〉는 **"2% 종부세 씨름 말고, 전셋집 부족 불러온 각종 규제 먼저 풀라"**라는 기사를 실었다. 정부와 여당이 종부세 과세 대상을 놓고 씨름할 게 아니라 전세 대란을 야기한 각종 규제 완화에 집중해야 한다는 내용이었다.

〈조선일보〉는 6월 24일 자에 **"경실련 '文 4년간 아파트 93% 폭등…정부통계 17% 상승은 왜곡"**, 같은 날 〈한겨레신문〉은 **"1년새 전셋값 50% 상승, 경기 하남에 무슨 일이…"**라는 기사를 실었다. 또 〈조선일보〉는 29일 자에 **"서울 아파트 절반이 10억 넘었다…수도권 평균은 7억"**, 7월 1일 자에 **"아파트값 17% 올랐다는 文정부, 공시가 96% 올려"**

라는 기사를 실었고, 같은 날 〈한겨레신문〉은 **"홍남기, 집값 하락 전망, 추격매수보다 합리적 판단을"**이라는 기사를 실었다.

〈조선일보〉는 7월 5일 자에 **"상반기 수도권 아파트값 13%↑ 19년 만에 최대 상승"**, 7일 자에 **"서울 중소형 아파트 매매가격도 사상 처음으로 평균 10억 넘었다"**, 13일 자에는 **"재건축 2년 실거주 규제, 1년 만에 백지화"**, 14일 자에 **"실거주 없던 일로? 법이 장난인가, 이사한 사람만 불쌍"**, 20일 자에 **"임대차 강행 1년, 전셋값 상승률이 7배 됐다니"**, 21일 자에 **"어설픈 규제 없애자 전세 1억 떨어졌다"**라는 기사를 실었다. 재건축 아파트 2년 실거주 규제를 전면 백지화하자 서울 일부 재건축 단지에서 일주일 만에 전세 매물이 배로 늘고, 전셋집 호가도 수천만~1억원씩 내리고 있다는 내용이었다. 지난해 6월 정부의 규제 발표 후 '울며 겨자 먹기'식으로 낡은 재건축 아파트에 들어와 살려고 미리 세입자를 내보낸 집주인들이 규제 철회 소식에 전셋집을 다시 매물로 내놓았기 때문이다. 한 전문가는 "일부 재건축 단지의 전셋값 하락은 매물이 늘면 가격은 내려갈 수밖에 없다는 수요·공급 법칙을 재확인한 것"이라며 "1주택자 실거주 요건 강화나 「주택임대차법」을 이전처럼 되돌린다면 전·월세 시장 안정에 크게 도움될 것"이라고 말했다. 같은 신문에서 **"토지거래허가구역 규제도 무용지물…강남·송파 아파트값 더 올라"**라는 기사도 실었다.

〈한겨레신문〉은 7월 22일 자에 **"'실거래가'까지 조작해 집값 띄우는 혼탁한 주택시장"**이라는 기사를 실었다. 기사에 따르면 시세보다 비싸게 거래했다고 신고한 뒤 취소하는 실거래가 띄우기 의혹은 올해 초부터 제기됐다고 한다. 천준호 더불어민주당 의원은 국토교통부 자료를 전수 분석한 결과, 전체의 4.4%인 3만 7,965건이 거래 취소됐다고 밝혔다. 지난해 집값 상승률이 전국 최고였던 울산(52.5%)을 비롯해 서울(50.7%), 인천(46.3%), 제주(42.1%)는 그 비율이 훨씬 높았다.

같은 신문 8월 2일 자에는 **"새 임대차법 1년, 서울 아파트 줄고 월세 7%p 급증 왜?"**라는 기사가 실렸다. 전세 비중이 72%에서 65%로 감소하고, 월세는 28%에서 35%로 늘어났다는 내용이었다. 기사에서는 그 원인으로 계약갱신요구권에 따라 신규로 나오는 매물 자체가 줄었고, 급등한 전세가가 부담되어 월세로 전환한 것이라는 등의 해석을 내놓았다.

〈조선일보〉는 8월 4일 자에 **"양도세 중과에…서울 아파트 매물 35% 급감, 매매 80% 뚝", "정부, 13만 가구 공급 자신하더니…결국 말 잔치로 끝났다"**라는 기사를 실었다. 지난해 8.4 대책을 발표한 이후 1년이 지났지만 잘 진행되지 않고 있다는 내용이었다. 전문가들은 "당초 여당 지자체장조차 설득 못 할 정도로 준비가 부족했고, 대책 자체도 민간 참여 없는 공공만능주의, 신규 건설만 고집한 기형적 정책이었다는 점에서 '예견된 실패'"라고 말했다. 부동산 업계 관계자는 "인기 지역 재건축 아파트 주민들 사이에서는 '공공으로 할 바에야 차라리 재건축을 안 한다'는 말이 나올 정도로 공공개발에 대한 거부감이 강하다"라고도 전했다. 또한 정부가 시간이 많이 걸리는 신규 건설만 고집한 것도 실패 요인으로 꼽았다. 현 정부는 주택을 200만가구 이상 공급하겠다는 계획을 세웠는데, 대부분 새로 주택을 짓는 방식이라 아무리 빨라도 2025년 이후에야 입주가 가능하다. 한 전문가는 "정부가 계획한 물량의 실제 입주가 이뤄지기 전까지 공백기를 메우기 위해서라도 기존 주택이 시장에 나오도록 유도할 필요가 있다"며 "다주택자가 보유한 주택을 팔 수 있도록 양도세를 일시적으로 완화하는 대책이 필요하다"고 말했다.

〈조선일보〉는 8월 14일 자에 **"정부의 집값 고점 경고, 시장은 또 비웃었다"**, 17일 자에 **"서울·인천 전셋값 더 치솟아"**, 18일 자에 **"정부 집계 서울 아파트 평균값 11억 돌파"**, 23일 자에 **"'풍선 효과' 경기 외곽 아파트값 급등…동두천 1위"**라는 기사를 실었고, 〈한겨레신문〉은 30일 자에 **"금리인상으로 집값 잡힐까…참여정부 때 실패가 '반면교사'"**라는 기사를 실었다.

[경제칼럼]

서울시민이 지켜보고 있다. 오세훈式 주택 공급 어떻게

서울시장 선거에서 압도적 표차로 야당 후보가 당선되었다. 이에 따라 정부의 주택공급 정책도 조정이 불가피할 것으로 보인다. 2월 4일 정부는 '공공주도 3080⁺대도시권 주택공급 획기적 확대방안'을 발표한 바 있다. 향후 5년간 서울에 32.3만 호를 공급하는 것으로 '추계'했는데, 민간에서 추진하던 사업을 주민들의 동의가 있으면 공공이 수용해서 사업을 하는 방식이다. 반면 오세훈 서울시장은 민간에 대한 규제를 완화하여 5년간 36만 호를 공급하겠다고 공약했다. 물량만으로 보았을 때 양측이 비슷하다는 느낌이 들지만, 내용을 자세히 들여다보면 전혀 다르다.

최근 5년간 서울의 주택 인허가실적을 살펴보면, 연평균 74,815호인데 이중 공공부문의 물량은 연평균 4,695호에 불과하다. 겨우 5.9%를 공공이 공급했다. 일반적으로 이러한 수치를 접하게 되면, 주택공급 확대에 있어 공공부문의 물량을 늘리는 게 유리한지 아니면 민간부문의 물량을 늘리는 게 바람직한지는 판단이 그리 어렵지 않을 것이다. 가장 바람직한 것은 공공과 민간의 물량 모두를 늘리는 것이지만 우리는 공공만을 고집하고 있어 안타깝다.

만약 정부 정책이 효과를 본다고 하더라도 공공의 물량은 늘어날 수 있겠지만, 공공주도라는 명칭에서 드러나듯이 민간의 공급은 오히려 위축될 가능성이 있다. 경우에 따라서는 전체 공급량이 오히려 줄어들 수도 있다. 그나마 공공주도의 공급책도 최근 LH 사태로 인해 난항을 겪을 것을 감안하면 2.4 대책의 실효성은 지극히 의심스럽다. 게다가 야당이면서 민간중심의 공급을 기치로 내건 서울시장이 계획승인권을 가지고 있음을 고려할 때, 공공주도 공급확대책의 실현 가능성은 더욱 낮아진다고 볼 수 있다.

그러므로 서울시장의 우선적 과제는 공공과 민간 모두의 물량을 늘리는 것이 되어야 한다. 민간주도의 공급량은 공약대로 획기적으로 늘리되, 공공주도의 물량도 원하는 지역에 대해서는 반대하기보다 오히려 같이 만들어 나가는 것이 중요할 것이다.

두 번째는 물량 배정이다. 공약으로 내건 물량이 일시에 시장에 쏟아지면 그 충격은 엄청날 것이다. 특정 지역에 물량이 쏠릴 경우 그 충격은 더욱 커질 수 있다. 멸실에 따른 전세난 심화와 이에 따른 가격 상승이 가중되는 악순환의 재현은 서민을 더욱 벼랑 끝으로 내몰게 된다. 그러므로 본인이 공약한 물량을 어느 시점에 어느 정도씩 공급할지에 대한 면밀한 계획이 선행되어야 역효과를 막을 수 있을 것이다.

셋째는 단기적 시장 불안대책이다. 시장 당선되자마자 벌써 일부 재건축 단지를 중심으로 수억원씩 오르는 것을 보면 그 심각성을 알 수 있다. 시장영향력이 큰 단지들이 초기에 풀린다면 서울시 전체의 가격 불안이 재현될 수 있다. 물론 진행이 빠른 단지를 인위적으로 늦추는 것은 바람직하지 않으나, 단기 시장불안 요소를 감안하여 개발 순서를 정하는 것이 중요할 것이다. 이를 감안하면 강남보다는 강북을 우선적으로 배려하는 것이 바람직하지 않나 하는 생각도 든다. 그리고 단기적 시장 불안은 공급을 위한 필연적 현상이긴 하나, 중장기적 물량 증가로 인한 안정효과를 시민에게 적극적으로 설득한다면 단기적 불안도 조금은 완화할 수 있을 것이다.

넷째로, 민간 규제완화에 따른 공급 확대가 중요하긴 하나 여기서 소홀히 하지 말아야 할 것은 개발이익의 과도한 사유화에 대한 부작용이다. 일반적으로 공급확대에 따른 가격안정화가 부동산 자산양극화 해소에 큰 도움이 된다. 하지만 이 과정에서 과도한 이익이 특정집단에 돌아가는 상황은 바람직하지 않으므로 규제 완화와 동시에 공공성 확보를 어떻게 할까를 고민해야만 정책의 지속가능성이 확보될 것이다.

마지막으로 신임시장의 정책을 과연 지금의 시스템이 감당할 수 있을까 하는 점이다. 가령 어느 지역에 어느 정도의 물량을 배정할까를 정하는 원칙이 없다면 시민들의 불만은 더욱 커질 수 있다. 그리고 기존의 인허가 체제와 의사결정 구조로는 한계가 있을 것이다. 공약이 공염불로 끝나지 않으려면 시민들이 공감할 수 있는 원칙과 이를 감당할 수 있는 의사결정구조를 만드는 게 기본과제임을 명심해야 할 것이다.

출처: 심교언(2021.4.27), 매경이코노미.

부동산 공급 계획: 공급은 계속된다

"대도시권 주택공급 확대를 위한 제3차 신규 공공택지 추진계획"

2021년 8월 30일 국토교통부는 기존 공급계획에 반영되어 있던 내용 중 공공택지의 지정을 발표했다. 수도권에는 의왕군포안산과 화성진안의 신도시 규모 2곳과 인천구월2와 화성봉담3, 남양주진건 등 중소규모 택지 5곳에 총 12만호를 공급하고, 지방에는 대전죽동2와 세종조치원, 세종연기의 소규모 택지 3곳에 총 2만호를 공급한다는 내용이었다.

〈조선일보〉 9월 1일 자에는 **"'강남까지 20분' 의왕~반월역 4만호, 수원군공항 옆 3만호…수도권 7곳에 12만호 신도시 만든다"**라는 기사가 실렸다. 기사에서는 공급 정책에 대해 소개하면서, 국토교통부가 신규

■ 제3차 신규 공공택지 추진계획

구분	수도권	지방권
신도시 규모 (330만㎡이상)	**의왕군포안산**(4.1만호) **화성진안**(2.9만호)	-
중규모 택지 (100만㎡이상)	**인천구월2**(1.8만호) **화성봉담3**(1.7만호)	-
소규모 택지 (100만㎡미만)	**남양주진건**(0.7만호) **양주장흥**(0.6만호) **구리교문**(0.2만호)	**대전죽동2**(0.7만호) **세종조치원**(0.7만호) **세종연기**(0.6만호)
소계	**12만호(7곳)**	**2만호(3곳)**
합계	**14만호(10곳)**	

공공택지 발표 전에 투기 여부 등을 확인하기 위해 국토교통부 및 한국토지주택공사LH 등 사업시행자 전 직원에 대하여 취득시기와 관계없이 신규택지 내 토지소유현황을 전수 조사했지만 투기 개연성은 찾지 못했다고 밝혔다. 그리고 인근 지역에 대해서도 이상 거래를 조사하여 조치를 취할 계획이라고 언급했다.

〈조선일보〉는 9월 2일 자에 **"강남아파트 평당 전셋값 사상 처음 4,000만원 돌파"**, 3일 자에 **"전세는 없어서, 공공임대는 남아서 난리"**라는 기사를 실었다. 문재인 정부 출범 후 4년 동안 전국적으로 공공 임대주택이 50만 가구나 늘었지만, 비어 있는 임대주택도 늘면서 공실률이 두 자릿수로 치솟았다. 지난해 LH가 공급한 공공 임대주택 7만 2,349가구 중 16.6%인 1만 2,029가구가 올해 5월까지 임차인을 못 구한 것으로 집계됐으며 여섯 집 중 한 집 꼴로 비어 있었다.

〈조선일보〉는 9월 9일 자에 **"주요 재건축 단지들 초과이익 환수제**

등 부동산 규제도 부담"이라는 기사를 실었다. 공공 재건축은 사업성이 떨어져 재건축이 어려운 노후 아파트에 용적률이나 층수 제한 같은 건축 규제를 풀어주는 대신 늘어나는 가구 수의 절반 이상을 공공주택(임대·분양)으로 환수하는 제도다. 정부는 지난해 공공 재건축을 도입하면서 "좋은 조건을 제시한 만큼 여러 단지에서 관심을 보일 것"이라고 했다. 하지만 서울 주요 재건축 단지들은 "과도한 기부채납 등 참여할 이유가 없다"며 외면했고, 정부는 당초 계획을 변경해 전국으로 사업 대상을 넓혔는데도 또다시 흥행에 참패했다. 한 전문가는 "초과이익 환수제, 분양가 상한제 등 강력한 규제를 그대로 적용받는 데다 공공 임대주택을 늘리는 것에 대한 주민 반감도 여전하다"며 "정부가 보다 강력한 인센티브나 규제 완화를 고민하지 않는다면 공공 재건축 5만 가구 공급은 '공수표'가 될 것"이라고 말했다. 같은 신문 9월 16일 자에서는 **"수도권 아파트값 13년 만에 최대 상승"**, 23일 자에서는 **"임대차법 1년, 전세 실거래가도 13% 뛰었다"**, 24일 자에서는 **"서울 분양 급감하자, 경기·인천 집값 '활활'"**, 27일 자에서는 **"임대차법 1년, 서울 전셋값 상승액 3배"**, 29일 자에서는 **"서울 빌라 평당 2,000만원, 4년 전 아파트값 수준됐다"**라는 기사를 실었다. 〈한겨레신문〉은 10월 1일 자에 **"대출 규제 여파·수도권 아파트값 2주 연속 상승폭 둔화"**, 4일 자에 **"수도권 아파트 매수세 3주째 '주춤'"**이라는 기사를 실었다.

〈조선일보〉는 10월 5일 자에 **"서울 87만 가구, 재산세 30% 올라… 文정부 4년 새 21배 급증"**, 6일 자에 **"부동산 보유세 부담 OECD 평균을 처음으로 넘어섰다"**, 8일 자에 **"서울 아파트 1區 빼고 '평당 3,000만**

원 넘어"라는 기사를 실었다. 〈한겨레신문〉은 10월 14일 자에 **"2017년 분양 서울 아파트값 4년 새 130% 뛰어"**, 15일 자에 **"서울 아파트값 주춤…'매수심리 위축'"**이라는 기사를 실었다. 〈조선일보〉는 16일 자에 **"수도권 집값 상승률 지난달 소폭 감소"**, 25일 자에 **"서울 집값 상승세 둔화…강남 3구는 여전히 강세"**라는 기사를 실었다. 〈한겨레신문〉은 28일 자에 **"주택거래 꽁꽁, 올들어 최저, 집값 하락전환 변곡점 올까"**라는 기사를 실었고, 〈조선일보〉는 29일 자에 **"오피스텔 너마저…84㎡가 22억원"**, 11월 3일 자에 **"실거래가도 꺾였다…서울 9월 아파트값 상승률 반토막"**이라는 기사를 실었다. 〈한겨레신문〉은 11월 10일 자에 **"수도권 상위 20% 아파트값, '대출 금지선' 15억 넘었다"**라는 기사를 실었고, 〈조선일보〉는 16일 자에 **"공급 앞에 장사 없다…세종 아파트값 16주 하락, 대구 미분양 속출"**이라는 기사를 실었다. 기사에서는 세종과 대구 모두 주택 수요가 많은 대도시임에도 단기간에 아파트 공급이 급증하면서 집값이 잡힌 내용을 다루었다. 한 전문가는 "수요를 넘어서는 공급만이 집값을 잡을 수 있다는 게 세종과 대구를 통해 확인된 것"이라며 "정부는 입주까지 몇 년 걸릴지 모르는 부동산 대책만 발표하지 말고, 효과적인 단기 공급 확대 방안을 고민해야 한다"고 말했다. 대구나 세종과 달리 서울과 경기는 입주 물량이 줄어들면서 집값 상승세를 더욱 부채질하는 상황이다. 다른 전문가는 "공급이 늘어나면 시장가격이 떨어진다는 것은 경제학에서 기본"이라며 "집값 안정을 위해서는 대출 규제 같은 억제책이 아닌, 입주 가능한 아파트를 단기간에 쏟아낼 수 있는 대책을 내놔야 한다"고 말했다.

〈조선일보〉는 11월 23일 자에 **"종부세 부담으로 전월세 오를 것"**이라는 기사를 실었다. 기획재정부는 종합부동산세 대상자와 세액이 급증했지만 "종부세 부담의 세입자 전가는 제한적일 것"이라고 했다. 그러나 부동산 전문가들은 종부세 부담이 전월세 상승으로 이어져 최종 피해는 무주택 서민이 볼 가능성이 크다고 지적했다. 기획재정부는 이날 발표한 보도 참고자료에서 "임대료 수준은 임대 시장의 수요 공급 상황에 따라 결정되는 것이라 일방적 부담 전가에는 한계가 있다"고 했는데, 이에 한 전문가는 "시장 상황이 수요자 위주 시장이라면 정부 설명이 맞을 수 있겠지만, 현재 시장은 공급자 위주 시장"이라며 "신규 전월세 계약부터 임대료에 종부세 등 보유세 부담액이 점차 반영될 것"이라고 했다. 〈조선일보〉는 11월 26일 자에 **"임대차법·보유세 영향 겹쳐…서울아파트 월세 文정부서 38% 올라"**라는 기사를 싣고, 전세의 월세화가 늘어난 주요 원인으로 보유세 부담이 급증한 것을 꼽았다. 연간 재산세와 종부세가 수백만~수천만원에 달하면서 '집 있다고 나라에 월세 낸다'는 불만이 커졌고, 세입자를 상대로 전세보증금을 올리는 대신 월세를 받으려는 집주인이 늘었다는 것이다. 부동산 전문가들은 보유세의 가파른 인상은 결국 무주택자인 세입자 피해로 돌아간다고 지적했다. 같은 신문 12월 10일 자에는 **"서울 아파트 월세지수 11월, 역대 최고 108.6"**, 17일 자에는 **"꺾였나…서울 강남·마포 아파트값 하락"**이라는 기사가 실렸다. 같은 날 〈한겨레신문〉은 **"실거래가 내리고 상승세 주춤…수도권 아파트값 꺾이나"**, 29일 자에 **"전국 아파트값 20% 올라, 19년 만에 최고 상승률"**이라는 기사를 실었다.

문 정부 마지막 새해가 밝았다

〈조선일보〉는 2022년 1월 1일 자에 **"7인 전문가 한목소리로 '올해도 수도권 집값은 상승세'"**, 3일 자에 **"집값 하락 전조? 지난해 서울 아파트 거래량 9년 만에 최저"**, 7일 자에 **"강남 대치동 3억 '뚝'…하남·대전도 집값 꺾여"**라는 기사를 실었다. 같은 날 〈한겨레신문〉은 **"서울 강북·도봉, 하락 번지지만…하향 안정화 아직 멀었다"**라는 기사를 실었다. 한 전문가는 "정부는 최근 집값이 하향 안정세에 진입했다고 말하지만 엄밀하게 전년 동월 대비 집값을 살펴보면 '하향 안정'은 아직 멀었다"며 "주택시장이 조정기에 접어든 것은 맞으나, 오는 6~7월 「주택임대차법」 개정 2년째를 맞아 신규 전세 가격이 들썩일 우려도 있는 등 집값 불안 요인은 상존하고 있다"고 지적했다.

〈조선일보〉는 1월 10일 자에 **"서울·지방 아파트 격차 3억원대→8억**

원대로", 14일 자에 **"'집값 상승 1위' 노원과 의왕, 1억 넘게 떨어졌다"**, 21일 자에 **"한국 자산세 부담, 4년 만에 OECD 11위→2위"**라는 기사를 실었다. OECD 통계에 따르면 2020년 한국의 GDP 대비 자산세 비율은 3.98%로, 조사 대상 36개 회원국 중 캐나다(4.15%)에 이어 두 번째로 높았다. 이는 영국(3.86%), 미국(3.05%), 일본(2.63%) 등 주요 선진국을 모두 제친 결과다. 2016년 11위였던 순위가 4년 만에 2위까지 올랐고, 같은 기간 한국의 자산세는 51% 늘었다. OECD가 집계하는 자산세 핵심 항목은 부동산 보유세(재산세·종합부동산세), 상속·증여세, 자산거래세(취득세·증권거래세) 세 가지다. 한국의 자산거래세 비율(2.4%)은 OECD 평균(0.4%)의 6배에 달해 압도적 1위를 기록했고, 상속·증여세(0.54%)는 3위, 부동산 보유세가 GDP에서 차지하는 비율은 1.04%로 13위였다. 2016년 22위였던 보유세 순위는 4년 새 9계단이나 뛰었고, 같은 기간 보유세 증가율(50.5%)은 OECD 국가 중 가장 높았다. 같은 날 〈한겨레신문〉은 **"서울 25개구 중 12개구 아파트값 하락·보합"**이라는 기사를 실었고, 〈조선일보〉는 1월 25일 자에 **"공시지가 10% 올렸는데, 실제 땅값은 4% 상승"**, 26일 자에 **"그동안 너무 많이 올랐나→반포에서도 5억 내린 거래 등장"**, 28일 자에 **"은마도 1억 5,000만원 빠졌다, 서울 아파트값 1년 8개월 만에 하락"**이라는 기사를 실었다. 같은 날 〈한겨레신문〉은 **"KDI '준전세·준월세 값 상승폭 커져'"**와 **"서울 아파트값 1년 8개월 만에 ↓ '당분간 계속 떨어질 것' 전망"**이라는 기사를 실었고, 〈조선일보〉는 2월 5일 자에 **"인천·경기 아파트값도 하락"**이라는 기사를 실었다. 〈한겨레신문〉은 9일 자에 **"서울 아파트 전셋값, 2년여 만에 줄줄이**

내림세", 11일 자에 **"강남 4구 집값도 20개월 만에 꺾였다…하락세 이어질까"**라는 기사를 실었다. 〈조선일보〉는 17일 자에 **"부동산이 얼었다, 서울 실거래가 두 달 연속 하락"**을, 18일 자에 **"강남·용산 아파트값도 떨어졌다"**를, 25일 자에 **"전국 아파트값 2년 5개월 만에 하락 전환…서울 25구 중 23곳이 내림세"**라는 기사를 실었다.

3월 7일 자 〈조선일보〉에는 **"다주택자 규제에 단독주택을 상가로, 저렴한 민간 임대주택 2만가구 줄어"**라는 기사가 실렸다. 정부가 다주택자에 대한 세금 부담을 대폭 늘리면서 단독주택이나 다가구주택을 근린생활시설로 바꾸는 사례가 급증하고 있다는 내용이었다. 이런 추세는 다주택자에 대한 종합부동산세·취득세·양도세를 대폭 강화한 2020년 7.10 대책 이후 본격적으로 나타나고 있다고 한다. 전문가들은 다주택자에 대한 과도한 규제가 주택 수를 줄이는 부작용을 낳았다고 말한다. 다주택자는 취득세만 8~12%인데, 근린생활시설은 기존 주택 수와 관계없이 취득세가 4.6%로 고정돼 있다. 이에 전·월세로 공급하던 주택을 근린생활시설로 바꾸는 다주택자가 많아졌다고 한다. 한 전문가는 "수십억원이 오가는 거래에서 세금 1% 차이는 수익률과 직결된다"며 "개정된 「주택임대차법」으로 인해 전·월세 임대료도 마음대로 올리지 못하는 상황에서 주택보단 상가로 바꾸는 게 낫다고 판단한 것"이라고 말했다. 상대적으로 전·월세가 저렴한 단독주택이나 다가구주택이 줄면서 무주택 서민들의 불편만 가중된다는 지적도 있었다. 다른 전문가는 "정부는 규제를 강화하면 다주택자가 보유한 집이 대거 매물로 나올 것으로 기대했지만, 시장은 그렇게 돌아가지 않는다"며 "무리한 규제가 서민층의 피해로 돌아오는 것"이라고 말했다.

3월 10일에는 차기 대통령으로 윤석열 국민의힘 후보가 당선됐다. 이때부터 문재인 정부의 정책 관련 기사는 사라지고, 차기 정부에 대한 전망과 바람 등이 기사로 많이 등장한다.

3월 11일 자 〈조선일보〉에는 **"지방 아파트도 하락세로 돌아서"**, 같은 날 〈한겨레신문〉에는 **"지방 아파트값 23개월 만에 하락 돌아서"**, 16일 자 〈조선일보〉에는 **"2월 전국 아파트값 2년 5개월 만에 하락 전환"**, 같은 날 〈한겨레신문〉에는 **"규제 풀면 집값 오를 텐데…'재건축 초과이익환수 원칙 필요'"**, 17일 자 〈조선일보〉에는 **"대출 재개됐지만…서울 아파트값 석달 연속 하락"**, 〈한겨레신문〉 18일 자에는 **"대선 뒤 강남·목동 들썩, '재건축 풀린다 1억 올라'"**, 24일 자 〈조선일보〉에는 **"공시가 17% 올려놓고, 보유세 '꼼수 동결'"**, 같은 날 〈한겨레신문〉에는 **"공동주택 공시가, 인천 29% ·경기 23% 급등"**, 25일 자 〈조선일보〉에는 **"새 정부 규제 완화할까…강남·서초 아파트 8주 만에 상승 전환"**, 〈조선일보〉 30일 자에는 **"부동산 규제완화 조짐에…'집값 오른다' 기대감 다시 커져"**, 같은 신문 4월 4일 자에는 **"다주택자 양도세 완화 발표에 중랑·노원 매물 늘고 강남·서초는 줄었다"**, 4월 6일 자에는 **"文정부 5년간 전국 전셋값 40% 넘게 뛰었다"**, 8일 자 〈한겨레신문〉에는 **"인수위 '규제 풀겠다' 하자마자…서울 아파트값, 다시 뛸 조짐"**, 〈조선일보〉 11일 자에는 **"184조 전세대출이 집값 끌어올려"**와 **"'토지거래허가'로 묶였지만…압구정 21%, 여의도 12% 되레 뛰었다"**라는 기사가 실렸다. 13일 자에는 **"대선 끝나자, 압구정 현대 8억 치솟아…새 정부 규제완화 신중모드**

로", 15일 자 〈한겨레신문〉에는 **"'강남만 들썩였다' 서울 아파트값, 2주 연속 보합"**, 19일자 〈조선일보〉에는 **"서울 아파트 실거래가 4개월 연속 내렸다"**, 21일 자에는 **"1기 신도시 들썩들썩…분당·산본·일산 등 1억 넘게 올라"**, 29일 자 〈한겨레신문〉에는 **"서울 아파트값 4주째 보합…강남권 강세"**라는 기사가 실렸다.

이어서 5월 10일 문재인 정부는 끝나고, 윤석열 정부가 새롭게 출범했다.

5년의 결산

신이 인간에게 한 개의 혀와 두 개의 귀를 준 것은,
말하는 것보다 타인의 말을 두 배 많이 들으라는 이유에서다.

에픽테토스

대통령 어록

문재인 정부 《국정백서》 22권에는 문재인 대통령 일지·어록·인사가 정리되어 있다. 이 가운데 주거 안정과 관련한 내용을 소개하고, 각종 언론에 회자된 대통령의 말들을 정리해보았다.

먼저 2017년 6월 21일 김현미 국토교통부 장관의 임명장 수여식 후 환담 내용이다. 아마 부동산과 관련한 최초의 언급이 아닌가 싶다.

"전·월세가 계속 오르고 그 속도도 너무 빠르고, 게다가 요즘은 전세가 다 월세로 전환되어서 월세율이 더 높아졌어요. 그런데 월세 전환율이 금융기관 금리보다 훨씬 높고, 그러니까 서민은 이중 삼중으로 살기가 힘든 거죠. 전·월세 대책을 제대로 잡아주는 게 최고의 민생대책인 것 같습니다."

"또 상가임대차도 마찬가지고, 열심히 노력해서 장사가 좀 될 만하면 그만큼 세를 올려버리니까 또 밀려나게 되고, 권리금도 보장받지 못하고, 그런 걸 꼭 바로잡아야 할 것 같아요. 특히 우리가 최저임금을 인상하게 되면 제일 걱정스러운 대목이 영세자영업자들에게 큰 부담이 된다는 것인데, 그 부담을 최소화하려면 반대로 지원책을 많이 제공해야 하잖아요. 그 가운데 상가임대료를 잡아주고 권리금도 확실히 보장받게 해주는 게 굉장히 중요한 대책입니다."

2017년 8월 17일 취임 100일 기자회견에서 부동산과 관련해 남긴 답변이다.

"실수요자들이 주거를 가질 수 있도록 하기 위해서도, 또 지난 정부 동안 우리 서민들을 괴롭혔던 미친 전세, 또는 미친 월세, 이런 높은 주택임대료의 부담에서 서민들이, 우리 젊은 사람들이 해방되기 위해서도 부동산 가격의 안정은 반드시 필요하다고 봅니다."

"저는 이번에 정부가 발표한 부동산 대책이 역대, 하지 않았던 가장 강력한 대책이기 때문에 그것으로 부동산 가격을 충분히 잡을 수 있을 것이라고 확신합니다."

"그리고 만약에 부동산 가격이 그럼에도 불구하고 또 시간이 지난 뒤에 또다시 오를 기미가 보인다면, 정부는 더 강력한 대책도 주머니 속에 많이 넣어두고 있다는 말씀도 드립니다."

"보유세는 아까 말씀드린 대로, 공평과세라든지 소득재분배라든지 또는 더 추가적인 복지재원의 확보를 위해서 필요하다는 사회적 합의가 이루어진다면 정부도 검토할 수 있을 것입니다."

"그러나 지금 단계에서 부동산 가격 안정화 대책으로 검토하고 있지는 않습니다. 부동산 가격은 기왕에 발표된 대책으로 저는 충분히 잡을 수 있을 것이라고 확신하고, 그에 대해서 추가되어야 하는 것은 서민들에게, 또는 신혼부부에게, 그리고 젊은이들에게 이런 실수요자들이 저렴한 임대료로 주택을 구할 수 있고 또는 주택을 매입할 수 있는 그런 주거복지 정책을 충분히 펼치는 것이라고 생각합니다."

"그래서 신혼부부용 공공임대주택에 대한 준비, 젊은 층들을 위한 공공임대주택 준비에 대해서 지금 많은 정책이 준비되고 있고 곧 아마 그런 정책들이 발표되고 시행될 것이라는 말씀을 드리겠습니다."

2019년 11월 19일 '2019 국민과의 대화'에서 나온 부동산 관련 내용이다.

"우리 정부에서는 자신 있다고 장담합니다. 현재 방법으로 못 잡는다면 보다 강력한 방안들을 계속 강구해서라도 반드시 부동산 가격을 잡겠습니다."

"전국적으로는 부동산 가격이 오히려 하락했을 정도로 안정화됐습니다. 특히 서민의 전월세는 과거 '미친 전월세'란 이야기도 나왔던 것과 달리 우리 정부에서 안정됐습니다."

2020년 1월 7일 대통령 신년사다.

"부동산 시장의 안정, 실수요자 보호, 투기 억제에 대한 정부의 의지는 확고합니다. 부동산 투기와의 전쟁에서 결코 지지 않을 것입니다."

"주택 공급의 확대도 차질 없이 병행하여 신혼부부와 1인 가구 등 서민 주거의 보호에도 만전을 기하겠습니다."

2020년 8월 10일 수석보좌관 회의에서 한 발언이다.

"실수요자는 확실히 보호하고 투기는 반드시 근절하겠다는 것이 확고부동한 원칙입니다. 이에 따라 불로소득 환수와 대출규제 강화로 투기수요를 차단하고 주택 공급물량을 최대한 확보하는 것과 함께 세입자 보호대책까지 포함하여 4대 방향의 정책 패키지를 마련했습니다. 주택·주거 정책의 종합판이라고 할 수 있습니다."

"첫째, 불로소득을 환수하는 세제 개혁으로 투기수요를 차단하는 장치를 마련했습니다. 둘째, 주택시장으로의 투기자금 유입을 막아 과열을 방지하는 조치를 취했습니다. 주택대출규제를 강화하고, 이른바 갭투자를 차단하여 가격 불안 요인을 제거했습니다. 셋째, 실수요자들을 위한 획기적인 공급대책을 마련했습니다. 넷째, 임차인의 권리를 대폭 강화했습니다. 계약갱신 기간을 2년에서 추가로 2년을 더 늘리고 전·월세 상한제를 도입하는 등 「주택임대차보호법」이 제정된 지 40년 만에 획기적 변화를 이루었습니다."

"이런 종합대책의 효과가 서서히 나타나고 있습니다. 과열 현상을 빚던 주택 시장이 안정화되고, 집값 상승세가 진정되는 양상을 보이기 시작했습니다. 앞으로 대책의 효과가 본격화되면 이런 추세가 더욱 가속화되리라 기대합니다."

"주택을 시장에만 맡겨두지 않고 세제를 강화하며 정부가 적극적으로 개입하는 것은 세계의 일반적 현상입니다. 이번 대책으로 보유세 부담을 높였지만 다른 나라보다는 낮습니다. 주요 선진국들은 일정한 예외 사유가 없는 경우 무제한 계약갱신청구권을 적용하고 있고, 주요 도시에서는 표준임대료 등으로 상승폭을 제한하고 있습니다."

"주택보유자와 무주택자, 임대인과 임차인의 갈등을 부추기거나 국민의 불안감을 키우기보다는 새 제도의 안착과 주거의 안정화를 위해 함께 힘써 주십시오. 다만 제도가 적지 않게 변화하여 국민의 불안이 큽니다. 정부는 국민께 이해를 구하고 현장에서 혼선이 없도록 계속 보완해 나가겠습니다. 앞으로 중저가 1주택자에 대해서는 세금을 경감하는 대책도 검토하겠습니다."

2020년 12월 11일 '살고 싶은 임대주택 보고회'에서 한 말이다.

"정부는 국민 모두의 기본적인 주거복지를 실현하는 주거정책을 흔들림 없이 추진할 것입니다."

"첫째, 공공임대주택을 충분하게 공급하겠습니다. 서민이 장기간 저렴하게 안정적으로 거주할 수 있도록 하겠습니다. 둘째, 공공임대주택의 질적 혁신을 이루겠습니다. 누구나 살고 싶은 공공임대주택을 건설하겠습니다. 내년부터 공공임대주택 입주요건을 중산층까지 확대하고, 2025년까지 중형 임대주택 6만 3,000호를 공급할 것입니다. 민간의 창의적 디자인을 채택하여 디자인 특화단지를 조성하고 생활문화센터, 국공립 어린이집 같은 다양한 생활 SOC**Social Overhead Capital**를 설치하겠습니다. 다양한 평형을 공급하여 청년과 어르신, 중산층과 저소득층 등 다양한 세대와 계층이 함께 어울려 사는 주거공동체를 만들겠습니다. 셋째, 주거복지의 사각지대를 줄여나가겠습니다. 저렴하고 쾌적한 공공임대주택으로 옮겨 드리고, 취약 주거지는 공공임대주택으로 재탄생시키겠습니다."

"정부는 공공임대주택 공급을 지속적으로 늘려 국민 누구나 빠짐없이 안정적인 주거권을 누리도록 하겠습니다. 주거의 공공성을 강화하고 주거안전망을 더욱 촘촘하게 완성해 나가겠습니다."

2020년 12월 29일 변창흠 국토교통부 장관 임명장 수여식 이후 환담 내용이다.

"주택의 공급에 있어서 서민주택 또는 청년과 신혼부부의 임대주택 문제부터 좀 질 좋은 임대주택, 중산층용 임대주택, 그리고 또 일반 소유를 위한 주택의 공급에 이르기까지 그런 문제를 확실히 해결하고, 한편으로는 그런 공급 방안에 대해서도 국민께 충분히 설명을 함으로써 공급에 대한 불안 심리 때문에 과도하게 매수에 몰리지 않도록 부동산 가격을 안정시키는 데 최선을 다해 주시고요."

2021년 1월 11일 대통령 신년사다.

"주거 문제의 어려움으로 낙심이 큰 국민들께는 매우 송구한 마음입니다."

"주거 안정을 위해 필요한 대책 마련을 주저하지 않겠습니다. 특별히 공급확대에 역점을 두고, 빠르게 효과를 볼 수 있는 다양한 주택공급 방안을 신속히 마련하겠습니다."

2021년 3월 15일 수석보좌관 회의에서 한 발언이다.

"일부 LH 직원들의 투기 의혹을 접하면서 국민은 사건 자체의 대응 차원을 넘어 문제의 근원을 찾아내고, 근본적인 해결책을 마련할 것을 요구하고 있습니다."

"부동산 불로소득을 통해 자산 불평등을 날로 심화시키고, 우리 사회 불공정의 뿌리가 되어 온 부동산 적폐를 청산하라는 것입니다. 정부는 그와 같은 반성 위에서 단호한 의지와 결기로, 부동산 적폐 청산과 투명하고 공정한 부동산 거래 질서 확립을 남은 임기 동안 핵심적인 국정과제로 삼아 강력히 추진하겠습니다."

"한편으로, 부동산시장 안정을 위한 공공주도형 부동산 공급대책은 어떤 경우에도 흔들려서는 안 됩니다. 부동산 적폐 청산과 부동산시장 안정은 동전의 양면처럼 맞물려 있습니다. 무슨 일이 있어도 주택 공급을 간절히 바라는 무주택자들과 청년들에게 피해가 돌아가는 일은 없어야 하겠습니다. 정부는 예정된 공급대책이 계획대로 차질 없이 진행될 수 있도록 최선을 다하겠습니다."

2021년 3월 16일 제11회 국무회의에서 발언한 내용이다.

"우리 사회의 부패 구조를 엄중히 인식하며 더욱 자세를 가다듬고 무거운 책임감으로 임하고자 합니다. 공직자들의 부동산 부패를 막는

데서부터 시작하여 사회 전체에 만연한 부동산 부패 사슬을 반드시 끊어내겠습니다."

"공공기관 전체가 공적 책임과 본분을 성찰하며 근본적 개혁의 기회로 삼아야 하겠습니다. 그 출발점은 공직윤리를 확립하는 것입니다. 이해충돌을 방지하는 제도적 장치를 마련하는 것과 함께 공공기관 스스로 직무윤리 규정을 강화하고 사전 예방과 사후 제재, 감독과 감시 체계 등 내부통제 시스템을 강력히 구축해야 합니다."

"공직자 개인에 대해서도 공직윤리의 일탈에 대해 더욱 엄정한 책임을 물어야 할 것입니다. 최근 민간기업들도 윤리경영을 강화하는 추세입니다. 공적 업무를 수행하는 공공기관이 앞서서 공직윤리의 기준을 더욱 엄격히 세워 주기 바랍니다."

2021년 3월 22일 트위터 내용이다.

"정부로서는 매우 면목 없는 일이 되었지만, 우리 사회가 부동산 불법 투기 근절을 위해 힘을 모아야 할 때입니다. 개발과 성장의 그늘에서 자라온 부동산 부패의 고리를 끊어낼 수 있는, 쉽지 않은 기회입니다. 그러나 문제가 드러난 이상 회피할 수도, 돌아갈 수도 없습니다. 정면으로 부딪쳐 문제를 근원적으로 해결하지 않으면 안 됩니다. 정부는 각계의 의견을 들어 고강도의 투기 근절 대책을 마련하고 실행하겠습니다. 국회도 신속한 입법으로 뒷받침해 주시기 바랍니다."

시장을 잘 이끌었는가?

KB부동산의 자료가 발표되기 시작한 1986년 1월부터 주택종합 매매가격 지수를 살펴보자. 200만호 건설의 시작과 입주가 진행된 노태우 정부에서는 가격의 급등과 안정화 모습을 보여주었고, 김영삼 정부에서는 앞선 정부의 주택공급 효과와 준농림지 등의 규제 완화를 통한 공급으로 가격이 극히 안정적인 모습을 보여줬다. 그다음 노무현 정부와 문재인 정부에서는 주택매매가격의 급등이 인상적으로 드러났다.

아래에 각 정부별 가격 지수들의 변화폭과 통화량M2의 변화율 등을 정리해보았다. 일단 아파트매매지수와 실거래가격지수 등은 측정한 지가 오래지 않아 비교가 쉽지 않다. 그렇지만 주택종합매매매가격지수를 전국과 서울, 6개 광역시로 나누어 보면 지난 정부에서 가장 폭등한 것으로 나타난다. 그리고 지난 정부에서 끊임없이 주장한 통화량과

■ **주택종합 매매가격지수**

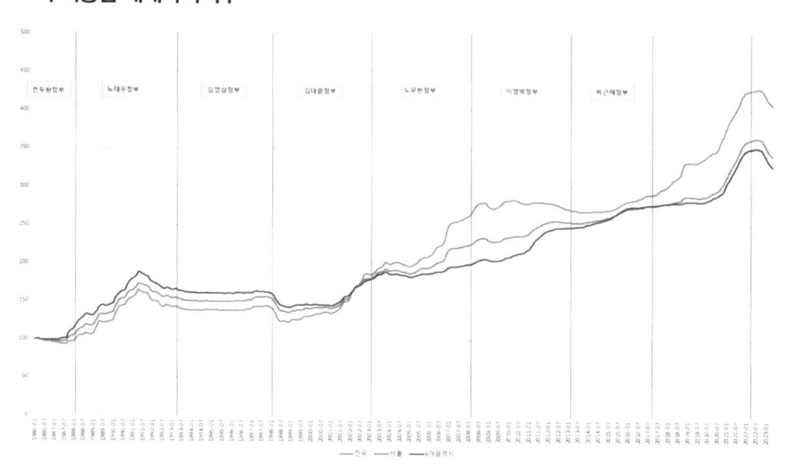

출처: KB국민은행.

같은 유동성 증가로 인해 집값이 올랐다고 하지만, 통화량 변동을 살펴보면 그 주장이 그리 설득력 있게 느껴지지 않는다.

서민을 위한다는 구호 아래 시작했던 정부지만, 5분위 배수를 살펴보면 거의 실패한 것으로 보인다. 5분위 배수는 하위 20%의 아파트값에 비해 상위 20% 가격이 몇 배가 되는지를 알려주는 지표다. 그 결과는 참담하기까지 하다. 비싼 아파트는 더욱 비싸진 반면, 서민 아파트는 가격이 그만큼 오르지 못한 것이다. 서울 아파트값은 전반적으로 같은 비율로 올랐으나, 지방은 그러지 못해 서울로 자산이 집중되었다고 볼 수 있다. 이는 각종 규제로 인한 '똘똘한 한 채' 선호현상의 결과가 아닌가 싶다. 결국 지방과 서울의 격차는 더 벌어졌고, 주택의 양극화가 극단적으로 심해졌다고 볼 수 있다. 많은 서민이 이용하는 전세의 양극화도 심화되었으며 이는 서울도 마찬가지인 것으로 보인다.

■ 지수별 증감률

구분	김영삼 정부	김대중 정부	노무현 정부	이명박 정부	박근혜 정부	문재인 정부
주택종합매매가격지수 (전국)	-2%	19%	24%	13%	9%	32%
주택종합매매가격지수 (서울)	-3%	33%	43%	2%	8%	47%
주택종합매매가격지수 (6개 광역시)	-4%	14%	11%	24%	12%	27%
아파트매매실거래가격지수(전국)	-	-	-	10%	19%	42%
아파트매매실거래가격지수(서울)	-	-	-	-7%	26%	93%
아파트매매실거래가격지수(도심권)	-	-	-	-6%	24%	89%
아파트매매실거래가격지수(수도권)	-	-	-	-9%	21%	70%
아파트 매매가격지수 (전국)	-	-	-	16%	10%	38%
아파트 매매가격지수 (서울)	-	-	-	-3%	10%	62%
아파트 매매가격지수 (강남구)	-	-	-	-10%	14%	58%
아파트 매매가격지수 (수도권)	-	-	-	-4%	9%	57%
아파트 매매가격지수 (기타지방)	-	-	-	39%	6%	12%
아파트 전세가격지수 (전국)	-	-	-	39%	20%	20%

(다음 쪽에 계속)

구분	김영삼 정부	김대중 정부	노무현 정부	이명박 정부	박근혜 정부	문재인 정부
아파트 전세가격지수 (서울)	–	–	–	33%	28%	31%
아파트 전세가격지수 (강남구)	–	–	–	31%	23%	30%
아파트 전세가격지수 (수도권)	–	–	–	32%	28%	27%
아파트 전세가격지수 (기타지방)	–	–	–	47%	9%	9%
M2 증가율	152%	59%	48%	42%	31%	50%

출처: KB부동산.

■ 아파트 매매평균가격 5분위배수

지역명	2013/04 (이명박 정부 말)	2017/05 (박근혜 정부 말)	2022/05 (문재인 정부 출범)
전국	4.8	4.7	10.1
서울	4	4.2	4.2
수도권	4.2	4.0	6.0

출처: KB부동산.

■ 아파트 전세평균가격 5분위배수

지역명	2013/04 (이명박 정부 말)	2017/05 (박근혜 정부 말)	2022/05 (문재인 정부 출범)
전국	4.0	5.0	8.0
서울	3.6	3.7	4.2
수도권	3.7	4.0	4.9

출처: KB부동산.

광기의 실험, 시장의 반격

2. 경제원론과의 전쟁

1판 1쇄 인쇄 2023년 6월 23일
1판 1쇄 발행 2023년 7월 3일

지은이 심교언 **펴낸이** 이재유 **디자인** 유어텍스트
펴낸곳 무블출판사 **출판등록** 제2020-000047호(2020년 2월 20일)
주소 서울시 언주로 647, 402호(우 06105)
전화 02-514-0301 **팩스** 02-6499-8301 **이메일** 0301@hanmail.net **홈페이지** mobl.kr

ISBN 979-11-91433-56-2 (04320), 979-11-91433-579(세트)